Construção de um conceito de dano labor-ambiental futuro a partir do problema da exposição ao amianto

Claudirene Andrade Ribeiro

Doutora pela Universidade de São Paulo (2023). Mestre em Direito (2016) e em Educação (2000) pela Universidade Federal de Mato Grosso. Ingressou na magistratura em 2004, junto ao Tribunal Regional do Trabalho (TRT XIV). Em 2006, foi aprovada como Juíza substituta no TRT XXIII, cargo que permaneceu até 2011, quando assumiu a titularidade de Vara do Trabalho. Atualmente é titular da 2ª vara do Trabalho de Tangará da Serra/MT. Vice-Presidente da Associação dos Magistrados do Trabalho (Amatra XXIII), no Biênio 2023/2025. Gestora nacional do programa de enfrentamento ao trabalho escravo do TST desde 2023. Exerce atividades de docência no Curso de Direito da Faculdade de Direito de Araputanga (FCARP) e em cursos de pós-graduação da Amatra XXIII e da Faculdade de Direito de Franca/SP e ministra palestras em eventos jurídicos. Na área jurídica, também exerceu o cargo de conciliadora de defesa do consumidor junto ao Procon/MT, no período de 2002 e 2003 e lecionou em diversos cursos de graduação em Direito. Na área da geografia lecionou essa disciplina no ensino fundamental e médio e em curso de graduação de turismo. Ademais, lecionou disciplinas na área de geografia humana em curso de graduação em geografia da UFMT e da Universidade do Estado de Mato Grosso (UNEMAT).

Construção de um conceito de dano labor-ambiental futuro a partir do problema da exposição ao amianto

LACIER

LACIER
Lacier Livraria e Editora
www.livrarialacier.com.br

Rua Doutor Quirino, 808 – Centro
CEP 13015-081 – Campinas, SP – Brasil

Abril, 2024

Diretor: *Lacier José de Rezende*
Coordenação editorial: *Peter Fritz Strotbek*
Projeto de capa: *Fabio Giglio*
Projeto gráfico e editoração eletrônica: *The Best Page*

Ficha Catalográfica

Dados Internacionais de Catalogação na Publicação (CIP)
(Câmara Brasileira do Livro, SP, Brasil)

R484c Ribeiro, Claudirene Andrade.
Construção de um conceito de dano labor-ambiental futuro a partir do problema da exposição ao amianto / Claudirene Andrade Ribeiro. — 1. ed. — Campinas, SP : Lacier Editora, 2024.
280 p. ; 17 x 24 cm.

ISBN 978-65-88805-97-8

1. Direito ambiental. 2. Meio ambiente — Legislação. 3. Dano labor-ambiental. 3. Amianto — Responsabilidade civil. I. Título.

CDU 349.6

Índices para catálogo sistemático:

1. Dano ambiental futuro — Exposição por amianto

Angela Schmidt da Rosa – Bibliotecária – CRB-14/1171

Livro baseado na Tese apresentada à Banca Examinadora do Programa de Pós-Graduação em Direito, da Universidade de São Paulo, como exigência parcial para obtenção do título de Doutora em Direito, na área de concentração: Direito do Trabalho e da Seguridade Social, sob a orientação do Professor Associado Doutor Guilherme Guimarães Feliciano.

Para Cássia e Maria Rita,
manhãs iluminadas.

Em memória de meu irmão João Batista Ribeiro
e em homenagem aos que lutam contra o câncer,
inclusive meu sobrinho Alex,
na esperança de que novas descobertas científicas
evitem que tal doença apague prematuramente
o brilho de outras estrelas.

Agradecimentos

A Deus, Mestre Maior, sem o qual sequer teria sido possível o sonho de voar, quiçá o voo alto, realizado com o auxílio de muitas pessoas, tantas que eu corro grave risco de não conseguir mencionar todas. Mesmo assim, teimosa que sou, tento deixar a minha eterna gratidão às pessoas abaixo, que, de alguma forma, aliviaram-me o peso do voo solo:

Aos meus baluartes: Amaral Augusto da Silva Júnior, Cássia Rodrigues Ribeiro e Maria Rita Augusto Ribeiro, pela compreensão dos momentos de ausência e por servirem de consolo em outros tantos;

À minha irmã Cleunice Maria de Andrade pela leitura de meus textos durante o doutorado e sugestões de melhoria e apoio na conferência da bibliografia da tese;

À amiga Débora da Costa Cruz, pelo apoio com a sistematização da jurisprudência utilizada na tese;

Ao Prof. Doutor Guilherme Guimarães Feliciano, pelo enorme companheirismo e valorosa orientação em diversas etapas da vida e especialmente no doutorado;

Ao Tribunal Regional do Trabalho da 23ª Região, que, por meio de seus (suas) desembargadores (as), deferiram meu afastamento para estudo;

À Profª Doutora Carla Reita Faria Leal, pelo acolhimento;

Ao professor Doutor Patrick Ayala, que dispensou seu tempo para discutir o dano futuro;

À Denise Oliveira Alves, por me acolher em sua residência e em sua vida durante o período de aluna especial na USP;

Um especial agradecimento à Olívia de Quintana F. Pascoaleto, pelas proveitosas conversas acerca de metodologia científica no decorrer do doutorado;

Aos colegas e orientandos do prof. Guilherme G. Feliciano, que colaboraram com meu crescimento acadêmico e pessoal, em especial: Adib P. Salim Neto, Ana Paula S. C. Miskulin, Camila de Lellis Mendonça, Cyntia Ruiz Braga, Flávio Leme Gonçalves, Gabriela M. Thomaz Aquino, Mariana Benevides da Costa e Renan F. Duarte;

Às amigas Juliana Benício Xavier e Marinete Covezzi, amálgamas e acolhimento;

À colega Wânia Cecília Sacco, pela cessão de espaço de sua residência para trabalho durante parte do período da pandemia.

À Miriã Xavier Benício, pela cuidadosa correção do texto da tese.

Sumário

Lista de Abreviações e Siglas

ABREA............. Associação Brasileira dos Expostos ao Amianto
ABIFibro........... Associação Brasileira das Indústrias e Distribuidores de Produtos de Fibrocimento
ANPT .... Associação Nacional dos Procuradores do Trabalho
ACP .... Ação Civil Pública
ADC .... Ação Direta de Constitucionalidade
ADI.................... Ação Direta de Inconstitucionalidade
ADPF................ Ação Direta de Controle de Constitucionalidade
AgInt no AREsp Agravo Interno em Recurso Especial
Agdo.................. Agravado
Agvte................. Agravante
APP.................... Área de Preservação Permanente
Art...................... Artigo
CTNI .... Confederação Nacional dos Trabalhadores da Indústria
CONAMA......... Conselho Nacional do Meio Ambiente
DJe...................... *Diário de Justiça Eletrônica*
EIA-RIMA........ Estudo de Impacto Ambiental — Relatório de Impacto ambiental
EPI..................... Equipamento de Proteção Individual
EU...................... União Europeia
HC .... *Habeas corpus*
IARC.................. Agência Internacional de Pesquisa em Câncer
IBC..................... Instituto Brasileiro do Crisotila
IBRAM............. Instituto Brasileiro de Mineração
MP .... Medida Provisória
MS...................... Mandado de Segurança
MS...................... Ministério da Saúde

MPS .... Ministério da Previdência Social
MPT .... Ministério Público do Trabalho
MTE .... Ministério do Trabalho e Emprego
NR...................... Norma Regulamentadora
OIT .... Organização Internacional do Trabalho
OMC.................. Organização Mundial do Comércio
OMS .... Organização Mundial da Saúde
Rcl...................... Reclamação
Recte.................. Recorrente
Reqte .... Requerente
Reqdo .... Requerido
Resp.................... Recurso Especial
SAMA................ Sociedade Anônima de Mineração
SBDI I............... Seção Brasileira de Dissídios Individuais I
STF .... Supremo Tribunal Federal
STJ .... Superior Tribunal de Justiça
TST .... Tribunal Superior do Trabalho

Apresentação

Para meu singular júbilo, fui convidado a apresentar, na abertura desta publicação, a autora CLAUDIRENE ANDRADE RIBEIRO e o seminal estudo que agora é revelado ao mercado editorial brasileiro: esta sua *"Construção de um conceito de dano labor-ambiental futuro a partir do problema da exposição ao amianto"*, tese que lhe assegurou, no segundo semestre de 2023, o raro título de doutora em Direito do Trabalho pela Faculdade de Direito da Universidade de São Paulo, sob a minha orientação acadêmica. Haveria muito a dizer, acerca da autora e de sua obra; mas, sendo mínimo o espaço destinado a dizê-lo, atenho-me ao mais relevante.

Claudirene Andrade Ribeiro é Juíza Titular da 2ª Vara do Trabalho de Tangará da Serra, na 23ª Região do Trabalho. É mestre em Direito Agroambiental (2016) — tendo-me distinguido com a honra de compor, à altura, a sua banca examinadora —, como também é mestre em Educação (2000), especialista em Direito do Trabalho e, não bastasse, graduada em Direito (2001) e em Geografia (Licenciatura Plena, 1995; Bacharelado, 1996), sempre pela Universidade Federal de Mato Grosso (exceto quanto à especialização, que concluiu junto à Pontifícia Universidade Católica de São Paulo). Sua experiência e expertise, ademais, projetam-se para outras searas: atuou como conciliadora de defesa do consumidor junto ao Procon/MT, entre 2001 e 2003; desempenhou a docência nas áreas do Direito e da Geografia, do ensino pré-escolar à pós-graduação; e foi juíza do Trabalho substituta no Tribunal Regional do Trabalho da 14ª Região (Rondônia e Acre) entre 2004 e 2006. Desde 2023, integra o Grupo de Trabalho para estudos e elaboração de protocolo para atuação com perspectiva antidiscriminatória e inclusiva no âmbito da Justiça do Trabalho, por força do Ato Conjunto TST.CSJT.GP n. 70, de 5 de outubro de 2023. Mulher negra, nascida e criada em família de escassos recursos, é orgulhosa de suas origens, de sua história e de suas conquistas. Quem em sã consciência não seria? Ainda mais rara que o título, bem se vê, é a *pessoa*, cujos méritos sobrelevaram sob adversas circunstâncias, potencializadas pelos privilégios silenciosos que Claudirene jamais teve. Seus êxitos são tão grandiosos — bem o sabem os amigos — quanto grandiosas foram as severidades dos seus abstrusos caminhos.

E, porque tudo o que articulássemos sobre a pessoa seria ainda muito pouco, sigamos dizendo algo da obra.

Ribeiro escolheu pousar seu olhar atento e crítico sobre um dos temas mais ignorados e polêmicos da dogmática trabalhista contemporânea, especialmente em matéria de saúde laboral: o tema do *dano labor-ambiental futuro*, que a autora define, em sentido amplo, como *"toda e qualquer lesão que comprometa algum dos elementos do meio ambiente do trabalho ou a função desse e cuja distância com o dano-evento seja superior ao prazo da tradicional prescrição total do dano trabalhista"*; e, em sentido estrito, como *"a lesão à saúde, condições de vida ou de trabalho do(a) trabalhador(a) ou de pessoa a ele diretamente vinculada em decorrência das condições laborais a que se submeteu e cujos efeitos concretos ultrapassam o momento da sentença de primeira instância"*. Pessoalmente, tenho dissensões quanto ao acerto e à utilidade desse segundo conceito (a meu sentir, excessivamente restritivo, sobretudo para fins judiciais). Nada obstante, a autora os acolheu e os defendeu, com êxito, perante exigente banca examinadora; e, a partir deles, repaginando a tragédia brasileira da contaminação de trabalhadores por exposição ao amianto — que foi o recorte eleito para a aplicação dos ditos conceitos e de seus desdobramentos —, conclui, entre outras importantes inferências, que *"[a] dificuldade de se estabelecer o nexo causal ou concausal entre o dano ambiental e a conduta danosa exige que se pense em novos modos de estabelecimento do nexo de causalidade, [...] inclusive com a transferência do ônus da prova para o causador do dano, [...] o que deve ser ampliado para todas as hipóteses de dano labor-ambiental futuro"*; e que, para mais, *"[a] imprescritibilidade do dano ambiental tratada no tema de repercussão geral n. 999 do STF é aplicável ao dano labor-ambiental futuro por exposição ao amianto"*. São aportes de máxima importância e atualidade, aos quais adiro incondicionalmente, mesmo porque abordagens ortodoxas pouco servirão para o equacionamento jurisprudencial de um extenso interregno de exposições indiscriminadas a riscos labor-ambientais incrementados que, segundo a Organização Mundial da Saúde (OMS),(1) determinavam, no ano de 2017, a morte de nada menos que 107 mil trabalhadores por ano, em todo o planeta, acometidos pelas diversas doenças usualmente relacionadas ao asbesto (asbestose, câncer de pulmão, mesotelioma).

Com efeito — e já o disse alhures(2) —, na responsabilidade civil por dano futuro não há como aferir causalidade (em sentido naturalístico), se o dano ainda nem mesmo ocorreu; e é assim até mesmo nos lindes das ciências naturais, eis que não se pode confundir causalidade (*"causality"*) e predição (*"prediction"*).(3) Em tais situações, importa responsabilizar civilmente o agente apenas pela *criação do perigo*, migrando da ideia do

---

(1) *Amianto Crisótilo* [*Chrysotile asbestos*]. Genebra: Organização Mundial da Saúde, 2017. p. 2-3. Disponível em: https://iris.who.int/bitstream/handle/10665/143649/9789248564819-por.pdf?sequence=17. Acesso em: 16 abr. 2024.

(2) FELICIANO, Guilherme Guimarães. *Responsabilidade civil no meio ambiente do trabalho:* nexo causal, nexo normativo e teoria da imputação objetiva. São Paulo: Revista dos Tribunais, 2021. seção 1.5.

(3) BUNGE, Mario. *Causality anda Modern Science.* 3rd ed. Mineola: Dover Publications, 2018. p. 324-332.

"risco concreto" ("indenizável" apenas quando se realiza em dano) para a do "risco abstrato" (indenizável *"per se"*), mais adequado para o atual estágio da sociedade de riscos. Nessa direção, diante de certos riscos tipicamente configurados, convém impor ao seu agente, desde logo, obrigações civis de diversas ordens, geralmente ligadas à adoção compulsória de medidas preventivas e precautórias (administrativa e judicialmente), com todos os custos pertinentes; ou, em casos de maior amplitude e clamor, até mesmo um dever de indenizar *"ex ante"*. Trata-se, na verdade, da mais perfeita realização da norma-princípio da precaução no marco da responsabilidade civil labor-ambiental, permitindo reconhecer um dever de reparação de danos não confirmados no presente, mas sobre os quais existe elevada probabilidade de concretização, de acordo com o atual estado da técnica e o conhecimento científico disponível acerca da periculosidade da atividade, do processo ou do produto.

Essa, repontue-se, é a minha compreensão atual para tão inaudita questão jurídica. Não é, porém, a ideia defendida por Claudirene Ribeiro; ou, ao menos, não exatamente. O que, afinal, mais reforça o que anotei no início desta apresentação: mesmo sob os auspícios de uma orientação acadêmica expansiva, a autora não abriu mão de suas convicções. Nada poderia atestar melhor o arrojo, o desassombro e a honestidade intelectual desta densa pesquisa.

Deleite-se, leitor. A partir da próxima página, um novo Direito do Trabalho vai se descortinar.

São Paulo, abril de 2024.

Guilherme Guimarães Feliciano
Professor Associado III do Departamento de Direito do Trabalho e da Seguridade Social da Faculdade de Direito da Universidade de São Paulo. Livre-Docente em Direito do Trabalho pela Faculdade de Direito da Universidade de São Paulo. Pós-Doutor em Direitos Humanos pela Faculdade de Direito da Universidade de Coimbra (*"Jus Gentium Conimbrigae"*/Centro de Direitos Humanos). Doutor em Direito Processual pela Faculdade de Direito da Universidade de Lisboa ("clássica"). Doutor em Direito Penal pela Faculdade de Direito da Universidade de São Paulo. Presidente da Associação Nacional dos Magistrados da Justiça do Trabalho (gestão 2015/2017). Titular vitalício da Cadeira n. 53 da Academia Brasileira de Direito do Trabalho. Juiz Titular da 1ª Vara do Trabalho de Taubaté/SP.

Prefácio

"Subiu a construção como se fosse máquina
Ergueu no patamar quatro paredes sólidas
Tijolo com tijolo num desenho mágico
Seus olhos embotados de cimento e lágrima".
(Chico Buarque, *Construção*)

A presente obra, que nos brinda a Doutora Claudirene Andrade Ribeiro, é o resultado da sua Tese de Doutorado na Faculdade de Direito da Universidade de São Paulo, sob orientação do Professor Associado Guilherme Guimarães Feliciano, um dos nossos maiores juslaboralistas, Aprovada em Banca, que tive a honra de participar, composta pelos Professores Doutores Patrick de Araújo Ayala, Carla Reita Faria Leal e Teresa Ancona Lopez, tese essa com o surpreendente título "Construção de um conceito de dano labor ambiental futuro a partir do problema da exposição ao amianto".

Surpreendente porque a Doutora Claudirene Ribeiro busca atingir os trabalhadores, distanciando-se de um trabalho sem utilidade ou relevância para o avanço do direito do trabalho e do direito ambiental; em suma: direito à saúde e a condições dignas de trabalho (*direito a condições dignas de trabalho*, como lecionava Dalmo de Abreu Dallari, como um dos *direitos humanos fundamentais* presentes em nossa Constituição da República).

A obra se destaca dentro do movimento contemporâneo da responsabilidade civil. Se no século XIX e boa parte do século XX, os doutrinadores se debruçaram sobre o elemento "culpa" (se era caso de responsabilidade subjetiva, por culpa, ou responsabilidade objetiva, independentemente de culpa), é certo que desde o final do século XX e neste início de século XXI, o elemento "dano" da relação jurídica de responsabilidade civil é o principal alvo de estudo. Ou seja, esta obra se firma no que há de mais moderno em matéria de responsabilidade civil, notadamente, no ambiente de trabalho.

Sua fonte de pesquisa, bibliografia, vai desde os clássicos de nossa responsabilidade civil, como, por exemplo, José de Aguiar Dias, até os textos atuais sobre o tema (do dano labor ambiental futuro), isso como farta doutrina nacional e estrangeira. As pesquisas (i) legislativa (nacional, incluindo até os estados de nossa federação, e estrangeira) e (ii) jurisprudencial, realizando, como se deve e de forma exemplar, a comparação dos entendimentos dos tribunais superiores (STJ, STF e TST), e não uma mera transcrição de ementas, como muito se vê, de forma impressionante, seja pelo número de julgados, seja pela minuciosa análise comparativa.

Adentra e defende, concordando novamente com seu entendimento, pela (i) responsabilidade objetiva nesses casos, (ii) inversão do ônus da Prova e (iii) determinação de seguro quando o trabalhador for exposto ao amianto. Ora, a presente obra, definitivamente, contribui para o deslinde das ações de reparação de danos de trabalhadores expostos ao amianto.

Doutora pela Faculdade de Direito do Largo São Francisco, as Arcadas, Claudirene Ribeiro enfrenta o espinhoso tema dos trabalhadores que, expostos ao amianto, devido ao período de latência que pode atingir 20 anos ou mais, como a Autora bem descreve, apresentam doenças intimamente ligadas ao amianto, como asbestose e câncer de pulmão, anos depois da rescisão do contrato de trabalho, isto é, quando, em tese, a ação de reparação de danos já estaria prescrita. Nesse sentido, após rica análise da jurisprudência do STJ e do STF (inclusive com a adoção do princípio da *actio nata*; o termo inicial de prescrição seria a data de real conhecimento pelo trabalhador de sua doença), conclui, e concordo como a posição adotada, a Dra. Claudirene Ribeiro pela imprescritibilidade desse pleito. A dignidade da pessoa humana, como nos ensina Pietro Perlingieri, "valor dos valores", não é amesquinhada pela Dra. Claudirene Riberio, alocando-se em sua devida forma, conforme previsto em nossa Constituição como um dos fundamentos de nossa nação.

Nesse sentido, temos a principal contribuição da Doutora Claudirene Ribeiro: o estudo e delimitação do dano labor ambiental futuro, que, conforme a Autora, pode ser em sentido amplo ou restrito; aqui, no caso de sentido restrito, merece destaque a possibilidade de nova ação de reparação de danos, após a coisa julgada de uma ação anterior que não condenou o empregador em qualquer verba referente à eventual exposição ao amianto, porque, nesta primeira época, o trabalhador tinha apenas um percentual de risco de desenvolver, por exemplo, câncer de pulmão; mas, 20 anos depois, infelizmente, o trabalhador vem a desenvolver a doença, e é forçosa a conclusão da Doutora Claudirene: é caso de admissibilidade desta nova ação, por se tratar de dano labor ambiental futuro (em sentido restrito).

Sua definição de dano labor ambiental futuro já soterra qualquer dúvida sobre a importância do presente trabalho e necessário estudo por aqueles que pesquisam ou trabalham nesta seara: "dano labor ambiental futuro, em sentido amplo, como toda e qualquer lesão decorrente da diminuição da saúde ou da qualidade de vida do trabalhador que se distancie do dano evento em tempo superior ao da prescrição da indenização trabalhista pós-contratual".

Ora, é a defesa do direito a condições dignas de trabalho (sem exposição ao amianto) contra a formalidade de um prazo prescricional, que sua aplicação somente servirá de argumento de formalidade; a prevalecer a tese da prescrição, sem dúvida estaríamos diante de um caso de "desvalorização da pessoa humana", nos termos do jurista luso Diogo Leite de Campos.

Por fim, podemos dizer que o presente trabalho cuida de forma exemplar do tema, que assume o título da obra: *Construção de um conceito de dano labor-ambiental futuro a partir do problema da exposição ao amianto*; assim, desde a "construção" das telhas de amianto, principalmente, nas casas dos mais pobres, do absurdo das caixas de água feitas de amianto, dos pisos feitos com amianto, casos que podem causar danos à saúde, repito, dos mais pobres, que formam a maioria dos consumidores que se utilizam (ou se utilizavam) desses produtos, até dos trabalhadores das fábricas que produziram essas telhas e caixas, o que sobra, como bem trata aqui a Doutora Claudirene Ribeiro, são os olhos dos trabalhadores para o futuro e a desesperança; como diz o poeta, trabalhadores com "olhos embotados de cimento e lágrima".

Arcadas, abril de 2024.

Eneas Matos
Professor Doutor da Faculdade de
Direito da Universidade de São Paulo.
Professor da Disciplina "Direito dos
Danos" na Pós-Graduação.

Capítulo 1

Introdução

Os danos são onipresentes, estão em toda parte ou ainda por vir, na sociedade do amanhã, dadas as características da chamada sociedade do risco, cujas características, ao mesmo tempo em que avança, com a adoção de novas tecnologias, aprofundam as desigualdades sociais e acumulam riscos e perigos desconhecidos, que se somam aos já conhecidos e atingem a coletividade, sem que deixe de respingar nos direitos de todos e de cada um, sujeitos de direitos atuais e vindouros, vítimas do desaparecimento de espécies vegetais e animais, com prejuízo ao ecossistema e à qualidade de vida.

Como a vida humana, que dele depende, o meio ambiente não pode esperar. Tal constatação fez com que, ao final do século XX, especialmente a partir dos anos de 1980, a comunidade global começasse a se movimentar em prol da diminuição dos danos a ele causados, ante a percepção de que os riscos de inviabilidade da vida na terra se tornaram mais reais e amedrontadores. Tal fato se dá, sobretudo, porque os riscos produzidos pelo novo modelo de sociedade não são totalmente conhecidos e aquilo que se conhece deles aponta para o aquecimento global, o desaparecimento de espécies, o aumento das enchentes nas grandes cidades, o adoecimento de trabalhadores pelo contato com substâncias tóxicas ou mesmo em razão das novas formas de organização do trabalho humano por plataformas digitais, as quais diminuem a possibilidade de desconexão do trabalho e assim por diante.

Nesse contexto, a responsabilidade civil, tema antigo do direito e historicamente baseada nos elementos da culpa, dano, ação humana e nexo causal, é chamada a fazer par com o direito ambiental, assim como o direito administrativo e outros ramos da ciência e do direito, na medida em que se constata que os riscos são inevitáveis e que o direito ambiental não consegue, sozinho, dar conta de todas as mazelas que acometem o meio ambiente, ao passo que nem todos os riscos podem ser evitados e acabam redundando em danos ao meio ambiente.

A partir das últimas décadas do século XIX e primeiras do século XX, especialmente após a segunda guerra internacional, assistiu-se à chamada objetivação da responsabilidade civil, de modo que se passou a questionar a antiga fórmula da responsabilidade civil, uma vez que os inúmeros acidentes de trabalho decorrentes da primeira revolução industrial e os acidentes de consumo provocados pelo novo modelo de sociedade de massa e a dificuldade de prova da culpa do causador do dano terminavam por deixar a vítima descoberta.

Os questionamentos acerca do modelo tradicional da culpa, antes no centro da responsabilidade civil, e da dificuldade de prova do nexo de causalidade, iniciados antes mesmo do reconhecimento, no âmbito internacional, dos problemas ambientais advindos da chamada sociedade de risco ou sociedade de massa, na qual os problemas advindos das descobertas de novos modelos de produção se somaram aos anteriores e com eles passaram a conviver, intensificam-se com a percepção da esgotabilidade dos recursos naturais e das características dos novos riscos em que a sociedade se encontra implicada.

A ideia de um direito que tutele a dignidade da pessoa humana, sem que a vítima fique à descoberta, desperta a doutrina e a jurisprudência para a necessidade de ampliação da responsabilidade civil, cujos cânones são colocados em xeque ante o fato de que os novos danos divergem dos anteriores, dadas suas características de extraterritorialidade, transtemporalidade e cumulatividade.

Se os danos típicos da sociedade industrial eram conhecidos, individualizados e imediatos, os novos danos, especialmente os ambientais, são desconhecidos, massificados, cumulativos, invisíveis, quase misteriosos aos olhos da ciência, que não consegue especificar com precisão a(s) sua(s) causa(s) e o seu(s) alcance(s), apesar de guardar algumas pistas. Os rastros da modernidade desafiam o direito e a responsabilidade civil a darem respostas às vítimas, de modo que o causador do dano assuma os custos de sua atividade.

Assim, de coadjuvante na responsabilidade civil oitocentista, o dano assume papel de destaque na responsabilidade civil moderna e tende a brilhar cada vez mais. Seu estudo tem despertado a atenção da comunidade científica e da jurisprudência, no intuito de assegurar a tutela integral da pessoa humana, sobretudo quando se trata de questões relacionadas às condições ambientais que interferem na saúde e qualidade de vida.

Como os direitos da personalidade, cuja indenizabilidade era questionada pelo fato de não possuir expressão econômica, o dano futuro também o era, por não preencher o requisito da certeza, já que opera no âmbito da relativa certeza, de acordo com as regras naturais, de modo que também não era plenamente admitido pela doutrina e pela jurisprudência.

Verificada a necessidade de reparação integral e o fato de que nem todos os danos estão plenamente concretizados por ocasião de seu julgamento, o dano futuro passa a ser aceito pela doutrina e jurisprudência, ao mesmo tempo em que surgem algumas teorias que almejam o avanço da responsabilidade civil na direção de antecipar-se à concretização da lesão, especialmente em casos em que haja exposição a determinadas substâncias químicas reconhecidamente causadoras de doenças graves, como o câncer. Desse modo, a caracterização do dano ambiental futuro se faria a partir da atualidade do risco de ocorrência de dano futuro. Tal dano seria indenizável independentemente da concretização da doença e também demandaria uma indenização por danos morais dada a angústia da pessoa que teve o risco ampliado em razão da exposição e o acompanhamento médico dessa, nos casos em que a exposição a determinada substância mais do que teria dobrado o risco de adoecimento, de acordo com as pesquisas médicas.

Nesse contexto, além de ações com pedido de indenização por danos já concretizados e por danos futuros decorrentes do agravamento de danos já concretizados ou da continuidade desses, também tem chegado ao Tribunal Superior do Trabalho (TST) diversas ações com pedidos de reparação por danos morais em razão do medo e da angústia advindos do risco de adoecimento futuro de ex-trabalhadores que foram expostos ao amianto, quando da vigência de seus contratos de trabalho, encerrados, via de regra, nas décadas de 1980/1990. Isso tem levado as diversas turmas daquele órgão a reconhecer a prescrição para o caso concreto, por entender que o referido receio teria surgido, no máximo, quando o trabalhador teve ciência dos riscos advindos da exposição ao amianto, o que se teria dado há mais de dois ou de três anos da propositura da ação, a depender da corrente seguida pela turma, se trabalhista ou civil, respectivamente.

Contudo, constata-se a insuficiência do tratamento do dano labor-ambiental futuro no direito nacional, embora tal dano ocorra em diversas modalidades de exposição profissional O estudo da teoria do dano futuro, do dano ambiental e da jurisprudência do Supremo Tribunal Federal (STF) e do Superior Tribunal de Justiça (STJ), que lidam com a questão ambiental em sentido amplo, somado à análise da Emenda Constitucional (EC) n. 45/2004, também sobre a questão relacionada ao meio ambiente do trabalho, podem oferecer respostas úteis ao direito ambiental do trabalho e à doutrina da responsabilidade civil aplicável à área trabalhista, uma vez que inexiste um conceito de dano labor-ambiental futuro.

Os danos labor-ambientais futuros podem ser verificados não apenas em relação ao amianto, como também em relação ao contato com outras substâncias químicas nocivas à saúde humana, a exemplo do fumo e do álcool ou em relação a condições ergonômicas desfavoráveis, que apresentam um maior risco à saúde do trabalhador. Assim sendo, a relevância da discussão que se propõe levantar abrange diversos outros contextos de pedidos de indenização de dano labor-ambiental futuro e, sobretudo, no que concerne à sua prevenção.

O amianto, mineral também chamado de asbesto, originado de rochas metamórficas do tipo anfibólio (actinolita, amosita ou asbesto marrom, antofilita, crocidolita ou asbesto azul) ou do tipo serpentina (crisotila ou amianto branco), cuja exploração remonta aos primórdios da civilização, teve seu uso observado em mais de três mil tipos de produtos. O auge da sua produção mundial e consumo ocorreu em meados da década de 1970. O contato com esse produto sujeita os trabalhadores a um aumento do risco de adoecimento por câncer em mais de dez vezes. Contudo, o adoecimento se faz de forma lenta, podendo levar de 10 a 50 anos para o diagnóstico da doença, o que dificulta a prova do nexo causal com a exposição.

Não obstante a distância entre o adoecimento e, em muitos casos, a morte de pessoas expostas ao amianto, que dificulta a comprovação do nexo causal, diversos estudos comprovam a ligação entre a doença e a exposição ao produto, o que fez com que se buscasse regulamentar sua exploração, proibindo-se por completo a exploração de todas as espécies do tipo anfibólio e restringindo-se a do tipo branco, que, por sua vez, passou a contar com recomendação de limite máximo de exposição de 1f/ml na norma federal, Lei n. 9.055, de 1º de julho de 1995. Ademais, nos termos do art. 3º da norma em comento, todas as normas vigentes acerca da matéria deveriam ser mantidas e atualizadas, sempre que necessário.

A Organização Internacional do Trabalho (OIT) conta com duas Convenções internacionais importantes sobre o tema, a de n. 139, de 1974 (C139), que trata do cancro profissional, e a de n. 162, de 1986 (C162), também conhecida como Convenção sobre o amianto, ambas ratificadas pelo Brasil, além da Recomendação n. 172, de 1986, e de uma Resolução produzida em 2006.

A organização dos trabalhadores em associações, como a Associação Brasileira de Expostos ao Amianto (ABREA), e as campanhas de divulgação dos riscos de exposição ao amianto fizeram com que, a partir do início dos anos 2000, diversos Estados e Municípios da federação aprovassem normas com restrição ao seu uso, algumas apenas com relação ao uso de qualquer material que contivesse a fibra em construções públicas, a exemplo da lei amapaense, Lei n. 258, de 06 de maio de 2016, outras com restrições maiores, a exemplo da lei paulista, Lei n. 12.684, de 26 de julho de 2007, que, além da exploração, fabricação e comercialização de qualquer produto que contenha o amianto em sua composição, proíbe também a circulação desse em seu território.

No âmbito do STF, tramitaram diversas Ações Diretas de Inconstitucionalidade (ADI) em face de leis estaduais e até de leis municipais que restringiram o uso do amianto do tipo crisotila. A referida corte, na ADI 3.937-SP/SP, alterando entendimento que vinha sendo aplicado anteriormente, declarou, por meio da adoção da técnica de declaração incidental, a inconstitucionalidade do art. 3º da lei nacional, por entender que o estado atual da técnica já permite encontrar substituto adequado para o amianto, desautorizando a manutenção de um dispositivo que permite a sua exploração, tendo em vista o princípio da precaução, que norteia as políticas ambientais.

Em que pese o longo tempo em que se discute a questão da carcinogenicidade do amianto, o tema se mantém atual e relevante, mormente porque, de acordo com a OIT, os danos por exposição ao produto tendem a continuar ocorrendo pelo menos até 2037, ainda que se cesse totalmente o seu uso nesse momento, dada a elevada latência entre a exposição ao produto e o adoecimento da pessoa exposta. Além disso, os riscos de exposição continuam, especialmente em virtude do transporte de materiais de demolição e da própria demolição de prédios que se utilizaram de produtos de fibrocimento, principal forma de uso deste na construção civil.

Esse contexto contribuiu para a definição do tema, que é o conceito e caracterização do dano labor-ambiental futuro por exposição ao amianto, assim como a investigação do regime jurídico a ele aplicável.

A pesquisa buscou, precipuamente, responder à seguinte pergunta: a) O que é o dano labor-ambiental futuro por exposição ao amianto?

Buscando responder à pergunta acima, a pesquisa teve como objetivo principal elaborar um conceito de dano labor-ambiental futuro a partir dos elementos doutrinários e jurisprudenciais conferidos ao dano futuro, dano ambiental e dano ambiental futuro que possam ser aplicáveis ao dano labor-ambiental futuro por exposição ao amianto.

Para responder a pergunta principal da pesquisa e alcançar o objetivo central, foram formuladas perguntas secundárias, que nortearam os objetivos específicos e a construção dos capítulos da tese: a) Quais os elementos utilizados pela doutrina e pela jurisprudência do STJ e do STF para a construção de um conceito de dano ambiental futuro? b) Em que consistem os danos labor-ambientais futuros e qual a posição do TST em relação a esses? c) Qual a atual posição do STF em relação às normas que regulam a exploração do amianto no país? d) Qual o tratamento dado pelo TST aos pedidos de dano futuro por exposição ao amianto? e) É possível aplicar ao dano labor-ambiental futuro por exposição ao amianto os entendimentos mais benéficos ao meio ambiente extraídos da jurisprudência do STJ e STF? Se positiva a resposta, quais seriam tais entendimentos?

Assim, para responder a pergunta principal e as perguntas secundárias, a pesquisa teve como objetivos específicos:

a) investigar o tratamento doutrinário e jurisprudencial ao dano futuro, dano ambiental e dano ambiental futuro;

b) levantar informações sobre os danos labor-ambientais futuros por exposição ao amianto;

c) identificar a legislação nacional acerca da exploração do amianto em suas diversas formas e os possíveis danos advindos da exploração deste, sobretudo em relação ao meio ambiente do trabalho;

d) entender o alcance e aplicação dos princípios ambientais da precaução, da prevenção, do poluidor-pagador e da melhoria contínua em relação à proteção do meio ambiente do trabalho;

e) propor a aplicação das teses formuladas pelo STJ e STF que sejam mais favoráveis ao meio ambiente ao tratamento dado ao dano labor-ambiental futuro por exposição ao amianto.

A hipótese geral[(1)] da pesquisa é de que o dano labor-ambiental futuro por exposição ao amianto não tem sido corretamente compreendido na literatura nacional e internacional. A partir da hipótese geral foram formuladas hipóteses específicas, que nortearam os objetivos da pesquisa: 1) os entendimentos jurisprudenciais do STJ e do STF são aplicáveis ao dano labor-ambiental futuro por exposição ao amianto; 2) o dano labor-ambiental futuro por exposição ao amianto é imprescritível; 3) os princípios ambientais e a própria legislação já consolidada justificam a proibição da exploração do amianto.

No que tange à forma de coleta dos dados, a pesquisa é do tipo qualitativa, o que significa dizer que trabalha precipuamente com dados qualitativos, embora possa se valer de dados quantitativos, porquanto esse tipo de pesquisa "não se define apenas por uma série de características invariantes, mas é um campo atravessado por uma pluralidade de posições epistemológicas e diversos métodos de análise" (RICHARDSON, 2017, p. 37).

O método de interpretação dos resultados[(2)] utilizado é o dedutivo, por meio do qual se parte do conhecimento geral para o particular, porquanto visa à ampliação do "alcance dos conhecimentos" (LAKATOS; MARCONI, 2021, p. 104).

Quanto aos objetivos, a pesquisa é do tipo exploratória, que, conforme Gil (2002, p. 41), constitui um tipo de pesquisa que visa a "proporcionar maior familiaridade com o problema, com vistas a torná-lo mais explícito ou a constituir hipóteses." Ademais, conforme assevera o referido autor, a pesquisa exploratória busca sobretudo, "o aprimoramento de ideias ou a descoberta de intuições."

No caso, busca-se preencher uma lacuna do conhecimento, na medida em que não existem obras jurídicas específicas acerca do dano labor-ambiental futuro por exposição ao amianto no Brasil, especialmente no que concerne ao que se caracterizaria como tal.

No que concerne aos procedimentos técnicos utilizados, a pesquisa se classifica como bibliográfica e documental[(3)], pois se baseia em fontes secundárias, como livros

---

(1) As hipóteses de pesquisa representam o modo como o pesquisador apresenta "uma proposição teórica" que não se encontra eficientemente determinada, de modo que podem ou não se confirmar. As pesquisas mais amplas aconselham a divisão da hipótese em "várias sub-hipóteses" (RICHARDSON, 2017, p. 101).

(2) "Método é o conjunto das atividades sistemáticas e racionais que, com maior segurança e economia, permite alcançar o objetivo de produzir conhecimentos válidos e verdadeiros, traçando o caminho a ser seguido, detectando erros e auxiliando as decisões do cientista." (LAKATOS; MARCONI, 2021).

(3) Gil (2010, p. 37) leciona que a pesquisa bibliográfica é realizada a partir de material já publicado, geralmente impresso, mas pode incluir outros tipos de fonte, como discos e fitas magnéticas. Assim como a pesquisa

e artigos periódicos acerca dos temas analisados e dados primários, obtidos por meio da consulta às normas relativas ao amianto e à jurisprudência do STF e do Superior Tribunal de Justiça (STJ) sobre dano futuro, dano ambiental e dano ambiental futuro. Baseia-se também no estudo da ADI 3.937-SP/SP, por meio da qual o STF analisou a constitucionalidade da lei paulista n. 12.684, de 2004, que contraria a Lei n. 9.055/95, lei geral que disciplinava a exploração controlada do amianto em território nacional.

A pesquisa de jurisprudência apresentada na presente tese foi realizada no site de busca eletrônica do STF e do STJ, na aba de pesquisa, subitem pesquisa do STJ, na modalidade "Por termo"(4) e junto ao STF, na aba de pesquisa de jurisprudência, com o uso de palavras-chaves. Os termos de busca utilizados foram, com o uso das expressões: dano futuro, dano ambiental e dano ambiental futuro.

Também foi utilizado o termo de busca "amianto" na pesquisa de jurisprudência do STJ.

O uso padronizado de aspas nos termos de busca em todos os tribunais se mostrou inviável, na medida em que os sistemas de buscas não são idênticos,(5) de modo que, apesar de se privilegiar o uso de aspas, em alguns casos, o uso dessas resultou em um número ínfimo de decisões colegiadas ou nenhum resultado dessa. É, por exemplo, o caso da expressão "dano futuro por exposição ao amianto", cujo uso, com aspas junto ao TST, não apontou nenhum resultado. Em situações como essa, as aspas foram desprezadas (como se explica melhor nos tópicos em que se apresentam os resultados das pesquisas de jurisprudências).

Junto ao TST, a pesquisa foi feita na modalidade pesquisa de jurisprudencia livre, com o termo de busca dano futuro por exposição ao amianto (sem aspas), com exclusão da palavra "falecimento" e inclusão das palavras "Recurso de revista conhecido" na ementa.

As técnicas de pesquisa utilizadas durante a elaboração deste trabalho foram leituras, esquemas e resumos, tanto da doutrina quanto da jurisprudência.

A construção de um conceito de dano labor-ambiental futuro pressupõe o conhecimento dos elementos e características dos danos ambientais, dos danos ambientais

---

bibliográfica, a pesquisa documental parte de dados já existentes, sendo considerada documental quando o material a ser utilizado é *"interno à organização"*.

(4) É possível também realizar a pesquisa "Por número do Processo".

(5) Outras limitações encontradas para a realização da pesquisa de jurisprudência decorreram do fato de que a indexação realizada por cada tribunal é divergente e muitas vezes um termo que se refere ao nome da parte é indexado para aparecer na pesquisa. A título de exemplo, a pesquisa junto ao STJ com o termo "dano futu-ro" mostrou uma decisão cujo termo "futuro" refere-se ao nome de uma fazenda em que foram apreendidos tratores. Ademais, o resultado da busca depende do tempo de existência do processo judicial eletrônico, de modo que as buscas não alcançam decisões proferidas em período anterior à instalação do novo sistema pelo respectivo Tribunal.

futuros, dos danos labor-ambientais e dos danos labor-ambientais futuros. Da mesma forma, a identificação dos danos futuros por exposição ao amianto implica a identificação do problema e a regulamentação da exploração do produto no país, bem como a posição da mais alta corte acerca da constitucionalidade das normas que o regulamentam e a posição do TST acerca do tema específico, o que explica a organização do trabalho em quatro seções.

No segundo capítulo, são apresentados os conceitos de dano, de dano futuro, de dano ambiental e de dano ambiental futuro, bem como a teoria e crítica à proposta de responsabilidade civil sem dano, além de diferenciar-se o dano ambiental do dano tradicional, sobretudo a partir da noção da sociedade de risco.

Ainda é destacada a amplitude do meio ambiente enquanto gênero, que abriga diversos aspectos, apontados os principais conceitos e termos utilizados para designá-lo e apresentado o resultado do levantamento da jurisprudência do STF e do STJ em relação aos termos de busca dano futuro, dano ambiental e dano ambiental futuro.

O terceiro capítulo é dedicado à caracterização do dano labor-ambiental e do dano labor-ambiental futuro, que, embora apresentem semelhanças com o dano ambiental enquanto gênero, guardam algumas especificidades, especialmente no que concerne ao objeto e destinatários imediatos da proteção, que são os trabalhadores. Deste modo, inicia-se o capítulo com a apresentação dos conceitos de meio ambiente de trabalho e dos mais importantes princípios do direito ambiental aplicáveis a ele: dentre os quais o princípio da prevenção, da precaução, do poluidor-pagador e da melhoria contínua.

Na sequência, propõe-se um conceito de dano labor-ambiental futuro, em sentido lato sensu e em sentido estrito. No primeiro sentido, o dano labor-ambiental futuro corresponde a toda e qualquer lesão que comprometa algum dos elementos do meio ambiente do trabalho ou a função deste e cuja distância com o dano-evento seja superior ao prazo da tradicional prescrição total do dano trabalhista. No segundo sentido, o dano labor-ambiental futuro constitui a lesão à saúde, condições de vida ou de trabalho do(a) trabalhador(a) ou de pessoa a ele diretamente vinculada em decorrência das condições laborais a que se submeteu e cujos efeitos concretos ultrapassam o momento da sentença de primeira instância

O primeiro conceito é proposto com base na distância temporal entre o dano-evento e o dano-prejuízo, cuja principal relevância é a definição da prescrição e, o segundo, tendo como ponto de partida a concretização ou não no momento do julgamento em primeira instância, importante para a responsabilidade civil no que concerne aos aspectos da previsibilidade e futuridade propriamente dita, a ponto de possibilitar sua revisão no caso de alteração das circunstâncias tidas por certas no momento da decisão.

Ainda no terceiro capítulo são apontadas as bases da responsabilidade civil objetiva e o entendimento do STF no que concerne à aplicação desta aos danos labor-ambientais, por meio do tema de repercussão geral n. 932.

O quarto capítulo é dedicado ao estudo do amianto, a começar pela descrição dos grupos e espécies desse mineral, principais formas de uso, países exportadores e importadores e os danos advindos aos trabalhadores a ele expostos, conforme registro da literatura nacional e internacional.

Ademais, é levantada a regulamentação acerca da exploração, industrialização e uso do produto no âmbito internacional, com destaque para as normas da Organização Internacional do Trabalho (OIT), da legislação no âmbito, regional e local, bem como ao levantamento de informações acerca das Ações que tramitaram no STF a respeito do tema, em especial, da ADI 3.937-SP/SP e os resultados da pesquisa de jurisprudência do TST acerca do dano futuro por exposição ao amianto.

No quinto capítulo, são reunidas as categorias discutidas ao longo da tese e é proposta a utilização da jurisprudência do STJ e do STF nas questões relacionadas a labor-ambientais futuros por exposição ao amianto. Dentre essas, destacam-se a legitimidade da Defensoria Pública da União para a defesa das vítimas, a possibilidade de cumulação de pedidos de obrigação de fazer/não fazer com aqueles de natureza reparatória e a imprescritibilidade do dano ambiental. Neste capítulo também é questionado o entendimento da jurisprudência do TST, que adota a prescritibilidade do pedido de indenização pelo medo do adoecimento futuro por exposição ao amianto, como também é apontada a importância da decisão proferida pelo STF no julgamento da ADI 3.937-SP/SP para a prevenção do dano labor-ambiental futuro. Outrossim, é proposta a obrigatória adoção do seguro de responsabilidade civil para assegurar a reparação do dano labor-ambiental futuro por amianto, nas hipóteses em que se torne inevitável a exposição ao produto, bem como a ampla aceitação da competência concorrente dos estados e municípios para legislar em matéria labor-ambiental.

Capítulo 2

Dano ambiental futuro: doutrina e jurisprudência do STJ e STF

A transição da sociedade técnica para a sociedade de risco[6] implicou a aceleração dos danos, tanto sob a perspectiva qualitativa, quanto quantitativa, na medida em que novos tipos de danos e os riscos desses se somam aos danos já proporcionados pela revolução industrial (BECK, 2011). Nesse contexto, os riscos de danos se alastraram e a percepção das diversas alterações provocadas na natureza fez com que, especialmente a partir da década de 1970[7], a comunidade internacional começasse a se preocupar com a questão ambiental (AMADO GOMES, 2010).

Por meio de eventos internacionais[8], expandiram-se as discussões em torno dos problemas ambientais, que passaram a compor a agenda internacional, ante a percepção, iniciada sob os auspícios das ciências naturais, de que as ações humanas sobre a natureza podem implicar verdadeiras catástrofes ambientais e colocar em risco a própria sobrevivência humana[9] (NEVES; SOROMENHO-MARQUES, 2017).

---

(6) O termo sociedade de risco foi criado por Ulrich Beck, no final da década de 1980, para se referir ao período no qual os riscos de novos danos se somam aos riscos de danos advindos com a revolução industrial.

(7) Embora enfatizado a partir da década de 1970, o fenômeno pode ser observado antes do século XX, ainda que paire dúvida acerca de sua motivação, porquanto, ainda em 1669, a legislação francesa relativa às águas e florestas limitou o corte de "árvores em terrenos públicos e privados" com o objetivo de "reservar madeira para a construção de barcos" para a travessia dos "oceanos e a promoção do comércio marinho" (AMADO GOMES, 2010, p. 16).

(8) Dentre outros eventos internacionais importantes para a discussão de propostas acerca da questão ambiental, destaca-se a Conferência de Estocolmo, em 1972, a Conferência do Rio, vinte anos depois, ambas realizadas em cidades respectivamente homônimas e, já na atual década, a COP 26 – 26ª Conferência das Nações Unidas sobre Mudanças Climáticas, em 2021, na cidade de Glasgow, na Escócia.

(9) Acerca da relação do homem com a natureza, Neves e Soromenho-Marques (2017) apontam que, do ponto de vista da ética e da tomada de consciência das questões ambientais de âmbito global, houve momentos em que o homem se sentia parte indissociável da natureza, numa relação harmônica, da qual se afastou, efetivamente, a partir da idade moderna, em decorrência dos efeitos do avanço científico, que lhe permitiu a criação de ferramentas que o colocaram na condição de conhecedor do objeto cognoscível e de sua progressiva capacidade de alterá-lo. À medida em que se coloca como centro do universo, a quem a natureza deve servir, o homem se distancia cada vez mais dessa, na chamada visão antropocêntrica, à qual se contrapõe a visão ecocêntrica, cujo centro se desloca para a natureza. Esse afastamento entre homem e natureza incrementou-se na era contemporânea e é contraposto por duas linhas: a primeira, relacionada ao avanço das teorias evolucionistas do século XIX, que ganham prestígio junto aos pensadores filosóficos, fazendo surgir estudos que

Nesse compasso, o direito é chamado a conferir respostas aos problemas ambientais, inicialmente por meio do direito ambiental, numa perspectiva especialmente preventiva, que se mostrou insuficiente para a prevenção de todos os danos ao meio ambiente, levando o direito ambiental a se aproximar da responsabilidade civil (BENJAMIN, 1998, 2011).(10) Essa última, que já passava por uma reestruturação de seus elementos, por meio dos processos de "[...] expansão dos danos suscetíveis de reparação(11), objetivação da responsabilidade(12) e sua coletivização(13)", com destaque para os dois últimos (NORONHA, 2013, p. 564, itálico no original), passa a ser repensada de forma a dar conta dos danos e/ou riscos de danos ambientais, mais abrangentes que os danos individuais.

---

colocam em xeque a relação entre o homem e a natureza e, a segunda, decorrente das catástrofes ambientais ocorridas após os anos de 1950 e que se tornam sua marca, como por exemplo, a contaminação por mercúrio liberado pela indústria Chisso, em Minamata, no Japão, com capacidade de causar mudanças nos sentidos e até mesmo morte; o derramamento de petróleo pelo navio Exxon Valdez, que contaminou acima de 41 milhões de área costeira e 28.000 Km de oceano, com prejuízos diretos e imediatos para a fauna e para a flora e efeitos reflexos para as populações; a divulgação do acidente da usina de Chernobyl e outros envolvendo energia nuclear. Nesse contexto, começa a despontar o reconhecimento dos problemas globais decorrentes da ação do homem sobre a natureza e da piora das condições ambientais com efeitos na diminuição da biodiversidade, da qualidade de vida e da saúde da população.

(10) Para a compreensão da aproximação do direito ambiental com outros ramos do direito, especialmente com o direito civil por meio da responsabilidade civil, conferir Benjamin (1998, 2011), que destaca a importância desta para a questão ambiental, não obstante a necessidade de adequação de alguns de seus elementos, em razão das características que envolvem o dano ambiental. As razões apontadas pelo autor para essa aproximação são: a) a descoberta da finitude dos recursos naturais que passam a ser valorizados; b) a constatação de que o direito público não protegeria o meio ambiente sozinho; c) a compreensão de que os acidentes ocorrem, apesar da prevenção e precaução; d) a contradição entre a ideia transmitida pela legislação que isentava o poluidor pagador de indenização enquanto punia penal e administrativamente; e) o aparecimento de novos direitos subjetivos, inclusive constitucionalizados, e que demandam o manejo do público e do privado; f) a maior preocupação do direito com a vítima, típico do estado de bem estar social. Em sentido próximo, Cruz (1997), Mirra (2019), Carvalho (2013) e Padilha (2002). Ademais, esses dois últimos autores ressaltam o fato de que a responsabilidade civil deve caminhar par e passo com outros ramos do direito e da ciência, como as naturais (biologia, geografia física), tecnológicas (engenharias) e sociais (economia, sociologia, geografia humana, história) aos desafios postos pelas particularidades da questão ambiental, numa perspectiva inter e transdisciplinar, com vistas à proteção ambiental. Por sua vez, Márquez (2003, p. 31), aponta que o direito ambiental adveio e avançou a partir de outros ramos do direito, o que justificaria o fato de os ordenamentos jurídicos da maioria dos países latinos buscarem solucionar as questões relacionadas aos danos ambientais a partir de "reglas jurídicas propias del derecho civil, del derecho penal y del derecho administrativo)", descuidando-se das particularidades e diversidade do bem ambiental em relação aos demais. O autor aponta o exemplo do § 3º do art. 225, CF/88, que estipula penalização de natureza criminal, administrativa e civil.

(11) O aumento dos danos reparáveis é caracterizado especialmente pela aceitação da indenizabilidade dos "danos extrapatrimoniais e pela tutela dos danos transindividuais" (NORONHA, 2013, p. 565).

(12) A objetivação da responsabilidade significou especialmente o progressivo afastamento da ideia da culpa e também a influência para o crescimento dos seguros que, posteriormente, passou também a influir no processo de alargamento da objetivação (NORONHA, 2013). Esse tema é melhor abordado no capítulo 4, quando se discute o cabimento da responsabilidade civil objetiva em matéria de acidente de trabalho.

(13) A coletivização da responsabilidade civil se operou inicialmente por meio da criação do seguro para situações de responsabilidade objetiva e para a "seguridade social". Como reflexo da coletivização, por parte do causador do dano, operou-se a chamada "responsabilidade grupal", na qual, coletivamente, os causadores dos danos devem responder por eles, ainda que individualmente não o tenham causado e pelo lado da vítima, embora não se trate de coletivização em sentido estrito, a qual é reservada para o lado do lesante, verificou-se o fortalecimento da luta pela reparabilidade dos "danos transindividuais." Também na esfera da objetivação da responsabilidade civil da administração pública, a coletivização da responsabilidade civil foi especialmente relevante (NORONHA, 2013, p. 568-569, itálico no original).

Contrariando a afirmativa de Aguiar (1987, p. 832) no sentido de que o dano seria o requisito menos polêmico da responsabilidade civil, esse é hoje um dos elementos da responsabilidade civil que levanta mais discussão, porquanto nela agora ocupa papel central(14), ante o deslocamento de seu foco, da figura do causador do dano para a vítima(15). Sem a presença do dano, não haveria que se falar em responsabilidade civil.(16)

A reconfiguração da responsabilidade civil como uma das matérias de maior importância para o direito na atualidade é chamada de "explosão da responsabilidade civil" e faz surgir novos problemas(17) para a matéria, dentre os quais, a desnaturação de sua primordial "[...] função", a "[...] dificuldade" de "[...] qualificação" dos ""[...] novos danos [...]"" e "[...] a questão de saber até onde vai a extensão do dano indenizável e, mais que isso, como se deve repará-lo." (GUEDES, 2011, p. 43).

Schreiber (2013) aponta a ampliação quantitativa e, sobretudo, qualitativa dos danos indenizáveis(18). A primeira, tendo por causas: a) a morte da culpa; b) a flexibilização do nexo causal e c) a facilitação do acesso à justiça. A segunda, ocasionada, especialmente,

---

(14) Ao mencionar o reconhecimento da cumulatividade do dano moral e estético pela Súmula n. 37 do STJ, Tartuce Silva (2010, p. 96) aponta que essa alteração jurisprudencial apresentaria fins "práticos, didáticos e metodológicos" e indicaria a centralidade do elemento dano na responsabilidade civil.

(15) A esse respeito, conferir também Guedes (2011, p. 37) segundo a qual, essa ampliação em torno do dano estaria a exigir uma revisão das "categorias tradicionais de dano em que se funda a responsabilidade civil". Ainda nesse sentido, conferir também Miragem (2021, p. 79), segundo o qual "o dano" estaria no cerne do "desenvolvimento contemporâneo da responsabilidade civil" a ponto de se propor a ideia de um "direito de danos". A propósito, a Universidade de São Paulo (USP) possui uma disciplina com essa denominação, ministrada pelo Professor doutor Enéas de Oliveira Matos, que se concentra em estudar os diversos tipos de danos e as terminologias utilizadas para designá-los. Guedes (2011, p. 50) exemplifica a importância do dano para a responsabilidade civil com o fato da redução da responsabilidade civil ao termo "derecho de danos".

(16) A chamada responsabilidade sem dano constituiria "[...] um verdadeiro truísmo [...], porque, resultando a responsabilidade civil em obrigação de ressarcir, logicamente não pode concretizar-se onde nada há que reparar." (AGUIAR, 1987, p. 832). Em sentido semelhante, Cavalieri Filho (2014, p. 92) afirma que se trataria de "enriquecimento ilícito" para o credor. Gonçalves (2008, p. 338) chega a afirmar que "ação sem dano é pretensão sem objeto". No mesmo sentido, conferir Bittar Filho (1994) e Alvim (1965). Esse último, assinala que a exigência do dano para a obrigação de indenizar é principiológica, na medida em que "a responsabilidade, independentemente de dano, redundaria em mera punição do devedor, com invasão da esfera do direito penal." Desse modo, do lado do credor, a indenização sem dano implicaria em "enriquecimento" sem causa e do lado do devedor, "pena" (ALVIM, 1965, p. 172). Garcez Neto (2000) também aponta a inexistência de relevo para a responsabilidade civil do fato doloso ou culposo que não provoque dano. Junqueira de Azevedo (2004), igualmente, é enfático quanto à necessidade da existência do dano para a responsabilidade civil. Mesmo na seara ambiental, para a qual parte da doutrina tem apontado para a chamada responsabilidade civil sem dano, como se discute no item 2.3.3.1.2, a maioria dos autores aponta para a necessidade do dano para que ocorra o dever de reparar, a exemplo de Vianna (2011, p. 131), Catalá (1988, p. 73), mesmo apontando para as dificuldades da certeza e pessoalidade nos danos ao meio ambiente, registra que o dano deve cumprir esse requisito para que desperte a obrigação de indenizar. Morato e Ayala (2020, p. 72) também apontam para a necessidade de "diminuição ou alteração do bem destinado à satisfação de um interesse" para que se gere a obrigação de indenizar.

(17) Para Guedes (2011, p. 43), as dificuldades apontadas interferem na própria "reparação" do dano.

(18) Também Pereira (2022, p. 105) aponta a expansão dos danos indenizáveis no aspecto qualitativo e quantitativo, que aponta como importante para a proteção "das vítimas de uma sociedade cada vez mais sujeita a riscos, porém adverte para a necessidade de preenchimento dos requisitos da responsabilidade civil, para que a mesma não seja desvirtuada.

pelo fato de a jurisprudência reconhecer a necessidade de tutela dos "novos interesses, sobretudo de natureza existencial e coletiva" (SCHREIBER, 2013, p. 85).

Antes focada primordialmente na figura do causador do dano, a responsabilidade civil passa a adotar o ideal de solidariedade, de modo a não deixar a vítima a descoberto, trazendo o dano para o seu centro[(19)], porquanto, mesmo na responsabilidade objetiva, que prescinde do elemento culpa, faz-se necessária a presença desse, sem o qual não há que se falar em indenização.

Em sentido semelhante, Pereira (2022, p. 71) assinala a centralidade do dano para a responsabilidade civil atual, embasado especialmente pela ideia da ampliação dos riscos e a probabilidade de danos em razão das novas tecnologias.

Agora no centro da responsabilidade civil, o dano tradicional[(20)], pensado no âmbito da responsabilidade civil clássica, de caráter individualista, tanto em relação à conduta quanto em relação à vítima e facilmente identificável no contexto da sociedade industrial, depara-se com a nova realidade da chamada sociedade pós-industrial, na qual os danos são coletivizados, tanto no que concerne à produção quanto no que concerne às vítimas, dados os efeitos pulverizados e cumulativos das atividades humanas no tempo e no espaço.

Assim, a chamada da responsabilidade civil para responder pelos danos ambientais e a constitucionalização do ambiente como bem jurídico de interesse e responsabilidade de cada um e de todos, incluindo as gerações futuras, coloca em xeque o conceito jurídico de dano e mesmo a necessidade de sua existência concreta como elemento essencial da responsabilidade civil, ante as diferenças entre o dano ambiental, de caráter substancialmente coletivo[(21)], transtemporal[(22)], transterritorial e o dano tradicional, inicialmente construído em perspectiva inversa.

---

(19) Esse processo deveu-se aos efeitos da segunda guerra mundial, que mostrou a necessidade de uma nova leitura do direito civil, desta feita, sob a ótica das normas constitucionais, especialmente nos países de regimes mais autoritários que restaram vencidos no conflito. Nesse contexto, os códigos civis europeus, sob o falso argumento da neutralidade, constituíam instrumentos de manutenção da esfera privada individual longe de qualquer intervenção política estatal e distanciavam o direito civil dos demais ramos do direito, do que se originou a criação de uma metodologia civil-constitucional. A nova leitura do direito civil para com o dano inclui as cláusulas gerais de proteção à pessoa humana e o princípio da ampla ressarcibilidade dos danos, na perspectiva da proteção da pessoa humana pela pessoa humana e alberga uma esfera de proteção ideal que não se resume ao âmbito material ou econômico, mas engloba um feixe de valores e sentimentos próprios e relacionais (SCHREIBER, 2013).

(20) A expressão é aqui entendida em referência ao dano secularmente considerado como objeto de reparação pela responsabilidade civil.

(21) Esse fato é visto por Cavalieri Filho (2014, p. 92) como um dos motivos para a ampliação dos "conceitos e modalidades de danos".

(22) A maioria dos efeitos da conduta humana sobre o meio ambiente não é completamente conhecida pela ciência, pelo menos no momento em que realizada e apenas se manifesta futuramente, num momento bem distante daquele em que se deu a conduta.

No mar de dúvidas em que se encontra o operador do direito face aos novos pedidos de indenização por danos que chegam ao poder judiciário, incluindo os danos labor-ambientais futuros por exposição ao amianto, objeto da presente tese, a construção de um conceito de dano labor-ambiental futuro torna-se tão difícil[(23)] quanto imprescindível e exige a discussão prévia acerca do conceito e das características do dano[(24)], do dano ambiental e do dano ambiental futuro, tarefa a ser realizada no presente capítulo, a começar pela apresentação do conceito e características do dano tradicional.

2.1. Dano: conceito, características e classificações doutrinárias

O conceito de dano é produto da doutrina e jurisprudência e não da Lei[(25)] (CAVALIERI FILHO, 2002; MARTINS-COSTA, 2001). Trata-se de uma construção jurídica a partir do que determinada sociedade entende relevante proteger[(26)]. Logo, alterando-se a ideia do que seja digno de proteção social, reflexamente, modifica-se a noção do que se entende por dano (MARTINS-COSTA, 2001).

A perspectiva acima é relevante para a compreensão do processo de alargamento que a noção de dano vem passando ao longo dos séculos, porquanto os novos fenômenos sociais clamam por respostas jurídicas adequadas.

---

(23) A consciência da dificuldade de "uma específica definição de dano frente a sua extensão e complexidade" é comungada por Benacchio (2018 p. 439).

(24) O estudo do dano a partir de uma revisitação de toda a teoria da responsabilidade civil inviabilizaria a consecução dos objetivos da presente tese, que se propõe, antes, ao levantamento das principais categorias necessárias para a formação da ideia de um dano ambiental futuro, como espécie do gênero dano ambiental.

(25) Adverte-se, contudo, como leciona Couto e Silva (2015, p. 333), que o código Austríaco, por meio de seu art. 1293, conceitua o dano nos seguintes termos: "Dano significa qualquer desvantagem que alguém sofra em propriedade, direitos ou sua pessoa. Isso difere da perda de lucro que alguém esperava no curso normal das coisas." (OSTERREICH, 1811, tradução nossa). No texto original: "Schade heißt jeder Nachtheil, welcher jemanden an Vermögen, Rechten oder seiner Person zugefüget worden ist. Davon unterscheidet sich der Entgang des Gewinnes, den jemand nach dem gewöhnlichen Laufe der Dinge zu erwarten hat". A definição se encontra no 30º título do referido código, que trata do direito à indenização e satisfação. No original: "Dreyßigstes Hauptstück. Von dem Rechte des Schadensersatzes und der Genugthuung". Ainda especificamente a respeito do dano, dispõe o art. 1294 do código em comento: "O dano decorre de ato ilícito ou omissão de outrem; ou por acidente. O dano ilegal é feito voluntária ou involuntariamente. O dano intencional, porém, é parcialmente baseado em má intenção, se o dano for causado por conhecimento e vontade; parcialmente em um descuido quando a culpa decorre de ignorância, ou por falta de atenção devida, ou devida diligência. Ambos são chamados de falha". (OSTERREICH, 1811, tradução nossa). No texto original: "Der Schade entspringt entweder aus einer widerrechtlichen Handlung, oder Unterlassung eines Anderen; oder aus einem Zufalle. Die widerrechtliche Beschädigung wird entweder willkührlich, oder unwillkührlich zugefügt. Die willkührliche Beschädigung aber gründet sich theils in einer bösen Absicht, wenn der Schade mit Wissen und Willen; theils in einem Versehen, wenn er aus schuldbarer Unwissenheit, oder aus Mangel der gehörigen Aufmerksamkeit, oder des gehörigen Fleißes verursachet worden ist. Beydes wird ein Verschulden genannt". Embora seja de 1811 e tenha sofrido diversas alterações, o referido código ainda vigora no direito austríaco.

(26) O conceito de dano possui caráter "eminentemente subjetivo" (AGUIAR, 1987, p. 842). Em sentido próximo, Benacchio (2018, p. 434) afirma que o dano é uma construção "normativa", que inclui posições doutrinárias, legais e jurisprudenciais e que pode sofrer alteração legal a partir da alteração da relevância da proteção social pretendida. A seu turno, Couto e Silva (2015, p. 335), aponta que "há uma noção física de dano e uma noção jurídica" e apenas a parte "do fato social" escolhido como de relevante proteção pela norma jurídica adquire relevância perante essa.

O dicionário Michaelis (2023) apresenta três definições para a palavra dano, todas elas relacionadas à ideia de prejuízo(27) ou estrago. Na primeira acepção, o dano é ali definido como "Prejuízo(28) material, físico ou moral causado a alguém"(29). Na segunda, como "Estrago causado a alguma coisa" e, na terceira, "Prejuízo, geralmente financeiro, sofrido por alguém, decorrente de ação, imperícia ou omissão por parte de outrem" (MICHAELIS, 2023).

Tendo em vista a distinção entre o conceito naturalístico e jurídico de dano, Menezes Leitão (2022, p. 327) aponta para a necessidade de se definir o conceito de dano "num sentido simultaneamente fáctico e normativo", porquanto apenas os interesses juridicamente protegidos adquirem relevância em sentido jurídico, ao contrário do sentido naturalístico. Desse modo, para o autor, "o dano constitui "a frustração de uma utilidade que era objecto de tutela jurídica."

Na literatura jurídica, a noção de dano é tradicionalmente ligada à ideia de prejuízo e de diminuição do patrimônio financeiro(30). No dizer de Aguiar (1987, p. 861) "O conceito de dano é único e corresponde a lesão de direito". Ainda segundo o referido autor, a apuração da causalidade em relação ao dano deve considerar a "[...] noção de dano ao prejuízo consumado(31), pois apenas o dano que gera "[...] a obrigação de indenizar" é relevante para a responsabilidade civil (AGUIAR, 1987, p. 836).

Também Noronha (2013) entende que o prejuízo(32) é pressuposto do dano como esse para a responsabilidade civil. Para esse autor, "o dano é o prejuízo, [...] resultante de ato ou fato antijurídico que viole qualquer valor inerente à pessoa humana ou atinja coisa do mundo externo que lhe seja juridicamente tutelada" (NORONHA, 2013, p. 497). No mesmo sentido, Alvim (1965, p. 182) aponta que "[...] o prejuízo é requisito da indenização [...]"(33).

---

(27) Miragem (2021, p. 79) também aponta para a noção de dano relacionada à perda.

(28) Também o dicionário jurídico define o dano como "Prejuízo ou perda de um bem juridicamente protegido" (LUZ, 2022, p. 161).

(29) Garcez Neto (2000, p. 150) aponta para a existência de duas concepções doutrinárias acerca do dano. A primeira, ampla, refere-se "à lesão a um bem jurídico qualquer" e a segunda, restrita, diz respeito à "depreciação dos valores patrimoniais ou econômicos". Para De Cupis (1966), apesar da expressão dano ser bastante ampla, não são todos os danos que adquirem relevância para o direito, mas aqueles decorrentes da ação humana, que também não é completamente regulada pelo ordenamento jurídico, diferentemente da moral. Desse modo, "[...] desde que o ato seja antijurídico, estenderá a nota de antijuridicidade ao dano dele decorrente" (DE CUPIS, 1966, p. 17, tradução nossa). No original: "[...] in quanto l'atto sia antigiuridico, la nota di antigiuridicità si estende al danno che da esso e prodotto [...]" (DE CUPIS, 1966, p. 17).

(30) Alvim (1965, p. 172) afirma que a avaliação do dano se faz em razão da "diminuição sofrida no patrimônio". Logo, para o autor, o prejuízo é pressuposto do dano.

(31) Benacchio (2018, p. 435) também aponta para esse entendimento.

(32) O prejuízo pode ser extrapatrimonial ou patrimonial, individual ou coletivo e atingir a esfera econômica ou não, desde que decorrente de ato ou fato antijurídico que infrinja algum interesse intrínseco ou do patrimônio externo da pessoa humana que encontre proteção jurídica.

(33) Ainda nesse sentido, conferir Diniz (2023, p. 29), que se refere expressamente ao termo prejuízo como pressuposto do dano; Alvim (1965, p. 172) afirma que a avaliação do dano se faz em razão da "diminuição sofrida no patrimônio". Logo, também para esses autores, o prejuízo é pressuposto do dano.

Já Menezes Cordeiro (2012, p. 948) vale-se do termo "vantagem" para se referir ao dano, ao afirmar que esse "corresponde à supressão de uma vantagem, atual ou previsível, atribuída pelo Direito." Ao falar em perda de vantagem, o autor se vale de expressão bem próxima do prejuízo.

Flumignan (2009) aponta para a necessidade[(34)] de se distinguir entre dano e prejuízo, frequentemente tratados como sinônimo. Destaca ainda a importância de diferenciar a noção que o dano assume em matéria extracontratual (FLUMIGNAN, 2009).

Dentre as utilidades da diferenciação entre dano e prejuízo está a demonstração da dualidade de fundamentos da responsabilidade civil e a informação da modalidade preferível de restauração. Não obstante se encontrar no mundo dos fatos, o dano reparável é somente aquele que atinge algum interesse juridicamente protegido, o que, para a autora, não lhe retira a primeira característica, posto que caberá ao juiz e não à lei, a distinção do interesse merecedor de tutela jurídica (FLUMIGNAN, 2009).

Na evolução conceitual, o dano passa a ser visto como a "lesão a um bem ou interesse juridicamente tutelado"[(35)] (CAVALIERI FILHO, 2014, p. 93; BENACCHIO, 2018; BITTAR FILHO, 1994, 2005). Em sentido próximo, Benacchio (2018, p. 441), assinala que o dano constitui: "[...] a lesão contrária ao ordenamento jurídico sofrida pelo titular de um interesse juridicamente tutelado[(36)] a ser reparada por outra pessoa"[(37)].

---

(34) A ideia de dano como lesão contrária ao ordenamento jurídico é relevante para a noção de dano quando observadas as posições mais antigas, que enxergavam o dano como uma "alteração da realidade material", que, com o passar dos tempos, mostrou-se insuficiente, ante o fato de que a ofensa ultrapassava o valor econômico do próprio bem lesionado, sendo substituída pela concepção de dano como diminuição de um patrimônio da vítima, observado pelo aspecto patrimonial, aferível a partir da comparação entre aquilo que teria sido e o que é, e a posição mais atual, que concebe o dano a partir do objeto de tutela do direito, que é o interesse que a pessoa humana guarda, o que amplia o conceito "de forma a abranger diversas situações não suficientemente amparadas" pelas concepções anteriores, especialmente em se considerando "os bens sem acepção econômicas" (BENACCHIO, 2018, p. 437). A noção de dano atrelado a prejuízo mostrou-se mais adequada na fase em que apenas o dano patrimonial era indenizável, ainda que também aí se revelasse problemática. Desse modo, comove, por exemplo, a dificuldade de reconhecimento de "[...] indenização por 'perda de uma chance'" e, aquela ainda existente no que tange à indenização dos lucros cessantes, ante o fato de não se conseguir atribuir àquela "um valor econômico que pudesse ser tomado como diminuição econômica" e a essa, quando não se constatam hipóteses pretéritas que possibilitem a aferição da "existência e a medida de tais lucros" (SCHREIBER, 2013, p. 102-103, aspas internas no original).

(35) Na 3ª edição de sua obra, Cavalieri Filho (2002) também relacionava o conceito de dano com a ideia de perda. Dizia o autor que o dano "[...] é a subtração ou diminuição de um bem jurídico, qualquer que seja a sua natureza, quer se trate de um bem patrimonial, quer se trate de um bem integrante da própria personalidade da vítima, como a honra, a imagem, a liberdade, etc." (CAVALIERI FILHO, 2002, p. 80). Contudo, na 11ª edição de sua obra, em 2014, o autor expressamente aponta para a necessidade de se partir da "causa", da "origem", atentando-se para o bem jurídico atingido, o objeto da lesão, e não para as consequências econômicas ou emocionais da lesão sobre determinado sujeito" (CAVALIERI FILHO, 2014, p. 93). Assim, o autor altera seu conceito para a ideia de "[...] lesão a um bem jurídico tutelado, qualquer que seja a sua natureza [...]".

(36) Segundo o autor, o conceito é proposto a partir das confluências das várias concepções da noção de dano.

(37) A necessidade de diferença entre aquele que causou e aquele que sofreu o dano também é tratada por Flumignan (2009) e por Miragem (2021).

A teoria subjetiva ou real-concreta pós-moderna aponta que, na análise do dano--consequência com caráter coletivo, a situação concreta a ser observada é a do grupo ou coletividade. Somente com isso chegar-se-á a um valor real ou ideal para a pretensão ressarcitória. Assim, o valor da indenização não será a simples soma dos prejuízos individuais, mas uma análise das consequências geradas para o grupo ou coletividade (FLUMIGNAN, 2009, p. 210-211).

Contudo, a noção de dano como lesão a um interesse juridicamente protegido também não é indene de ressalvas(38). Schreiber (2013) assinala que se deve observar o objeto de tutela do direito do ponto de vista concreto e não do ponto de vista abstrato. Propõe uma metodologia a ser utilizada na fase da verificação do *an debeatur* e não apenas na etapa do *quantum debeatur*.

A partir da concepção acima delimitada, Schreiber (2013, p. 191) entende o dano como "uma lesão concreta, [...] violação de uma regra que tutele, não o interesse isoladamente, mas de uma regra que, transcendendo a regulação abstrata de um interesse, estabeleça sua relação com o outro interesse igualmente protegido" (SCHREIBER, 2013, p. 191).(39)

Para a definição de um conceito de dano ambiental futuro é importante distinguir(40) o dano-evento do dano-prejuízo(41), ambos imprescindíveis para a obrigação de reparar.(42) (FLUMIGNAN, 2009, p. 204). Embora interligados e passíveis de coincidir quanto ao momento de ocorrência, já que representam o efeito da ação/omissão, o dano-evento e o dano prejuízo diferenciam-se entre si e podem, inclusive, possuir natureza jurídica divergente(43) (FLUMIGNAN, 2009; BITTAR FILHO, 2005(44); JUNQUEIRA AZEVEDO, 2004(45)).

---

(38) Cesare Salvi (p. 40) critica essa concepção de dano por considerá-la insuficiente, porquanto o autor compreende que o ressarcimento se refere à reparação de uma situação jurídica lesada. Assim, há hipóteses em que a lesão de interesse juridicamente tutelado não repercutirá em indenização, mas em outro remédio jurídico, a exemplo de tutela inibitória de determinado ato ou tutela restitutória.

(39) A conceituação proposta por Schreiber (2013) tem especial importância para as hipóteses dos danos aos direitos de personalidade, cuja importância, a exemplo dos danos ambientais, agigantam-se na atual fase da sociedade, que assustada, mas também maravilhada, assiste dia a dia à contraposição de interesses igualmente protegidos, como nos casos de divulgação de fatos antigos por parte da imprensa versus a questão do direito ao esquecimento.

(40) A diferenciação é necessária para a definição do conteúdo da indenização e para a resolução de questões como a análise da prescrição e a definição da competência territorial para o julgamento da matéria (FLUMIGNAN, 2009).

(41) O "dano-evento [...] é a lesão ao direito subjetivo ou ao interesse protegido por uma norma". Já o "dano prejuízo é a consequência dessa lesão" (FLUMIGNAN, 2009, p. 204). Aguiar (1987, p. 834) também entende o dano, cuja noção é restrita à de prejuízo, como "[...] o resultado da lesão".

(42) Sem o dano-prejuízo, que pode atingir o indivíduo ou a sociedade, não há que se falar em indenização. O contrário representaria um enriquecimento ilícito (FLUMIGNAN, 2009).

(43) O dano-evento é sempre antijurídico, na medida em que se viola uma norma. A relevância do interesse decorre do fato de esse estar protegido por uma norma (FLUMIGNAN, 2009, p. 204).

(44) O autor se vale das expressões "lesão jurídica (elemento de direito)" e "prejuízo (elemento de fato)" (BITTAR FILHO, 2005, p. 2).

(45) Para o autor, é importante ter em mente que o dano-evento pode se dar em relação ao patrimônio e gerar um dano-prejuízo não patrimonial e vice-versa.

A classificação dos danos, em especial quanto ao objeto ou conteúdo do interesse violado/lesionado[46], à titularidade das vítimas, ao efeito decorrente da lesão e ao tempo em que se concretiza a lesão[47] também interessa à presente tese.

Schreiber (2013) destaca que, a partir da segunda guerra mundial, houve uma necessidade de uma nova leitura do direito civil, desta feita sob a ótica das normas constitucionais, especialmente nos países de regimes mais autoritários que restaram vencidos no conflito, dando origem à ideia da criação de uma metodologia civil-constitucional, posto que os códigos civis europeus, sob o falso argumento da neutralidade, terminavam servindo como instrumento de manutenção da esfera privada individual de qualquer intervenção política estatal, distanciando o direito civil dos demais ramos do direito.

As discussões acerca dos novos tipos de dano sempre enfrentaram forte divergência no âmbito doutrinário e jurisprudencial, sendo que esse último campo tem sido a grande mola propulsora da responsabilidade civil, pois a lei não consegue prever todas as hipóteses possíveis de dano, mas alberga cláusulas gerais de proteção aos bens jurídicos tutelados.

As cláusulas gerais de proteção à pessoa humana e o princípio da ampla ressarcibilidade dos danos são importantes porque a lei se faz sobretudo na perspectiva da proteção da pessoa humana pela pessoa humana e essa alberga uma esfera de proteção ideal que não se resume ao âmbito material ou econômico, mas engloba um feixe de valores e sentimentos próprios e relacionais. A sociedade assume novos riscos por meio das diversas formas de desenvolvimento dos meios de produção, transporte, comunicação, reprodução humana, criando riscos antes desconhecidos. Daí que surge também a necessidade de proteção a todas as esferas do patrimônio ideal da pessoa humana, de modo que nenhuma lesão a esse fique irreparada[48]. Nas lições de Matos (2008, p. 173), a cláusula geral de proteção à pessoa humana oriunda do princípio da dignidade da pessoa humana, permite a "[...] proteção de todos os direitos multifacetados da pessoa humana [...]" e possibilita vislumbrar a ampliação da responsabilidade civil que se dá em quatro momentos: I) aumento dos casos de reparação[49]; II) alargamento do rol de *legitimados* a merecer a reparação; III) incremento do *conceito* de dano indenizável; IV) *ampliação dos valores* das indenizações.

---

(46) Para Noronha (2013), a classificação relativa à natureza do dano é a mais relevante para a responsabilidade civil.

(47) Registra-se que se observam diversas outras classificações dos danos, como, por exemplo, a que fala em danos à pessoa e danos às coisas.

(48) O art. 927 e o 186 do Código civil de 2002 se referem expressamente à obrigação de indenizar o dano, ainda que unicamente moral, por parte daquele que cometer um ato ilícito, o qual é descrito no *caput* do art. 186 e por equiparação, no art. 187. Também no âmbito dos direitos da personalidade se observa uma tendência à ampliação dos danos, que decorre, conforme Moraes (2003), ao expressivo avanço de tais direitos e ao fato da recente atenção ao instituto.

(49) O autor já defendia a cumulatividade do dano moral e estético, posteriormente reconhecida pelo STJ por meio da Súmula n. 387, nos seguintes termos:

No intuito de compreender todos os aspectos dignos de proteção, a doutrina evolui com a criação de expressões e conceitos como dano à saúde, dano sexual, dano corporal, dano biológico, dano à vida de relação, dano estético, utilizados frequentemente para designar os danos à pessoa humana, ensejando controvérsia acerca do cabimento e alcance de cada nova designação.

Cavalieri Filho (2002) entende que tal avanço decorre de uma concepção equivocada, que às vezes adota uma definição tendo por base a consequência e não a causa do dano, como seria correto.

Matos (2008) ressalta que a vantagem da classificação que sugere novos e vários danos a partir da ofensa à integridade psicofísica consiste em demonstrar o grau de desenvolvimento teórico que essa alcança. Contudo, rechaça a classificação que sugere outros danos, como por exemplo: dano biológico, dano existencial, dano sexual e aponta como motivos para tanto: 1) Para a vítima interessa a reparação do dano e não a denominação deste; 2) relação inversamente proporcional entre o número de danos indenizáveis e os valores das indenizações deferidas; 3) ausência de norma jurídica capaz de alcançar as novas categorias de danos elencadas pela doutrina; 4) a classificação mais simples garantiria maior segurança jurídica. Defende que a título de reparação extrapatrimonial deveria adotar-se no Brasil unicamente o dano estético, que agasalharia o biológico, do direito italiano, e o moral.

A seu turno, Trigo (2011), em estudo amparado na jurisprudência em Portugal, argumenta que a adoção do conceito de dano biológico[(50)] poderia aumentar as espécies de danos a serem efetivamente consideradas e, em consequência, propiciar uma compensação mais justa dos danos, embora conclua que a jurisprudência estudada, que tratou os danos à saúde sob o enfoque patrimonial e não patrimonial, as que fizeram referência ao dano biológico como um dano não patrimonial e as que trataram da autonomia ou não do dano biológico tiveram resultados parecidos.

A se atentar para a Súmula n. 402 do STJ[(51)] e seus precedentes, pode-se afirmar ser relevante a discussão acerca da abrangência dos danos, porquanto acaloradas discussões são travadas judicialmente a fim de se determinar quais os danos estariam cobertos nos

(50) Para Trigo (2011: p. 168), o dano biológico conteria outros danos como o dano à vida de relação, o dano estético, dano psíquico, dano sexual e dano à capacidade de trabalho em geral, os quais poderiam ainda ser ampliados para abarcar outros tipos de danos como: *"perda de aptidões familiares ou afectivas, em especial da capacidade procriativa; perda da faculdade de prática de actividade desportiva ou de outra actividade recreativa; perda do gozo dos anos da juventude; perda da possibilidade de iniciar ou prosseguir determinados estudos; perda de esperança de vida"*.

(51) Diz a Súmula n. 402 do STJ: *"O contrato de seguro por danos pessoais compreende os danos morais, salvo cláusula expressa de exclusão"*. Pode-se citar ainda decisão proferida nos autos AgInt no REsp 1809185/ES, de relatoria do Ministro Ricardo Villas Bôas Cuevas que considerou que: *"A pensão mensal é verba agregada aos danos materiais (lucros cessantes), devendo ser incluída na garantia securitária RC — Danos materiais, afastando-se da definição afeta à cobertura de danos corporai"*.

prêmios contratados a título de danos corporais, cuja designação nos seguros de responsabilidade civil apresentam linguagem próxima à utilizada na Europa, provavelmente em razão da origem de diversas seguradoras que operam no país(52).

A classificação tradicional dos danos aponta para a existência de danos patrimoniais ou materiais e extrapatrimoniais ou morais(53). Os primeiros são aqueles que produzem efeitos econômicos, que repercutem na esfera patrimonial da vítima, como por exemplo, os lucros cessantes, calculados a partir do que a vítima deixou de auferir enquanto se encontra em recuperação, os gastos com todo o tratamento para a recuperação de sua saúde, como por exemplo: consultas médicas, exames, sessões de fisioterapia, terapia. Já os segundos se caracterizam não por causar prejuízo à esfera patrimonial da vítima, mas à sua esfera de existência digna, de conservação dos atributos da personalidade e, por tal razão, são os mais difíceis de serem avaliados e quantificados.

Pode-se apontar também a existência de doutrina que assinala para a existência do dano corporal ou à saúde como um terceiro gênero, não se encaixando na tradicional classificação dos danos extrapatrimoniais(54) ou patrimoniais. A esse respeito, conferir por todos Dias (2011, p. 121), segundo o qual os danos corporais não poderiam ser enquadrados nem nos danos patrimoniais em sentido exato, tampouco nos danos morais, de cabimento bastante restrito. O autor defende que as incapacidades de 15-20% não deveriam ser indenizadas com parâmetros da incapacidade funcional, pois essa não se observa, de modo geral, mas pelo parâmetro do dano à saúde. O autor aponta, como motivos para tanto, as pequenas e discrepantes indenizações deferidas em tais casos em situações muito semelhantes e ainda a *"[...] dificuldade de valoração das pequenas incapacidades"*.

Trigo (2011) também se refere ao surgimento do dano biológico na Itália(55) como um terceiro gênero que se caracterizaria por ser um dano decorrente de ofensa à saúde,

(52) A seguradora Allianz, por exemplo, conforme histórico em sua página da internet, nasceu em Berlim, em 1890 e foi se expandindo paulatinamente. Em 2020 adquiriu as operações da seguradora Sulamérica Auto e Massificados.

(53) Contudo, pode-se apontar a existência de doutrina que assinala para a existência do dano corporal ou à saúde como um terceiro gênero, não se encaixando na tradicional classificação dos danos extrapatrimoniais ou patrimoniais. A esse respeito, conferir, por todos, Dias (2011, p. 121). O autor defende que as incapacidades de 15-20% não deveriam ser indenizadas com parâmetros da incapacidade funcional, pois esta não se observa, de modo geral, mas pelo parâmetro do dano à saúde. O autor aponta como motivos para tanto as pequenas e discrepantes indenizações deferidas em tais casos em situações muito semelhantes e ainda a *dificuldade de valoração das pequenas incapacidades.*

(54) A indenizabilidade dos danos extrapatrimoniais encontrou fortes resistências de cunho moral sob o argumento de que se estaria atribuindo um preço ao sentimento. Ademais, usava-se o argumento da falta de previsão legal para tal indenização. O Supremo Tribunal Federal passou a admitir a cumulação das duas espécies de dano, mas somente com a CF/88, que expressamente utilizou a expressão dano moral no art. 5, X.

(55) A autora aponta que o dano biológico surgiu na Itália nos idos de 1970, por meio dos tribunais genoveses que discordaram do critério tradicional que considerava a incapacidade como parâmetro para avaliação do dano e sugeriram que se considerasse também o dano biológico, além do dano moral e do dano patrimonial. Assinala ainda a existência de farta doutrina a respeito do tema naquele país.

ante a expressa previsão da saúde como um direito fundamental no art. 32 da Constituição italiana, mas sem reflexos nos seus ganhos, razão pela qual todas as vítimas deveriam receber idêntica compensação, tendo como parâmetros exclusivos a idade e a seriedade maior ou menor da lesão.

Oliveira (2002, p. 35), após apontar a existência de doutrina que propõe a existência de um terceiro gênero para os danos que atingem a integridade corporal, afirma inexistir razão para tanto, já que entende que os direitos da personalidade abrangem "[...] as integridades psicofísicas, intelectual e moral".

No que concerne ao primeiro aspecto, a classificação tradicional dos danos aponta para a existência de danos à coisa e danos à pessoa. Aqueles atingem "[...] objetos do mundo exterior [...]", ao passo que esses, algum elemento relacionado a qualquer esfera da pessoa, seja no que concerne à sua moral ou saúde físico-psíquica (NORONHA, 2013, p. 581).

A expressão danos materiais também é utilizada por alguns autores para diferenciar o dano à pessoa. Contudo, é objeto de crítica por parte de Noronha (2013, p. 581), na medida em que é frequentemente tratada com idêntico sentido de dano patrimonial, sendo que existem danos que são causados à pessoa que geram danos extrapatrimoniais, como também danos às coisas, que podem gerar danos extrapatrimoniais. Como destaca o autor em comento, essa classificação não era muito comum na responsabilidade civil tradicional, na medida em que essa praticamente desconsiderava os danos à pessoa, dada a importância exclusiva do patrimônio.

Antunes Varela (2000, 598) diferencia o dano real do dano patrimonial, sendo o primeiro "a perda *in natura* que o lesado sofreu" em relação a qualquer interesse próteses protegidos ou a "[...] lesão causada no interesse juridicamente tutelado [...]", ao passo que o segundo constitui "[...] o reflexo do dano real sobre a situação patrimonial do lesado [...]". Desse modo, morte ou ferimento equivalem ao dano real, enquanto os gastos com médicos etc., ao dano patrimonial.

Para Antunes Varela (2000, p. 599), os danos patrimoniais atingem os bens passíveis de serem avaliados pecuniariamente e os extrapatrominais, ao contrário, atingem bens que não pertencem a tal esfera, razão pela qual "[...] apenas podem ser compensados com a obrigação pecuniária imposta ao agente, sendo esta mais uma satisfação (Genugtuung) do que uma indemnização". Exemplo dos segundos são os danos à "[...] saúde, ao bem estar, à liberdade, à beleza, à perfeição física, à honra ou o bom nome [...]", cujos prejuízos são, exemplificativamente "[...] as dores físicas, os desgostos, morais, os vexames, a perda de prestígio ou de reputação, os complexos de ordem estética".

Referida classificação também é objeto de crítica. Schreiber (2013, p. 88) questiona essa classificação por entendê-la insuficiente, ante a possibilidade do dano moral coletivo.

Quanto ao seu objeto, tradicionalmente, o dano é classificado em danos patrimoniais, à coisa ou materiais em danos extrapatrimoniais ou morais(56). Aqueles produzem efeitos econômicos, que repercutem na esfera patrimonial da vítima, em sentido econômico (danos emergentes e lucros cessantes) enquanto esses atingem, não a esfera patrimonial da vítima, mas a sua esfera de existência digna, de conservação dos atributos da personalidade e, por isso, são os mais difíceis de serem avaliados e quantificados.

Aguiar (1987, p. 861) entende "[...] o dano moral como o efeito não patrimonial da lesão de direito e não a própria lesão, abstratamente considerada".

Moraes (2003, p. 131) defende cabível a indenização por danos morais nas hipóteses de "[...] violações à igualdade, à integridade psicofísica, à liberdade e à solidariedade (social e familiar)". Desse modo, a caracterização ou não do dano moral não se verificaria pela análise dos sentimentos negativos que provocou, dado que tais aspectos seriam consequências e não causas da ofensa à "cláusula de proteção humana".

Moraes e Guedes (2019, p. 14) entendem o "dano à pessoa" como uma modalidade peculiar de dano moral, cabível nas hipóteses defendidas por Moraes (2003) e apontam que "[...] as pretensões ressarcitórias a bens jurídicos dessa natureza hão de ser imprescritíveis", hipótese que já teria sido defendida pelo STJ no julgamento de pleitos indenizatórios advindos de ofensa a "[...] direitos da personalidade ocorridos durante o regime militar"(57).

Quanto à titularidade, os danos são classificados tradicionalmente em individuais e coletivos (em sentido amplo). Aqueles são os danos que se refletem na violação de um interesse individual da vítima. Os coletivos dividem-se em coletivos *stricto sensu,* difusos e individuais homogêneos(58). Pode-se também apontar o dano coletivo em apenas duas perspectivas. A primeira, como aquela lesão a direitos individuais homogêneos, ou seja, que se originam do mesmo fato danoso, cuja tutela pode ser exercida de forma coletiva, e a segunda, como designadora de um "[...] dano transindividual", que também pode ser identificado como "[...] *danos de massa*" (MIRAGEM, 2021, p. 115, itálico no original).

(56) O autor defende que as incapacidades de 15-20% não deveriam ser indenizadas com parâmetros da incapacidade funcional, pois essa, de modo geral, não se observa e, além de serem de difícil valoração, geram pequenas e discrepantes indenizações em situações semelhantes.

(57) As autoras expressamente fazem referência à decisão proferida nos autos REsp 1.165.986/SP, em acórdão relatado pelo Min. Luiz Fux, j. 16.11.2010 (MORAES; GUEDES, 2019, p. 15-16).

(58) A classificação legal dos interesses coletivos, difusos e individuais homogêneos é dada pelo parágrafo único do art. 81, I, II e III, CDC, nos seguintes termos: "I – interesses ou direitos difusos, assim entendidos, para efeitos deste código, os transindividuais, de natureza indivisível, de que sejam titulares pessoas indeterminadas e ligadas por circunstâncias de fato; II – interesses ou direitos coletivos, assim entendidos, para efeitos deste código, os transindividuais, de natureza indivisível de que seja titular grupo, categoria ou classe de pessoas ligadas entre si ou com a parte contrária por uma relação jurídica base; III – interesses ou direitos individuais homogêneos, assim entendidos os decorrentes de origem comum.

A compreensão do interesse lesado deve ser realizada na análise do caso concreto, porquanto de um mesmo evento lesivo pode resultar um dano coletivo *stricto sensu* e um dano individual homogêneo. Por exemplo, a contaminação de um determinado rio com uma substância química que provoque a mortandade de peixes, causando prejuízos a pescadores locais que vivem da pesca, cujo dano será individual homogêneo para os pescadores e difuso para a sociedade. Pode ocorrer também, e geralmente ocorre, que esse mesmo evento leve um dos legitimados à propositura de uma ação coletiva, a reivindicar danos coletivos provocados ao ambiente, seja para a realização da despoluição do rio, seja pelos danos morais provocados à sociedade.

No que diz respeito à pessoa que sofre o dano, a classificação tradicional aponta para a existência de danos diretos ou mediatos e indiretos ou imediatos, havendo discordância na doutrina quanto à caracterização de um e de outro. Calvo Costa (2005) e Zarra (2006), entendem que o primeiro corresponde àquele no qual a vítima do evento lesivo corresponde à pessoa sobre a qual recai o dano, ao passo que o segundo advém de um resultado produzido em relação a outra pessoa e que, de maneira reflexa, atinge a pessoa que o reivindica. Para Zarra (2006, p. 170), o dano indireto equivale ao *"dommage par ricochet"*[(59)] da doutrina francesa e "[...] daños por rebote o por carambola" na linguagem espanhola.[(60)]

Outros, a exemplo de Miragem (2021, p. 110) e Antunes Varela (2010)[(61)] asseveram que o dano indireto não decorre diretamente do evento lesivo, ou seja, apenas indiretamente está a ele relacionado, já que "é produzido pela intercorrência de outra condição que se soma à causa original do dano" (MIRAGEM, 2021, p. 110).

Em relação ao aspecto temporal (momento em relação ao qual se deve confrontar o dano para sua classificação como presente ou futuro), cerne da presente tese, os danos se classificam em presentes e futuros, como se discute a seguir.

---

(59) Miragem (2021, p. 110) também aponta para o forte desenvolvimento da doutrina do dano em ricochete na França e sua influência no direito brasileiro, cujo art. 948, II, CC/02 reconhece textualmente o direito à indenização `aqueles a quem o morto devia alimentos no que concerne ao dano patrimonial e que, por interpretação analógica, também em relação ao dano extrapatrimonial. Contudo o autor, assim como Noronha (2013), aponta o dano reflexo ou por ricochete, ou seja, aquele sofrido por uma pessoa ligada àquela sobre cuja ação atingiu diretamente e que, pela ligação que tinha com a vítima, também é atingida pelo evento danoso, como uma categoria especial de dano indireto.

(60) Em sentido semelhante, Costa Calvo (2005, p. 10, tradução nossa) assinala que no dano direto, a pessoa que sofreu o fato é a mesma que teve o "interesse afetado" ao passo que, no indireto, "el perjuicio propio invocado por el demandante deriva de una lesión a bienes patrimoniales o extrapatrimoniales de un terceiro". No texto original: "[...] interés afectado". "el perjuicio propio invocado por el demandante deriva de una lesión a bienes patrimoniales o extrapatrimoniales de un tercero" (COSTA CALVO, 2005, p. 10).

(61) Antunes Varela (2010) entende que os danos indiretos correspondem aos efeitos próximos ou distantes do dano direto. O autor oferece o exemplo da destruição do vidro de determinado estabelecimento (dano direto) e o roubo de produtos do estabelecimento que ficou sem a devida proteção física ou ainda a destruição de bens em decorrência de uma inundação (dano indireto).

2.2. O dano futuro na doutrina civilista

A nomenclatura do dano em presente e futuro não guarda maiores controvérsias, o que não se observa quanto ao entendimento acerca do momento em relação ao qual deve o observador dirigir o olhar para enquadrar o dano em uma ou outra classificação, como se discorre no próximo item.

Deve-se levar em conta o momento em que proferida a sentença de primeira instância, o do aparecimento do primeiro dano, o da propositura da ação, a existência de um risco atual de realização do dano no futuro, a distância entre o momento da prática do ato lesivo e o da concretização do dano ou a existência de um risco atual de dano futuro caracteriza o dano ambiental futuro?

2.2.1. O momento a partir do qual se deve considerar o dano como futuro

Diversas têm sido as respostas dadas pela doutrina à pergunta formulada ao fim do último capítulo, a depender da noção exata do que cada autor entende como sendo dano futuro, além de se observar alguns autores que tratam do dano futuro, mas se manifestam expressamente sobre a questão temporal a ser considerada.

Ducharme (1959, p. 10, aspas internas no original), divisa quatro possíveis momentos apontados pela doutrina para posicionar o dano como futuro: "[...] o dia do aparecimento do primeiro dano; a instituição da ação; a decisão de primeira instância; o acórdão de recurso"(62) e conclui que "[...] o termo "danos futuros" deve ser reservado para danos que se realizarão após o julgamento final em primeira instância"(63). Apenas nessa hipótese, tem a natureza de "[...] Reparação antecipada [...]"(64), vez que os danos ocorridos entre a propositura da ação e a sentença são tidos como presentes, tendo como parâmetro "Sua realidade concreta e não a sua inevitável realização no momento da propositura da ação"(65) (DUCHARME, 1959, p. 12, tradução nossa).

À classificação de Ducharme (1959), correta para o momento em que foi realizada, aponta-se aqui uma pequena adaptação, na medida em que alguns autores pesquisados não indicam expressamente em qual fase do julgamento que deve ser considerada para efeito de classificação em uma ou outra corrente.

---

(62) No texto original: "[...] le jour de l'apparition du premier dommage, celui de l'institution de l'action, celui du jugement de première instance, celui du jugement sur appel [...]" (DUCHARME, 1959, p. 10).

(63) Na língua original "[...] qu'on doive réserver l'appellation [...]", "[...] préjudices futurs" (DUCHARME, 1959, p. 10). Aux dommages quisont appelés à seréaliser postérieurement au jugement final en première instance" (DUCHARME, 1959, p. 10). Ademais, o autor transcreve texto da decisão proferida pelo juiz Bissonnette, no caso Kingsway Transport c. Lapointe, julgado em 1954, em que o juiz canadense afirma expressamente que os eventos posteriores ao julgamento da ação não devem influenciar em seu resultado em nome da segurança da decisão.

(64) No texto original: "[...] reparation anticipée [...]" (DUCHARME, 1959, p. 10).

(65) No texto original: "leur réalité concrète et non en tant que leur réalisation inévitable au moment de l'institution de l'action" (DUCHARME, 1959, p. 12).

Desse modo aqui são reunidos, em única corrente, aqueles autores que falam em momento da decisão, ressaltando-se a existência de pequenas variações de entendimento em relação a qual decisão deveria ser considerada, se a de primeira instância ou derradeira instância, bem como a existência de mais duas vertentes na doutrina ambiental, uma que considera a distância temporal entre a prática do ato lesivo e o aparecimento do evento danoso e outra, sobre a qual se discorre mais especificamente no tópico 2.3.3.1.2, que enxerga no risco atual de dano futuro, o conceito de dano futuro *stricto sensu.*

Aqui se denomina como majoritária(66), a corrente que considera que o momento a ser observado é o da prolação da decisão judicial que aprecia o pleito indenizatório e não aquele em que se constatou o dano. Nesse sentido, colocando-se expressamente contra a corrente que considera o momento de efetivação do dano, na doutrina brasileira, Noronha (2013, p. 603) assevera que: "Os danos são classificados de presentes ou atuais e futuros, considerando o momento em que é proferida a decisão que obriga a repará-los, e não aquele em que se produziu o fato danoso." Em perspectiva semelhante à de Noronha, Rangel (2006, p. 27-28) assevera que:

> Por dano futuro deve entender-se aquele prejuízo que o titular do direito ofendido ainda não sofreu no momento temporal que é considerado. De certo modo, nesse tempo já existe o direito, já existe a sua violação e um ofendido, mas ainda não se verificou o dano, o ofendido ainda não é lesado.

A segunda corrente doutrinária, que aqui se chama de tempo-relacional, adota o critério da distância temporal entre a prática lesiva e a concretização da lesão. Nesse sentido, Mejiá (2014, p. 147) entende que os danos se classificam em: "inmediatos" e "diferidos, futuros y sobrevenidos". Esses últimos, ao contrário dos primeiros, se concretizam após decorrido algum tempo da prática lesiva.

---

(66) Em sentido semelhante e citando também a doutrina de Noronha (2013), Guedes (2012, p. 58) afirma que "A classificação que separa as espécies de danos em presentes (ou atuais) e futuros tem em vista a época em que se manifestam as consequências danosas decorrentes da conduta do agente responsável pelo evento. O marco temporal decisivo para se saber se determinado dano é presente ou futuro não é, entretanto, o instante em que se dá o evento danoso — isto é, o dano não é presente ou futuro pelo fato de ter sido produzido ao tempo do evento danoso ou depois deste —, mas, sim, o período em que é proferida a decisão judicial que irá resolver o litígio, isto é, o momento em que será fixada a indenização". Na argentina, Facio (1954, p. 166) aponta que "el momento que los autores toman como punto de referencia en orden a la distinción entre daños presentes e futuros es aquel que pone fin al litigio entablado, esto es, aquél en el que se resuelve o decide sobre la existencia o inexistencia de responsabilidad civil a cargo del dañador." Da doutrina italiana, De cupis (1966, p. 265, tradução nossa) assevera que: "S'intende per danno presente il danno già verificatosi, e quindi esistente in atto, nel momento in cui si giudica intorno ad esso e, quindi, intorno al sorgere della responsabilità. Per danno futuro s'intende, invece, il danno non ancora verificatosi in tale momento". "Dano presente significa dano já ocorrido e, portanto, existente no ato, no momento em que se julga sobre ele e, portanto, sobre o surgimento da responsabilidade. Por danos futuros, por outro lado, queremos dizer danos que ainda não ocorreram naquele momento". Observa-se que esses autores não indicam expressamente se consideram o momento do julgamento em primeira ou última instância, senão que apontam para o momento da decisão que entendeu pela ocorrência e indenizabilidade do dano. Da doutrina portuguesa, Menezes Leitão (2022, p. 330) aponta que "Os danos consideram-se presentes se já se encontram verificados no momento da fixação da indemnização, sendo futuros no caso contrário".

Apesar de não se manifestar expressamente em relação ao momento em que qualificável o dano como presente ou futuro, a distinção entre dano-evento e dano-prejuízo feita por Flumignan (2009) e a observação da autora no sentido de que a correta classificação desses elementos é importante para definir aspectos práticos como a prescrição a ser observada em juízo e o próprio juízo competente para a causa, leva a afirmar que essa defende a corrente que considera o momento da prática lesiva para considerar o dano como presente ou futuro.(67)

Cumpre mencionar ainda a posição de Miragem (2021) que, embora fale especificamente do momento em que se deve considerar para a classificação de danos presentes e futuros, parece não ter muito definido o critério a ser adotado ou, quem sabe, estaria num *tertium genus*, posto que considera tanto o tempo do fato danoso, quanto o do exercício da pretensão indenizatória, que assevera ser "cronológica" a diferença entre "dano atual e dano futuro", tendo em vista o "o tempo do fato danoso ou do exercício da pretensão" (MIRAGEM, 2021, p. 114).

Ainda em relação ao dano futuro, Zarra (2006, p. 169) aponta ainda a classificação dos "danos continuados"(68) e "danos supervenientes"(69). Os primeiros consistentes em danos que constituem "prolongação certa e direta de um estado de coisas atual"(70) e, os segundos, danos que, apesar de também decorrerem diretamente do evento danoso, ainda não haviam se concretizado no momento em que se levou a causa a juízo, já que se enunciou após. Nas palavras da autora, os danos supervenientes se manifestam "[...] após as possibilidades oferecidas ao queixoso no decurso do processo civil para formular articulações e pedidos"(71) (ZARRA, 2006, p. 169, tradução nossa).

Tão importante quanto identificar o momento a partir do qual se deve entender o dano como futuro é apontar os requisitos para a indenizabilidade desse, o que poderá, inclusive, ser decisivo para a sua conceituação, como se discorre no próximo item.

2.2.2. Requisitos da indenizabilidade do dano futuro

A indenizabilidade do dano futuro foi controvertida na doutrina por longo período(72). Contudo, no momento, ainda que não haja consenso acerca de alguns de seus

(67) Ao justificar a relevância da distinção entre dano evento e dano prejuízo, Flumignan (2009) assinala a ausência de especificação, pelo art. 206, CC/02, do momento a partir do qual se contaria o prazo de três anos ali previsto, se do momento da conduta ou do aparecimento do dano, posto que tais momentos nem sempre coincidem, a exemplo de um câncer advindo da exposição de um produto radioativo, cuja concretização se dará muitos anos após a exposição ao produto. Conclui a autora: "Caso se considere que o prazo de prescrição deva correr da conduta, este já terá terminado quando da ocorrência do dano" (FLUMIGNAN, 2009, p. 50/51).

(68) Na língua original: "daños continuados" (ZARRA, 2006, p. 169).

(69) No texto original: "daños sobrevenidos" (ZARRA, 2006, p. 169).

(70) Na língua original: "[...] prolongación cierta y directa de un estado de cosas actual" (ZARRA, 2006, p. 169).

(71) No texto original: "[...] *con posterioridad a las posibilidades que se ofrecen al actor en el curso del proceso civil para formular alegaciones y pretensiones"* (ZARRA, 2006, p. 169).

(72) Lalou (1949, p. 95, tradução nossa), afirma que "Em princípio, um dano futuro não justifica uma ação de indenização". No texto original: "En principe un dommage futur ne justifie pas une action en indemnité [...]". Na

aspectos, a sua indenizabilidade e a dos danos presentes já não comporta tanta discussão,[73] "desde que sejam (i) certos e [...] (ii) resultem direta e indiretamente da conduta do agente." (GUEDES, 2011, p. 60).[74]

Também Zarra (2006, p. 169) defende que o requisito da certeza no dano futuro deve ser semelhante àquele que se espera do dano presente e não uma "certeza relativa" semelhante à exigida para o lucro cessante e que, caso não seja possível demonstrar efetivamente a certeza do dano em relação à sua ocorrência e ao seu *quantum*, deverá ser postulado depois.

A autora conclui que:

> [...] no puede relajarse la exigencia de certeza cuando de daños futuros se trate, aun cuando su determinación exija una cierta reconstrucción de los hechos que han de acontecer, pues esa reconstrucción estará basada, en la mayor parte de los casos, en la circunstancia de que tales perjuicios constituyen una consecuencia o derivación lógica del hecho dañoso, siendo así cierta su futura producción (ZARRA, 2006, p. 169).

Em sentido totalmente oposto, conforme Aguiar (1987) a possibilidade de alteração futura do dano[75] não autoriza que se possa reservar a estipulação da indenização para aquele em que se der a conformação total daqueles, uma vez que isso levaria a deixá-lo irressarcido e porque, acaso deferida indenização maior que aquela devida, o credor pode propor ação de enriquecimento sem causa, logo, a solução é aquela verificada "[...] com a apreciação da cadeia de causalidade que se nos apresenta como definitiva no passado" (AGUIAR, 1987, p. 839).

Também Miragem (2021, p. 114), embora descarte o caráter eventual do dano futuro, assevera que esse não goza indubitavelmente de certeza. Logo, para o autor, o dano

---

sequência, o autor aponta algumas exceções à regra, dentre as quais, a reparação devida pelos exploradores de minas aos proprietários e vizinhos da área cuja exploração subterrânea seja concedida, nos termos do art. 15 da Lei de 21 de abril de 1810, alterada por lei de 12 de abril de 1928, que prevê uma caução a ser paga pelo explorador para cobertura de quaisquer danos que venham a ser causados e quando os tribunais possuem elementos para avaliar os ganhos que a vítima deixará de auferir, ou seja, quando o dano futuro é certo. De qualquer modo, o autor aponta a necessidade de que se possa conhecer e prever anteriormente o prejuízo que pode advir de um agravamento das consequências de um dano atual (LALOU, 1949, p. 95-96).

(73) Em sentido próximo, Miragem (2021, p. 114) assinala o fato de que outrora se considerava não indenizável o dano futuro, tendo em vista a equivocada relação feita entre esse e o "dano eventual", porquanto o último é sempre "de probabilidade futura".

(74) A esse respeito, conferir também Garcez Neto (2000), segundo o qual o dano futuro, desde que certo e não hipotético, é indenizável. Mesmo na doutrina ambiental, Cruz (1997, p. 28) assevera que a responsabilidade civil não pode ser utilizada puramente para antecipar os riscos. Desse modo, para a autora, ainda que exista a possibilidade eventual de ocorrência do dano num tempo distante, essa eventualidade de ocorrência afasta os requisitos da responsabilidade por danos, que exige a "certeza e actualidade", de acordo com a "doutrina tradicional".

(75) Ducharme (1959) também chama a atenção para a injustiça advinda da ideia de que os danos futuros, por inexistentes, não seriam indenizáveis.

futuro indenizável há de preencher concomitantemente as exigências da inevitabilidade e determinabilidade. Em sentido próximo, Alvim (1965, p. 204) fala em previsibilidade do dano, feita numa análise abstrata. Para o autor, "Previsível é o dano que uma pessoa normal pode prever."

Pereira (2022) aponta como requisitos do dano indenizável: certeza, atualidade e subsistência. Por atual, entende-se "o dano que já existe ou já existiu" quando da propositura da ação, sendo que a regra admite flexibilização para os casos de dano futuro. A certeza se opõe ao requisito da eventualidade e geralmente se encontra relacionada à ideia da "*atualidade*". Por sua vez, o "dano meramente hipotético, eventual ou conjuntural, isto é, aquele que pode não vir a concretizar-se" não é reparável.

Rangel (2006, p. 28) classifica o dano futuro em "certo" e "eventual", sendo que o primeiro equivale `aquele sobre o qual se considera "infalível" no momento em que dele se cogita e, o segundo, `aquele que em tal momento apenas se mostra como "meramente possível, incerto, hipotético", sendo que esses últimos apresentam diversos níveis de incerteza. No menor desse, embora não se possa ter certeza de que se produzirá de forma imediata, é possível projetar sua ocorrência em "um futuro mediato, mais ou menos próximo." Em oposição, no maior nível de "incerteza, o dano eventual, esse que mais não seja que um receio, deve equiparar-se ao dano Imprevisível, não indemnizável antecipadamente, isto é, só indemnizável na hipótese da sua efectiva ocorrência."

A certeza só é possível em duas hipóteses muito específicas: a) a mais comum, casos em que o dano futuro está ligado a danos presentes, como efeito à sua causa, como no caso de todas as lesões corporais; b) hipótese em que a impossibilidade de remover um fato danoso acarreta como consequência danos sucessivos ou permanentes, caso em que não é possível remover o evento lesivo, como nos casos advindos das relações entre vizinhos (DUCHARME, 1959[(76)], p. 8).

Ainda acerca do requisito da previsibilidade do dano, Reinig (2015) afirma que o dano consiste na realização de um determinado risco típico (previsível) ou de uma providência fundamental para concretizar o direito do lesado. Assevera o autor que "Todas as consequências patrimoniais lesivas do fato jurídico do qual resulta a responsabilidade devem ser reparadas, sem distinção quanto à sua natureza." (REINIG, 2015, p. 65).

A tese supra coaduna com o princípio da reparação integral, que justifica a ideia de indenizabilidade total dos danos, ainda que esse diste do evento lesivo, cujo fundamento, no plano constitucional, está nos art. 5º, V e X, na "*cláusula geral da tutela da pessoa humana*" consagrada no art. 1º, III, segundo o qual, a "dignidade da pessoa humana" constitui "um

(76) A questão do dano futuro é tratada por Ducharme (1959) em artigo dividido em duas seções. Na primeira, apresenta os fundamentos do direito à reparação dos danos futuros e os casos em que se é possível falar da indenização desse. Na segunda seção, trata dos modos de reparação e da formação do capital para o ressarcimento de tais danos.

dos princípios estruturantes" do país e no "direito fundamental à propriedade", garantido no art. 5º, XXII e XXIII, da CF/88, no que diz respeito às relações "patrimoniais" (TARTUCE SILVA, 2010, p. 91, itálico no original). Já no âmbito infraconstitucional, ampara-se no art. 6º, VI, Código de Defesa do Consumidor (CDC), no que concerne às relações de consumo e no art. 927, *caput*, Código Civil de (CC/02) e art. 402, CC/02.

O código civil português, em seu art. 564, ao tratar do cálculo da indenização (cálculo da *imndenização*) aponta que: "1. O dever de indemnizar compreende não só o prejuízo causado, como os benefícios que o lesado deixou de obter em consequência da lesão." Em seu item 2, especificamente aponta para a possibilidade de inclusão dos danos futuros nos cálculos da indenização por parte do tribunal. Dispõe o referido item: "2. Na fixação da indemnização pode o tribunal atender aos danos futuros, desde que sejam previsíveis; se não forem determináveis, a fixação da indemnização correspondente será remetida para decisão ulterior".

Ao comentar a regra do art. 564, 2 do Código civil português, Menezes Leitão (2022, p. 329) conclui que "o facto de o dano ainda não se ter verificado não é fundamento para excluir a indemnização, bastando-se o tribunal com a previsibilidade da verificação do dano para a fixar." Contudo, adverte para o fato de que a estipulação da indenização antes da verificação do dano futuro encontra-se atrelada à sua "determinabilidade".

No direito brasileiro, o dispositivo equivalente ao 564 do Código Português é o 402 CC/2002, que, no entanto, não possui redação tão detalhada, embora também permita interpretar pela abrangência dos danos futuros no cálculo da indenização, sobretudo quanto à segunda parte. Diz o dispositivo em comento: "Salvo as exceções expressamente previstas em lei, as perdas e danos devidas ao credor abrangem, além do que ele efetivamente perdeu, o que razoavelmente deixou de lucrar."

Para Ducharme (1959, p. 5)[(77)] "[...] dano futuro por definição não existe e, portanto, não deve dar origem a uma ação "de responsabilidade antes de sua realização." Todavia, admite que ainda que essa noção se aplique na maioria das vezes, "conduziria às piores injustiças se fosse utilizado para excluir *a priori* de uma ação de indemnização quaisquer alegações relativas a danos futuros"[(78)]. Ademais, o autor em comento assevera que "o prejuízo futuro é uma circunstância agravante de um mal presente"[(79)] (DUCHARM, 1959, p. 6, tradução nossa). Desse modo, a vítima não poderia reclamar um

(77) No texto original: "[...] le dommage futur par définition même n'existe pas et par conséquent il ne devrait pas donner lieu à à une action «en responsabilité avant sa réalisation" (DUCHARME, 1959, p. 5).

(78) No texto original: "conduirait aux pires injustices s'il servait à faire écarter a priori d'une action en indemnité toutes allégations relatives à un dommage futur" (DUCHARM, 1959, p. 5). O exemplo usado pelo autor é da vítima de um acidente de automóvel com incapacidade permanente. Outra questão ainda não totalmente assentada na doutrina é o fato de se considerar que o dano futuro, via de regra, consiste num prolongamento de um dano que já se constatou ou numa piora do estado da vítima.

(79) No texto original: "le préjudice futur est une circonstance aggravante d'un mal présent" (DUCHARM, 1959, p. 6).

dano unicamente futuro, pois tal pretensão seria prematura e deveria ser rechaçada.(80) Outra questão ainda não completamente assentada na doutrina é o fato de se considerar que o dano futuro, via de regra, consiste num prolongamento de um dano que já se constatou ou numa piora do estado da vítima.

Por sua vez, Noronha (2013, p. 603) expressamente afirma a existência de danos futuros não apenas como aqueles que se dão em continuidade a um dano verificado no momento da indenização, como também aqueles que "só se manifestarão mais adiante, embora em decorrência do fato antijurídico lesivo que está sendo considerado."

Outro ponto relevante a se considerar é a maior dificuldade de prova do dano futuro do que a do dano presente, especialmente pela necessidade de "saber quando é possível considerar razoável a expectativa de que estes danos venham a acontecer" (GUEDES, 2011, p. 59). Isto porque, como leciona Aguiar (1987, p. 841, itálico no original), o condicionamento do resultado futuro do dano se dá de acordo com a "[...] *probabilidade objetiva* [...]", assim considerada a que advém do desenrolar natural dos fatos, a partir de cada situação concreta(81).

Tradicionalmente, o dano presente é tratado como dano emergente e o futuro, como lucro cessante.(82) Outrossim, referido entendimento não é pacífico. Guedes (2011, p. 63) aponta para uma certa confusão desta em relação ao dano emergente, tido como dano presente e lucro cessante, como dano futuro, porquanto a classificação de dano presente e dano futuro a partir do momento da sentença não corresponde com os modos do dano patrimonial, posto que "se, por um lado, nem todo dano emergente é dano presente, por outro, também se pode dizer que nem todo lucro cessante é, nesse sentido, dano futuro"(83).

---

(80) Em sentido semelhante, na doutrina portuguesa, Dias (2001, p. 452) entende que o dano futuro atua "sobre uma situação objectiva e inevitável que tenha origem numa causa eficiente já em acto".

(81) Também nesse sentido, conf. Noronha (2013, p. 605), segundo o qual, para se estabelecer tal prova "quase sempre é preciso recorrer a presunções naturais".

(82) Cavalieri Filho (2014, p. 95) fala em "efeitos diretos e mediatos no patrimônio da vítima (dano emergente)" e efeitos "mediatos ou futuros, reduzindo consequência futura de um fato já ocorrido". O autor trata os danos futuros apenas sob a modalidade dos lucros cessantes, cujo critério de indenizabilidade está, no "princípio da razoabilidade" previsto no art. 402, CC/02 e da perda de uma chance, cuja indenizabilidade deve ser medida "pela perda da oportunidade de obter uma vantagem e não pela perda da própria vantagem" (CAVALIEIRI FILHO, 2014, p. 99). Marquez Neto (2000), aponta o dano emergente como sinônimo de dano atual e o lucro cessante do dano futuro. Antunes (2010) assinala que o lucro cessante equivale à perda provocada "nos bens e direitos já existentes na titularidade do lesado à data da lesão" ao passo que o dano emergente constitui os "benefícios que o lesado deixou de obter por causa do facto ilícito, mas que ainda não tinha direito à data da lesão". A título de exemplo, o autor menciona a colisão de um táxi, caso em que as perdas ocasionadas ao veículo ou à saúde do condutor será considerada como dano emergente e aquilo que ele deixou de auferir em virtude da indisponibilidade do veículo será considerado como lucro cessante. Tartuce Silva assevera que o art. 402, CC/02 trata daquilo "que efetivamente se perdeu (danos emergentes ou danos positivos) e o que razoavelmente se deixou de lucrar (lucros cessantes ou danos negativos)" (TARTUCE SILVA, 2010, p. 91, itálico no original).

(83) A autora aponta o exemplo de determinada vítima de lesão corporal que necessite de uma cirurgia em virtude de um acidente e que tenha recomendação médica de acompanhamento por parte de uma

A par das lições supra, adota-se para a presente tese a noção de dano futuro como sendo a previsível e determinável lesão provocada por terceiro, coisa ou pessoa sob responsabilidade deste a um interesse jurídico protegido pelo ordenamento jurídico ainda não concretizada no momento da sentença.

2.3. O dano ambiental e o dano ambiental futuro

Mais que o uso dos termos meio ambiente e ambiente, controvertidas são as denominações atribuídas pela doutrina, que se vale de expressões diversas para a mesma questão(84), dentre as quais as de dano à biodiversidade, dano ecológico e dano à ecodiversidade, muitas vezes referindo-se ao mesmo objeto.

No presente tópico, são estudados os diversos conceitos e terminologias que vem sendo utilizados para a designação do dano ambiental, o qual, a exemplo do dano tradicional, tem seu conceito produzido pela doutrina e jurisprudência, de forma interativa, e não pela lei(85), o que permite àquelas, de modo interativo, a sua produção criativa, tendo em conta o confronto entre os "[...] interesses em jogo [...]" e a proteção constitucional à sadia qualidade de vida (CARVALHO, 2013, p. 100).

Antes, porém, concorde com o ensinamento de Benjamin (1998) no sentido de que compreensão dos conceitos de degradação, de poluição ambiental e de meio ambiente

---

enfermeira em sessões de fisioterapia, hipótese em que os gastos que já tiverem sido despendidos com a cirurgia e com as sessões de fisioterapia antes da sentença, constituem "dano emergente presente" e aqueles que ainda tiverem que ser despendidos, serão tidos como "danos emergentes futuros" (GUEDES, 2011, p. 63-64). Na hipótese em que determinado "evento danoso" impediu um aumento de patrimônio verificável em data anterior à prolação da sentença, o lucro cessante será "um dano presente" e, nas hipóteses em que essa perda patrimonial ocasionada pelo "evento danoso" se concretize apenas após a sentença, ainda que previsível, ter-se-á o lucro cessante futuro como no caso de "danos decorrentes de lesão corporal", em que os ganhos impedidos entre o dano evento e a decisão judicial é presente e aqueles que deixarão de existir após essa e que podem ser incluídos na condenação, desde que afastada a eventualidade, são tidos como lucros cessantes futuros (GUEDES, 2011, p. 63). Alvim (1965, p. 174) também enxerga contradição no fato de se considerar a potencialidade da perda como lucro cessante e se mencioná-la no passado, pois então perde a característica de potencialidade. Contudo, diversamente de Guedes (2011), que aponta a necessidade de se observar para o momento de prolação de sentença para se definir a presença ou futuridade dos lucros cessantes e dos danos emergentes, o autor propõe que se observe o "momento do fato causador do dano" para que se determine a futuridade do lucro cessante.

(84) Para Silveira (2017, p. 57), o conceito de dano ambiental vem sendo utilizado de forma diferenciada: "ao sabor do vento e das conveniências: ora para designar os danos causados ao ambiente natural, ora para designar os danos ditos tradicionais, ora para juntá-los numa concepção unitária." Em sua tese de doutorado, a autora se propõe a substituir os conceitos de dano ambiental, dano ecológico e dano à biodiversidade por danos à ecodiversidade, posto que aqueles, em seu entendimento, "continuam a ser utilizados no cenário europeu para a designação do dano causado ao ambiente natural" sem que qualquer deles estivesse de acordo com "os objetivos do regime" (SILVEIRA, 2017, p. 55).

(85) Em tese de mestrado em Geociências e Meio Ambiente, Cerri Neto (2008) comparou os termos legais e técnicos de impacto ambiental, degradação ambiental, poluição, dano ambiental e contaminação ambiental e concluiu que os dois últimos termos não foram definidos pela lei e que, em relação aos primeiros, a definição legal e técnica, na maioria dos casos analisados, não coincide e, em relação ao termo impacto ambiental, a definição técnica revelou-se incompatível com a lei, por ter deixado de explicitar que apenas as alterações ambientais significativas são assim classificadas e que apenas as ações humanas podem produzir "impactos", que podem ocorrer de "forma direta ou indireta" (CERRI NETO, 2008, p. 94).

é primordial para se entender a noção de dano ambiental, são expostas algumas noções conceituais acerca desses temas, a começar pelo conceito de meio ambiente, expressão que será empregada na presente tese por ser mais rica de sentido e indicar a interação entre os elementos compreendidos no meio ambiente, como assevera Silva (2011) e Milaré (2004).(86)

2.3.1. Noção e conceito de meio ambiente

A delimitação jurídica de meio ambiente é tema árido, pois de difícil categorização jurídica, ante o seu complexo objeto, já que "pertence a uma daquelas categorias cujo conteúdo é mais fácil de intuir do que definir [...]" (COLAÇO ANTUNES, 1992, p. 77).

Nas palavras de Prieur (2019, p. 212, tradução nossa), "O ambiente é um valor político que pelo seu alcance traduz a procura de um melhor bem-estar humano e animal em nome de um progresso permanente da sociedade."(87)

De acordo com Colaço Antunes (1992, p. 78), o ambiente constitui o "conjunto dos elementos naturais (os chamados recursos naturais: água, ar, solo, etc.) e culturais (lato sensu, compreendendo a paisagem, o patrimônio histórico e artístico, etc)".(88) Para o autor, é a conjunção e inter-relação entre os diferentes "aspectos" do "ambiente protegido", que assegura a completa satisfação humana em suas diversas "dimensões" (COLAÇA ANTUNES, 1992, p. 78).

Também Silva (2011, p. 20) conceitua o meio ambiente a partir de seus elementos. Nas palavras do autor o meio ambiente constitui "A interação de elementos naturais, artificiais e culturais que propiciem o desenvolvimento equilibrado da vida em todas as suas formas." Tais elementos designam aspectos específicos do meio ambiente, aos quais se aplicam "[...] regimes jurídicos diversos [...]", apesar de sua unidade (SILVA, 2011, p. 20). Na classificação proposta por esse autor, o meio ambiente do trabalho está contido no aspecto artificial do meio ambiente, no que discorda Fiorillo (2007), que o entende como um elemento específico.

A seu turno, Padilha (2002) discorda da classificação supra e classifica o meio ambiente em dois vetores fundamentais: meio ambiente natural e artificial, uma vez

---

(86) Fiorillo (2007, p. 22) e Antunes (2002) entendem que as expressões "meio ambiente" e "ambiente" são sinônimas. Antunes (2002) e Gonçalves (2008) também apontam para a existência de pleonasmo no uso da primeira. Não obstante, reconhecem que seu uso se tornou corriqueiro, logo, facilita a compreensão por parte do cidadão, a quem se destina a proteção ambiental.

(87) No texto original: "L'environnement est une politique-valeur qui par sa portée traduit la recherche d'un mieux-etre humain et animal au nom d'un progrès permanent de la société" (PRIEUR, 2019, p. 212).

(88) Para a construção de sua noção jurídica de ambiente, Colaça Antunes (1992) inicia com a diferenciação desta e do ambiente em sentido fático, que equivale ao complexo de componentes (externos) dos quais a pessoa humana se vale para sua vida e expressão.

que entende que esse último resulta da ação humana sobre aquele. Para a autora, o meio ambiente do trabalho integra o meio ambiente artificial, assim, a classificação do meio ambiente em dois fatores permitiria uma melhor abordagem didática(89).

A conceituação expressa no art. 225, *caput* da Constituição Federal de 1988(90) demonstra a amplitude do conceito(91) e a perspectiva antropocêntrica em que foi construído, porquanto é tratado como um bem a ser usufruído coletivamente, para a garantia da sadia qualidade de vida.

Conforme Antunes (2002), a abertura do conceito de ambiente confere amplitude também ao conceito de dano ambiental, do qual se tratará após a discussão acerca de poluição e degradação ambiental, feita a seguir.

2.3.2. Poluição e degradação ambiental

No âmbito internacional(92), a Declaração da Conferência das Nações Unidas sobre o Meio Ambiente tratou do poder humano de transformar o meio ambiente, causando danos a si próprio e ao meio ambiente natural e fez referência ao termo poluição dos recursos naturais e do equilíbrio ecológico da biosfera como ações prejudiciais para o ser humano e para o ambiente por ele produzido, sobretudo aquele "[...] em que vive e trabalha" (UN, 1972, s.p.).

Na esfera nacional, o art. 3º, II da Lei n. 6.938, de 31 de agosto de 1981, lei da política nacional do meio ambiente, conceitua, para os seus fins, a degradação ambiental

---

(89) A classificação da autora se aproxima da proposta por Milaré (2004, p. 78), que destaca a possibilidade de duas concepções de meio ambiente. A primeira, restrita, afastaria todos os elementos que não pertencessem à natureza estrito senso e a segunda, ampla, envolveria os aspectos naturais, artificiais e culturais.

(90) Nos termos do art. 225, CF/88, o meio ambiente é tratado como: "bem de uso comum do povo e essencial à sadia qualidade de vida [...] (BRASIL, 1988).

(91) A vagueza e amplitude do conceito também é apontada por Antunes (2002) e Fiorillo (2007), segundo os quais, apenas por meio da aplicação prática seria possível sua elucidação.

(92) Ainda no âmbito internacional, cita-se a Comprehensive Environmental Response, compensation and *Liability Act*, também conhecida como CERCLA ou *Superfund*, estabelece obrigações acerca da responsabilidade por indenização, compensação, limpeza e resposta de emergência para substâncias perigosas no meio ambiente e a limpeza de locais inativos de descarte de resíduos perigosos e a Diretiva 2004/35/CE, adotada em 21 de abril de 2004 pelo Parlamento Europeu e Conselho da União Europeia, que se refere à responsabilidade ambiental em termos de prevenção e reparação de danos ambientais no âmbito da comunidade europeia, embora para seus efeitos, definem o dano e o dano ambiental. Para os efeitos da primeira, o dano ambiental é definido nos seguintes termos: "Danos significam danos por lesão ou perda de recursos naturais, conforme estabelecido na seção 107 (a) ou 111 (b) desta Lei" (UNIÃO EUROPEIA, 2004, tradução nossa). Na língua original: "damages for injury or loss of natural resource as set forth in section 107(a) or 111(b) of this Act". Por sua vez, nos termos do art. 2º, 2, para os seus efeitos, a Diretiva 2004/35/CE, define o dano como sendo: "a alteração adversa mensurável, de um recurso natural ou a deterioração mensurável do serviço de um recurso natural, quer ocorram directa ou indirectamente". Já a definição de dano ambiental é realizada no art. 2º, 1 e tem em conta: o objeto (espécies e habitats naturais protegidos, água e solo); a significatividade da operação (avaliada de acordo com o estado inicial do objeto); a ausência de autorização da operação pelas autoridades competentes.

como "[...] a alteração adversa das características do meio ambiente". Já a poluição ambiental, nos termos do inc. III do mesmo dispositivo legal, constitui:

> [...] a degradação da qualidade ambiental resultante de atividades que direta ou indiretamente: a) prejudiquem a saúde, a segurança e o bem-estar da população; b) criem condições adversas às atividades sociais e econômicas; c) afetem desfavoravelmente a biota; d) afetem as condições estéticas ou sanitárias do meio ambiente; e) lancem matérias ou energia em desacordo com os padrões ambientais estabelecidos; (BRASIL, 1981)

A definição legal de poluição ambiental abarca a ideia da degradação da qualidade ambiental, de modo que se pode dizer que aquela constitui o resultado dessa, que pode atingir o meio ambiente natural (biota), o cultural (condições estéticas do meio ambiente), o artificial (saúde, segurança e o bem-estar da população) e o do trabalho (poluição labor-ambiental), ou seja, embora a definição legal de meio ambiente traduza a perspectiva ecológica pura, os termos degradação e poluição ambiental abarcam todos os elementos do meio ambiente, do que se infere que o conceito de dano ambiental, no sentido de dano ao conjunto dos elementos que compõe a esfera do meio ambiente também deve incluí-los. Não obstante, como se discute a seguir, a doutrina diverge acerca do alcance e do conceito de dano ambiental, a depender da concepção que se tenha de meio ambiente.

2.3.3. Dano ambiental: concepções, caracterização, abrangência e conceito

Como se asseverou no tópico anterior, o conceito de meio ambiente ganhará maior ou menor amplitude de acordo com o que se entender por meio ambiente, uma vez que o conceito de dano ambiental e de poluição resulta de uma construção "social" e cultural e inexistem no plano abstrato(93) (ANTUNES, 2002, p. 174). Em sentido próximo, Silveira (2017) aponta para a alteração da noção de danos ambientais de acordo com o avanço das conquistas e alterações das ideias de bens ambientais a serem protegidos(94).

Conforme leciona Pinho (2010, p. 133, aspas internas no original) a construção do conceito de dano ambiental parte da "base jurídica" do dano civil, na medida em que aquele se traduz em um tipo ""dos novos danos"" pois "são fruto do transbordamento da

---

(93) Para o autor, ambos os conceitos possuem "caráter ambíguo", o que é típico do direito ambiental, dado que as normas desse sistema regulam a relação entre o uso ou não uso atual e futuro dos recursos naturais, de modo que a "recuperação do dano ambiental somente pode ser compreendida dentro de uma perspectiva cultural" (ANTUNES, 2002, p. 174).

(94) A tese dos autores resta comprovada quando se verifica, por exemplo, a amplitude do termo poluição. A título de exemplo, Aragão (2014, p. 10) vale-se desse termo para designar qualquer resultado negativo advindo do lançamento de produtos materiais e também imateriais e, ainda, como a "destruição" da natureza, em decorrência de outros atos que não se caracterizam como "emissão" e não apenas o sentido estrito do termo, que equivale aos "danos" decorrentes do lançamento de determinada "substância" prejudicial ao "ambiente" (ARAGÃO, 2014, p. 10).

racionalidade mecanicista, tecnológica e economicista, configurando os direitos transindividuais que geraram novos danos ressarcíveis."

Para Milaré (2004, p. 665), "[...] dano ambiental é a lesão aos recursos ambientais, com a consequente degradação — alteração adversa ou *in pejus* — do equilíbrio ecológico e da qualidade de vida." Aproxima-se desse conceito aquele proposto por Benjamin (1998, p. 132; 2011, p. 60), no sentido de que o dano ambiental é "[...] a alteração, deterioração ou destruição, parcial ou total, de quaisquer dos recursos naturais, afetando adversamente o homem e/ou a natureza" que retoma a ideia de afetação da vida humana ou do equilíbrio natural.

Ainda é preciso advertir que o dano ambiental é gênero(95) e pode atingir, ao mesmo tempo, o aspecto ecológico ou ambiental em sentido estrito, que atinge os bens naturais propriamente ditos e o dano ambiental reflexo, que atinge o homem. Subdivide-se em dano patrimonial ou material e moral ou imaterial (BENJAMIN, 1998; LEITE, 2003; LEITE; AYALA, 2020(96); MILARÉ, 2004; CAFFERATA, 2009; CRUZ, 1997).

Além da classificação quanto à amplitude, Leite (2003, p. 95) e Leite e Ayala (2020, p. 73) classificam o dano ambiental tendo em conta a "reparabilidade", os "interesses jurídicos envolvidos"(97), a "extensão"(98) e o "interesse objetivado"(99).

Márquez (2003, p. 28) ressalta que a maioria dos sistemas latinos americanos tratam o dano ambiental como a lesão a um dos aspectos do ambiente e lhe aplica o direito civil, o que entende inadequado. O conceito do autor inclui o objeto atingido (meio ambiente ou qualquer das funções desempenhadas por um de seus componentes), mas exclui os efeitos deste na esfera "da propriedade privada ou coletiva".

(95) Em sentido semelhante, embora não trate do prejuízo à qualidade de vida como dano reflexo, Bittar Filho (1994, p. 53) aduz que: "O dano ambiental não consiste apenas e tão somente na lesão ao equilíbrio ecológico, afetando igualmente outros valores precípuos da coletividade a ele ligados, a saber: a qualidade de vida e a saúde".

(96) Nesse particular, os autores classificam o dano em: a) ecológico puro (elementos naturais apenas); b) latu sensu (danos difusos a qualquer dos aspectos do meio ambiente) e c) reflexo (direito individual, atinge o ambiente enquanto microbem e a reparabilidade é direta) (LEITE, 2003; LEITE; AYALA, 2020).

(97) Nessa classificação, os danos seriam: a) dano de reparabilidade direta, nas hipóteses de danos aos interesses individuais e individuais homogêneos, cuja indenização será devida à pessoa diretamente atingida, pois o meio ambiente foi atingido apenas reflexamente; b) dano ambiental de reparabilidade indireta, nos casos em que o dano ocorre em relação ao meio ambiente como bem de interesse difuso ou excepcionalmente, da coletividade (LEITE, 2003; LEITE; AYALA, 2020).

(98) Quanto a esse aspecto, a classificação proposta pelos autores abrange: a) dano patrimonial, no que concerne à reparação direcionada aos interesses da coletividade e não a um indivíduo, e dano extrapatrimonial, direcionado ao indivíduo; b) moral ambiental, nas hipóteses de danos ambientais com reflexos nos sentimentos da coletividade ou outro conceito que se adote para o dano moral coletivo (LEITE, 2003; LEITE; AYALA, 2020).

(99) Por fim, no que tange aos interesses protegidos, o dano ambiental pode ser entendido como: a) dano de interesse da coletividade ou macrobem ambiental e, b) dano ao interesse particular ou microbem (LEITE, 2003; LEITE; AYALA, 2020).

Desse modo, segundo o autor acima citado:

> Dano ambiental é aquele que afeta um bem jurídico diverso, a saber: o bem jurídico meio ambiente ou a função que um de seus elementos nele cumpre e não inclui os danos que sejam causados como consequência das afetações ao meio ambiente ou transferidos para o meio ambiente. a esfera da propriedade privada ou pública (MÁRQUEZ, 2003, p. 27, tradução nossa).[100]

Também Mirra (2019) assevera que o dano ambiental, na acepção coletiva ou difusa, não inclui o dano pessoal e reflexo, considerado como dano privado. Ainda de acordo com esse autor, o dano ambiental pode ser classificado em sentido amplo e restrito. O primeiro se caracterizaria pelo sentimento negativo que sofre a sociedade em decorrência da perda ou ofensa a um determinado bem de apreço coletivo, como a derrubada de uma certa árvore, símbolo de uma determinada cidade, ao passo que o segundo dispensa a causação de qualquer sentimento negativo, sendo suficiente a mera deterioração ou perturbação da qualidade de vida da população ou impedimento de fruição de determinado bem ambiental pelas gerações vindouras.

Oliveira (2010, p. 55-56) chama a atenção para a controvérsia relacionada à designação do dano ecológico e dano ambiental, especialmente quando advindos de idêntica conduta prejudicial. Para a autora, enquanto o primeiro termo caracteriza uma "lesão causada ao elemento natural em si (água, solo, fauna e flora)" o derradeiro se aplica "aos danos causados a pessoas e bens". Logo, aquele seria "primário" e este, reflexo. A partir dessa premissa, a autora se propõe a encontrar um conceito de biodiversidade, ao mesmo tempo em que alerta que o uso de um conceito muito amplo pelo jurista é, a um só tempo, "a sua virtude" e "o seu maior defeito".

Após observar que o conceito de dano à biodiversidade abrangeria "qualquer lesão de qualquer coisa viva ou afectação de qualquer ecossistema", na medida em que incluiria os elementos bióticos e os abióticos, a autora conclui pela necessidade de adoção de um conceito normativo de dano, porquanto a responsabilidade civil não se coaduna com tamanha "incerteza conceptual, sob pena de inaplicabilidade do regime ou de intolerável insegurança jurídica." (OLIVEIRA, 2010, p. 58).

O mesmo problema de amplitude do conceito de biodiversidade se aplica ao conceito de dano ecológico, que estaria numa posição de bem "acima dos chamados interesses coletivos", o que invoca a necessidade de reflexão acerca das figuras jurídicas da *res communis*, contraposta à de *res nullius*, de forma que podem ser objeto de "apropriação

(100) No texto original: "el daño ambiental es aquél que afecta a un bien jurídico diferente, a saber: el bien jurídico medio ambiente o bien a la función que uno de sus elementos cumple dentro de éste y no comprende los daños que como consecuencia de las afectaciones al ambiente se provoque o trasladen al ámbito de la propiedad privada o pública" (MÁRQUEZ, 2003, p. 27).

por ocupação" por qualquer pessoa (OLIVEIRA, 2010, p. 61), posto que a segunda figura carrega duas vertentes: a de apropriação livre e indistinta ou a de impossibilidade dessa (OLIVEIRA, 2010, p. 60). Em sentido semelhante, Cruz (1997, p. 2-3) destaca a autonomia e a dificuldade de se reconhecer a indenizabilidade do dano ecológico puro, ante o fato de que a ofensa a esse atinge, a um só tempo, o direito de cada um e de todos.

Também o termo dano ecológico(101) é objeto de crítica de Silveira (2017), que afirma não ter tido o conceito o prestígio da legislação, apesar do sucesso ante a doutrina para especificar "o dano causado ao ambiente natural" de que trata a diretiva 2004/35/CE e também aqueles que incidem sobre o ambiente enquanto bem comum do povo, no qual se inclui o conceito de Cunhal Sendim, que o trata como a perturbação a um "bem jurídico ecológico" (SILVEIRA, 2017).

Assim, Silveira (2017, p. 250-251) assevera que o fato de determinada ofensa ao ambiente acarretar diversas espécies de danos coloca em debate, a grosso modo, a restauração de perdas relativas: a) à proteção humana, incluindo o patrimônio material; b) aos prejuízos aos "serviços proporcionados pelo ecossistema"; c) à "Degradação de um elemento natural e o consequente desequilíbrio da diversidade ecossistema". A autora se ocupa das duas últimas espécies de perdas e se propõe a formular um conceito que concilie a visão antropocêntrica e ecocêntrica do ecossistema e que chama de dano à ecodiversidade, que seria:

> [...] uma modificação das propriedades físicas, químicas ou biológicas do ambiente, resultante de uma atividade ocupacional, que afecte directa, ou indirectamente, a qualidade de um elemento natural especificamente considerado ou resultando na deterioração de uma função ecológica ou ambiental do ecossistema (SILVEIRA, 2017, p. 458).

A análise dos conceitos de dano ambiental remete à ideia de prejuízo a um algum dos elementos do meio ambiente ou ao conjunto desses (SILVEIRA, 2017; CERRI NETO, 2015).(102)

Como características do dano ambiental, é possível apontar a dificuldade de identificação das vítimas, de reparação e de valoração (MILARÉ, 2004, p. 668-669; BENJAMIN,1998, p. 84-85; CAFFERATA, 2009, p. 87-88; CRUZ,1997, p. 1014) e

(101) De acordo com Silveira (2017), o termo dano ecológico foi trabalhado inicialmente pela doutrina alemã e posteriormente pela francesa. Para uma ,uma visão "ecocêntrica" da defesa da "natureza", esse conceito seria mais adequado que o de dano ambiental, o que não se justifica, na medida em que o modo como adotado exclui a esfera de proteção humana (SILVEIRA, 2017, p. 65).

(102) Essa conclusão também foi apontada por CERRI NETO (2008, p. 96) em estudo comparativo de termos relacionados à questão ambiental, no qual concluiu, em relação ao dano ambiental que "seu entendimento pacífico vai no sentido de se considerá-lo como sendo tudo aquilo que causa um prejuízo ao meio ambiente".

MÁRQUEZ, 2003, p. 47[(103)]). Os três últimos autores acrescentam a dificuldade de identificação dos causadores do dano e a complexidade da prova do nexo causal em razão de sua natureza dispersiva, cumulativa e lenta.

A natureza difusa do dano ambiental diz respeito ao número de pessoas atingidas e à sua diluição no tempo (transgeracional) e no espaço (transfronteiriço), pois não respeita fronteiras temporais, políticas ou físicas, de modo que difere do dano comum e se insere no plano das denominadas "[...] violações de massa [...][(104)]" que produz um "[...] dano social [...]"[(105)] em razão de atingir "[...] direitos supra individuais"[(106)] (CAFFERATA, 2009, p. 86, tradução nosssa).

Assente com as lições dos autores supra indicados, abaixo são assinaladas as diversas distinções entre o dano tradicional e o dano ambiental, que, grosso modo, podem ser assim resumidas: o dano tradicional possui como características o interesse individual, a certeza, a facilidade de prova quanto ao dano e ao nexo causal[(107)], a prescritibilidade, a aceitabilidade quanto ao interesse jurídico e ao seu cabimento. A seu turno, o dano ambiental se caracteriza por natureza difusa, titularidade indeterminada, incerteza e, em alguns casos, condescendência da sociedade; dificuldade de prova do dano em si e do nexo causal; imprescritibilidade; questionamentos quanto ao seu cabimento e reparabilidade do interesse protegido.

A exemplo das recentes e ampliadas queimadas na região Pantaneira e Amazônica, alguns danos ambientais trazem prejuízos imediatos, pois provocam morte de animais e dificuldade de respiração para os humanos e também podem apresentar danos futuros, caracterizados por doenças pulmonares aos expostos à fumaça e ao aniquilamento da estabilidade e das condições de regeneração do ecossistema, como consequência da alteração da "[...] cadeia produtiva e alimentar" (STEVANIM, 2020, p. 13).

---

(103) O autor lista como problemas insolúveis pelo sistema de responsabilidade civil tradicional: a dificuldade de estabelecimento do nexo de causalidade; "el sistema de carga de la prueba"; o prazo prescricional; a determinação do causador do dano; a legitimidade para reclamar o direito; o modo de reparação do dano e os efeitos da sentença. Ademais, os danos ambientais geralmente apresentam incerteza quanto à suas causas, porquanto decorrem de "atividades de grande complexidade tecnológica", acerca das quais não se tem certeza científica, seja por decorrer de uma multiplicidade de condutas, seja pela inexistência de conhecimentos científicos que lhes permita reconhecê-las, bem como em relação aos seus efeitos, desconhecidos quanto ao número de pessoas atingidas e ainda quanto ao seu "alcance temporal, es decir cuándo se producirán los daños y si éstos pueden reproducirse o tener efectos secundarios más graves que los iniciales"(MARQUES, 2003, p. 47).

(104) No texto original: "violaciones de massa" (CAFFERATA 2009, p. 86).

(105) No texto original: "daño social" (CAFFERATA 2009, p. 86).

(106) No texto original: "[...] derechos supra-individuales" (CAFFERATA 2009, p. 86).

(107) Em sentido próximo, Benjamin (1993a, p. 12-13) assinala que a responsabilidade civil clássica se mostraria problemática em relação a quatro aspectos, que apontam para a necessidade de um tratamento adequado para o dano ambiental: 1) dificuldade de precisa nomeação do causador do dano e da vítima; b) demanda de prova da culpa, em alguns sistemas, dentre os quais não se inclui o brasileiro após a lei ambiental de 1981; c) complicações relativas à prova da causalidade; d) a fluidez do dano ambiental".

Portanto, tão relevante quanto a noção de dano ambiental, mostra-se a compreensão dos fundamentos e da caracterização do dano ambiental futuro, tema do qual se ocupa na sequência.

2.3.3.1. O Dano ambiental futuro

Como visto, o dano futuro guarda algumas peculiaridades, ante o fato de que ainda não se confirmou totalmente no momento da ação de indenização postulada. Também comporta algumas controvérsias no que concerne ao seu conceito e abrangência, especialmente no que concerne ao momento em que o observador deve considerar para defini-lo como dano presente ou futuro.

As particularidades do dano ambiental, asseveradas no item 3.3.3, autoriza a elaboração de um conceito de dano ambiental futuro diverso do conceito de dano futuro tradicional, na medida em que, via de regra, tais danos somente surgem após decorrido algum tempo da prática lesiva e decorrem da soma de diversas práticas lesivas?

2.3.3.1.1. Conceitos, fundamentos e abrangência do dano ambiental futuro

Steigleder (2003, p. 339) assinala que a perspectiva futura em relação ao dano deve se dar sob dois enfoques: 1) da necessidade de intervenção com vistas a evitar o dano e, 2) nos casos em que o dano já foi produzido e se faz necessário adotar formas de prevenir a sua continuidade ou a continuidade do "risco concreto." Na primeira perspectiva, busca-se identificar os riscos de operação "perigosa" que podem ser minorados ou eliminados e a atuação precaucional em torno do manejo do risco da atividade, geralmente realizado pelas autoridades ambientais que atuam no âmbito administrativo, na perspectiva da antecipação do dever de proteção. Na segunda, no caso de potencial risco ao meio ambiente, complexos e intangíveis em determinadas hipóteses de destruição, impõe-se a atuação da "*responsabilização civil ex post*" (STEIGLEDER, 2003, p. 340, itálico no original).

Para Carvalho (2008, p. 13) o dano ambiental futuro "[...] consiste em operacionalização pragmático-sistêmica do Princípio da Equidade Intergeracional e dos Princípios da Precaução e da Prevenção." Tal desiderato se concretiza com a observância dos efeitos que ultrapassam o momento anterior ou atual por parte da jurisprudência e da legislação.

Assim, o referido autor classifica os danos ambientais futuros em "danos ambientais futuros propriamente ditos ou '*stricto sensu*' e aqueles advindos "das consequências futuras de danos ambientais já concretizados" (CARVALHO, 2008, p. 16)[(108)].

---

(108) Embora sem classificar como dano estrito senso, Cafferata (2009, p. 87) também afirma que o dano futuro pode ser objeto de condenação em juízo quando, com base nos estudos científicos e tecnológicos, for possível antever que os efeitos da degradação ambiental aparecerão após um longo decurso temporal como piora "[...] de um daño actual" ou como um outro dano, decorrente do fato anterior".

No que concerne ao elemento temporal, Pinho (2010, p. 161) classifica o dano ambiental em sua dimensão emergente e futura. Na primeira constariam aqueles danos que se concretizaram imediatamente com alteração das características físicas do meio ambiente, como aqueles consequentes da poluição visual decorrente de muitos letreiros ou sinalizações, ou morte de espécies vegetais ou animais. Na segunda dimensão, nas palavras da autora, estariam os danos que constituem "consequências futuras dos danos ambientais já concretizados" e se classificam em "**danos em cascata ou cumulativos**(109), [...] **em lucro cessante ambiental**(110), que corresponde ao dano interino ambiental ou social; e **em perda de uma chance ambiental** [...]"(111) (PINHO, 2010, p. 161, destaque no original).

No que interessa ao objeto da tese, importante considerar que a autora exclui a aplicação do lucro cessante ambiental em relação ao meio ambiente do trabalho, na medida em que a sociedade não usufrui deste (a questão da abrangência e da titularidade do meio ambiente do trabalho será reportada no capítulo 2). Entretanto, já de antemão se aponta a discordância em relação a tal afirmação. É o caso de Alemar (2011, p. 93-95), por exemplo, que propõe uma classificação para os danos ambientais que leve em conta: a) sua origem e, b) seus efeitos no tempo.

No que concerne ao elemento temporal, segundo o referido autor,(112) os danos seriam: b.1) imediatos e b.2) futuros. Os imediatos, também denominados como danos emergentes, seriam identificáveis desde logo ou pouco depois da ação que lhes deu causa, enquanto os futuros se distanciaram da ação que lhes deu causa, pelo que seriam de "determinação qualitativa — e valorativa — muito mais difícil que os primeiros" (ALEMAR, 2011, p. 94).

Ademais, para o autor supra referido, os danos ecológicos futuros se subdividem em danos futuros certos e danos futuros incertos(113), de acordo com a certeza quanto a

(109) Os danos em cascata ou cumulativos se subdividem em continuados, permanentes e cumulativos progressivos, sendo que a diferença entre os dois primeiros é que o dano continuado só adquire relevância com a adição de ações, enquanto o segundo advém de única ação. Já nos danos progressivos, o conjunto das ações lesivas produz resultado superior à mera soma dos atos. Nos dois primeiros casos, a soma dos eventos danosos vão ampliando os prejuízos (PINHO, 2010, p. 163).

(110) O lucro cessante ambiental se subdivide em "dano interino ambiental e dano interino social", e identifica-se como "lapso de tempo em que as funções ecológicas ficaram comprometidas para os outros recursos naturais". No primeiro caso, observa-se o comprometimento dos aspectos naturais do meio ambiente e, no segundo, quem fica privado de uso é a sociedade (PINHO, 2010, p. 165).

(111) Quanto `a perda de uma chance ambiental, a autora supra referida (2010, p. 171) propõe sua caracterização quando se verificar que houve uma "frustração do futuro, perda de um ganho ambiental esperável, que ocorreria provavelmente pela sucessão normal ecossistêmica, caso não tivesse sido interrompida pelo dano que cercear esta oportunidade", e cuja aferição se daria numa projeção ao futuro imaginário, com base nos conhecimentos ecológicos, observando-se a probabilidade de 50% (PINHO, 2010, p. 171).

(112) Para Alemar (2011, p. 14), a classificação seria essencial para a aplicação prática dos princípios da prevenção e da precaução na fase imediatamente anterior à instalação de determinado empreendimento.

(113) Para o autor, o consumo de produtos geneticamente modificados constitui um exemplo de dano futuro incerto até o momento (ALEMAR, 2011, p. 94).

sua ocorrência, gravidade e origem, a exemplo do consumo de organismos geneticamente modificados, e justificariam a adoção do princípio da precaução.

A inserção de riscos de danos e danos futuros no âmbito da responsabilidade civil, imputando medidas reparatórias *ex ante*, acaba funcionando como uma política de gestão de riscos, colocada em prática com o intuito de salvaguardar a integridade do meio ambiente e a transtemporalidade dos interesses que recaem sobre ele (FERREIRA; SILVA, 2007, p. 135).

Deve-se considerar que a Constituição Federal de 1988, ao consagrar, no art. 225, a menção às gerações vindouras, consolida a concepção de que a defesa do meio ambiente se erige como um interesse que se perpetua no tempo e que diz respeito a toda a humanidade. Esse postulado determina uma relação inexorável entre tempo e direito, traduzida na concepção da norma ambiental em proteger a vida em potencial, estabelecendo uma consideração jurídica do futuro (AYALA, 2004, p. 237) ao reconhecer que, caso não sejam mensuradas as atuações humanas no presente, essas poderão ocasionar efeitos negativos irreversíveis no futuro.

As incertezas acerca de como agir para a preservação dos bens ambientais para as gerações futuras, ante a inter-relação entre todos os elementos do bioma terrestre (base da vida), impõe uma nova postura ética ao ser humano, que não deve mais se basear nos elementos históricos e individualistas do direito ou mesmo em posições estatais fundadas na soberania do estado nação, mas em relações colaborativas entre esses, além de incentivadoras da participação social, por meio de programas como os de *compliance*, que permite a todos, coletivamente, e a cada um, individualmente, responsabilizar-se diante de si próprio e dos demais, para as presentes e futuras gerações. Ademais, ante a ausência de clareza sobre os atos adequados ao cumprimento desse objetivo, já que não há um instrumento capaz de realizar claramente essa avaliação, deve-se adotar o dever de cuidado (GARCIA 2009).(114)

Del Pozzo (2000, p. 12) assevera que o direito ao meio ambiente adequado, como um direito de terceira geração, tem por base os princípios da interdependência

(114) A autora traça um paralelo entre a terra enquanto bem de suporte para a vida humana e uma frase utilizada como marketing do relógio Patek Philippe, que diz: ""Ninguém é verdadeiramente proprietário de um Patek Philippe. Limita-se a conservá-lo para a geração seguinte"", e propõe a substituição do termo "Patek Philippe" na frase, de modo que se chegaria à conclusão de que, como o relógio, ninguém é dono da terra, apenas a conserva para a próxima geração (GARCIA, 2009, p. 8, aspas internas no original). Contudo, alerta para o fato de que a substituição proposta não gera apenas um jogo de palavras, mas um problema complexo. Primeiro porque, diversamente do relógio, a terra não advém do trabalho humano e, segundo, porque a relação do homem com a terra foi vista culturalmente como de arbítrio, estando esta a serviço daquele e só recentemente é que se percebe que tal relação precisa ser alterada, exigindo ações coletivas e não mais fragmentadas. Alerta ainda a autora que, apesar das constantes construções técnicas que, a exemplo do relógio, possibilitam medir a equação do tempo, em sua "[...] progressão futura", o homem não dispõe de qualquer instrumento capaz de aferir, de modo permanente, "[...] a capacidade de vida na Terra", faltando-lhe indicadores para tanto (GARCIA, 2009, p. 10).

e indivisibilidade, incluindo a solidariedade com as gerações futuras(115). Isto porque o direito ao meio ambiente adequado é condição para o exercício de todos os demais direitos, dos quais os mais significativos são o direito à vida, à saúde, ao desenvolvimento.

Gonçalves (2022, p. 64) aponta para a possibilidade "de reparação de um dano ainda não inteiramente realizado, mas que fatalmente se produzirá, em decorrência de fatos já consumados e provados." Dentre outros exemplos, o autor faz referência aos danos provocados "à saúde e aos rios decorrentes do emprego de agrotóxicos" e reconhece a indenizabilidade não apenas dos danos ao ecossistema, mas também dos danos causados às "pessoas".

Pereira (2022, p. 55-9) indaga sobre a possibilidade de indenização do chamado "dano futuro". Baseado especialmente na doutrina francesa, afasta a possibilidade de indenização do "dano futuro hipotético", pois não se compadece com o dever de reparação a simples "eventualidade". Na etiologia da responsabilidade civil é indispensável a "certeza" do dano, embora não se requeira que seja "presente".

Depois de mencionar que as decisões das Cortes de Justiça dos Estados Unidos, tendo em vista que é difícil determinar o dano em nível de "certeza razoável", têm recorrido a dados estatísticos, além da opinião de técnicos, o autor afirma que, na sua opinião, não se pode dispensar o elemento causal. Ademais, aponta que a "[...] base estatística é muito falha, pois que na teoria norte-americana do but for a diferença mínima de um ou dois por cento reverte a obrigação ressarcitória". Nesse aspecto, o autor afirma que no que se refere à "[...] responsabilidade atômica [...], haverá maior elasticidade na investigação da relação de causalidade entre o dano e o acidente atômico, levadas em consideração circunstâncias especiais de tempo e distância [...]" por meio do [...] fator probabilidade" (PEREIRA, 2022, p. 56-7). E conclui que a própria "[...] 'certeza'" obedecerá a "critério mais elástico [...]" quando da análise do dano em cada situação em concreto, com base em um "[...] critério de razoável probabilidade, uma vez que os efeitos da radiação atômica, detectados ou não no momento, poderão positivar-se num futuro mais ou menos remoto, e num raio de ação mais ou menos extenso [...]" (PEREIRA, 2022, p. 59).

Henkes (2009, p. 60) entende que o dano futuro difere-se do risco de dano e se funda no princípio da prevenção, na medida em que existe certeza de sua ocorrência futura ou do resultado de um dano já efetivado, ao passo que o risco de dano se alicerça no princípio da precaução e convive com a elevada probabilidade de materialização.

Como visto, os conceitos acerca do dano ambiental futuro procuram destacar o caráter cumulativo, a interdependência entre os elementos que compõem a cadeia ambiental e a ideia da solidariedade entre as gerações presentes e futuras. Procuram também

(115) Para a referida autora, enquanto a liberdade e a igualdade constituíram os valores fundantes dos direitos de primeira e segunda gerações, a solidariedade é a substância dos direitos de terceira geração e evidenciam uma responsabilidade coletiva, qual seja, de todos e de cada um para com as gerações presentes e futuras (DEL POZZI, 2000, p. 15-16).

alertar para a dificuldade de estabelecimento do nexo causal entre as condutas que muitas vezes se somam, não necessariamente de modo linear, mas, muitas vezes, de modo exponencial, e a dificuldade de se aferir a cadeia de causalidade desse dano, de modo que buscam enfatizar o sentido preventivo da responsabilidade civil ambiental.

Por outro lado, algumas vozes doutrinárias questionam o fato de a responsabilidade civil se basear na necessidade da presença do dano para se tê-lo por indenizável, como se infere da tese de Carvalho (2008, p. 14), segundo o qual a adoção da "[...] Teoria do Risco Abstrato" no lugar da "[...] Teoria do Risco Concreto" é que viabiliza a "[...] caracterização do dano ambiental futuro", posto que, ao contrário dessa, aquela não impõe a existência do dano como requisito para a imputação da responsabilidade objetiva nas hipóteses deste dano. O inverso faria desaparecer a "[...] função ambiental do bem ambiental em perigo e do sentido preventivo do Direito Ambiental".

Assim, como se discorre abaixo, o autor supracitado apregoa a necessidade de se propor que a responsabilidade civil avance para responder também pela criação do risco de dano futuro, com variações que afirmam que não se trata de uma responsabilidade civil sem dano, na medida em que a atualidade do risco de dano no futuro caracterizaria o dano (ASSIS JÚNIOR, 2010).

2.3.3.1.2. Propostas e críticas à ideia da responsabilidade civil sem dano ou do dano como o risco atual de dano futuro

Sadeler (1998) afirma que o direito ambiental, por meio de seus instrumentos todos, possui função preventiva. A força do princípio da prevenção atingiria institutos jurídicos que ordinariamente possuíam apenas função retributiva, como no caso da responsabilidade objetiva em matéria ambiental e no caso dos regimes tributários, na medida em que a retirada da culpa nessa matéria e o aumento da tributação possuem função dissuasiva que precede à retributiva.

Para Lopez (2010), a incorporação dos princípios da precaução e da prevenção pela responsabilidade civil faz com essa assuma precipuamente as funções de compensação[116], dissuasão e de prevenção, em seu significado amplo. Desse modo, a "**responsabilidade preventiva**" caminhará a par e passo com a **responsabilidade reparadora** ou clássica" (LOPEZ, 2010, p. 1.230, negrito no original).

Por sua vez, Cruz (2009, p. 22) divisa duas espécies de responsabilidade[117], uma fundada na "ética do futuro" ainda em gestação, na qual a responsabilidade ambiental constituiria uma "norma Ético-Social", com fundamento no direito, com vistas a assegurar

(116) Essa seria a principal função, com fundamento "no princípio da reparação integral dos danos" (LOPES, 2010, p. 1230).

(117) A responsabilidade fundada no aspecto da ética e no jurídico se somam e teriam aplicabilidade maior ou menor em se tratando "do presente ou do futuro". Aquela respalda o arcabouço "jurídico" que permite responsabilizar "por danos futuros" (CRUZ, 2009, p. 22).

sua aplicabilidade, e outra, a responsabilidade ambiental como regra jurídica, que se valeria substancialmente do princípio do poluidor-pagador. Essa última deve-se realizar em três distintas formas de atuação: a) preventiva; b) reparatória e c) antecipatória.

Na forma preventiva, aplica-se a responsabilidade sobre uma ação já ocorrida e um resultado tido por certo, em razão das probabilidades, mas que ainda não se concretizou. Nesse caso, o ofensor deverá reparar o dano de forma preventiva, vale dizer, da forma mais benéfica ao ambiente, pagando as despesas das medidas preventivas para conter o resultado danoso. No que concerne à forma antecipatória, a responsabilidade se dá em decorrência da "[...] violação do princípio da precaução [...]" e deve incidir independentemente da existência do dano, vale dizer, no caso de "[...] simples risco de dano (dano futuro potencial mas incerto)" (CRUZ, 2009, p. 27). Essa responsabilidade se operaria no âmbito administrativo e com viés "[...] administrativo e sancionatório" (CRUZ, 2009, p. 28).

Expressamente Henkes (2009, p. 63) diferencia o dano futuro do risco de dano, nos seguinte termos:

> O dano futuro e o risco de dano são figuras jurídicas distintas. Aquele diz respeito à ocorrência certa (não hipotética e não provável) de um dano que se materializará em tempo futuro, caso não sejam tomadas medidas para impedi-lo. Também se constituem dano futuro as consequências futuras de um dano já consumado (Sem destaque no original).

Ademais, Henkes (2009) adverte para o fato de a doutrina e jurisprudência apontarem "que o dano é pressuposto para a responsabilização" (HENKES, 2009, p. 62). No que concerne à gestão dos riscos de danos por parte da responsabilidade civil, a autora aponta para a incipiência da doutrina e jurisprudência quanto à possibilidade de responsabilizar o agente pelo risco de dano. Pelo que se depreende de seu texto, a autora aponta para a adoção de medidas acautelatórias para fazer cessar o risco de dano.

Por sua vez, Rodrigues (2019, p. 147) afasta da responsabilidade civil o papel de retirar "o dano ou o risco da vida em sociedade", posto que esse seria justamente o aspecto normatizado pelo direito civil, que lhe confere unicamente a tarefa de "reparar a vítima e devolvê-la ao *status quo ante*".

Como se asseverou no item antecedente, Carvalho (2008, p. 18) defende o conceito de dano ambiental futuro baseado no risco atual de dano futuro e leciona que, embora a teoria do risco concreto tenha servido de fundamento para a adoção da responsabilidade civil objetiva, contraditoriamente exige a presença da atualidade e certeza do dano, desprezando a possibilidade futura desse, de modo que, em suas palavras, "[...] não se trata de uma Teoria de 'risco', mas sim de atribuição de imputação objetiva por '[...] dano' já configurado".

As lições de Beck (2011) fundamentam as assertivas de Carvalho (2013, p. 20) no sentido de que os riscos apresentados nesse novo modelo de sociedade caracterizam--se pela invisibilidade, globalidade e transtemporalidade e podem, de modo único na história, a depender das deliberações que vierem a ser adotadas, destruir a vida em toda a terra. A razão disso é que as construções dogmáticas da ciência jurídica ainda advém do modelo anterior de sociedade, a evidenciar a necessidade de adoção de uma nova Teoria do risco, desta feita fundada na noção abstrata de risco (que possibilita a adoção de medidas preventivas e precaucionais) e não em sua concretude (que fundamenta a responsabilidade objetiva).(118)

Morato Leite e Belchior (2012) também discorrem acerca da teoria do risco de Beck para afirmar que o risco impõe um novo modelo de proteção ao direito ambiental e propõem a necessidade de relativizar conceitos como o da coisa julgada e outros e ainda rever alguns institutos da responsabilidade civil e não apenas trazer as regras clássicas desta para a responsabilidade ambiental. Também aduzem pela prioridade da tutela preventiva em detrimento da reparatória.

À adoção do novo paradigma de risco e de novos dogmas jurídicos devem-se somar as concepções científicas da atualidade, que se caracterizam pela "[...] incerteza e complexidade [...]" em substituição ao modelo anterior, fundado na possibilidade de controle do risco por parte da ciência, o que permitiria atender aos interesses das presentes e futuras gerações (CARVALHO, 2008, p. 20).

Cabe ao direito ambiental, com fulcro no art. 225 da CF/88, por intermédio do conceito de dano ambiental futuro, efetivar a "[...] *investigação, avaliação e gestão dos riscos ambientais*" (CARVALHO, 2013, p. 13).

O desenvolvimento de um conceito de dano labor-ambiental futuro, com base na proposta de dano ambiental futuro de Carvalho (2013) e outros autores que discorrem sobre a importância do risco em razão da contaminação por substâncias tóxicas, contemplaria o risco de desenvolvimento de câncer como típica hipótese de dano futuro indenizável, proposta especificamente mencionada por Assis Júnior (2010) em sua dissertação de mestrado (2010), atualizada em 2013, na qual discorre sobre a poluição por chumbo e

---

(118) Na sociedade de risco, as cizânias relativas à repartição de "[...] *bens*", típicas da época industrial, somam-se às que dizem respeito à "[...] *distribuição de "males"*. (BECK, 2011, p. 8). Desse modo, se os riscos trazidos pela revolução industrial fomentaram a passagem da responsabilidade civil fundada na culpa para a responsabilidade civil objetiva, os novos riscos requerem uma responsabilidade civil fundada na prevenção, vez que os novos danos ou ameaças de danos desta nova fase mostram-se "[...] *imperceptíveis, invisíveis e imprevisíveis*" (CARVALHO, 2013, p. 78), de difícil ou impossível reparação e se somam aos riscos decorrentes da era industrial (BECK, 2011). Os obstáculos agora diferem e se assemelham aos da sociedade anterior, no que se pode dizer que os padrões são condizentes. Contudo, questiona-se a possibilidade de se evitar, diminuir, isolar e redistribuir as "[...] ameaças e riscos" constantemente produzidos pela "modernização" tardia, sem que os limites do aceitável em termos ambientais, sociais e de saúde física e mental sejam delimitados (BECK, 2011, p. 24).

por urano em dois municípios baianos e sobre as contaminações por substâncias tóxicas de um modo geral, exemplificando, inclusive, o caso do amianto.

O referido autor levanta a possibilidade da indenização da vítima por uma situação em que essa foi exposta ao cádmio em níveis superiores aos legalmente permitidos, cuja carcinogenicidade é reconhecida, sem que nenhum dano efetivo tenha ocorrido. Propõe que, além do pagamento de uma indenização pelo medo do adoecimento futuro e o custeio do monitoramento médico, seja também paga uma indenização pelo "risco atual de desenvolvimento de patologia futura", que seria isolado da doença futura e ocuparia o "topo da pirâmide", porquanto, esse isolamento permitiria "extrair algo certo e atual de algo apenas potencial" (ASSIS JÚNIOR, 2013, p. 177).

Lopez (2018, p. 428, aspas no original) afirma ser possível, do ponto de vista prático e teórico a caracterização do ""dano de risco"" e se vale do direito à saúde para exemplificar as hipóteses em que determinada pessoa foi exposta a um vírus como o da AIDS ou da hepatite C e ainda não tem o diagnóstico em razão da ""janela imunológica"", caso em que entende que afirma: "O medo constante de ser portador de vírus de doença incurável é, com certeza, dano indenizável".

A autora supra referida ainda cita os casos de ações civis públicas em face dos municípios pelo risco da população contrair doenças evitáveis em razão da falta de precaução", pois segundo afirma: "O dano aqui é o risco" (LOPEZ, 2018, p. 428). Alerta ainda a autora em comento, que o direito do consumidor e o direito ambiental lidam com a responsabilidade sem dano e que Mathilde Boutonnet diferencia "risco e perturbação por uma ameaça de dano" e cita jurisprudência em que houve a condenação por fotos feitas sem permissão da pessoa fotografada e conclui que no caso, a indenização não se deu em razão do "[...] risco", mas da "[...] perturbação" (LOPEZ, 2018, p. 429).

De fato, atualmente se faz a distinção entre a indenização pelo mero risco de dano e pela ofensa ao direito ao bem estar emocional, rompido nos casos de perturbação emocional pelo risco de dano, que caracterizariam, para os defensores da tese da indenização pelo mero risco em si, ofensas distintas.

No âmbito da doutrina Norte-americana, a proposta de indenização por perdas e danos em razão do aumento do risco de adoecimento também encontra resistência. Thompson (1994, p. 454) afirma que os pleitos de indenização são formulados em face de doença incerta e ainda não presente[119] e, em suas palavras, "Os padrões de fatores recorrentes em casos de riscos acrescidos, aproximam-se, infelizmente, do domínio do arquétipo". Dentre os exemplos apontados pela autora, encontram-se as alegações de inspiração de amianto por parte de trabalhador em atividades de isolamento, porém as

(119) De acordo com a autora, inicialmente os pedidos de indenização por receio de doença se baseiam em doenças de curta duração, como a raiva, e posteriormente passaram a ser em razão de doenças extemporâneas, a exemplo da asbestose.

causas de pedir, que são diversas, por vezes, não são totalmente nominadas. Ainda de acordo com a autora, os aspectos relevantes a serem considerados nesses tipos de pedidos são "a razoabilidade do medo e a probabilidade da doença" (THOMPSON, 1994, p. 457).

Ademais, geralmente os tribunais exigem que a vítima apresente alguma sequela física e, quando inexistente um dano de tal monta, a vítima tem postulado a indenização em razão da "inflição negligente de sofrimento emocional"(120), mas nessas hipóteses tem havido alguma resistência dos Tribunais, de modo que tende a ser observada a "gravidade do dano emocional e a razoabilidade do medo"(121) (THOMPSON, 1994, p. 458).

Outros tribunais adotam como prova do impacto físico, o fato de a vítima ter sido exposta ao produto causador de determinada doença. Por outro lado, têm sido admitida também a indenização nos casos em que o risco é inferior a 50%, embora a tendência seja de se considerar tanto mais razoável o desgosto da vítima quanto mais elevada a probabilidade de adoecimento (THOMPSON, 1994, p. 458).

Também Klein (2002) aponta a dificuldade e a tendência de reivindicações de responsabilidade civil fundada no risco e para a flexibilização de alguns tribunais no que concerne às regras de estabelecimento da causalidade e dos prazos prescricionais, em se tratando de ações fundadas no risco aumentado de dano, desenvolvimento de doenças por exposição a determinadas substâncias, bem como o fato de que alguns tribunais terem flexibilizado ainda mais as regras para permitir ações antes do adoecimento, embora com resistência. Desse modo, o autor divisa três espécies de ações que têm sido permitidas pelos Tribunais: a) um número diminuto de tribunais concedem determinado valor pelo risco do adoecimento, independentemente da comprovação de que a doença ocorrerá; b) diversos Tribunais permitem ações de indenização para o acompanhamento médico, em razão da necessidade de constante acompanhamento; c) deferimento de indenização pela retirada do sossego.

No que concerne ao pedido de acompanhamento médico, o autor entende que esse deve ser deferido quando houver prova de que a exposição a determinada substância, no mínimo, dobrou os riscos de adoecimento futuro do queixoso, e nos casos de riscos muito pequenos não seria cabível (KLEIN, 2002, p. 969).

No que diz respeito ao pedido por medo de adoecimento, o autor aponta a tendência dos tribunais de rejeitarem essas ações, inclusive pela dificuldade de se aferir em que casos esse medo seria justificado, de modo que os tribunais têm exigido a demonstração de uma manifestação física da doença, relacionada com o sofrimento emocional e outros, como possível comprovação de que o sentimento é justificável. A regra inicial de

(120) No texto original: "a claim for negligent infliction of emotional distress" (THOMPSON, 1994, p. 457).

(121) No texto original: "the higher the probability of future disease occurrence, the more reasonable a plaintiffs distress"(THOMPSON, 1994, p. 458).

exigência de consequência física foi sendo flexibilizada para se aplicar também aos casos em que a vítima se encontra em situação limítrofe de contato físico ou consequência física. Tendo em vista que na generalidade dos casos de contato com substâncias químicas não ocorre a manifestação física, poucos tribunais passaram a aceitar que o "contato do queixoso" com o produto químico supriria a necessidade do quesito físico (KLEIN, 2002, p. 973).

Tendo em vista que a apresentação de impacto físico não equivale necessariamente à prova da manifestação da doença, a doutrina e a jurisprudência tem tentado encontrar outras formas de aferir os casos em que seria devida a indenização e tem se valido do critério da ""razoabilidade"" do pedido de indenização fundado no receio de adoecimento futuro. Contudo, tal critério é bastante fluido e pode levar ao aumento desmesurado de pedidos de indenizações, de modo que uma solução seria a regra de se exigir a prova de que há mais riscos de a doença se desenvolver que não, regra que o autor também entende desarrazoada de sentido, embora concorde com que o risco futuro de adoecimento seja a justificativa da angústia (KLEIN, 2002, p. 976, aspas internas no original).

A tese do autor é que haja indenização quando houver prova de que a exposição a determinada substância dobrou o risco de adoecimento do grupo que a ela foi exposto em relação aos não foram expostos. Defende também o pagamento proporcional, de modo que a população exposta cujo risco foi aumentado de 10% para 30%, por exemplo, receba o equivalente a 20% do valor da indenização que receberia caso desenvolvesse a doença (KLEIN, 2002).

Embora Thompson (1994, p. 477) reconheça a existência de uma causa de pedir fundada no risco acrescido, afirma que os tribunais têm tido dificuldade de adequar esses pleitos dentro da atual teoria jurídica. Defende que a indenização do sofrimento advindo do aumento do risco de desenvolvimento da doença é equânime, posto que resolve o problema do adoecimento futuro e indeniza por algo concreto e não por algo que pode não se concretizar, ou seja, a autora entende incabível a reparação pelo mero fato de se ter criado o risco.

Ao levantar as vantagens de se admitir a indenização pelo aumento do risco, o autor aponta para os problemas de se aguardar a concretização da doença para que se postule a indenização. Aponta tal solução como incauta e geradora de diversos obstáculos para a vítima, posto que o decorrer do tempo praticamente impossibilita a comprovação do nexo causal, além do fato de que o causador do dano poderá sequer existir quando da efetiva concretização do dano, dada a longa latência entre a exposição ao risco e o adoecimento, nos casos de substâncias químicas já reconhecidas como cancerígenas.

Lado outro, o próprio Assis Júnior (2013) aponta que a indenização do risco de dano independentemente da concretização do adoecimento também coloca alguns problemas, como a dificuldade de se identificar qual risco seria tolerável e qual seria indenizável e a questão da possibilidade de se poder postular a indenização em juízo caso se concretize o risco da doença e essa venha a se desenvolver.

Em acorde com os ensinamentos de Klein (2002), Assis Júnior (2013) rechaça a aplicação da regra de causalidade norte-americana "*more-likely-than-not*" (mais possível que não, em tradução livre da autora), segundo a qual a vítima deve provar que a possibilidade de o evento atribuído ao réu ser a causa de seu dano é superior a 50%, posto que a concretização da doença no futuro será sempre incerta, de modo que o percentual de 50% ou mais seria arbitrário.

Desse modo, propõe que a indenização seja "proporcional ao risco atual". O julgador deverá analisar qual seria o valor da indenização caso a vítima tivesse desenvolvido a doença e multiplicar pelo valor do percentual do desenvolvimento da doença, como no exemplo que fornece, com a vítima se encontrando num risco de 50% de desenvolvimento de um câncer e sendo o valor da indenização em caso de desenvolvimento desse câncer de R$ 300.000,00, a indenização pelo risco seria de 150.000,00 (ASSIS JÚNIOR, 2013, p. 181).

Quanto ao segundo problema advindo de sua proposta, a possível coisa julgada na hipótese em que o dano cujo risco foi indenizado efetivamente se concretizar, o autor afirma que a regra estadunidense de ação única, segundo a qual a parte deve fazer todos os seus pleitos relativos a determinado ato ilícito num único processo, apenas seria lógica nas hipóteses em que o dano se concretizasse período demasiadamente curto, ou seja, menor que o prazo prescricional e que no Brasil, não teríamos regra semelhante, posto que, nos termos dos arts. 468 c.c 469 do Código de Processo Civil (CPC), apenas o dispositivo da sentença faz coisa julgada.

Ao tratar da proposta de responsabilidade civil sem dano, Cruz (2013, p. 5) expressamente se refere à tese defendida por Carvalho (2008)[(122)] na obra que trata do dano ambiental futuro e admite que pode haver uma certa propensão de uma parte da doutrina francesa em tratar do tema e se coloca contrária à tese, na medida em que entende haver elementos jurídicos capazes de propiciar a aplicação do princípio da precaução.

Ademais, Cruz (2009, 2013) reconhece a possibilidade de aplicação da responsabilidade civil em casos nos quais a violação do princípio da precaução implique em aumento do risco de dano ambiental, cuja ocorrência ainda é incerta pela ciência, bem como o fato de que a responsabilidade civil deve continuar expandindo e que se apresenta como um remédio eficaz para os danos ambientais. Porém, a autora rechaça a

---

(122) A sociedade passa a viver a chamada modernização reflexiva, termo que, nos dizeres de Beck (2000, p. 6) caracteriza-se como uma: "[...] autoconfrontação com os efeitos da sociedade de risco [...]", os quais requerem um modo diverso de solução e de mensuração daqueles consagrados pelo protótipo anterior. Assim, o "[...] processo de modernização", a um só tempo, constitui-se em "[...] tema e problema [...]" (BECK, 20, p. 24).

responsabilidade civil sem dano[123], porquanto a responsabilidade do operador surge com o dano e não apenas pelo risco[124]. Nas palavras da autora, o operador "responde pelo dano e não pelo risco" (CRUZ, 2013, p. 7).

Também Hironaka (2005), ao tratar da doutrina do *mise en danger*, afirma que "Só esta realização dos danos e não a *mise en danger*, em si, e enquanto tal é que se demonstra suscetível de indenização, incumbida ao agente empreendedor" (HIRONAKA, 2005, p. 291).

Embora Assis Júnior (2013, p. 177) proponha que "A exposição ao tóxico cria na vítima um risco atual de patologia futura, antes inexistente, que pode ser entendido como um dano certo, atual e efetivo, e, portanto, hábil a gerar o dever de reparar", observa-se que a proposta gira em torno da adoção do risco como dano, de modo que se equivale à fórmula proposta por Carvalho (2008).

A questão que se coloca à proposta dos autores é a de que se trata, no fundo, da ideia de uma indenização sem dano, já que a criação de risco em si é tolerada pelo direito, que tem resolvido a questão por meio da flexibilização do nexo de causalidade, da admissão da responsabilidade objetiva e sua ampliação para atividades às quais antes se impunha a responsabilidade objetiva, pela imposição de medidas de cunho reparatório *in natura*, como a restauração do bem atingido, e outras medidas de cunho processual e não necessariamente pelo afastamento da necessidade de uma lesão a um interesse concretamente protegido.

Em matéria ambiental e naquelas em que a soma dos prejuízos individuais postulados judicialmente não é volumosa e se mostra mais vantajoso ao causador do dano a continuação da prática de atos prejudiciais ao conjunto da sociedade (análise econômica do direito), deve-se conferir secundariamente um papel preventivo à responsabilidade civil, entretanto, sem se esquecer de sua função principal, qual seja, reparatória. A função preventiva deve ser destacada da condenação principal a fim de permitir efetivamente ao lesado e ao causador do dano o alcance de cada uma das parcelas.

A expansão da responsabilidade civil e do conceito e conteúdo do dano indenizável ainda se encontra em curso, mormente em relação às particularidades do dano ambiental face ao dano tradicional. Malgrado o avanço dos diversos sistemas normativos[125], dentre os quais o brasileiro, para albergar também o dano em sua dimensão

---

(123) "Retirer la responsabilité sans dommage de la responsabilité fondée sur le risque semble quelque peu précipité" (CRUZ, 2013, p. 7).

(124) No texto original: "Diz a autora: L'opérateur répond d'un dommage parce qu'il exerce une activité à risque, c'est-à-dire une activité qui risque d'engendrer des dommages. Pour que cet opérateur soit civilement responsable, il faut que le risque lié à son activité se concrétise en dommage" (CRUZ, 2013, p. 7).

(125) Schreiber (2013, p. 86) afirma que o cuidadoso avanço processual fez com que se superasse, em diversos conjuntos normativos, os obstáculos para se encaixar os danos "coletivos e difusos em um esquema dogmático construído sob bases essencialmente individualistas".

coletiva e difusa e o avanço da jurisprudência no que concerne à flexibilização do nexo causal, ainda remanescem algumas dificuldades em relação aquele, sobretudo em virtude de decorrer, no mais das vezes, de causas múltiplas e cumulativas, fugindo à ótica individualista(126), posto que ainda que também possa atingir a esfera individual, geralmente atinge um universo indeterminado de pessoas(127), muitas das quais sequer nasceram (gerações futuras), mas que sofrerão os efeitos cumulativos da conduta humana sobre o ambiente, sem que seja possível identificar claramente o alcance das condutas poluidoras no tempo e no espaço.

Ao lado dos instrumentos administrativos, como a exigência de licenciamentos ambientais para atividades potencialmente poluidoras e elaboração de Estudos e de Relatórios de Impactos Ambientais (EIA-RIMA), devem caminhar os instrumentos jurisdicionais(128), por meio dos quais se consegue ou não, do ponto de vista prático, aplicar e avançar na aplicabilidade dos conceitos doutrinários e legais em relação aos danos ambientais com vistas a efetivar a proteção ambiental.

Desse modo, o poder judiciário tem sido chamado a responder questionamentos acerca de instrumentos adotados na esfera administrativa ou do alcance de determinadas proibições legais, ante o estágio em que se encontra a responsabilidade civil, cujo avanço tem contado com relevante participação da jurisprudência, como se deu, por exemplo, na admissibilidade da indenização dos danos extrapatrimoniais e na criação das presunções de culpa, antes da previsão da responsabilidade objetiva pela lei, o que torna relevante a pesquisa acerca do alcance da jurisprudência em relação aos temas aqui investigados, cujos resultados serão apresentados no próximo ITEM.

2.4. Dano futuro, dano ambiental e dano ambiental futuro na jurisprudência do STJ e STF

Como se adiantou alhures, a relevância da jurisprudência para o avanço da responsabilidade civil tem sido destacada pela própria doutrina, posto que, para além de aplicar a norma, tem influenciado o avanço dos sistemas normativos. Ademais, o estudo dessa contribui para a análise da aplicação concreta dos ensinamentos legais doutrinários, mediante a criação de precedentes, que podem ser aplicados pela própria corte ou

(126) Márquez (2003) e Benjamin (2011) apontam para o fato de que as bases individualistas em que se pautaram as relações que deram origem à responsabilidade civil, tanto em relação ao causador do dano quanto em relação à vítima desse, constitui um dos entraves da aplicação dessa em relação à resolução do dano ambiental.

(127) Marquez (2003) aponta para um aspecto importante da produção dos efeitos que a natureza coletiva dos danos em matéria ambiental não se dá apenas em relação à vítima, senão também em relação aos causadores dos eventos nocivos.

(128) Conforme leciona Benjamin (2011, p. 3) o poder judiciário e o legislador garantiram a existência do "modelo econômico de crescimento agressivo", no qual a preocupação com o meio ambiente não estava presente e agora são chamados "pelo legislador, inclusive o constituinte" a assegurar "o desenvolvimento sustentável" para atender "o bem" das presentes e "futuras gerações".

mesmo para o direito ambiental do trabalho, ante a unidade do meio ambiente, como se discutirá na sequência.

2.4.1. Critérios e limitações da pesquisa de jurisprudência

A pesquisa com o termo "dano futuro" foi realizada no dia 16.02.2023, no sítio eletrônico do STJ[(129)] e do STF.[(130)] Naquela corte, obteve-se o resultado de 12 acórdãos[(131)], 476 decisões monocráticas e 1 súmula[(132)], qual seja, a de número 618, que trata do ônus da prova em matéria ambiental.[(133)] Junto ao STF a pesquisa apontou 3 resultados para acórdãos[(134)] e 18 decisões monocráticas.

Dos 12 acórdãos com a expressão dano futuro junto ao STJ, 3[(135)] dizem respeito a questões de natureza processual civil e 2 são matéria de natureza penal e processual penal[(136)], logo, sem relação direta com o objeto de discussão.

Com o termo "dano ambiental", a pesquisa foi realizada junto ao STF e STJ no dia 22.02.2023 e apontou, respetivamente, os seguintes resultados: a) 222 acórdãos, 9 acórdãos com repercussão geral[(137)], 1 Questão de ordem, 3.098 decisões democráticas

---

(129) A mesma pesquisa havia sido realizada inicialmente em 06 de maio de 2022 junto ao site do STJ, ocasião em que haviam sido localizados 11 acórdãos, 445 para decisões monocráticas e uma súmula.

(130) Optou-se por usar o termo com aspas porque o desse sem o uso das aspas retornou com 275 resultados para decisões colegiadas e 20.073 decisões monocráticas, em razão da indexação das palavras dano e futuro separadas, o que inviabilizaria a sistematização das decisões que realmente guardassem relevância para a pesquisa, ante o elevado número de resultados, dos quais a maioria não dizia respeito ao tema da pesquisa.

(131) REsp 1835508/MT; AgInt no AgRg no REsp 1511084/DF; AgInt nos EDcl no REsp 1210895/PR; RHC 101299/RS; REsp 1668652/PA; AgRg no REsp 1427350/RJ; REsp 1236863/ES; REsp 883656/RS; REsp 1096409/RN; REsp 30326/SP; RMS 6964/RS; RHC 109/RJ. Desses acórdãos, 2 foram proferidos em RHC, 1 em RMS e 9 em REsp. As decisões proferidas em sede de Habeas Corpus (HC) e em Mandado de Segurança (MS) foram, de plano, excluídas da análise porque dizem respeito, respectivamente, à matéria criminal e à administrativa, de modo que restaram para análise 9 decisões colegiadas. Posteriormente, após a leitura de cada um dos acórdãos, também foram afastadas do estudo as decisões proferidas no REsp n. 30.326/SP e no AgRg no REsp 1427350/RJ, que, respectivamente, discutiam a finalidade da caução em execução provisória e na qual o termo dano futuro refere-se à ideia da caução e furto de energia elétrica. Desse modo, foram analisadas sete decisões colegiadas, quais sejam, as decisões proferidas nos seguintes autos: REsp n. 1.096.409/RN; REsp n. 1.668.652/PA; AgInt nos EDcl no REsp n. 1.210.895/PR; AgInt no AgRg no REsp n. 1.511.084/DF; REsp n. 1.835.508/MT; REsp 1236863/ES e REsp 883656/RS.

(132) Súmula 618, que admite a aplicação da inversão do ônus da prova em matéria ambiental.

(133) A súmula em comento trata da inversão do ônus da prova em matéria ambiental e será objeto de estudo quando se tratar dos resultados para danos ambientais futuros.

(134) RE 21346 SP; RE 81906 e RE 18115, os dois últimos não conhecidos.

(135) REsp 30326/SP, RMS 6964/RS e RHC 109/RJ, nas quais o termo dano futuro refere-se, respectivamente, à finalidade da caução na execução provisória, cabimento de mandado de segurança em caso de temor de dano futuro e finalidade de medida cautelar em caso de descumprimento de pensão alimentícia.

(136) Tratam-se dos acórdão proferidos nos seguintes autos: RHC 101299/RS e AgRg no REsp 1427350/RJ. O termo dano futuro aparece na ementa dos acórdãos para falar da tutela da proteção dos bens jurídicos analisados, pois o furto de energia elétrica que, no entendimento da corte, referido delito: "além de atingir o patrimônio, ofende a outros bens jurídicos, tais como a saúde pública, considerados, principalmente, o desvalor do resultado e os danos futuros" (BRASIL, 2018d; BRASIL, 2019f).

(137) RE 654833; RE 654833 RG; ARE 1352872 RG; RE 828040; RE 841526; RE 733433; RE 760931; RE 627189 e RE 1101937.

e 160 informativos de jurisprudência[(138)]; b) 1378 acórdãos, 18.794 decisões monocráticas, 5 súmulas[(139)], 68 informativos de jurisprudência e 3 jurisprudência em teses[(140)], 8 pesquisas prontas e 1 IAC anotado e repetitivo.

Já com o termo dano ambiental futuro, a pesquisa perante o STJ apontou para 38 acórdãos, 1 súmula[(141)], 1.335 decisões monocráticas, 5 informativos de jurisprudência e 1 resultado para Repetitivos e IAC anotado. Junto ao STF, foram 8 acórdãos[(142)], 150 decisões monocráticas e 41 informativos de jurisprudência.

Dos 38 acórdãos indexados com uma das palavras contidas na expressão dano ambiental futuro junto ao STJ, foram excluídas da análise as decisões proferidas em processos que não diziam respeito à questão ambiental propriamente dita, quais sejam: a) AgInt no AREsp 569385/SE[(143)]; b) AgInt no AREsp 974689/SP[(144)]; c) REsp 1627606/RJ[(145)]; d) REsp 1547777/PR.[(146)] Restaram para análise 34 decisões do referido órgão.

As edições de jurisprudências em teses do STJ[(147)], reportadas na pesquisa acerca de dano ambiental, tratam de Direito ambiental[(148)], Responsabilidade por dano ambiental[(149)],

(138) O sistema de busca do STF se mostrou instável, pois na mesma data apontava resultados totalmente diversos, com o mesmo termo de busca. Exemplificadamente, em 22/03/2023, em determinado momento foram apontados apenas 5 acórdãos de repercussão geral.

(139) Súmulas de n.s: 652, 629, 623, 618 e 613.

(140) Edição n. 61, 30 e 119, que apresentam, respectivamente, os seguintes temas: Responsabilidade civil do Estado; Direito Ambiental e Responsabilidade por Dano Ambiental.

(141) Súmula n. 618.

(142) ADC 42, ARE 934411 AgR, ACO 876 MC-AgR, ADI 4846, ADPF 101, ADI 3510, ACO 3490TP; ADI 3937-SP.

(143) A ação diz respeito a questionamento sobre o alcance de acordo realizado na esfera administrativa e o termo ambiental refere-se à participação do recorrente em uma reunião sobre condicionantes ambientais e a expressão futuro, ao tempo em que o ato administrativo pode ser invalidado (BRASIL, 2018e)

(144) A discussão levantada nos referidos autos diz respeito aos efeitos de acordo extrajudicial firmado entre as partes para desapropriação de área para reserva ambiental. O termo ambiental constou no acordo realizado entre as partes e o termo futuro, ao tempo do direito mencionado em cláusula contratual (BRASIL, 2018c);

(145) Discute-se a criação de nova espécie securitária e de direitos autorais. A palavra ambiental refere-se ao nome da espécie de seguro criado e a palavra futuro, ao tempo em que se deu a invenção (BRASIL, 2017b);

(146) A ação discute a falta de interesse de recorrer do réu em processo extinto sem julgamento de mérito. Embora a ação original discutisse a questão de dano ambiental não especificado, este não foi objeto de discussão no recurso. A palavra (futuro) referiu-se a um comentário feito no sentido de que a pretensão de obter sentença de mérito improcedente para se evitar nova demanda no futuro não caracterizaria interesse em recorrer por parte do réu (BRASIL, 2016e)

(147) Conforme esclarecimento contida no início da edição, o documento foi elaborado pela Secretaria de Jurisprudência, por meio de pesquisa na base de jurisprudência daquele Tribunal, e não constitui repositório oficial de jurisprudência do órgão. Cada edição apresenta a data final da extração dos entendimentos (BRASIL, 2023).

(148) Edição n. 30, disponibilizada em 18.03.2015, e os entendimentos fixados a partir de julgados publicados até 18.03.2015.

(149) Edição n. 109, disponibilizada em 22 de fevereiro de 2019, com entendimentos extraídos dos julgados publicados até 08 de fevereiro de 2019.

Responsabilidade civil do Estado[150] e Processo coletivo – III. Logo, serão discutidas apenas as teses formuladas nas duas primeiras edições aqui mencionadas, porquanto as demais, apenas indiretamente estão relacionadas ao tema da pesquisa[151].

Tendo em vista que as súmulas refletem as decisões sedimentadas das cortes e que a jurisprudência em tese do STJ apresenta a sistematização pela própria corte dos resultados de jurisprudência acerca de determinado assunto. Ademais, considerando a limitação de tempo da pesquisa, optou-se por trabalhar na presente tese, em matéria de dano ambiental, com os resultados das súmulas e da jurisprudência em tese do STJ que tratasse especificamente do direito ambiental ou da responsabilidade ambiental, pois já se encontram sistematizados os resultados pela secretaria da referida corte. Já os resultados do dano ambiental futuro, por não haver sistematização com o termo específico e por ser um número menor de acórdãos, todos foram objeto de pesquisa e referência na presente tese.

Dos acórdãos de repercussão geral do STF acerca do tema "dano ambiental", as decisões relacionadas ao RE 841526[152] e RE 760931[153] foram excluídas de análise por não se relacionarem diretamente com a questão ambiental e a do RE 828040[154] será objeto de discussão no capítulo 3, pois tratam especificamente do dano labor-ambiental, cujo estudo será ali realizado.

Quanto ao tema do dano ambiental futuro, dos resultados da pesquisa junto ao STF, foram excluídos da análise no presente capítulo, as decisões proferidas nos seguintes processos: a) ADI 3510[155], cuja indexação do termo futuro refere-se a embrião; b) Agravo em recurso extraordinário (ARE n. 93441 AgR)[156], que não admitiu o recurso; c) ADI n. 4846[157], porque apenas reflexamente mencionou a questão dos riscos ambientais e d) ADI 3937-SP/SP, que será objeto de estudo no capítulo 4, quando do estudo do dano labor-ambiental futuro por exposição ao amianto.

---

(150) Edição n. 61, disponibilizada em 07.06.2016, apresenta 18 teses (BRASIL, 2023).

(151) Ambas edições apresentam 11 teses, algumas das quais com a mesma redação. Embora algumas teses se encaixem em mais de um tema, foram aqui divididas por temas e trabalhadas em conjunto com as demais decisões acerca do assunto ao qual se referem.

(152) Discutiu-se a responsabilidade do Estado em relação à segurança e proteção do preso.

(153) Trata da responsabilidade do tomador de serviços pelo inadimplemento das verbas trabalhistas.

(154) Relativa à aplicação da responsabilidade civil objetiva aos danos labor-ambientais.

(155) A ADI 3510 foi proposta pela Procuradoria da República, na qual se impugnava o art. 5º da Lei n. 11.105, de 24 de março de 2005 (Lei de Biossegurança), que autoriza a utilização de células tronco embrionárias obtidas em fertilização in vitro e não utilizadas no procedimento, quando atendidas as condições mencionadas no referido dispositivo, sob o argumento de que esse viola o direito à vida. A indexação com o termo "futuro" se deu como referência ao embrião.

(156) Ausência de argumentos novos que justificassem a alteração da decisão agravada.

(157) A menção aos riscos ambientais apareceu no voto do ministro Luís Roberto Barroso, ao falar que o pagamento dos Royalties também teria a função de compensar tais riscos.

Portanto, da jurisprudência geral do STF, restaram para serem analisadas na presente capítulo, 4 decisões do pleno[(158)] e 1 decisão turmária[(159)].

2.4.2. Discussão dos resultados da pesquisa de jurisprudência acerca de dano futuro, dano ambiental e dano ambiental futuro junto ao STJ e STF

No que concerne ao dano futuro, no âmbito do STF, a Súmula n. 491, referida no julgamento do RE 81.906, assegura a indenização de morte de filho menor em acidente, mesmo que esse não receba remuneração por seu trabalho. Diz a referida súmula: "É indenizável o acidente que cause a morte de filho menor, ainda que não exerça trabalho remunerado" (BRASIL, 1969)[(160)].

Contudo, nos RE que apareceram na pesquisa para "dano futuro", o que restou evidenciado foi o entendimento pela não indenizabilidade do dano futuro quando hipotético[(161)], reforçando-se a ideia da necessidade de certeza do dano[(162)] para que esse seja indenizável (BRASIL, 1975; 1954).

No RE 81906 BA, apesar de não conhecido, a segunda Turma do STF entendeu como correta a decisão recorrida, que considerou o valor pago pelo seguro obrigatório como suficiente para indenizar a morte de menor, com 4 anos e que "danos futuros, hipotéticos, não são indenizáveis", demonstrando-se à toda evidência, a não aplicação à época

---

(158) Ação direta de constitucionalidade (ADC) n. 42; AgR ACO 876 MC-AgR; Ação direta de Inconstitucionalidade (ADI) n. 4846 e Ação de descumprimento de Preceito Fundamental (ADPF) n. 101.

(159) Agravo em Recurso Extraordinário (ARE) n. 934411.

(160) Referida súmula, assim como as três decisões reportadas na pesquisa de jurisprudência do STF, foram proferidas ainda na vigência do Código Civil de 1916 e tratam do dano futuro individual.

(161) Decisão proferida no RE 81.906, que discutiu o atropelamento de uma criança de 4 anos por um ônibus, em cujo processo criminal se comprovou a culpa do motorista. No caso, entendeu-se que as teses apresentadas pelos recorrentes não examinaram a questão sob a perspectiva da ausência de exercício de qualquer atividade por parte da vítima, logo, que, assim como a súmula 491 daquela corte, não serviam para comprovar a divergência, uma vez que a vítima não contribuia para o reforço familiar e a decisão recorrida havia considerado que a indenização máxima de 6 mil cruzeiros, pagas pelo seguro obrigatório, seria suficiente para o pagamento da indenização (BRASIL, 1975).

(162) A necessidade da certeza do dano futuro também foi utilizada como argumento para negar provimento ao RE 21.346 SP, que diz respeito a uma ação com pedido de indenização por danos morais e patrimoniais em razão e da morte e da amputação da perna esquerda de dois estudantes de escolas superiores de São Paulo que, junto com outros, tentaram realizar um comício de protesto contra a continuidade do regime discricionário de governo e foram atingidos por armas automáticas de policiais do grupo especial, mediante o uso de excepcional violência. A ação foi proposta pelo pai do jovem morto e pelo jovem que teve a perna amputada em face do Governo do Estado de São Paulo. Em primeira instância foram acolhidos ambos os pedidos: dano moral e dano material. O pedido de dano moral foi atendido em tal instância sob o fundamento de que, na velhice, os pais sentiriam a falta de auxílio do filho, cuja vida fora ceifada. Contudo, a apuração do valor da indenização foi remetida para a fase de liquidação da sentença. Em segunda instância, por maioria de votos, após julgados os embargos de divergência, rejeitou-se o pedido de indenização por danos morais sob o argumento de que a sentença teria se referido a dano cuja existência seria incerta e futura e cuja prova seria impossível na fase executória.

do princípio da reparação integral e a dificuldade de se valorar o dano futuro, então tido como incerto (BRASIL, 1969, p. 1).

Ainda acerca da não aplicação do princípio da reparação integral, digno de nota, o entendimento esposado no julgamento do RE 21.346 SP, no sentido de que o dano moral indenizável seria aquele que produzisse algum resultado econômico e, no caso, não havendo provas de que o filho menor contribuiria com os pais na velhice desses, o dano moral puro não seria indenizável, nos termos do art. 1537 do CC/1916.(163) Em relação ao dano futuro(164), restou consignado na ementa do acórdão em comento: "[...] Danos futuros, ainda que possíveis, se o seu evento não é certo, não se indenizam" (BRASIL, 1954).

No âmbito do STJ, diferentemente das decisões encontradas na pesquisa de jurisprudência do STF, a maioria dos temas tratados nos acórdão indexados com o termo "dano futuro" dizem respeito a questões processuais, como a possibilidade de cumulação de obrigação de dar e de fazer(165), ônus da prova em matéria ambiental(166) e prescrição em caso de dano de produção diferida, tratado como futuro(167), logo, a maioria não faz referência explícita aos elementos do dano futuro estrito. Ademais, o pano de fundo das ações na origem, em três dos sete acórdãos analisados, dizem respeito à questão ambiental, logo, serão tratados conjuntamente com o tema do dano ambiental futuro(168).

---

(163) O voto do relator mencionou expressamente a controvérsia acerca da indenizabilidade do dano moral, em que alguns o rejeitavam em absoluto e outros o admitiam, desde que produzissem reflexos patrimoniais em decorrência do aspecto moral e que o direito brasileiro poderia agasalhar, em algumas situações, o cômputo do danos morais. Porém, entendeu que o art. 1.537 do Código Civil não abarcava os danos puramente morais e que não restou comprovado que, em virtude da dor sofrida, o pai teria tido algum prejuízo patrimonial (BRASIL, 1954).

(164) Constou ainda na fundamentação do voto do relator que a questão do dano moral se transferia, naquela hipótese, para a esfera dos danos futuros, na medida em que o fundamento da decisão de primeira instância considerou que os pais poderiam sentir falta do apoio material de um filho, que lhe assistisse e que embora a doutrina francesa viesse admitindo indenização em tais casos, como forma de aplacar o sofrimento, isso não caberia nos casos regidos pelo art. 1.537 CC/16. Restou ainda consignado que não se podia reservar para o momento da liquidação da sentença a comprovação do dano, mas apenas sua quantificação (BRASIL, 1954).

(165) No REsp 1668652/PA e no REsp 1835508/MT, a discussão foi em torno da possibilidade de cumulação de medidas reparatórias e medidas preventivas, aquelas, tratadas sob a alcunha de danos já verificados e estas, de danos futuros.

(166) No REsp 883656/RS, admitiu-se a possibilidade de distribuição dinâmica do ônus da prova e deste, em caso de contaminação por mercúrio;

(167) No REsp 1236863/ES, a corte entendeu por correto o afastamento da prescrição por parte das instâncias inferiores, porquanto, malgrado o dano evento (desinsetização do posto de saúde de Carapina, no município de Serra-ES, no qual se ativavam servidores do estado do Espírito Santo) tenha ocorrido em 1996, no caso de alguns servidores, apenas nos idos de 2001, 2002 e 2003, após exames laboratoriais, foi possível delimitar o tipo e alcance dos danos advindos do evento. Assim, a corte reiterou o cabimento do princípio da actio nata para tais hipóteses de danos (BRASIL, 2011).

(168) Assim, remanesceram para a análise do tema de dano futuro estrito, as decisões proferidas nos autos do AgInt no AgRg no REsp 1511084/DF, AgInt nos EDcl no REsp 1210895/PR, REsp 1096409/RN.

A ausência de concretude de dano indenizável em matéria de acidente de trânsito e pedido de ressarcimento de danos futuros advindos de ações ajuizadas por vítimas de acidente de trânsito envolvendo dois ônibus, foi reportada no AgInt no AgRg no REsp 1511084/DF, que manteve a decisão de inadmissão do REsp, porque conclusão contrária demandaria revolvimento de matéria fática, na medida em que o acórdão de segunda instância afastou a obrigação de ressarcir danos futuros ante o fato de existirem apenas demandas em tramitação, com possibilidade de condenação ao pagamento de indenização e não os "danos concretos"(169).

Ainda em relação à importância da certeza do dano para a sua indenizabilidade e para a compreensão do sentido técnico de dano futuro, inclusive para a contagem de prazo prescricional, menciona-se a referência expressa na ementa do AgInt nos EDcl no REsp 1210895/PR, à desnecessidade de que a pretensa vítima anteveja o "dano futuro"(170), de modo que se afastou a decisão de segunda instância em sentido contrário, determinando-se o retorno dos autos à referida instância, sob o entendimento de que a data inicial do cômputo da prescrição é o momento em que surge o dano.(171)

O dano ambiental futuro é referido nas ementas das decisões proferidas no REsp 1236863/ES e no REsp 883656/RS, cuja discussão de direito material dizia respeito, respectivamente, à contaminação por Malathion e por mercúrio, como um dano "de manifestação diferida, protraída ou prolongada", razão pela qual se reiterou a jurisprudência daquela corte no sentido de que a prescrição começa a contar da data da ciência inequívoca do dano, no primeiro caso e admitiu-se a inversão do ônus da prova, no segundo (BRASIL, 2011a; 2010).

A imprescritibilidade do dano ambiental foi objeto do tema de repercussão geral n. 999 do STF(172), bem como da tese 5 da 119. edição de jurisprudência do STJ, referida anteriormente e nos autos dos AgRg no REsp 1421163/SP(173) e REsp 1236863/ES, nos quais restou destacado o caráter "[...] continuado" dos danos ambientais (BRASIL,

(169) Trata-se de demanda proposta por empresas de transporte de passageiros envolvidas em acidente de trânsito, na qual a recorrente pretendia a reforma de acórdão do TJ/MT, que reformou a sentença de primeira instância que havia condenado a recorrida a reembolsar os valores a que viesse a ser condenada a pagar a terceiros em decorrência de ações propostas por passageiros vítimas do acidente. Em segunda instância, entendeu-se que se tratava de condenação condicionada, com evidente ofensa ao art. 460, CPC, que determina a necessidade de certeza da sentença, mesmo que trate de relação jurídica condicional (p. 5).

(170) Na hipótese, em segunda instância restou decidido que os proprietários das cercanias da divisa de da usina hidrelétrica de Itaipu, especialmente aqueles ao redor do lago, tinham que ter esperado os danos advindos da perturbação da produtividade de suas propriedades em decorrência da alteração do microclima local pela vegetação ciliar, após décadas da instalação da obra.

(171) A decisão rejeitou o agravo e reiterou que aquele era o entendimento da corte.

(172) Tese fixada: "É imprescritível a pretensão de reparação civil de dano ambiental" (BRASIL, 2022).

(173) No acórdão discutiu-se a manutenção de determinada construção e de um aterro feito em APP no município de Bertioga, e da pretensão da ré de construir edificação ainda maior. Os réus alegaram a prescrição ante o fato de a ilegalidade ter ocorrido em 1992, pretensão não acolhida pelo STJ, sob o argumento de que a "[...] a pretensão decorrente de cessação de danos ambientais são imprescritíveis" BRASIL, 2014a, p. 1).

2014a, p. 1) e/ou a possibilidade de ocorrência de "[...] danos futuros, de manifestação diferida, protraída ou prolongada, condições que exigem, amiúde, sofisticados e dispendiosos exames laboratoriais ou de campo." (BRASIL, 2011a, p. 1).

Já a prescrição da pretensão da administração pública de cobrança de multa administrativa por infração ambiental é estipulada em cinco anos, contados do término do processo administrativo, conforme tese 11 da edição de jurisprudência do STJ (dano ambiental).(174)

O princípio da reparação integral, do poluidor-pagador e da prevenção, além dos arts. 2º, 4º, VII, e 14, § 1º, da Lei n. 6.938/1981, 3º da Lei n. 7.347/85, 21 e 83, CDC, 25, IV da Lei n. 8.625/93 (L 8.6125/93) e 225, § 3º, CF/88, dentre outros, fundamentam o entendimento consolidado por meio da Súmula n. 629 e na tese de jurisprudência n. 1 do STJ sobre direito ambiental(175), no sentido da possibilidade de cumulação da obrigação de fazer ou não fazer e obrigação de dar.

O princípio do poluidor-pagador e da prevenção também foi utilizado pela jurisprudência do STJ para afirmar a ausência de direito adquirido de poluir ou degradar o ambiente, como resta fixado na tese de jurisprudência n. 3 (dano ambiental) e 8 e 9 (responsabilidade ambiental)(176), bem como na decisão proferida no REsp 1835508/MT.(177)

---

(174) Tese 11 "Prescreve em cinco anos, contados do término do processo administrativo, a pretensão da Administração Pública de promover a execução da multa por infração ambiental (BRASIL, 2023). Tese 5 – "É imprescritível a pretensão reparatória de danos ao meio ambiente" (BRASIL, 2023).

(175) Diz a tese em comento: "Admite-se a condenação simultânea e cumulativa das obrigações de fazer, de não fazer e de indenizar na reparação integral do meio ambiente" (BRASIL, 2023). Referido entendimento também foi adotado nos acórdãos proferidos nos REsp 1635451/MG, REsp 1541611/SC, REsp 1528547/SC, REsp 1454281/MG, REsp 1334421/RS, REsp 1539783/SC, REsp 1198727/MG e REsp 650728/SC, referindo-se à obrigação de recuperar a área degradada em Área de Preservação Permanente (APP) ou vegetação nativa e de pagar indenização por danos morais coletivos pela degradação de áreas de Preservação permanente ou vegetação nativa, com caráter de continuidade no tempo, porquanto influenciam nas mudanças climáticas e no aumento do nível do mar. As áreas degradadas de que trataram os referidos acórdãos foram, respectivamente: a) área na mata atlântica; b) área de restinga; c) margem de lagoa; d) acrescido da marinha e praia e restingas fixadoras de dunas ou estabilizadoras de mangues, manguezais e marismas (construção de aterro ilegal de lixo); e) desmatamento ilegal de vegetação de cerrado e f) construção de duas edificações em APP não especificada no recurso. Em segunda instância, havia sido indeferida a indenização por danos morais coletivos por se entender que a obrigação de fazer já satisfaria o dano causado (BRASIL 2016a; BRASIL, 2016b; BRASIL, 2016c; BRASIL, 2016d; BRASIL, 2015; BRASIL, 2012a; BRASIL, 2007a).

(176) Assegura a inexistência de um direito adquirido de poluir ou degradar. Nos termos da tese n. 3, acerca de dano ambiental: "Não há direito adquirido a poluir ou degradar o meio ambiente, não existindo permissão ao proprietário ou posseiro para a continuidade de práticas vedadas pelo legislador" (BRASIL, 2015). O teor da tese 9 sobre responsabilidade ambiental é mais enxuto e o texto da tese 8 fala em inaplicabilidade da teoria do fato consumado em tema de direito ambiental. Tese 9: "Não há direito adquirido à manutenção de situação que gere prejuízo ao meio ambiente." Tese 8 "Não se admite a aplicação da teoria do fato consumado em tema de Direito Ambiental (Súmula n. 613/STJ)" (BRASIL, 2023).

(177) Indexada no site do STJ com o termo "dano futuro", a decisão também tratou do aspecto preventivo relacionado aos danos ambientais e da possibilidade de cumulação de interdição da obra, multa administrativa e obrigação de reparar os danos ambientais causados por meio da criação de reserva do patrimônio particular.

Por sua vez, os princípios da precaução e o da assunção dos riscos respaldam as teses e decisões acerca da inversão do ônus da prova em matéria de degradação ambiental, como assegurado pela súmula n. do 618 do STJ[(178)] e pela tese de jurisprudência n. 4 (direito ambiental) e n. 7 (responsabilidade civil)[(179)], bem como para a definição da natureza da responsabilidade civil em matéria ambiental, como estipulado na tese de jurisprudência n. 10 (direito ambiental) e n. 4 (responsabilidade civil)[(180)] e na decisão proferida no AgRg no AREsp 117202/PR.[(181)(182)] Por meio da última decisão referida, o STJ manteve parcialmente o acórdão recorrido na parte da indenização por danos materiais, com base nas seguintes premissas, aplicadas ao caso concreto: a) aplicação da teoria do risco ao caso, vigente ainda que tenham sido respeitadas as condições do contrato de concessão; b) cabimento das normas ambientais; c) adequação do princípio do poluidor-pagador. No que concerne aos danos morais, a decisão foi reformada, sob o entendimento de que o autor não fora impedido de exercer sua atividade pesqueira (BRASIL, 2015c).

A responsabilidade objetiva em matéria ambiental não exclui a necessidade de existência do nexo causal entre a conduta e o resultado nos casos de dano ambiental,

(178) Diz o texto da Súmula n. 618 do STJ: "A inversão do ônus da prova aplica-se às ações de degradação ambiental."

(179) A tese firmada no tema direito ambiental impõe ao causador do dano o ônus da prova da não causação do dano ambiental em virtude do princípio da precaução, que presume a inversão daquele e a fixada a respeito de responsabilidade ambiental silencia sobre o referido princípio, embora disponha pela admissão da inversão do ônus da prova nos casos de degradação ambiental. Tese 4: "O princípio da precaução pressupõe a inversão do ônus probatório, competindo a quem supostamente promoveu o dano ambiental comprovar que não o causou ou que a substância lançada ao meio ambiente não lhe é potencialmente lesiva" (BRASIL, 2015). Tese 7: A inversão do ônus da prova aplica-se às ações de degradação ambiental (Súmula n. 618/STJ)" (BRASIL, 2023).

(180) Estipula a responsabilidade objetiva em matéria de dano ambiental, com fulcro na teoria do risco integral e afasta a possibilidade de invocação de excludentes de responsabilidade civil por parte do agente, com vistas a excluir sua responsabilidade. Tese 10 e 4 (dano ambiental e responsabilidade ambiental, respectivamente): "A responsabilidade por dano ambiental é objetiva, informada pela teoria do risco integral, sendo o nexo de causalidade o fator aglutinante que permite que o risco se integre na unidade do ato, sendo descabida a invocação, pela empresa responsável pelo dano ambiental, de excludentes de responsabilidade civil para afastar sua obrigação de indenizar" (BRASIL, 2015; 2019). Tese 4 (responsabilidade civil) – "A alegação de culpa exclusiva de terceiro pelo acidente em causa, como excludente de responsabilidade, deve ser afastada, ante a incidência da teoria do risco integral e da responsabilidade objetiva ínsita ao dano ambiental (art. 225, § 3º, da CF e do art. 14, § 1º, da Lei n. 6.938/81), responsabilizando o degradador em decorrência do princípio do poluidor-pagador" (BRASIL, 2019h).

(181) Trata-se de uma das poucas ações individuais que apareceram no resultado da pesquisa perante o STJ.

(182) O caso diz respeito a indenização por danos advindos da construção de uma hidrelétrica no Rio Paranapanema (PR), que alterou as condições da ictiofauna do rio represado e causou dano material ao autor (pescador profissional) que teve a quantidade de pesca reduzida. Em segunda instância, a empresa concessionária do serviço público de energia elétrica havia sido condenada ao pagamento de indenização por danos materiais. Acorde com o entendimento de segunda instância, entendeu-se que o autor não teve obstruída a sua atividade pesqueira, mas apenas teve reduzida a pesca de peixes maiores, que, entretanto, foi compensada pelo volume de peixes menores, ainda que esses fossem menos lucrativos. A inversão do ônus da prova em matéria ambiental também foi reconhecida no item 2 da ementa de decisão proferida no REsp 883656/RS, que trata do caso de contaminação por mercúrio. A ementa destacou que a inversão do ônus da prova pode ocorrer tanto por força expressa da lei quanto pelos poderes que atribui ao juiz, impondo-o à parte que tiver melhores condições de arcar com ele, nos casos de danos de caráter difuso (BRASIL, 2010a).

como assentado na tese de jurisprudência de responsabilidade civil ambiental n. 3 do STJ.(183)

Contudo, consoante entendimento esposado no REsp 1539783/SC, dispensa-se a prova técnica da lesividade da conduta em caso de construção em APP sem a autorização das autoridades competentes (BRASIL, 2015b).

Ademais, conforme assentado na súmula 623 do STJ: "As obrigações ambientais possuem natureza propter rem, sendo admissível cobrá-las do proprietário ou possuidor atual e/ou dos anteriores, à escolha do credor"(184). Dentre os precedentes da súmula em comento, encontra-se o REsp 1090968/SP, que adotou, dentre os fundamentos legais e principiológicos, o princípio da função social da propriedade, o princípio da solidariedade entre as gerações em matéria ambiental e a Lei n. 8.171/1991.

Também as obrigações derivadas de descumprimento de normas ambientais (no caso, construção de aterro sanitário em área de manguezal) possuem natureza propter rem, como decidido no REsp 650728/SC, que também enfatizou a imprescritibilidade do dano ambiental e inalienabilidade do bem ambiental (BRASIL, 2007a).

No REsp 1905367/DF(185) e no REsp 1090968/SP houve o questionamento do caráter propter rem das obrigações ambientais, que acompanham o adquirente. No segundo, o mérito foi discutido e o novo proprietário rural condenado a restaurar a floresta em decorrência do desrespeito ao mínimo de 20% da área da propriedade, ainda que não tenha sido o agente que tenha cometido o ato danoso.(186)

Ainda em matéria de responsabilidade ambiental, é importante destacar o entendimento do STJ no sentido de responsabilizar solidariamente os entes responsáveis pela omissão na análise e fiscalização de determinado plano de manejo ou de licença ambiental, como assentado no REsp 1389107/SC e REsp 1376199/SP, nos quais foi rejeitada a possibilidade de se afastar a responsabilidade culposa do agente que concedeu a licença ambiental para exploração de determinada atividade que provoque dano ambiental, em decorrência do poder de domínio.(187)

---

(183) Tese 3 acerca da responsabilidade civil ambiental – "O reconhecimento da responsabilidade objetiva por dano ambiental não dispensa a demonstração do nexo de causalidade entre a conduta e o resultado" (BRASIL, 2019h).

(184) A tese foi fixada pela primeira seção do órgão, em 12.12.2018.

(185) Nesse acórdão foi discutida apenas questão processual, posto que o fato de a obrigação ambiental acompanhar o bem (assegurando-se o direito de sequela ambiental para que este realizasse obrigações de não fazer (recomposição da área degradada) e de dar (indenização por danos coletivos) foi o fundamento utilizado pelo STJ para afastar o entendimento das instâncias inferiores que entenderam ser necessária a individualização do réu (desconhecido ou incerto) e a impossibilidade da realização de citação editalícia (BRASIL, 2020b).

(186) O desmatamento ilegal ocorreu em 1997, quando já vigente a Lei n. 4.771/65) (BRASIL, 2010b).

(187) Tratou-se das seguintes hipóteses de omissão: 1) do ICMbio e do IBAMA na análise do Plano de manejo espeleológico definitivo da Gruta de Botuverá/SC (caverna); 2) do estado de São Paulo, cuja Secretaria

Ademais, o proprietário da área degradada e todos aqueles que tenham contribuído para a degradação ambiental(188) possuem responsabilidade pela recuperação da área degradada, como assentado nas teses de jurisprudência de direito ambiental ns. 9 e 7, e na de responsabilidade civil ambiental n. 3(189), de modo que mesmo que o titular da propriedade não tenha contribuído para o dano, possui o dever de recuperar a área degradada ambientalmente, assim como todos aqueles que contribuíram para a degradação.

Além da possibilidade de responsabilizar o proprietário do bem e agente encarregado da fiscalização, no caso, por conduta culposa, também existe a responsabilidade civil do Estado, como assentado na tese de jurisprudência de direito ambiental n. 8.(190)

A legitimidade para a postulação de danos ambientais ou obrigações deles decorrentes é do MP e demais legitimados para a propositura da ACP, bem como daquele que sofrer prejuízo direto decorrente da poluição, a exemplo do caso do pescador profissional que sofreu redução de sua pesca, bem como a existência de dano moral em virtude do sofrimento advindo do impedimento para o trabalho, como fixado na tese de jurisprudência de responsabilidade civil ambiental n. 10 do STJ.(191) Outrossim, é importante mencionar o tema de repercussão geral n. 607 do STF, por meio do qual, a corte máxima

Estadual do Meio ambiente foi notificada e não se valeu dos meios cabíveis para impedir a continuidade da construção de imóvel residencial em área de manancial (represa de Guarapiranga) (BRASIL, 2007e). As decisões mencionaram a existência de dano in re ipsa decorrente da omissão do agente encarregado de fiscalizar, atraindo a responsabilidade solidária deste (BRASIL, 2015d; BRASIL, 2014x). No segundo caso, embora apontada a responsabilidade solidária do estado de São Paulo, consignou-se que a execução em face desse deveria ser subsidiária (BRASIL, 2014x).

(188) Nos autos do AREsp 1084396/RO assentou-se a possibilidade de apreensão de veículo usado na retirada de vegetação nativa em determinada fazenda no estado de Rondônia. Sustentou-se a solidariedade advinda do princípio do poluidor-pagador e a desnecessária comprovação de que o veículo tinha como única ou frequente destinação a prática de infração ambiental. A defesa administrativa deve ser garantida ao proprietário do bem após a sua apreensão. Não obstante a indexação da palavra futuro nesses acórdãos tenha se dado em relação ao nome da fazenda na qual apreendida o veículo, entendeu-se por bem comentá-lo porque os danos advindos do desmatamento prolongam-se no futuro.

(189) Dispõe a Tese 9 – "A obrigação de recuperar a degradação ambiental é do titular da propriedade do imóvel, mesmo que não tenha contribuído para a deflagração do dano, tendo em conta sua natureza propter rem." Em sentido próximo, a Tese 3 acerca de responsabilidade civil ambiental – "Causa inequívoco dano ecológico quem desmata, ocupa, explora ou impede a regeneração de Área de Preservação Permanente – APP, fazendo emergir a obrigação *propter rem* de restaurar plenamente e de indenizar o meio ambiente degradado e terceiros afetados, sob o regime de responsabilidade civil objetiva." (BRASIL, 2019h). Tese 7 – "Os responsáveis pela degradação ambiental são coobrigados solidários, formando-se, em regra, nas ações civis públicas ou coletivas litisconsórcio facultativo" (BRASIL, 2023).

(190) Tese de jurisprudência de direito ambiental n. 8 do STJ: "Em matéria de proteção ambiental, há responsabilidade civil do Estado quando a omissão de cumprimento adequado do seu dever de fiscalizar for determinante para a concretização ou o agravamento do dano causado" (BRASIL, 2023).

(191) Eis o teor da Tese de jurisprudência de direito ambiental n. 10 do STJ: "O pescador profissional é parte legítima para postular indenização por dano ambiental que acarretou a redução da pesca na área atingida, podendo utilizar-se do registro profissional, ainda que concedido posteriormente ao sinistro, e de outros meios de prova que sejam suficientes ao convencimento do juiz acerca do exercício dessa atividade." Tese 11 – "É devida a indenização por dano moral patente o sofrimento intenso do pescador profissional artesanal, causado pela privação das condições de trabalho, em consequência do dano ambiental" (BRASIL, 2023).

reconheceu a legitimidade da Defensoria Pública para propor ACP(192) para tutelar direitos difusos dos necessitados de que trata o art. 5º, LXXIV, CF/88.(193)

A existência de interesse de agir do Parquet e de outros legitimados da Ação Civil Pública (ACP), mesmo no caso de inexistência de prejuízo consolidado,(194) foi reconhecida no REsp 1616027/SP, em cujo item 3 da ementa, foi enfatizada a necessidade de atuação preventiva do poder judiciário(195) (BRASIL, 2017d).

Nos autos do AgInt no AREsp 1139030/DF(196) restou consignado o entendimento de que os artigos: a) 1º, parágrafo único; b) 3º, I e II; c) 8º, *caput*; d) 64, §§ 2º e 4º; e e) 65, todos da Lei n. 12.651/2012 visam a resguardar danos como a crise hídrica e mudanças climáticas, também típica hipótese de prevenção de dano ambiental futuro. Acrescentou-se que as normas de proteção, ao criar zonas não passíveis de edificação, almejam a proteção da "[...] saúde, segurança, o patrimônio e os riscos de toda ordem, sobretudo no espaço urbano." Outrossim, registrou-se que o desconhecimento das funções ambientais leva o entendedor comum a pensar que as Áreas de Preservação Permanentes possuem apenas objetivos intangíveis, pelo fato de o dano ambiental futuro situar-se

---

(192) A legitimidade da defensoria pública para a propositura da Ação Civil Pública, principal instrumento para a defesa de interesses difusos, coletivos e individuais homogêneos, não foi inicialmente prevista na Lei n. 7.347, de 24 de julho de 1995, mas incluída no art. 5º, II, por meio da Lei n. 11.448, de 15 de janeiro de 2007. O referido dispositivo foi questionado no REX 733.433-MG, em processo no qual o órgão postulava que o município de Belo Horizonte-MG mantivesse a creche em funcionamento durante 44 horas semanais, compatível com a jornada dos profissionais da educação. Em primeira instância extinguiu-se o processo sem julgamento do mérito em razão do reconhecimento da ilegitimidade ativa da defensoria pública, que não estaria contemplada no microssistema do Estatuto da Criança e do Adolescente, de modo que restaria afastada a incidência da LACP. A sentença foi reformada em segunda instância pela 7ª turma do Tribunal de justiça de Minas Gerais, que entendeu pela aplicabilidade do art. 5º, II, da LACP e do art. 4º, VII e VIII da Lei Orgânica da Defensoria Pública, uma vez que a legitimidade estaria em consonância com o art. 129, III e § 1º, CF/88 (BRASIL, 2015e). A tese defendida pelo recorrente era de ofensa ao § 1º do art. 129, art. 5º, LXXIV, 59 e 134 da CF/88 por parte do art. 5º, inciso II, da Lei n. 7.347/85, alterado pela Lei n. 11.448/07, bem como do art. 4º, incisos VII e VIII, da Lei Complementar n. 80/94, alterado pela Lei Complementar n. 132/09 (BRASIL, 2015e). O reconhecimento da repercussão geral do tema é relevante, sobretudo porque, não obstante a pulverização dos danos ambientais, a parcela mais pobre da população é especialmente atingida, como se verifica, por exemplo, nos constantes deslizamentos de terra com mortes de pessoas que moram em casas construídas em encostas de morro, especialmente na região sudeste do país.

(193) A atuação da defensoria pública deve ser feita à luz do art. 134 da CF/88, cujo *caput* prevê a essencialidade da instituição à função jurisdicional do estado e instrumento do estado democrático de direito na realização da defesa dos interesses individuais e coletivos. O derradeiro dispositivo assegura a assistência jurídica gratuita por parte do Estado aos que comprovarem insuficiência de recursos, desde que observada a pertinência temática entre a matéria objeto da ação e os objetivos institucionais da instituição e que haja a presunção de que os beneficiários do resultado da ação são pessoas hipossuficientes (BRASIL, 2015e).

(194) Na hipótese, o projeto de obras para o aproveitamento dos rios Capivari e Monos, localizados em terra indígena, ainda não havia sido implementado, posto que o licenciamento administrativo ainda não estava encerrado e não contava com a autorização do Congresso Nacional. O autor postulou medida cautelar para sustar a continuidade do licenciamento ambiental.

(195) Consignou-se na decisão em comento que impedir essa forma de atuação seria fazer o judiciário atuar como: "[...] um juiz de danos, constrangido a somente olhar para trás, em vez de um juiz de riscos, capaz de proteger o futuro e sob seu influxo realizar justiça preventiva e precatória" (BRASIL, 2017d).

(196) Acórdão da lavra do ministro Herman Benjamin e julgado pela 2ª segunda turma do STJ.

temporalmente distante das ações lesivas, o que faz com as pessoas desacreditem em sua ocorrência, ante seu caráter difuso, às vezes imperceptível a olho nu(197) (BRASIL, 2019a, p. 2).

Houve ainda expressa menção ao caráter de prevenção do dano futuro, com a transcrição de trecho do acórdão proferido REsp 403.190/SP, da lavra do ministro João Otávio de Noronha: "[...], o cumprimento da prestação jurisdicional causará sofrimento a pessoas por ela atingidas, todavia, evitar-se-á sofrimento maior em um grande número de pessoas no futuro; e disso não se pode descuidar" (BRASIL, 2019a, p. 4).

No que concerne à atuação administrativa dos órgãos ambiental, a tese de jurisprudência de direito ambiental n. 2 proíbe o IBAMA de impor sanções administrativas não previstas em lei e, ainda nessa toada, a tese 5 sobre responsabilidade civil restringe a imposição de penalidade por ato definido como crime ou contravenção ao Poder Judiciário e não ao IBAMA, ao passo que a tese 6 expressamente vincula o uso de fogo em prática agropastoril ou florestal à autorização do poder público, ou seja, autorização administrativa. (198)

Lado outro, é reconhecida nos autos do REsp 1668652/PA(199), a legitimidade da imposição de interdição administrativa de determinada empresa que já havia sido autuada administrativamente 12 vezes, a maioria das vezes em decorrência da comercialização ilegal de castanheira e por manter madeira de exploração proibida (castanheira) em seu estabelecimento. Asseverou-se que os embargos administrativos constituem forma de prevenir dano futuro e a permanência ou acirramento dos danos já iniciados, e que o judiciário não pode impedir a consecução dos fins sociais a que a lei se destina (BRASIL, 2018a).

Ainda acerca da necessidade de regularização administrativa, nos autos do REsp 1317547/RS38 a segunda turma do STJ acolheu o recurso do Ministério Público do Rio Grande do Sul (RS) e determinou a regularização de loteamento urbano construído irregularmente em área destinada a loteamento rural. Restou também registrado que a caracterização do imóvel como rural não se faz apenas em razão de sua localização

(197) Argumentou-se ainda pela natureza de obrigação *propter rem* de atos que visem a restaurar a qualidade ambiental do bem protegido e que a exceção prevista no art. 8º, § 4º do Código Florestal para a regularização fundiária em áreas urbanas, nas quais a população de baixa renda já se encontra acomodada, não se aplicava ao caso sob análise. Na hipótese dos autos, havia construções de veraneio e comércio entre as edificações em área de manguezal. Deliberou-se ainda pela ausência de direito adquirido (teoria do fato consumado) em matéria ambiental (BRASIL, 2019a)

(198) Eis o teor das referidas teses: Tese 2: "É vedado ao Instituto Brasileiro do Meio Ambiente e dos Recursos Naturais Renováveis — IBAMA impor sanções administrativas sem expressa previsão legal". Tese 5 - "É defeso ao IBAMA impor penalidade decorrente de ato tipificado como crime ou contravenção, cabendo ao Poder Judiciário referida medida". Tese n. 6 - "O emprego de fogo em práticas agropastoris ou florestais depende necessariamente de autorização do Poder Público" (BRASIL, 2015).

(199) Acórdão da lavra do ministro Herman Benjamin. Julgamento pela 2. turma do STJ. Acórdão também relatado pelo ministro Herman Benjamin.

geográfica, mas do critério da destinação e que o dever de regularização de loteamentos irregulares, imposto pela Lei n. 6.766/79, visa resguardar a ordem urbanística ambiental e os direitos dos terceiros adquirentes, direito consumerista (BRASIL, 2017a).

Das sete decisões restantes, quatro delas estão relacionadas às questões de danos ambientais, incluindo danos reflexos, e têm como pano de fundo a aplicação da prescrição(200), inversão do ônus da prova ou ofensa a direito líquido e certo em casos de mandado de segurança em face de embargo administrativo preventivo.

Apenas nos autos AgInt no AgRg no REsp 1511084/DF, o item 3(201) da ementa do acórdão, expressamente faz referência à exigência pela corte de origem de danos concretos, não considerando para tanto o risco de condenação em indenização futura.

Em caso de condenação judicial e de indenização por danos materiais ou morais decorrentes de acidente ambiental, a data inicial da incidência de juros moratórios é a data do evento dano, como assentado na tese de jurisprudência sobre responsabilidade civil ambiental n. 6 do STJ(202).

Os danos às rodovias federais(203) e o nexo de causalidade entre o excesso de peso dos veículos abordados,(204) bem como a existência de dano difuso a ser tutelado(205) foram reconhecidos em algumas das decisões reportadas na pesquisa(206).

---

(200) Nos autos do AgInt nos EDcl no REsp 1210895/PR determinou-se o retorno dos autos ao tribunal de origem, que aplicou a prescrição ao caso concreto por entender que a vítima tinha a obrigação de prever os danos futuros que lhes adviriam em decorrência de enchimento de lago de hidrelétrica. A prescrição foi afastada pelo STJ em decorrência da aplicação do princípio da *actio nata* ao referido caso.

(201) Dispõe expressamente o item 3 da ementa comentada: "3. A Corte local afastou a pretensão de condenação da parte requerida em ressarcimento de danos futuros ao constatar a existência de demandas judiciais em tramitação, inexistindo danos concretos, mas apenas um risco de condenação ao pagamento de indenização".

(202) Tese 6 – "O termo inicial da incidência dos juros moratórios é a data do evento danoso nas hipóteses de reparação de danos morais e materiais decorrentes de acidente ambiental" (BRASIL, 2019h).

(203) Nos casos analisados, determinada transportadora já havia sido multada diversas vezes pelo órgão público em decorrência de transporte com excesso de peso nas rodovias.

(204) Os danos às rodovias públicas constituem típicos danos ambientais de duração prolongada, cujas ofensas vão se somando e atuando na qualidade da malha asfáltica. Entendeu-se que a conduta de cada uma das partes concorreu diretamente para a ocorrência do dano e as imposições administrativas de multas para os casos de descumprimento de determinada ordem de cunho ambiental e difuso, não desautoriza a condenação, na instância judicial, de indenização por danos morais e materiais causados à rodovia, nos termos dos arts. 1º da Lei n. 7.347/1985, 6º, VI, do CDC e 944 do CC, e Enunciado n. 456 da V Jornada de Direito Civil.

(205) Os fundamentos que respaldaram as decisões foram: 1) as normas de trânsito que proíbem excesso de peso nas rodovias visam a evitar danos materiais à via pública, consistente no desgaste da vida útil do calçamento; 2) o desgaste das vias públicas ocasionam buracos, lombadas, depressões e imperfeições no escoamento de água; 3) as consequências anteriores aumentam: a) os gastos com a manutenção da malha viária; b) os riscos de acidentes aos usuários da rodovia, inclusive fatais; c) depreciação dos veículos que trafegam nas rodovias, cujos sistemas de frenagem são atingidos (BRASIL, 2019a; BRASIL, 2020b; BRASIL, 2019b; BRASIL, 2019c; BRASIL, 2019d; BRASIL, 2019e; BRASIL, 2019f, BRASIL, 2018e).

(206) Decisões proferidas nos autos do AgInt no AREsp 1413621/MG, AgInt no AREsp 1517245/MG, AgInt no REsp 1712940/PE, REsp 1637910/RN; 5) AgInt no AREsp 1251059/DF, AgInt no REsp 1701573/PE, AgInt no AREsp 1139030/DF e AgInt no AREsp 1137714/MG.

Na Ação Civil Originária (ACO) n. 876 MC-AgR(207) à qual se encontram apensadas as ACOs 872, 1052, 873, 820 e 870, discutia-se a competência originária do STF para decidir questões que possam violar o pacto federativo em razão da existência de entes federativos em polos opostos na demanda. Foi afastada a competência originária daquela Corte para dirimir o referido conflito, de modo que a questão também não será aqui discutida, por não adentrar na discussão do dano ambiental.

Na ADC 42(208), discutiu-se a constitucionalidade de diversos dispositivos da Lei n. 12.651, de 25 de maio de 2012, novo Código Florestal. A decisão ali proferida fez referência à justiça intergeracional e apontou para a integração do homem ao meio ambiente, sobre o qual tem direitos e deveres (dúplice função) e do qual não conseguirá se afastar, sequer com avanços tecnológicos no futuro, além de ressaltar a irreversibilidade e cotidianidade dos danos provocados, tanto que foram objeto de discussão em diversos eventos internacionais, além se serem tratados em mais de 150 Constituições em nível global e em outros variados documentos internacionais que atendem à perspectiva intergeracional.

Também restou ressaltado o "[...] caráter transfronteiriço das causas e dos efeitos da crise ambiental dos Estados [...]" que exige desses e da sociedade civil organizada "uma atuação mais articulada para transformar a preservação da natureza em instrumento de combate à pobreza e às desigualdades" (BRASIL, 2018b, p. 3)(209).

Em que pese o reconhecimento de todas as premissas ambientais supra mencionadas, no item 11 de sua ementa, a decisão destacou necessidade de as políticas públicas

---

(207) O objeto de fundo da discussão eram os possíveis danos que seriam causados ao meio ambiente pela implementação do projeto de integração do Rio São Francisco, que não beneficiaria a população de baixa renda do seu entorno, mas a grandes projetos agrícolas e de produção de camarão e prejudicaria as gerações futuras em razão de comprometer a vazão do rio homônimo e que o licenciamento ambiental concretiza o princípio da precaução, mas o referido instrumento não abrangeu a integralidade da bacia do rio e impossibilitou o amplo debate acerca dos impactos provocados acima e abaixo da barragem de Sobradinho, que inaugura a obra. A primeira decisão, da lavra do ministro Menezes Direito, em julgamento realizado em 19.12.2007, negou provimento aos agravos regimentais interpostos. Ainda, restou registrada a decisão da corte pela ilegitimidade da Ordem dos Advogados do Brasil (OAB) Seção da Bahia, da Associação de Advogados de Trabalhadores Rurais no Estado da Bahia (AATR), do Grupo Ambientalista da Bahia (GAMBA), Instituto de Ação Ambiental da Bahia (IAMBA), da Associação Movimento Paulo Jackson – Ética, Justiça e Cidadania, (PANGEA), Centro de Estudos Socioambientais e da Associação dos Engenheiros Agrônomos da Bahia (AEABA) para a ação prevista no art. 102, I, *"f"* da CF/88, qual seja, causas que envolvam conflitos entre os entes federados, incluindo as entidades da administração indireta e rejeitou-se a liminar postulada sob os seguintes argumentos: 1) cumprimento das exigências para a licença prévia conferida pelo Ibama, que teria indicado novas exigências para a validade desta; 2) a simples construção de canal que passa por terra indígena sem indicação de utilização dos recursos hídricos independem de aprovação do Congresso Nacional; 3) não existe incompatibilidade entre o meio ambiente e "[...] projetos de desenvolvimento econômico e social que cuidem de preservá-lo como patrimônio da humanidade", com o que se afirmou que "[...] o meio ambiente pode ser palco para a promoção do homem todo e de todos os homens"; 4) não restou caracterizada a inviabilidade ambiental do projeto e sequer ofensa à norma constitucional ou legal, de modo que não competiria ao julgador optar pela continuidade ou não do projeto (BRASIL, 2007, p. 2).

(208) Encontram-se vinculadas a essa ADI, as ADIs 4901, 4902, 4903 e 4937.

(209) Decisão relatada pelo Ministro Luiz Fux, data de julgamento: 28.02.2018, publicação: 13.08.2019.

ambientais se acomodarem com as concepções relativas ao "[...] mercado de trabalho, o desenvolvimento social, o atendimento às necessidades básicas de consumo dos cidadãos etc." Ainda de acordo com o acórdão em comento, não caberia rotular certo comando de lei como ofensivo ao art. 225, CF/88, desprezando os diferentes matizes que compõem "[...] o processo decisório do legislador, democraticamente investido da função de apaziguar interesses conflitantes por meio de regras gerais e objetivas" (BRASIL, 2018b, p. 4).(210)

A partir do paradigma da conjugação de interesses econômicos com a questão ambiental, a ementa da decisão supra menciona, dentre outros, diversos princípios constitucionais que fundamentam a premissa da necessidade de se assegurar o uso dos recursos naturais para a garantia do desenvolvimento econômico, pelo que se entendeu pela necessidade de usufruir dos bens ambientais em prol da atual geração, ainda que se produzam impactos na natureza. Os principais dispositivos constitucionais mencionados foram: a) livre iniciativa (arts 1º, IV e 170); b) do desenvolvimento nacional (art. 3º, II); c) da erradicação da pobreza e da marginalidade; d) da redução das desigualdades sociais e regionais (art. 3º, III e 170, VII); e) proteção da propriedade (art. 5º, *caput* e XXII e 170, II); f) da busca do pleno emprego (art. 170, VIII; art. 6º) e g) da defesa do consumidor (art. 5º, XXXII; art. 170, V).

A ementa de decisão em exame também mencionou precedente do STF no RE 586.224/SP, no qual se discutia conflito entre lei municipal proibitiva da queima da cana de açúcar e lei estadual que previa a supressão em etapas, ocasião em que se decidiu que a lei estadual, embora menos benéfica ao meio ambiente, deveria prevalecer em razão da existência de outros valores que também seriam protegidos constitucionalmente, como o emprego e o desenvolvimento, e concluiu que o mesmo ensinamento deveria ser transportado para o caso ali analisado, em detrimento da aplicação pura e simples do princípio da vedação de retrocesso ambiental em detrimento das escolhas do legislador. (211)

---

(210) O relator valeu-se da citação de doutrinadores norte-americanos que tratam do aparente conflito entre o desenvolvimento econômico e o meio ambiente, sobretudo na perspectiva do choque intergeracional e da necessidade de decisões pelos órgãos democráticos e não pelo poder judiciário.

(211) O resultado foi o acolhimento parcial da ADC n. 42 para: 1) conferir interpretação conforme à Constituição, aos seguintes dispositivos da Lei n. 12.651, de 25 de maio de 2012, que substituiu a Lei n. 4.771, de 15 de setembro de 1965 a) aos incisos VIII e IX do art 3º, para que fosse exigido que apenas em caso de inexistir qualquer opção técnica ou locacional à operação sugerida, seja admitida interferência em área de Preservação Permanente – APP, por ser medida excepcional; b) ao art 4º, IV, para que fosse reconhecida que os entornos das nascentes e dos olhos d'água constituem APP; c) ao art 48, § 2º, para que seja admitida compensação apenas entre áreas com a mesma vocação; d) Arts. 59, §§ 4º e 5º, para vedar a prescrição ou decadência enquanto vigorar a atuação de compromissos ambientais praticados antes de 22.07.2008 (aplicando-se a interrupção da prescrição em tal período), como previsto no § 1º do mesmo Artigo); 2) declarar inconstitucional as subsequentes expressões: a) "gestão de resíduos e instalações necessárias à realização de competições esportivas estaduais, nacionais ou internacionais", contidas no art. 3º, VIII, b, da Lei n. 12.651/2012; b) "demarcadas e tituladas", do art. 3º, parágrafo único, da Lei n. 12.651/2012; 3) declarar a constitucionalidade dos seguintes dispositivos do Novo Código Florestal: Arts 3º, XIX; 3º, parágrafo único; 4º, inciso III e §§ 1º e 4º; 4º, §§ 5º e 6º; 5º, *caput* e §§ 1º e 2º; 7º, § 3º; 8º, § 2º; 11; 12, §§ 4º a 8º; 13, § 1º; 15; 17, *caput* e § 3º; 28; 44; 60; 61-A a 61C; 62 e 63; 66, §§ 3º, 5º e 6º; 67 e 68 e 78-A (BRASIL, 2018, p. 7-20). As ADIs 4901, 4902, 4903 e 4937 foram acolhidas parcialmente.

No AgInt no AREsp 1139030/DF entendeu-se que os arts 1º-a, parágrafo único; 3º, I e II; 8º, *caput*, 64, §§ 2º e 4º e 65 da Lei n. 12.651/2012 visam resguardar os danos como crise hídrica e mudanças climáticas; que a criação de zonas não passíveis de edificação e as normas de proteção almejam resguardar a "[...] saúde, segurança, o patrimônio e os riscos de toda ordem, sobretudo no espaço urbano" e que o fato de os danos serem distantes dos eventos lesivos leva o entendedor comum a pensar que as Áreas de Preservação Permanentes possuem apenas objetivos intangíveis (BRASIL, 2019a, p. 2).

O direito à saúde (art 196, CF/88), o direito ao meio ambiente ecologicamente equilibrado (art 225, CF) e à busca do desenvolvimento sustentável constituíram os principais fundamentos usados na ADPF n. 101, por meio da qual, o STF atendeu o pedido para cassar decisões judiciais que permitiam a importação de pneus usados,[(212)] sob o fundamento de que a permissão de importação de pneus usados violava preceitos fundamentais que garantem o direito à saúde e ao meio ambiente (BRASIL, 2009).[(213)(214)]

O tema tratado na ADPF supra referida tem relação com a tese de repercussão geral fixada no tema n. 479 do STF, que admitiu o uso de dados científicos de órgãos reconhecidos internacionalmente, a exemplo da Organização Mundial da Saúde (OMS) como base para a constatação dos efeitos nocivos da exposição ocupacional e da população em geral a campos elétricos, magnéticos e eletromagnéticos gerados por sistemas de energia elétrica, ante a inexistência de certeza acerca da nocividade da exposição. Ambas as decisões apontam a importância das decisões judiciais se pautarem pela aplicação do princípio da precaução nos casos de incerteza científica.

---

(212) Também foi acatado o pleito de que as decisões judiciais que autorizaram a importação de pneus usados de países que não pertenciam ao Mercosul e cujo conteúdo não tivesse se exaurido ou executado a partir do julgamento da ADPF. A ação foi proposta pelo Presidente da República em face de diversos juízes federais das Seções Judiciárias do Ceará, do Espírito Santo, de Minas Gerais, do Paraná, do Rio de Janeiro e de São Paulo e dos Tribunais Regionais Federais da 2ª, 3ª, 4ª e 5ª Região que proferiram decisões que permitiam a importação de pneus usados em contrariedade às Portarias do Departamento de Operações de Comércio Exterior (SECEX), Resoluções do Conselho Nacional do Meio Ambiente (CONAMA) e Decretos Federais que proíbem a importação de bens de consumo usados, sobretudo os pneus e ainda a Convenção da Basileia, à qual o país aderiu por meio do Decreto n. 875, de 19.07.1993.

(213) A ementa do referido acórdão assentou ainda que os dados mostrariam que o incorreto descarte dos pneus usados e a não eliminação completa de seus efeitos causa danos ao meio ambiente e ofende os princípios constitucionais do desenvolvimento sustentável e da equidade entre gerações. Considerou também: a) que os componentes que garantem a durabilidade dos pneus são responsáveis pela demora de sua decomposição nos casos de descarte em aterros; b) os obstáculos aos depósitos do produto faz com os mesmos sejam queimados e gerem material cancerígeno e tóxico no ar; c) em caso de compactação do pneu completo, esse volta ao solo e ocupa espaços, sobretudo nas cidades grandes; d) os pneus rejeitados ao ar livre são propícios à criação e proliferação de insetos; e) o elevado grau de calor nos pneus, bom para a indústria do cimento, faz com que o produto provoque foco de incêndio, de árduo combate; f) o país produz quantidade suficiente de pneus usados que podem servir de matéria prima para a remodelagem de pneus (BRASIL, 2009).

(214) Extrai-se da ementa de decisão em comento: "No atual estágio do conhecimento científico, que indica ser incerta a existência de efeitos nocivos da exposição ocupacional e da população em geral a campos elétricos, magnéticos e eletromagnéticos gerados por sistemas de energia elétrica, não existem impedimentos, por ora, a que sejam adotados os parâmetros propostos pela Organização Mundial de Saúde, conforme estabelece a Lei n. 11.934/2009" (BRASIL, 2016a, p. 2).

O caráter prevencionista do dano futuro foi destacado por meio da transcrição de trecho do acórdão proferido REsp 403.190/SP, da lavra do ministro João Otávio de Noronha: "[...], o cumprimento da prestação jurisdicional causará sofrimento a pessoas por ela atingidas, todavia, evitar-se-á sofrimento maior em um grande número de pessoas no futuro; e disso não se pode descuidar." (BRASIL, 2019a, p. 4).

As decisões supramencionadas vão ao encontro das discussões doutrinárias acerca dos danos advindos da sociedade de risco e fundamentaram-se no princípio do in dubio pro natura e na efetivação dos "[...] cânones da solidariedade, da facilitação do acesso à Justiça, da efetividade da prestação jurisdicional e do combate às desigualdades", conferindo no universo do processo, a colaboração entre os sujeitos (BRASIL, 2010a, p. 1).

2.5. Considerações sobre a noção de dano ambiental futuro a partir das lições doutrinárias e jurisprudenciais levantadas

A par dos ensinamentos doutrinários e do tratamento conferido ao tema do dano futuro e do dano ambiental futuro pelo STJ e STF, é possível entender que o dano ambiental futuro, em sentido estrito, consiste na prospectiva lesão coletiva e/ou individual advinda da ofensa a qualquer um dos elementos do meio ambiente ou à função desse, bem de interesse de toda a sociedade e individual.

Da conduta lesiva sobre qualquer um dos elementos do meio ambiente nasce o dano-evento, sempre imediato, no sentido de proximidade com a própria conduta, o qual poderá ou não produzir o dano-prejuízo, quase sempre com características de longa duração, razão pela qual entende-se importante considerar que o termo dano ambiental futuro também pode ser usado em sentido amplo para designar aqueles danos cujos efeitos se manifestam com uma latência temporal maior que a regra da regular prescrição de indenização do direito civil.

A noção de dano encontra-se atrelada à ideia de prejuízo e de perda, o que também foi considerado pelo direito que, atento à ideia de que o termo prejuízo remetia ao conteúdo econômico, não condizente com todos os interesses protegidos, procurou avançar para abranger também a ideia de interesse juridicamente protegido pela norma jurídica. Entende-se que a ideia da responsabilidade civil sem dano ou pelo risco aumentado de contrair determinada doença, em que pese sua importância para a chamada de atenção à constante ampliação dos riscos na sociedade atual, ao menos no atual estágio da evolução doutrinária e da jurisprudência do STJ e STF, não se sustenta.

Constata-se que o dano futuro em sentido estrito, no âmbito da jurisprudência do STF, até meados do século passado, em que pese a possibilidade de sua relativa certeza com base nas presunções naturais, apontava para a ausência de certeza e rejeitava sua indenizabilidade, como se viu nas decisões proferidas nos autos do RE 81906BA, logo, a ideia de um dano futuro em decorrência do aumento do risco, ainda não concretizado, cuja essência é a eventualidade, constitui um passo muito grande para um sistema de responsabilidade civil que agora é que amadurece para aceitar, por exemplo, a aplicabilidade da responsabilidade civil objetiva ao danos provocados aos trabalhadores, como se discute no capítulo 3.

Do ponto de vista doutrinário, a proposta também não encontra ressonância na doutrina do dano futuro, cujo conceito não leva em conta o risco do dano, mas a certeza, ainda que relativa de sua efetiva ocorrência após a decisão judicial, de acordo com as presunções naturais.

A partir da noção de Schreiber (2013), no sentido de que a proteção do direito é ao interesse jurídico concretamente protegido, e das lições de direito ambiental, no sentido de que a proteção jurídica deve considerar concreta, no caso dos bens ambientais é a função ecológica própria e interligada desses, enquanto elementos essenciais ao ecossistema e à manutenção da qualidade de vida das presentes e futuras gerações. Vale dizer, uma vez atingido determinado bem ambiental ou a função deste no ecossistema, tem-se um dano difuso, de interesse de toda a coletividade, o qual, ainda que não atinja diretamente qualquer pessoa do ponto de vista individual, é digno de reparação.

Também se entende que o dano ambiental futuro pode atingir interesse individual e esse, ainda que reflexo, não perde sua natureza de dano ambiental, posto que o ambiente deve considerar os elementos humanos e o objetivo central da manutenção da sadia qualidade de vida das presentes e futuras gerações. Assim, observando-se que o dano causado ao ambiente foi de tal monta que atingiu, por exemplo, o volume ou a qualidade da pesca de determinada comunidade de pescadores que vive da pesca naquela localidade, presente se faz o dano individual para cada um dos pescadores (material e/ou moral).

Da análise das decisões proferidas no âmbito do STJ, a exemplo dos termos usados na ementa do REsp 1668652/PA e no REsp 1835508/MT, constata-se que aquela corte se vale do termo "dano futuro" no sentido que aqui se defende como um dano de natureza protraída no tempo, ou seja, não se vale da expressão em seu sentido técnico do direito civil, mas em seu sentido genérico, tendo-se em conta a distância entre o dano evento e o dano prejuízo, com o olhar voltado para a responsabilidade intergeracional e o para o princípio precaucional.

Todavia, o uso do termo em sentido genérico não significa a admissão de uma responsabilidade civil sem dano, mas o reconhecimento da possibilidade de cumulação de pedidos decorrentes da natureza preventiva da responsabilidade precaucional, especialmente no âmbito das medidas administrativas como imposição de multa e, no âmbito da responsabilidade civil, na estipulação de obrigações de fazer, com vistas à mitigação ou compensação do dano.

Afetado um determinado aspecto do meio ambiente, algumas das repercussões de tal lesividade manifestar-se-ão de imediato e via de regra, com previsão de continuidade ou de agravamento no futuro, de modo que, por ocasião do julgamento de determinada ação com reivindicações de tutela ambiental repressiva ou mesmo na hipótese de cumulação desta com a tutela preventiva, esses serão considerados danos presentes e futuros em sentido estrito.[(215)] Contudo, os segundos, a característica de previsibilidade lhes apõe o requisito da presença e da certeza para efeito do dano indenizável da responsabilidade civil.

Desse modo, assente com os ensinamentos de Cruz (2013), entende-se que aquele que aumenta o risco deve responder administrativamente por ele, seja por meio de aumento das taxas de imposto sobre a atividade, seja por meio do pagamento de adicionais de risco.

E mais, verifica-se que a responsabilidade civil deve continuar expandindo e que a teoria do risco é importante para o âmbito do estabelecimento do nexo causal, inclusive, como vem decidindo o STJ, por meio da transferência do ônus da prova quanto ao nexo de causalidade para o ofensor, em se tratando de atividades de risco ambiental.

A nova modernidade transformou não apenas a relação da sociedade com o meio ambiente, como também as próprias relações de trabalho e de consumo, que se mostram, ao mesmo tempo mais fluidas, porém complexas e dificultam a identificação do verdadeiro empregador ou produtor, pois muitas vezes são pautadas pelo processo de terceirização e ou de intermediação por plataformas de produtos e de serviços.

Apontados os elementos doutrinários e jurisprudenciais acerca do dano futuro e do dano ambiental futuro, o próximo capítulo é dedicado ao estudo do dano labor-ambiental e dano labor-ambiental futuro, na perspectiva da existência de um meio ambiente do trabalho integrado no meio ambiente, mas com particularidades próprias, que justificam seu estudo à parte, inclusive em face da existência de um ramo específico da justiça especializada.

(215) O dano ambiental futuro também é considerado presente para efeito de indenizabilidade, na medida em que se considera que existirá. Diferentemente do conceito traçado por Carvalho (2013), não é a mera possibilidade de existência do dano que caracteriza o dano ambiental futuro, mas o fato de ser previsível a sua ocorrência de acordo com os estudos científicos já realizados em circunstâncias semelhantes.

Capítulo 3

Dano labor-ambiental futuro e responsabilidade civil objetiva

No capítulo antecedente foram apresentadas noções doutrinárias e o resultado do levantamento de jurisprudência do STJ e do STF sobre o dano futuro, dano ambiental e dano ambiental futuro. Para a compreensão dos dois últimos, foi defendida a necessidade de se entender o conceito e alcance da noção de meio ambiente e de poluição ambiental.

No presente capítulo, cujo objeto é o dano labor-ambiental futuro, espécie do dano labor-ambiental e do dano ambiental, igualmente, impõe-se o início do estudo pelo conhecimento dos aspectos conceituais e da abrangência do meio ambiente do trabalho, para, na sequência, apontar lições doutrinárias e jurisprudenciais acerca do dano labor-ambiental e do dano labor-ambiental futuro.

3.1. Meio ambiente do trabalho

Nas lições de Silva (2011, p. 24), o meio ambiente do trabalho caracteriza: "[...] um complexo de bens imóveis e móveis de uma empresa e de uma sociedade, objeto de direitos subjetivos e privados e de direitos invioláveis da saúde e da integridade física dos trabalhadores que o frequentam".

Tendo em vista o tratamento que a CF/88 atribuiu ao meio ambiente, como bem de uso comum de todos, logo, de titularidade difusa, Padilha (2002) refere-se ao meio ambiente do trabalho como "'[...] bem ambiental' de uso comum de todo homem trabalhador e essencial à sua sadia qualidade de vida".

Fiorillo (2017, p. 24) assevera que o meio ambiente do trabalho: "Constitui o local onde as pessoas desempenham suas atividades laborais relacionadas à sua saúde, sejam remuneradas ou não".

Em estudo acerca da abordagem conceitual da poluição labor-ambiental, Maranhão (2017) critica as abordagens restritivas do meio ambiente do trabalho, quais sejam, as que o consideram apenas sob a perspectiva do local em que o trabalhador exerce sua atividade laboral[216], as que tomam em conta tão somente as interações do trabalho e o ambiente natural[217] e as que o tomam a partir do local em que se desenvolvem as relações empregatícias estrito senso[218] e não as relações de trabalho enquanto gênero e propõe[219] considerar o meio ambiente do trabalho como:

> [...] a resultante da interação sistêmica de fatores naturais, técnicos e psicológicos ligados às condições de trabalho e às relações interpessoais que condicionam a segurança e a saúde física e mental do ser humano exposto a qualquer contexto jurídico-laborativo (MARANHÃO, 2017, p. 126).

É possível traçar um paralelo entre a noção de meio ambiente no sentido de proteção aos elementos bióticos, desprezando-se em parte os elementos abióticos, como importantes ao sistema do meio ambiente, como enfatizado por Silveira (2017, p. 345), que, ao tratar da Diretiva 2004/35/CE, assevera que os objetivos daquela ultrapassam a esfera de cuidado com os elementos bióticos, mas que o contexto das normas ambientais do quadro europeu não protege "o ambiente como um conjunto integrado de elementos bióticos e abióticos" e a noção de meio ambiente do trabalho que despreza os elementos invisíveis do mundo do trabalho e se concentra especialmente nos visíveis.

Isso porque os elementos visíveis foram aqueles que primeiro ganharam previsão legislativa, como se observa nas principais normas contidas no título III da CLT, que trata das normas especiais de tutela do trabalho[220]. Prova da dificuldade de se inserir na preocupação com a meio ambiente do trabalho as questões "invisíveis" está na baixa adesão[221] à Convenção Internacional n. 190, aprovada pela OIT em 21 de junho de 2019, com entrada em vigor dois anos depois.

---

(216) Maranhão (2017) afirma que a maioria dos constitucionalistas e *jus* ambientalistas e muitos juslaboralistas adotam tal enfoque. Expressamente, cita os conceitos propostos por José Afonso da Silva, Luiz Alberto David Araújo & Vidal Serrano Nunes Júnior e Celso Antônio Pacheco Fiorillo.

(217) O autor se refere ao conceito de meio ambiente trazido no art. 3º, inc. I da Lei n. 6.938/81.

(218) Conceito proposto por Guilherme José Purvin de Figueiredo.

(219) O conceito considera as bases teóricas levantadas pelo autor, sobretudo porque, na visão deste, afasta-se de toda tendência "físico-geográfica"; inclui a "dinamicidade" própria do meio ambiente; engloba os aspectos "humanos e naturais"; aponta claramente "todos os fatores de risco labor-ambientais"; estrutura-se sob um viés "humanista" e engloba o trabalhador em "qualquer condição jurídico-laborativa" (MARANHÃO, 2017, p. 126, itálico no original).

(220) O título contém especialmente normas que regulamentam a jornada de trabalho de bancários, incluindo intervalos de descanso remunerados de trabalhadores ferroviários, serviços frigoríficos, professores, jornalistas profissionais, trabalhadores de minas de subsolo, tripulantes de marinha mercante, navegação fluvial e lacustre, operadores cinematográficos, músicos profissionais, empregados de telefonia, dentre outros. Ademais, estipula normas relativas à nacionalização do trabalho e ao trabalho da mulher, além de tratar de métodos e locais de trabalho e trabalho do menor.

(221) Até a data de 21 de junho de 2021, a referida Convenção havia sido ratificada por seis países: Argentina, Equador, Fiji, Namíbia, Somália e Uruguai, o que levou a OIT a lançar a campanha #ratificarC190, por meio da qual exorta os países-membros a ratificar o documento. Até 29.3.2022, outros cinco países haviam se juntado aos seis primeiros, quais sejam: Grécia, África do Sul, Estados Unidos da Grã Bretanha/Norte da Irlanda e Itália. Já na data de 08.03.2023, a Convenção havia sido ratificada por 25, dentre os quais, o Uruguai. Nessa data, o Brasil deu início aos trâmites para a ratificação da referida Convenção (OIT, 2023).

Como apontado inicialmente no item 2.3.1, a doutrina ambiental aponta para a unidade do meio ambiente, cuja divisão em aspectos se dá para um melhor aprofundamento das particularidades de cada um de seus elementos, dentre os quais, o do trabalho.

Quando se trata da discussão de cunho principiológico e conceitual, o STF tem entendido pela amplitude do termo meio ambiente, que seria expressão continente, como se lê na ementa da decisão nos autos da Ação Direta de Inconstitucionalidade (ADI) n. 3540/MC(222), "[...] a "defesa do meio ambiente" (CF, art. 170, VI) traduz conceito amplo e abrangente das noções de "[...] meio ambiente natural, de meio ambiente cultural, de meio ambiente artificial (espaço urbano) e de meio ambiente laboral" (BRASIL, 2005, p. 2, itálico no original).

Contudo, ao enfrentar a discussão acerca da competência concorrente dos entes federados para legislar e fiscalizar o meio ambiente (art. 24, VIII, CF/88), tradicionalmente, a jurisprudência daquela corte tem excluído o meio ambiente do trabalho, como se infere das decisões proferidas nos seguintes autos: a) ADI n. 1.893-RJ;(223) b) Agravo Regimental no Recurso Extraordinário com agravo (AgR) n. 1.059.077(224) e c) ADI 3937-SP/SP (BRASIL, 1998a; BRASIL, 2019c; BRASIL, 2017b).(225)(226)

Destoa do entendimento dominante, supra referido, a decisão da lavra da ministra Rosa Weber, proferida nos autos da ADI n. 3470-RJ, na qual expressou que norma estadual que estipula balizas máximas para o uso do amianto no ambiente de trabalho "[...] não expressa norma trabalhista em sentido estrito, e sim norma de proteção do meio ambiente (no que abrange o meio ambiente do trabalho)" (BRASIL, 2017c).

O meio ambiente do trabalho insere-se no contexto socioeconômico em que o trabalho se desenvolve e sua proteção, não obstante a intersecção entre o direito ambiental e o direito do trabalho, distingue-se quanto ao bem objeto de proteção jurídica, posto que o primeiro destina-se à tutela do meio em que o trabalhador desenvolve sua relação de trabalho (natureza difusa) e o segundo busca tutelar a relação de trabalho em si, como "[...] relação contratual privatística" (PADILHA, 2002, p. 46).

---

(222) Decisão proferida em 1º.09.2005 na qual se analisou a submissão das atividades econômicas aos princípios constitucionais gerais.

(223) Acórdão proferido em 18.12.1998, da lavra do ministro Marco Aurélio, em ação proposta pela Confederação Nacional da Indústria (CNI) em face da Lei carioca n. 2.702, de 1.997, que estabelecia a política estadual de qualidade ocupacional e de proteção à saúde do trabalhador. A norma tem, dentre seus objetivos, o estabelecimento e a fiscalização de padrões de qualidade ambiental nos ambientes de trabalho, com a finalidade de reduzir a exposição a agentes causadores de riscos à saúde obreira, ainda que em potencial.

(224) A Decisão, de 28.06.2019, destacou a firmeza da corte no que concerne à competência privativa da União para legislar sobre saúde dos trabalhadores e meio ambiente do trabalho" (BRASIL, 2019c).

(225) Acórdão da lavra do ministro Dias Toffoli na ADI proposta em face da Lei paulista n. 12.684 de 2004, que analisou a imposição de restrições ao amianto por parte de um Estado da Federação.

(226) A abrangência do meio ambiente do trabalho no rol de matérias concorrentes entre a União, Estados e Distrito Federal será retomada no capítulo 4, quando se tratar da ADI 3937-SP/SP, que cuidou do tema.

Contrariando o entendimento supra, Santos (2010, p. 34-39), ao discutir o conceito de meio ambiente de trabalho, aponta que o conceito de meio ambiente de trabalho não pode se dissociar do trabalho, porquanto esse seria justamente o seu objeto e não o local em que esse é prestado. Por outro lado, aduz que não se pode desprezar o local de trabalho na construção de um conceito de meio ambiente de trabalho, mas, sobretudo, "juridicamente associar a pessoa humana do trabalhador na relação de trabalho, ao meio ambiente [...]"(227) (SANTOS, 2010, p. 38). Assim, o objetivo último da tutela do meio ambiente do trabalho é "a pessoa humana enquanto sujeito da relação de trabalho" (SANTOS, 2010, p. 37).

Para Wandelli e Eufrásio (2014, p. 99), a justificativa para a existência de um meio ambiente do trabalho especializado é a "presença da organização coletiva do trabalho como elemento central dessa esfera ambiental". Logo, o conceito de meio ambiente de trabalho "deve incluir os elementos que determinam as condições para a sociabilidade humana no âmbito da organização do trabalho", pois dizem respeito à "dimensão mais essencial do ambiente de trabalho".

Entende-se como correta a ideia de que a construção de um conceito de meio ambiente do trabalho não pode deixar de incluir a pessoa humana, sujeito da relação de trabalho. Contudo, não parece acertada a ideia de que o trabalhador, na condição de "sujeito" dessa relação, seria o destinatário único da tutela ambiental trabalhista, na medida em que isso levaria, por exemplo, a excluir a sociedade, que também é protegida com a adoção de um adequado ambiente laboral e as pessoas próximas ao trabalhador, que também se beneficiam de um ambiente de trabalho adequado.

Ademais, adota-se a ideia de que o meio ambiente de trabalho visa a proteger o sujeito da relação, diminuindo a importância da existência de um aspecto ambiental do trabalho, porquanto o direito do trabalho já seria suficiente para tal.

Nessa perspectiva, entende-se pertinente a consideração de Costa e Almeida (2017, p. 56) no sentido de que é necessário se valer de uma noção de meio ambiente do trabalho e não de um conceito, de modo a permitir a necessária flexibilidade e adaptação para cada "[...]o contexto laboral", que inclui, além das pessoas dos trabalhadores, "[...] a atividade por eles exercidas, as condições de trabalho a que estão submetidos e todos os aspectos relevantes que interessam para a inter-relação trabalhador-ambiente naquele contexto". A influência e participação de cada um dos elementos inerentes ao contexto laborativo é variável, podendo, em alguns casos, interferir de forma mais contundente um ou outro elemento.

(227) O autor se vale do exemplo de um trabalhador que tenha exercido seu trabalho em contato com amianto em determinada fábrica e que descobre, algum tempo depois de sua dispensa daquela, que contraiu "neoplasia alveolar", com comprometimento de sua saúde, de sua capacidade laborativa e mesmo sua vida. Uma vez verificada a relação causal entre o labor naquela fábrica é possível, exemplificadamente, ingressar com ação judicial postulando reparação por dano moral e material, criar associações de vítimas que trabalharam com o produto e provocar o Ministério Público do Trabalho para que esse aja coletivamente (SANTOS, 2010, p. 38).

Isso porque existe uma influência do trabalhador no meio ambiente do trabalho, porquanto, de acordo com o princípio da "Biodirecionalidade, o trabalhador é parte integrante inseparável do meio ambiente do trabalho, nele influenciando e por ele sendo influenciado" (COSTA E ALMEIDA, p. 57).

Em algumas atividades, o meio ambiente do trabalho é essencial não apenas à qualidade de vida dos trabalhadores que o compartilham, como também a daqueles que o cercam, como ocorre, por exemplo, no trabalho da gestante em ambiente insalubre, posto que o nascituro também será atingido em caso de determinadas contaminações ou nas hipóteses de labor com amianto, em que se registrou que o amianto contido na roupa que o trabalhador levou para ser higienizada em sua residência atingiu a pessoa que a lavou.

A pandemia do SARS-COv II[228] evidenciou a interdependência entre os diversos aspectos do meio ambiente, sobretudo nos espaços frequentados por consumidores ou por pacientes, como supermercados, farmácias, *shoppings centers* e hospitais, nos quais a adoção de medidas sanitárias para a proteção do trabalhador implicou também o resguardo aos demais usuários do espaço. Mesmo nas hipóteses de trabalho intramuros, sem que outros usuários além dos trabalhadores compartilhem aquele ambiente, a falta de adoção de medidas sanitárias no ambiente laboral significou também o adoecimento da população do entorno, como se observou nos casos de adoecimento de trabalhadores de unidades frigoríficas que terminaram por levar o vírus para as cidades do interior em diversas localidades[229].

O meio ambiente do trabalho é tratado, na presente tese, como um dos aspectos do meio ambiente, sobretudo porque possui uma normatização específica e diversa da que rege o meio ambiente artificial e ainda porque pode estar contido no ambiente natural, como por exemplo, o labor de equipes que se ativam na coleta de elementos para estudos biológicos e similares em determinada floresta não transformada pelo homem ou pode se inserir no meio ambiente artificial, como nos casos de labor intramuros em uma fábrica, cujas condições ambientais advém da ação humana.

---

(228) A pandemia do SAR-COv II, também chamado de covid-19, foi reconhecida como tal pelo Diretor Geral do Organização Mundial da Saúde (OMS), no dia 11 de março de 2020, ocasião em que afirmou que não se cuidava tão somente de uma crise de saúde pública mas também uma crise que afetaria todos os setores e recomendou que fossem adotadas medidas preventivas para o controle da pandemia, dentre as quais a ampla testagem e isolamento dos casos, preparação do sistema de saúde, incluindo hospitais e profissionais de saúde, com o objetivo de preservação de vidas e diminuição do impacto dos efeitos da pandemia (OPAS, 2020).

(229) Granada *et all* (2021) relaciona os altos índices de contaminação por Covid-19 no interior do Rio Grande do Sul e de Santa Catarina em razão dos pontos comuns encontrados no estudo acerca da disseminação da doença nos frigoríficos de Lajeado e Encantado (RS) e Chapecó e Concórdia (SC), que apontam diversos pontos em comum, dos quais se destacam: o fato de essas atividades serem consideradas essenciais e, portanto, não terem parado durante a pandemia; as duas cidades se destacam como polos de circulação de pessoas e de mercadorias; ambas apresentam índices elevados de qualidade de vida e atraem imigrantes, potencializando a exploração da mão de obra e a baixa remuneração.

Embora os danos labor-ambientais possuam algumas semelhanças com o dano ambiental gênero, especialmente no que concerne à complexidade e cumulatividade, guarda algumas especificidades, sobretudo, por atingir, de forma direta e imediata, via de regra, os trabalhadores que laboram sob determinadas condições laborais, mostrando-se, nessa perspectiva, como um dano coletivo *stricto sensu*, individual homogêneo ou individual, em contraposição à difusividade característica dos danos ambientais, que, via de regra, atingem um universo indeterminado de pessoas e de interesses.

Não obstante essa especificidade, tratando-se de um dos aspectos do meio ambiente, ao meio ambiente do trabalho também se aplicam alguns princípios do direito ambiental, acerca dos quais se discorre na sequência, sem presunção de esgotar o tema.

3.1.1. Alguns princípios do direito ambiental aplicáveis ao meio ambiente do trabalho

Como outros ramos do direito, o direito ambiental possui nos princípios uma importante forma de conformação da norma jurídica, pois esses constituem não apenas fonte de integração e de interpretação do direito, mas também servem de base para o legislador criar novas normas. Conforme leciona Sadeler (1998, p. 1, tradução nossa), "[...] são regras legais superiores que às vezes são expressamente consagradas em textos legais fundamentais"(230), que podem assumir uma feição mais geral ou mais técnica, impondo a ação do Estado em deixar de exportar determinado produto, por exemplo, e são importantes para os diversos ramos do direito, em especial para o direito ambiental, ainda jovem.

Embora todos os princípios do direito ambiental sejam aplicáveis ao meio ambiente do trabalho como parte deste, a escolha dos princípios da precaução, da prevenção, do poluidor-pagador, da informação, do desenvolvimento sustentável, da melhoria contínua e do *in dubio pro natura* se deu em razão do entendimento de que constituem os principais fundamentos das normas e decisões labor-ambientalistas relacionadas ao dano labor-ambiental futuro por exposição ao amianto, objeto da presente tese.

3.1.1.1. Princípio da precaução

O princípio da precaução teve seu alcance definido inicialmente por meio do princípio 15 da Declaração do Rio, que também recomenda sua ampla observância por parte dos Estados, de acordo com suas condições. Diz o mencionado princípio que havendo "ameaça de danos sérios ou irreversíveis, a ausência de absoluta certeza científica

---

(230) No texto original: "[...]sont des règles juridiques supérieures qui sont parfois expressément inscrites dans des textes juridiques fondamentaux são regras legais superiores que às vezes são expressamente consagradas em textos legais fundamentais" (Sadeler (1998, p. 1).

não deve ser utilizada como razão para postergar medidas eficazes e economicamente viáveis para prevenir a degradação ambiental" (ONU, 1992)[(231)].

O fato de determinadas ofensas ambientais, a exemplo da diminuição da camada de ozônio, alterações climáticas, ondas eletromagnéticas e nanotecnologias serem irreversíveis e incertas, justifica o princípio da precaução, que consistiria em "[...] uma nova forma de prevenção é imaginada para proteger a sociedade contra os riscos ainda desconhecidos ou incertos"[(232)] (PRIUER, 2019, p. 140, tradução nossa).

Ainda de acordo com o autor supra referido "[...] O princípio da precaução é um seguro para o futuro. Ele implementa concretamente o direito ao meio ambiente das gerações futuras"[(233)] (PRIEUR, 2019, p. 140, tradução nossa).

Aragão (2017, p. 65, negrito no original) entende o princípio como "o **subprincípio** concretizador que obriga a que o poluidor pague os custos da precaução", na medida que permite a transferência do ônus da prova de que a atividade não causará danos ao

---

(231) Embora o alcance do princípio da precaução ultrapasse a questão das discussões sobre o desenvolvimento, na medida em que também se aplica a temas alimentares e de saúde, tem origem nas discussões acerca dos problemas de desenvolvimento no âmbito internacional, travadas no curso da década de 1980 e abalizado na Conferência do Rio (KOURILSKY; VINEY, 1999, p. 2). Além da Convenção do Rio, o princípio da precaução se encontra previsto em cerca de 60 convenções internacionais, dentre as quais a Convenção sobre diversidade biológica e sobre mudança climática, e domina os atos da comunidade europeia em matéria ambiental e de saúde e no mercado interno. Contudo, as condições de implementação do princípio aparentam ser mais difíceis que aquelas relativas aos estados-membros (PRIEUR, 2019, p. 141). No âmbito da União Europeia, o princípio da precaução está consagrado no art. 191 do tratado de funcionamento do bloco e constitui princípio fundamental, a ser utilizado em caso de risco razoável, e é tido como um princípio "more complex and dynamic than the principle of Prevention." (EUROPEAN COMMISSION, 1999). "Mais complexo e dinâmico que o da prevenção." (tradução livre da autora). Para Lopes (2010, p. 1228-1229), além da Declaração do Rio, nacionalmente, o princípio da precaução está presente nos art. 3º, 5º, *caput*, inc. XXXV e art. 6, *caput*, todos da CF/88, art. 6º, I, CDC, além de também servir de panorama do CDC no que tange à tutela da parte mais "vulnerável" face ao "fornecedor" e às normas ambientais, Lei n. 6.453 de 1977, ao prever a responsabilidade penal dos que não respeitarem as regras de "segurança" em relação "à instalação nuclear e ao manuseio do material nuclear". Ademais, também a "analogia legis" justificaria a aplicação desse princípio nos casos lacunosos acerca da precaução, uma vez que o art. 15 da Carta do Rio explicita o momento em que deve ser usado. Por fim, a razão do princípio da precaução e da prevenção, enquanto "princípios jurídicos", pode vir dos princípios inspiradores do sistema (analogia juris), como o princípio da segurança, o princípio da ética social, o princípio da função social da propriedade e dos contratos, o princípio da dignidade humana, o princípio da solidariedade, o princípio do respeito à vida, à saúde, à propriedade, o princípio da igualdade substancial no plano individual e global, o princípio da reparação integral dos danos. Assim como dos princípios gerais de direito, de conhecimento universal. Lembraríamos principalmente o *alterum non laedere*, "deve-se fazer o bem e evitar o mal", "deve-se respeitar o próximo", "deve-se manter a vida em sociedade", "deve-se pensar nas gerações futuras"", uma vez que está relacionado diretamente com o princípio da "**segurança**" (LOPES, 2010, p. 1229, aspas internas no original).

(232) No texto original: "une nouvelle forme de prévention a été imaginée pour protéger la société contre des risques encore inconnus ou incertains" (tradução livre da autora). Ademais, o princípio está presente em cerca de 60 convenções internacionais e condiciona os atos relacionados aos meio ambiente e à saúde dentro da União Europeia, embora aparente formas de execução mais brandas que aquelas imposta a atos de determinado Estado-Membro (PRIEUR, 2019, p. 141).

(233) No texto original: "[...] le principe de précaution est une assurance sur l'avenir. Il met concrètement en ouvre le droit l'environnement des génerations futures" (PRIEUR, 2019, p. 140).

ambiente e de que se estão a implementar "medidas de prevenção específicas contra acidentes ambientais".

Apesar de ser impossível pugnar pelo risco zero, o princípio da precaução e da prevenção(234) advém da tentativa do direito de adequar as exigências da sociedade pela minimização dos "novos riscos" ocasionados pela sociedade de risco. O primeiro se aplica nas hipóteses em que o "[...] risco de dano é concreto e real [...]", ao passo que o segundo se dirige aos "[...] riscos potenciais ou hipotéticos [...]" (LOPEZ, 2010, p. 1.225-1.226).

Para Wandelli e Eufrásio (2014, p. 111), tratar-se-ia a precaução e prevenção de sub-princípios, contidos no princípio do poluidor-pagador e que se sobrepõe, posto que o primeiro comporta uma ideia mais abrangente que o segundo, embora ambos imponham uma atuação *ex ante*.(235)

Um dos principais críticos do princípio da precaução, Sustein (2005), em estudo dividido em quatro partes(236), afirma pretender demonstrar que existem modos mais efetivos de se gerir o risco do que a adoção do princípio da precaução, embora afirme que não pretende apresentar um princípio substituto a esse, e sim argumentar sobre a necessidade de "uma visão mais ampla para a regulação dos riscos"(237).

---

(234) Referidos princípios "sempre existiram" como expressão da "prudência, mas eram aplicados de forma intuitiva" e, na atual sociedade, "como medida preventiva, é de aplicação técnica para os novos riscos" (LOPES, 2010, p. 1.226).

(235) Tal atuação teria como fundamentos jurídicos a constitucionalização do direito e a centralidade da pessoa humana, bem como a efetividade dos direitos e traria maior eficácia à responsabilidade civil sempre que essa fosse utilizada com o intuito "de evitar a ocorrência do ilícito ou do dano". Nessa perspectiva, afastar-se-ia da responsabilidade civil a ideia da necessidade do dano e se puniria o empregador que "aposta na ocorrência da lesão através de uma sistêmica poluição laboral ambiental" e se garantiria ao empregado, uma indenização "pela lesão potencial criada" (WANDELLI, EUFRÁSIO, 2014, p. 111).

(236) Na primeira parte de seu estudo, o autor apresenta o alcance do princípio em seus diferentes níveis A segunda parte do estudo apresenta exemplos concretos como o uso do princípio da precaução em relação ao arsênico, ao aquecimento global, à energia nuclear e genética alimentar, com o intuito de demonstrar que o princípio da precaução é paralisante. Na terceira parte do estudo, apresenta as questões relacionadas à psicologia comportamental, que explicariam o sucesso do princípio da precaução, que seriam: 1) "Aversão à perda" (p. 5), de certo modo evitado pelo princípio, vez que os riscos desconhecidos amedrontam mais que os conhecidos, contudo, são negligenciados os eventuais ganhos que poderiam advir; 2) "mito da natureza benevolente", p. 6, a crença de que a natureza é mais benéfica que as alterações trazidas pela tecnologia; 3) a "heurística da disponibilidade", a concentração em alguns riscos já conhecidos em detrimento de outros que podem ser maiores, por exemplo, a maior atenção aos riscos aéreos que aos perigos advindos das "ondas de calor" (p. 6); 4) "negligência de probabilidade" p. 6 em favor do próprio resultado, o que faz com que às vezes o controle de um risco de baixa probabilidade proporcione outros riscos de mesma ou superior probabilidade; 5) "negligência do sistema", que consiste em se observar apenas uma parte do problema e não o seu conjunto. Na derradeira parte, o autor apresenta suas conclusões.

(237) Também Lopes (2010, p. 1.226), embora apresente a importância dos princípios da prevenção e da precaução, já insertos na responsabilidade civil do presente século, adverte que devem ser aplicados de forma equilibrada, dentro dos princípios da razoabilidade e da proporcionalidade". Ademais, enxerga no segundo "uma arma perigosa nas mãos dos demagogos e dos políticos populistas." A autora usa exemplo da falsa acusação de falta de gestão de riscos por parte de empresas criadoras de empregos e de "progresso e crescimento do país", com o consequente travamento do "progresso econômico, científico e social" (LOPES, 2010, p. 1.226).

No âmbito da jurisprudência nacional, o STJ, por meio da sua ação uniformizadora de jurisprudência, fixou a tese n. 4[(238)] e associou o princípio da precaução ao ônus da prova, transferido ao agente degradador.

Leite e Ayala (2020, p. 193) vinculam a aplicação do princípio da precaução ao princípio da imparcialidade quando da exigência de encargo probante que requeira "prova científica" como forma de se garantir "um resultado útil para a tutela coletiva", especialmente em matéria ambiental. Aquele estabeleceria a necessidade de se obterem todas as informações importantes para se estabelecer o convencimento do julgador, e esse teria "a capacidade de influenciar a iniciativa probatória e a extensão do juízo de cognição requerido para o fim de demonstração dos fatos sujeitos a controvérsia", de modo que se estaria autorizada a alteração do próprio juízo de "certeza para a decisão" e a prorrogação da diligência probante quando requisitadas providências urgentes.[(239)]

Ainda, especificamente em relação ao tema do amianto, o princípio em comento se encontra referido expressamente no item 4 do art. 3º da Convenção n. 162 da OIT, que deve ser lido em conjunto com o item 3 do mesmo dispositivo.

Contudo, Geneviève Viney (2007, p. 284) afirma que o princípio da precaução em relação ao amianto "[...] foi desviado [...]", porquanto já se sabia da periculosidade do mineral "[...] há muito tempo [...]", de modo que a proibição da exploração do produto poderia ter sido feita com base no princípio da prevenção, sobre o qual se discorre na sequência.

Em sentido semelhante, Camargo e Melo (2013) apontam que os prejuízos ocasionados à saúde e segurança do trabalhador em decorrência do uso do benzeno, do amianto e de outras substâncias cancerígenas, cujos riscos já são conhecidos, faz com que tais elementos se encaixem melhor no princípio da prevenção que no da precaução.

Entretanto, conforme se verificará no item 4.4.2.2, a decisão proferida pelo STF na ADI 3937-SP, que discutiu a Constitucionalidade da Lei n. 12.684, do estado de São Paulo, o STF ainda se valeu do princípio da precaução como um dos principais fundamentos para, de forma incidental, declarar a inconstitucionalidade do art. 2º da Lei n. 9.095, que permite a exploração do amianto do tipo crisotila no Brasil, dentro das limitações impostas na referida norma.

---

(238) Diz a tese em comento: "O princípio da precaução pressupõe a inversão do ônus probatório, competindo a quem supostamente promoveu o dano ambiental comprovar que não o causou ou que a substância lançada ao meio ambiente não lhe é potencialmente lesiva" (BRASIL, 2015).

(239) Os autores apontam exemplos de julgados do STJ que validaram medidas administrativas questionadas por mandado de segurança em razão da prorrogação do contraditório, respaldadas pelo poder de polícia e pela própria urgência das medidas administrativas, bem como jurisprudência da referida corte no sentido de reconhecer danos *in re ipsa* e outros a ilustrar a diminuição do ônus probante em matéria de causalidade que dependam de prova técnica.

Camargo e Melo (2013) defendem que os diversos instrumentos de proteção ao meio ambiente do trabalho (greve ambiental, educação ambiental, interdição e embargo, Estudo Prévio de Impacto Ambiental (EPIA), Inquérito Civil e Ação Civil Pública (ACP), Termo de Ajuste de Conduta (TAC), Comissão Interna de Prevenção de Acidentes (CIPA) e Serviços Especializados em Engenharia de Segurança e Medicina do Trabalho (SESMT), embora costumeiramente defendidos pela doutrina sentido da prevenção em relação ao meio ambiente, também constituem mecanismos que podem ser utilizados em prol da precaução, bastando que se inclua os "riscos hipotéticos, e uma interpretação mais profunda e completa das normas e dos instrumentos existentes".

De igual modo, para os autores supra referidos, ainda que as 34 NRs do MTE mencionem o princípio da prevenção e não o da precaução, a inclusão dos riscos intangíveis no modo de análise dos riscos permite considerar incluído implicitamente o sentido do princípio da precaução em tais NRs, sendo despiciendo a criação de uma lei ou de uma NR para estipular procedimentos de aferição dos riscos incertos, uma vez que o princípio da precaução integra o direito ambiental, nele incluído o do trabalho, mas, do ponto de vista prático, a normatização do princípio é recomendável porque traria alterações nas normas de inspeção prévia (NR-2) e de condução da CIPA (NR-5).

3.1.1.2. Princípio da prevenção

Esse princípio é previsto no art. 130-R-2 do Tratado de Maastricht e art. 191-2 do Tratado de funcionamento da União Europeia e ainda na lei sobre biodiversidade de 2016.

Para Prieur (2019, p. 93, tradução nossa), "A prevenção consiste em prevenir a ocorrência de danos ao meio ambiente por meio das chamadas medidas preventivas apropriadas antes do desenvolvimento de um plano ou da realização de uma obra ou atividade"(240).

Sadeler (1998) divisa três diferentes ângulos para o princípio da prevenção(241): "temporal, funcional e estrutural", os quais impõem níveis de atuação diversos. Em relação ao primeiro, é possível agir: a) antes do aparecimento do problema, quando ainda, em regra, não se tem certeza; b) durante a manifestação do problema, quando é possível

(240) No texto original: "La prévention consiste à empecher la survenance d'atteintes à l'environnement par des mesures appropriées dites préventives avant l'elaboration d'un plan ou la réalisation d'un ouvrage ou d'une activité" (PRIEUR, 2019, p. 93).

(241) A nítida delimitação entre o princípio da prevenção e da precaução não é tarefa fácil, ante a ausência de certeza da ciência. Todavia, o princípio da prevenção "não gerou o mesmo nível de controvérsia que o princípio da precaução — possivelmente porque a ideia de agir sobre riscos conhecidos é menos censurável, dada a ênfase da UE na "política baseada em evidências" (EUROPEAN UNION, 2017, p. 4, tradução nossa). No texto original: "[...] has not generated the same level of controversy as the precautionary principle — possibly because the idea of acting on known risks is less objectionable, given the EU's emphasis on 'evidence-based policy'" (EUROPEAN UNION, 2017, p. 4).

conter sua expansão e prevenir os efeitos danosos ou, c) após a manifestação do problema, quando a ação terá função curativa[(242)]. O autor também destaca a importância desse princípio para a assunção da responsabilidade objetiva e para os casos de expressiva elevação dos impostos, que demonstram o seu alargamento, da função inicial de retribuir para a função de prevenir, de modo que a função preventiva da responsabilidade civil começa a destronar a função reparatória (SADELER, 1998, p. 33, tradução nossa)"[(243)].

No que concerne ao ângulo funcional da prevenção, Sadeler (1998, p. 33, tradução nossa) distingue basicamente dois níveis de atuação da prevenção: "Ofensiva e passiva"[(244)], que se irradiam em três predisposições: "A prevenção ofensiva, a prevenção ativa e, por fim, a prevenção passiva"[(245)], sendo que a primeira é aquela de maior importância e se manifesta em forma de vedação, no caso do presente estudo, exemplificado pela proibição da exploração do amianto[(246)], como decidido na ADI 3937-SP, objeto de estudo do item 4.4.2.

Ainda de acordo com Sadeler (1998, p. 37), o nível ativo da prevenção, vista sob o ângulo funcional, é o intermediário, cujo fundamento se dá na teoria de que nem todas as ações humanas ou substâncias lançadas sobre o ambiente irão causar danos, porquanto existe uma capacidade de absorção e o nível passivo, aquele em que não há propriamente uma intervenção e a atuação se dá mais em termos de informação, tanto por meio do monitoramento da poluição, quanto no caso de se imporem padrões de qualidade. Em relação ao amianto, o nível ativo e passivo de que trata o autor pode ser exemplificado, respectivamente, pelo disposto no art. 7º da Lei n. 9.095, de 1995, que fixa limite de exposição do trabalhador ao produto, e nas determinações do art. 4º da mencionada norma,

(242) Ao agir sobre a aparência do problema, somos levados a conter sua extensão, para evitar suas consequências nefastas. A prevenção situa-se, portanto, entre os dois primeiros polos. Ela está na interface entre a precaução e a abordagem curativa (tradução livre da autora). Portanto, a primeira abordagem do princípio da prevenção ocorre no plano da precaução, posto que existe o risco, mas não a certeza de sua ocorrência. À medida em que diminui a incerteza do risco e passa-se ao seu conhecimento, aproxima-se da prevenção e se distancia da precaução e conforme se aproxima do risco consumado, se avança para o aspecto curativo. Todavia, como a ideia da prevenção é não esperar a ocorrência do dano para agir, a prevenção, embora se situe entre a vertente curativa e precaucional, essa última termina por constituir "Uma variante particularmente impulsionadora do princípio da prevenção" (SADELER, 1998, p. 32, tradução nossa). No texto original: "[...] une variante particulièrement poussée du principe de prévention". Embora a dimensão curativa tenha uma vertente totalmente oposta à prevenção, a divergência não é tão radical, na medida em que, no direito ambiental, ao direcionar os custos da responsabilidade para os agentes, os incentiva a agir de modo mais prudente, tanto quanto no direito penal, repreender as condutas lesivas busca prevenir o delito (SADELER, 1998, p. 32)

(243) No texto original: "[...] la fonction préventive de la responsabilité commence à détrôner sa fonction réparatrice" (SADELER, 1998, p. 33).

(244) No original: "offensive et passive" (SADELER, 1998, p. 33).

(245) "la prévention offensive, la prévention active et enfin, la prévention passive" (SADELER, 1998, p. 33, tradução nossa).

(246) O exemplo dado pelo autor é o da retirada do pesticida DIT do mercado da maioria dos países desenvolvidos, logo que a comunidade científica internacional o descobriu prejudicial à saúde (SADELER, 1998, p. 34).

no sentido de que os órgãos competentes fiscalizem, monitorem e controlem os riscos de exposição ao amianto crisotila.

No que tange à estrutura ou alcance da prevenção, essa pode se dar na perspectiva do todo ou apenas sobre determinado elemento. Embora *"en matière d'environnement de passer du local au global"*, agir de forma sistêmica em matéria de prevenção ambiental permite apreender melhor a complexidade. Aplicando-se a ideia na perspectiva do amianto, pensar na perspectiva global implica reconhecer todas as consequências deste para o meio ambiente, incluindo o custo de descarte do produto e da aposentação precoce dos trabalhadores em razão do reconhecimento do nexo epidemiológico.

Aragão (2017, p. 65) defende o princípio da prevenção como um subprincípio do princípio do Princípio do Poluidor Pagador (PPP), por meio do qual, pela adoção de diversas medidas antecipatórias da implementação da atividade ou da colocação de determinado produto no mercado, quando não existam normas ambientais é possível realizar o "controle das fontes de poluição".

Nos termos do disposto nas Convenções ns. 139 e 162 da OIT, o princípio da prevenção norteará a proteção à saúde dos trabalhadores no caso de suspensão temporária da legislação competente pelo prazo e no modo definido após consulta às organizações mais representativas dos empregadores e empregados interessados. Disso decorre que o princípio da prevenção estabelece obrigações para as autoridades legislativas, incumbidas da elaboração das medidas de prevenção e controle dos riscos, como também aos empregadores(as) e empregados(as) para a implementação dessas. Esses últimos, nos limites que lhe couberem.

Dentre as medidas de prevenção elencadas na terceira parte da Convenção n. 162, destaca-se, dentre outros aspectos: a) que o uso do produto só ocorra quando os seus riscos possam ser prevenidos ou controlados ou, na impossibilidade disto, que seja eliminado; c) a proibição de todas as formas de pulverização do amianto e os cuidados para a prevenção da poluição do ambiente como um todo das poeiras liberadas pelos resíduos do amianto.

Ademais, o princípio da prevenção é apontado nos "Considerandos" da convenção em análise e aparece implícito em seu art. 2º, que estabelece a obrigação dos estados ratificadores de empregarem todos os meios para a substituição das substâncias e agentes cancerígenos a que os trabalhadores(as) estejam expostos no trabalho por substâncias não cancerígenas ou menos prejudiciais, observando-se para a escolha dos materiais ou substâncias de substituição, as propriedades cancerígenas, tóxicas e outras, além da redução do número de trabalhadores(as) expostos às mesmas (OIT, 1974).

3.1.1.3. Princípio do poluidor-pagador (PPP)

O princípio do poluidor-pagador, previsto no princípio 16 da Declaração do Rio,[247] traduz a ideia de que aquele que produz um resultado danoso ao ambiente deve

(247) Diz o referido princípio: "Tendo em vista que o poluidor deve, em princípio, arcar com o custo decorrente da poluição, as autoridades nacionais devem promover a internalização dos custos ambientais e o uso de

pagar pelo dano causado, impondo-se, de plano, e na medida do possível, a sua reparação, seja por meio da reconstituição do sistema ao *status ante*, o que geralmente é difícil, senão impossível, seja em forma de indenização ou adoção de alguma outra forma de compensação.

O princípio surgiu nos anos de 1960 e, embora venha se tornando mundialmente conhecido, ainda guarda forte divergência quanto à sua conceituação e modo de ser empregado, chegando a produzir determinadas contradições, na medida em que pode haver um entendimento do direito de poluir, que retiraria do princípio qualquer elemento de prevenção (SADELER, 1998, p. 17).

Ainda de acordo com Sadeler (1998, p. 8), O PPP não significa um conjunto de normas propriamente ditas, mas um "espírito comum" entre essas, de modo que "[...] poderia estar no direito do meio ambiente no processo de emergência o que é a boa-fé para o direito das obrigações, um valor e uma fundação"(248) (SADELER, 1998, p.8, tradução nossa).

Inicialmente aplicado apenas para a internalização parcial dos custos da poluição, a exemplo das medidas relacionadas ao aspecto preventivo da poluição e outras de natureza administrativa, no começo da década de 1990 teve forte crescimento no âmbito da OCDE, quando passou a ser aplicado à poluição com acidentes envolvendo substâncias perigosas, mas ainda não era absoluta, pois implicava em arcar com as ""medidas razoáveis""(249) (SADELER, 1998, p. 11, aspas internas no original, tradução nossa). Ainda de acordo com o autor em comento, em 1991, foi recomendado pelo conselho da OCDE que o poluidor também respondesse pelos danos causados e não apenas pelos custos da prevenção. Deste modo, o princípio assume função primordial no direito da comunidade europeia em matéria ambiental.

A evolução do princípio do poluidor-pagador está fortemente relacionada à noção de externalidades(250), que constituem consequências não efetivamente consideradas no

---

instrumentos econômicos, levando na devida conta o interesse público, sem distorcer o comércio e os investimentos internacionais."

(248) No original: "Comme la bonne foi ou la sécurité juridique, le "pollueur-payeur" est-il, sera t-il un de ces principes échappant à l'analyse qui prétendrait en fixer le sens ou en clôturer la signification?" (SADELER, 1998, p. 8.

(249) No texto original ""mesures raisonnables"" (SADELER, 1998, p. 11, aspas internas no original).

(250) No plano da contribuição da teoria para o entendimento das questões relacionadas aos prejuízos ambientais, Aragão (2014, p. 31) ressalta a conceituação de "externalidade" por Marshall, em 1890 por Pigou e, em 1920, no plano da economia. O primeiro autor teria percebido que "o preço de mercado dos bens pode não reflectir fielmente os verdadeiros custos ou benefícios resultantes de sua produção ou consumo". Sadeler (1998, p. 7, grifo no original) também aponta para a importância de Pigou no desenvolvimento do conceito, porém alerta que o modo como foi enxergado ao longo da história, ou seja, entre o modo como concebido pela teoria econômica e a forma como restou consagrado pela O.C.D.E, posto que visa "prévenir les distorsions de concurrence (instrument d'harmonisation en vue d'assurer le bon fonctionnement du marché commun), pour fonder l'internalisation des pollutions chroniques (instrument de prévention) mais aussi pour garantir la réparation des dommages accidentels (instrument de redistribution)". Em tradução livre da autora: "prevenir

cálculo dos custos dos produtos ou do consumo por parte daquele que os cria (ARAGÃO, 2014, p. 32).

A poluição constitui típico exemplo de externalidade negativa e o princípio do poluidor-pagador impõe ao causador da poluição a internalização de todos os custos de sua poluição (SADELER, 1998).

A indeterminação do princípio do poluidor-pagador, ante o fato de que nem sempre o pagamento é realizado por quem poluiu, mas diluído nos preços dos produtos e ainda pelo fato de a poluição contemporânea ser fluida no tempo e nas causas, não deve servir para afastar o princípio, mas sim para o seu refinamento por parte dos operadores jurídicos (SADELER, 1998, p. 19).

Controvertida é a questão da dimensão preventiva do princípio poder auxiliar na identificação do poluidor-pagador. Coloca-se também a questão se a responsabilidade desse deve ser aplicada em caso de descumprimento de alguma norma ou pelo fato de poluir? A segunda tese é preferível, na visão do autor. "O conceito de poluição confunde-se aqui com o dano causado ao meio ambiente. Sua natureza legal ou ilegal é irrelevante."(251) (SADELER, 1998, p. 18). A punição apenas para os casos de ilegalidades transferiria à sociedade parte dos custos, e tampouco conseguiria incentivar os que agem dentro da legalidade a diminuir suas emissões.

Aragão (2014, p. 183) sintetiza as críticas ao princípio do poluidor-pagador em três tipos: a) pelos ecologistas, no sentido de que traduziria a aquisição de um ""direito a poluir", cujo preço nem sempre é pago pelos poluidores e sim pelos consumidores""(252); b) por parte do setor jurídico: é demasiadamente injusto, ante o fato do pagamento ser realizado por quem consome e não por quem produz e c) por parte dos economistas, em razão do ""fenômeno da repercussão""(253), pois secundariamente produz ""inflação"" (ARAGÃO, 2014, p. 183, aspas internas no original). Referidas críticas são rebatidas pela autora, segundo a qual, numa economia de mercado, a repercussão é inevitável e

distorções da concorrência (instrumento de harmonização para assegurar o bom funcionamento do mercado comum), estabelecer a internalização da poluição crónica (instrumento de prevenção), mas também garantir a reparação de danos acidentais (instrumento de redistribuição).

(251) "Le concept de pollution se confond ici avec l'atteinte causée à l'environnement. Son caractère licite ou illicite est dépourvu de toute pertinence" (tradução livre da autora).

(252) SADELER (1998) também aponta essa crítica ao princípio e a rechaça com o argumento de que, na medida em que são obrigados a arcar com os custos, os poluidores seriam incentivados a reduzirem a poluição e ainda pelo fato de esse princípio dever ser conjugado com o princípio da prevenção e ter sempre um viés de prevenção.

(253) O fenômeno da repercussão pode ser externo, quando o produtor repassa os custos para os clientes, na forma de aumento dos preços dos produtos ou serviços, nas hipóteses em que não há um substituto ao produto ou, quando esse não tem uma forte procura, a repercussão não ocorrerá ou não será total; ou interna, quando, na impossibilidade de aumento dos preços ao consumidor, se buscará incorporar os custos da poluição por meio da readequação do sistema produtivo, seja pela diminuição dos custos com matéria prima, com os encargos trabalhistas ou com o próprio maquinário (ARAGÃO, 2014, p. 186).

do ponto de vista ecológico, a ""filosofia" do PPP", os aumentos dos preços tendem a diminuir a busca pelos produtos poluidores e mesmo que o produtor-pagador repasse o custo, termina por também internalizá-los.

Ademais, para Aragão (2014, p. 13), "[...] os princípios da prevenção, da reparação e da correção na fonte [...]", dentre outros, constituem "subprincípios concretizadores do PPP", cuja interpretação entende difícil em razão de vagueza com que formulado e por buscar o apoio de diversos ramos do direito e até mesmo de outros ramos científicos.

Esse princípio, em matéria de amianto, justifica não apenas o cabimento do dever de indenizar os danos causados por exposição ao amianto, como também na obrigação de custeio com todos os necessários tratamentos preventivos e de diagnóstico das doenças profissionais por exposição ao produto, como estabelecido no art. 21 da Convenção n. 162 da OIT. Ademais, o item 2 do art. 6º da referida norma estabelece a solidariedade dos empregadores na aplicação das medidas ali prescritas (OIT, 1986).

3.1.1.4. Princípio da informação

O direito à informação se encontra também previsto no art. 5º, inc. XIV, CF/88, nos seguintes termos: "é assegurado a todos o acesso à informação e resguardado o sigilo da fonte, quando necessário ao exercício profissional;".

Em recente decisão, o STJ firmou quatro teses vinculantes em matéria ambiental no Incidente de Assunção de Competência (IAC) n. 13, oriundo do REsp 1857098 MS, por meio do qual reconheceu a vigência do "Princípio da Máxima Divulgação no regime nacional de transparência, por meio do qual, em se tratando da questão ambiental, é intensificado e impõe a "produção da informação ambiental e não apenas a divulgação daquelas de que dispõem (transparência reativa)"(254) (BRASIL, 2022).

(254) As teses fixadas foram: "A) O direito de acesso à informação no Direito Ambiental brasileiro compreende: i) o dever de publicação, na internet, dos documentos ambientais detidos pela Administração não sujeitos a sigilo (transparência ativa); ii) o direito de qualquer pessoa e entidade de requerer acesso a informações ambientais específicas não publicadas (transparência passiva); e iii) direito a requerer a produção de informação ambiental não disponível para a Administração (transparência reativa); Tese B) Presume-se a obrigação do Estado em favor da transparência ambiental, sendo ônus da Administração justificar seu descumprimento, sempre sujeita a controle judicial, nos seguintes termos: i) na transparência ativa, demonstrando razões administrativas adequadas para a opção de não publicar; ii) na transparência passiva, de enquadramento da informação nas razões legais e taxativas de sigilo; e iii) na transparência ambiental reativa, da não razoabilidade da pretensão de produção da informação inexistente; Tese C) O regime registral brasileiro admite a averbação de informações facultativas sobre o imóvel, de interesse público, inclusive as ambientais; Tese D) O Ministério Público pode requisitar diretamente ao oficial de registro competente a averbação de informações alusivas a suas funções institucionais". O processo teve origem no REsp interposto pelo MP contra Acórdão do TJ de MS, que negou pedido do autor para que o município de Campo Grande publicasse rotineiramente os atos executórios do plano de manejo da Área de Proteção Ambiental (APA) do Lajeado e a inscrevesse na matrícula dos imóveis a compõem, sob o fundamento de que as medidas requeridas não eram previstas legalmente. A referida APA foi criada com o objetivo de permitir o abastecimento de água na região (BRASIL, 2022).

Para Camargo e Melo (2013, p. 59) o direito dos trabalhadores(as) de conhecer o modo de exercício de seu trabalho e "os riscos e perigos a que estão expostos" etc. aponta para a aplicação do princípio da informação ao meio ambiente do trabalho. De fato, diversas Convenções Internacionais da OIT, a própria CLT e diversas NRs do MTE trazem, de forma explícita, o direito dos trabalhadores(as) de serem informados(as) acerca dos riscos a que estão submetidos e a obrigação do empregador de garantir que tais informações cheguem aos trabalhadores(as) e a seus representantes na empresa.

Dentre as Convenções da OIT que tratam do princípio da informação aos trabalhadores(as), destaca-se a Convenção n. 155 (C155) (art. 19, "c"[(255)]), Convenção n. 161 (art. 13[(256)]), Convenção n. 170 (art. 10[(257)], art. 15[(258)]) e Convenção n. 162, específica para o tema do amianto, sobre a qual se discorre abaixo.

O dever de informar os trabalhadores(as) acerca dos riscos a que estejam ou possam vir a estar submetidos e as medidas a serem aplicadas é estabelecido no art. 22 da Convenção n. 162 da OIT. Após consulta às organizações representativas de empregadores e trabalhadores, as autoridades competentes devem empregar os mecanismos necessários para a divulgação dos riscos ao amianto, dos métodos de exposição e do modo de controle, além de cuidar para que os empregadores adotem, na forma escrita, a política e os procedimentos para a educação e o treinamento periódico dos trabalhadores e dos empregadores.

A Recomendação n. 172 da OIT enumera medidas relacionadas à informação e educação quanto ao tema do amianto, as quais devem ser formuladas pelas autoridades competentes, após ouvir as organizações mais representativas de trabalhadores(as) e custeadas pelo empregador. Tais informações devem ser periódicas e dispor sobre práticas de labor adequadas para prevenção e controle da liberação do pó de amianto no ar (medida geral), bem como uso de Equipamento de Proteção Individual (EPI) e dar especial relevo ao perigo advindo da exposição ao amianto em conjunto com o tabagismo (OIT, 1986).

3.1.1.5. Princípio do desenvolvimento sustentável

Para Cruz (1997, p. 3) o objetivo do desenvolvimento sustentável seria, em termos jurídicos: a criação de "[...] vínculos intergeracionais com vista a uma utilização racional

(255) "[...] os representantes dos trabalhadores na empresa recebam informação adequada acerca das medidas tomadas pelo empregador para garantir a segurança e a saúde, e possam consultar as suas organizações representativas sobre essa informação, sob condição de não divulgarem segredos comerciais."

(256) Dispõe o art. 130 da Convenção n. 161 OIT: "Todos os trabalhadores devem ser informados dos riscos para a saúde inerentes a seu trabalho".

(257) Estipula a obrigatoriedade de etiquetação dos produtos químicos que sejam utilizados no trabalho e aqueles não etiquetados, deverão contar com informações do fornecedor.

(258) Refere-se especificamente ao dever do empregador de fornecer informação e formação aos trabalhadores acerca dos riscos oferecidos pelos produtos químicos e sobre a forma de obter e lidar com as informações trazidas nos produtos.

dos recursos ambientais [...] garantindo a respectiva perenidade por sucessivas gerações (sustentabilidade)".

Acorde com Prieur (2019, p. 215, tradução nossa), o princípio em comento "[...] expressa a ideia de que os recursos vivos não devem ser esgotados a ponto de não poderem ser renovados a médio ou longo prazo. A sustentabilidade dos recursos deve ser garantida"(259). Desse modo, a gestão da economia no presente deve levar em conta os interesses das gerações vindouras.

O princípio contém ideias divergentes, na medida em que o desenvolvimento, via de regra, constitui avanço das atividades humanas sobre os recursos naturais, com algum impacto a esses. Nas palavras de Prieur (2019, p. 217, tradução nossa), trata-se de um "[...] um conceito *oximorônico* que se tornou um princípio e depois uma lei", que "[...] tende a tomar conta de toda a cena, correndo o risco de engolir o ambiente"(260). De fato, no princípio 3 da Carta do Rio-92, o princípio em comento é tratado como um direito, a ser exercido de modo que haja uma resposta equitativa "[...] às necessidades de desenvolvimento e de proteção a integridade do sistema ambiental das gerações presentes futuras".

Conforme lecionam Camargo e Melo (2013, p. 37) a ideia de desenvolvimento no século XX foi tomada apenas com viés quantitativo, vinculado ao "crescimento econômico", e resultou em enormes prejuízos sociais e ambientais, porquanto nem todos foram beneficiados por esse crescimento, de modo que a noção de desenvolvimento sustentável tem como proposta a obtenção de "de um novo "equilíbrio" nos sistemas naturais, nos sistemas sociais e nas relações entre os dois". Contudo, a noção de desenvolvimento sustentável não é unânime e varia de acordo com aquele que o emprega e ainda de acordo com o "tempo e espaço" em que se encontre.

De acordo com a Carta do Rio, diversas medidas devem ser implementadas pelos Estados para a consecução dos objetivos do desenvolvimento sustentável, dentre as quais: (princípio 4), a proteção do ambiente como um todo deverá integrar o processo de desenvolvimento; (princípio 5) cooperação internacional para eliminação da pobreza, como fator essencial do desenvolvimento sustentável; (princípio 6 e 9), considerar as necessidades dos países menos desenvolvidos e dos mais expostos em relação à questão ambiental, cooperação para o alcance do desenvolvimento sustentável, por meio de troca de tecnologias e conhecimentos científicos; (princípio 7) cooperação mediante espírito solidário para a conservação e restauração da saúde do planeta, assumindo de modo diferenciado essa responsabilidade, de acordo com a participação de cada País nos níveis de poluição.

(259) No texto original: "exprime l'idée que les ressources vivent ne doivent pas être ponctionnées à un point tel qu'elles ne puissent, à moyen ou long terme, se renouveler. Il faut garantir la pérennité de ressources" (PRIEUR, 2019, p. 215).

(260) No texto original: "[...] tend a ocuper toute la scène au risque de phagocyter l'environment" (PRIEUR, 2019, p. 217).

A prevenção e a precaução do dano ambiental constitui aspecto primordial do princípio do desenvolvimento sustentável. "Sua aplicação ao meio ambiente do trabalho pressupõe emprego decente e includente, uso da melhor tecnologia disponível [...] em síntese, a qualidade de vida do trabalhador (CAMARGO; MELO, 2013, p. 43).

No que concerne ao tema do amianto, o princípio do desenvolvimento sustentável foi utilizado de forma indireta na defesa da constitucionalidade da regra que permite a sua exploração controlada, posto que a proibição de sua exploração prejudicaria o disposto no art. 3º, II, que trata do desenvolvimento nacional e prejudicaria a empregabilidade no setor de amianto e o déficit habitacional, em razão do encarecimento dos preços dos produtos do setor de fibrocimento, como se infere da discussão levantada pelo ministro Marco Aurélio na primeira sessão de julgamento da ADI 3937-SP, relatada no item 4.4.2.1.

3.1.1.6. Princípio da progressividade

Também entendido como princípio da não regressão em matéria de proteção ambiental, esse princípio traduz a ideia de que os níveis de proteção ambiental devem ser cada vez mais elevados e não minorados.

Embora a regra seja a alterabilidade das leis, uma vez que enunciam o querer humano, quase frequentemente "volúvel", pode-se propugnar pela "irreversibilidade" de certas normas, especialmente quando: a) dizem respeito à questões de promoção de justiça e de harmonia na sociedade; b) visam à "proteção de minorias e de indivíduos ou populações vulneráveis ou socialmente excluídas" e, c) em se tratando de normas ambientais, pelo fato de que a diminuição do nível de proteção legal cause "uma degradação do estado de conservação do ambiente", tal apresenta-se insustentável "num Estado de Direito Ambiental" (ARAGÃO, 2013, p. 7).

Em sentido próximo, Prieur (2012, p. 11) questiona se o fato do Direito Ambiental objetivar precipuamente a minoração da degradação e a manutenção da biodiversidade não deveria pô-lo a salvo das revogações.

A proibição de retrocesso ambiental encontra, além dos fundamentos gerais, fundamento ambiental e social[(261)]. O primeiro, calcado na globalidade, crescimento e na comum irreversibilidade dos danos ambientais, bem como a esgotabilidade dos recursos naturais que justificam a adoção de uma "'"*precaução ecológica*"'"[(262)], com vistas a se evitarem "**as irreversibilidades ecológicas graves**"[(263)]. O segundo consiste no fato de

(261) O princípio possui mais força na área ambiental que na social. Pensar o contrário, com base no princípio da proteção que se destinaria ao Homem, no segundo caso é "simplista e redutora", porquanto, os dois princípios visam a proteção humana (ARAGÃO, 2013).

(262) Aspas internas no original.

(263) O retrocesso ambiental ocorreria nas hipóteses de se revogar determinado conteúdo normativo por meio do qual se alcançou um nível mais justo e adequado de proteção, qual seja, "o progresso ambiental"

aqueles que usufruirão da almejada "melhoria da qualidade ambiental no futuro" não coincidirem com aqueles aos quais são impostas as restrições em termos de aproveitamento econômico e de modo de vida, sendo necessária a adoção de uma "[...] justiça intergeracional"(264) (ARAGÃO, 2013, p. 8-9, no original, aspas na primeira expressão e negrito na segunda).

O princípio da proibição de retrocesso(265) em face do legislador e dos atos administrativos adquiriu especial relevo no Brasil e constitui "mecanismo de controle para coibir e/ou corrigir medidas restritivas ou mesmo supressivas de direitos sociais" (SARLET; MARINONI; MITIDIERO, 2012, p. 645). A justificativa e fundamento "[...] jurídico-constitucional" desse princípio ainda tem relação com o "[...] dever de realização progressiva dos direitos sociais", de acordo com o disposto no art. 2º do Pacto Internacional de Direitos Econômicos, Sociais e Culturais de 1966 e com o princípio "da segurança jurídica" e, ao atribuir maior confiabilidade ao sistema jurídico "[...] reconduz-se ao princípio da máxima eficácia e efetividade das normas de direitos e garantias fundamentais (art. 5º, § 1º, CF/88)" (SARLET; MARINONI; MITIDIERO, 2012, p. 645-646).

Mesmo que se entenda possível limitar os direitos sociais, o entendimento vigente é de que a providência que os reduz deve respeitar "o sistema de limites aos limites", vale dizer, observando os seguintes requisitos: 1) atendimento de fins genuinamente constitucional; 2) não descaracterização da essência do direito social atingido; 3) respeito ao princípio "[...] da proporcionalidade (tanto no que proíbe excessos quanto naquilo que veda a proteção insuficiente e da razoabilidade"; 4) caso possível, respeito ao princípio da reserva legal e "[...] o conteúdo da segurança jurídica (SARLET, MARINONI, MITIDIERO, 2012, p. 647-648).

Para Prieuer (2019, p. 212), o sub-princípio da melhoria encontra-se bem implícito em todas as ordens jurídicas e representa importante proteção ao retrocesso em

---

(ARAGÃO, 2013, p. 17). Nos casos em que se verificam modificações expressivas nas circunstâncias promotoras de progresso ambiental, poderia haver mudanças normativas sem que se fale em retrocesso ambiental, de modo que é necessário haver dinamismo na "proteção ambiental" que deve conciliar os investimentos directos e indirectos" (ARAGÃO, 2013, p. 30-31).

(264) A autora afirma que muitos divergem da existência de um princípio de proibição do retrocesso pelo fato deste não estar reverberado em uma cláusula legal, mas que esse fato não significa a sua inexistência ou ineficácia normativa no âmbito da União Europeia, posto que no âmbito europeu estaria baseado no "princípio do nível elevado de proteção", esse bastante comum no direito ambiental europeu (Tratado de Lisboa; art. 3, n. 3 do Tratado da União Europeia; arts 114 e 191, n. 2, do Tratado sobre o Funcionamento da União Europeia, art. 37 da Carta dos Direitos Fundamentais da União Europeia e, na Directiva 2008/1, de 15 de janeiro, que repete nove vezes o intento "do estabelecimento de um nível elevado de proteção" (ARAGÃO, 2013, p. 12-13, itálico no original).

(265) A expressão se situa no "contexto de um conjunto de princípios, regras e critérios em matéria de limitação dos direitos sociais e de seu controle", do qual decorre, pelo menos, que a diminuição ou retirada desses deve ser de logo intuída como "suspeita" de transgressão "do direito" e passar pela análise da "legitimidade constitucional" (SARLET; MARINONI; MITIDIERO, 2012, p. 647).

matéria de meio ambiente, saúde e equanimidade entre as gerações.[266] É fundamentado também nos princípios típicos do direito ambiental presentes em diversos dispositivos internacionais, a exemplo daqueles presentes na Declaração do Rio. Nestes termos, o princípio da precaução veda a diminuição das tutelas; o desenvolvimento sustentável e o direito das futuras gerações; pressupõem a inalterabilidade das normas que buscam proteger os direitos das gerações vindouras (PRIEUR, 2019).

O autor supra mencionado fala que o sub-princípio da melhoria contínua ou da redução progressiva dos riscos ambientais do trabalho, fundamentado nos princípios da prevenção e da proibição de retrocesso, conforme previsto art. 4º, 2, da Convenção n. 155 da OIT[267], segundo o qual, a política adotada pelos Estados que assinarem o referido documento, deverão, dentro do factível, reduzir "as causas dos riscos inerentes ao meio ambiente do trabalho" (PRIEUR, 2019).

A elevação do meio ambiente do trabalho ao patamar constitucional, integrado ao meio ambiente, e a implementação dos riscos advindos da tecnologia a esse, impõe a adoção de novos rumos para o direito do trabalho e seus operadores jurídicos, que devem buscar a integração com outros ramos da ciência e a lógica preventiva, no lugar da reparadora e indenizatória, uma vez que não é possível recuperar a saúde ou a vida do trabalhador(a) que se ativou por muito tempo em situação de degradação ambiental com riscos à sua saúde e qualidade de vida por longos anos, em determinada atividade. Exige-se, pois, que se ampliem os instrumentos de proteção para outras formas que não aquelas relativas à: "[...] monetização do risco por meio do pagamento de adicionais salariais" (PADILHA, 2013, p. 174).

O princípio em exame também encontra previsão expressa no art. 7º, XXII da CF/88, que assegura ao (a) trabalhador (a), o direito à "redução dos riscos inerentes ao trabalho por meio de normas de saúde, higiene e segurança" (BRASIL, 1988). Assim, comprovada a existência de substitutos viáveis para os diversos usos do amianto, não se justifica a manutenção de lei que autorize sua exploração, como inclusive restou decidido pelo STF na ADI 3937-SP/SP, tratada no tópico 4.4.2.

Especificamente em relação à aplicação do princípio em comento na questão do amianto, destaca-se a importância da previsão da revisão periódica por parte das autoridades competentes, de acordo com a evolução do conhecimento científico e da descoberta de novos substitutos ao produto com geração de menos riscos.

---

(266) O direito ambiental, dado seu caráter instrumental de proteção ao ambiente traduz uma obrigação de resultado consistente "na melhoria constante do estado do ambiente" (PRIEUR, 2012, p. 17).

(267) Conhecida como Convenção sobre Segurança e Saúde dos Trabalhadores, de 1981, se aplica a todas as áreas de atividades econômicas, salvo se o estado-membro a excluir total ou parcialmente em relação a determinadas áreas, o que deve ser feito por meio de relatório explicativo acerca das áreas excluídas e dos motivos da exclusão, bem como das medidas implementadas em relação a tais áreas para garantir a proteção dos trabalhadores dela excluídos, nos termos de seu art. 2º, 1 a 3.

3.1.1.7. Princípio do *in dubio pro natura*

Lamberti (2019, p. 221, aspas internas no original) aponta que o princípio *in dubio pro natura* e *In dubio pro* água constituem princípios ambientais "[...] 'emergentes'" dentre os princípios de direito ambiental e aquele autoriza a construção de "[...] uma hermenêutica judicial com base no desenvolvimento equilibrado do ponto de vista ambiental e no respeito pela diversidade cultural"(268), com o objetivo de resguardar a diversidade ambiental e a possibilidade de renovação da natureza, numa perspectiva intergeracional de fruição dos bens ambientais, e também interage com o princípio da "[...] 'função ecológica da propriedade'"(269) e, desse modo:

> [...] estabelece um novo "mandato de otimização" constitucional como interpretação sistemática, valorativa e legal das decisões normativas e judiciais. Ele propõe "medir" a racionalidade das decisões contra a diversidade biológica e a biosfera, como o único "acordo" possível para continuar vivendo na terra. Propõe uma ordem pública ambiental de coordenação federal, baseada na manutenção dos processos ecológicos essenciais e dos sistemas vitais; preservação de biomas, diversidade genética e cultural; e uso sustentável de espécies e ecossistemas (LAMBERTI, 2019, p. 221, aspas internas no texto original, tradução nossa).(270)

Na América Latina, o princípio em referência encontra várias interpretações, sendo por vezes associado ao princípio da precaução no que concerne às incertezas do risco, outras relacionado aos casos de compreensão do conteúdo da norma jurídica e ainda sendo abordado sem que se analise sua origem. Todavia, referidos princípios possuem fontes diversas, pois enquanto aquele diz respeito à ausência de certeza acerca dos riscos ambientais, esse trata da "[...] dúvida ou incerteza normativa, seja sobre o alcance de uma disposição legal ou sobre um conflito de regras ou princípios [...]"(271), diferenciação expressa nos princípios 5 e 6 da Declaração dos juízes sobre Justiça Hídrica (LAMBERTI, 2019, p. 228, tradução nossa).

---

(268) Na língua original: "una hermenéutica judicial sobre la base de un desarrollo equilibrado desde el punto de vista ambiental y de respeto por la diversidad cultural" (LAMBERTI, 2019, p. 228, tradução nossa).

(269) Na língua original: "función ecológica de la propriedad" (LAMBERTI, 2019, p. 221).

(270) No texto original: "[...] fija un nuevo "mandato de optimización" constitucional a modo de criterio sistemático, valorativo y de interpretación jurídica de las decisiones normativas y judiciales. Propone "medir" la racionalidad de las decisiones contra la diversidad biológica y la biósfera, como el único "acuerdo" posible para seguir viviendo sobre la tierra. Plantea un orden público ambiental de coordinación federal, basado en el mantenimiento de los procesos ecológicos esenciales y de los sistemas vitales; preservación de biomas, la diversidad genética y cultural; y utilización sostenible de las especies y de los ecosistemas" (LAMBERTI, 2019, p. 221).

(271) Na língua original: "duda o incertidumbre normativa, sea sobre el alcance de una disposición legal o sobre un conflicto de reglas o principios" (LAMBERTI, 2019, p. 228).

A Declaração supra referida foi elaborada no 8º Fórum Mundial da Água, em 2018. Dispõe o seu princípio 6:

> De acordo com o princípio *In dubio pro natura*, em caso de incerteza, as disputas ambientais e hídricas devem ser resolvidas perante os tribunais, e as leis aplicáveis interpretadas, da maneira que for mais provável para proteger e conservar os recursos hídricos e ecossistemas relacionados.(272) (BRASILIA, DECLARAÇÃO, 2018).

O princípio em comento foi previsto inicialmente pela Constituição Equatoriana de 2018, em seu art. 395, sendo que a Assembleia Constituinte o chamou de "princípio de prevalência", por meio do qual, na ausência de certeza sobre a abrangência de determinada lei ambiental, aplicar-se-á a interpretação mais favorável ao meio ambiente, de modo que esse último princípio implicitamente prevê o primeiro (LAMBERTI, 2019, p. 228). O princípio tem sido aplicado pelas cortes Equatoriana, Colombiana, Brasileira e Mexicana, como forma de integrar a norma, embora a aplicação pelas cortes brasileiras divirjam quanto ao alcance deste, posto que algumas decisões lhe aplicam o mesmo sentido do princípio da precaução (LAMBERTI, 2019, p. 228-231).

Ao comentar a decisão proferida pelo STJ nos autos do REsp n. 1.198.727-MG(273), Leite e Venâncio (2015, p. 89) lecionam que o princípio do *in dubio pro natura* deve conduzir à aplicação do entendimento mais protetivo em matéria ambiental nas hipóteses em haja dúvida(274) acerca da "[...] interpretação mais adequada em uma lide ambiental".

Ademais, Leite e Venâncio (2015, p. 90) relacionam os princípios do mínimo existencial ecológico, da precaução, da proibição do retrocesso e do *in dubio pro natura* com a teoria do Estado de Direito Ambiental, de modo que "[...] devem balizar a interpretação das normas ambientais pelo judiciário por ocasião do julgamento das lides, a qual deverá ser feita de modo sistêmico e teleológico" com vistas à preservação dos "[...] interesses tutelados pela Constituição".

---

(272) Texto original em espanhol: "En congruencia con el principio *In dubio pro natura*, en caso de incertidumbre, las controversias ambientales e hídricas ante las cortes deberán resolverse, y las leyes aplicables interpretarse, de la manera en la cual sea más probable proteger y conservar los recursos hídricos y los ecosistemas relacionados".

(273) No referido recurso, o qual o STJ reformou a decisão de segunda instância que havia modificado decisão de primeiro grau, que entendeu pela possibilidade de cumulação de indenização pecuniária com obrigação de fazer com vistas à recomposição dos danos ambientais causados ao Complexo do Parque do Sabiá, no município de Uberlândia/MG. O STJ deu provimento ao REsp (LEITE; VENANCIO, 2015).

(274) Em sentido semelhante, Dias *et al* (2021, p. 415) afirmam que o princípio *in dubio pro natura* deve ser aplicado nas hipóteses em que o poder judiciário for levado a decidir a respeito de questões ambientais e de saúde "[...] quando não for possível estabelecer um grau de certeza científica seguro dos riscos causados por uma determinada atividade ou por um produto ao meio ambiente e à saúde humana e ambiental".

No âmbito da jurisprudência do STJ, como se infere de notícia especial publicada em 12.05.2019[(275)], chamada *In dubio pro natura*: mais proteção judicial ao meio ambiente, o princípio é tratado como "Uma das mais recentes inovações da jurisprudência do Superior Tribunal de Justiça (STJ) em direito ambiental" e tem sido utilizado ora com destaque ao princípio da precaução, ora como instrumento para facilitar o acesso ao Poder Judiciário "ou ainda como técnica de proteção do vulnerável na produção de provas" (BRASIL, 2019, s.p).

Em matéria de dano labor-ambiental do trabalho, o princípio *in dubio pro natura* se faz plenamente aplicável como viés interpretativo, em favor da vítima ou mesmo da imposição de obrigações de fazer em relação a salubridade do meio ambiente do trabalho, porquanto já vigora no direito do trabalho o princípio *in dubio pro operario* no que concerne à interpretação de normas divergentes, como se propõe no item 5.1.3, que trata da aplicação da jurisprudência do STJ quanto à inversão do ônus em matéria de dano labor-ambiental futuro, por se mostrar mais favorável que a jurisprudência prevalente trabalhista.

A aplicação dos princípios do direito ambiental ao direito ambiental do trabalho deve permitir ao operador jurídico atuar na prevenção e na reparação do dano labor-ambiental, sobre o qual se dedica a seguir.

3.2. O dano labor-ambiental

O dano labor-ambiental inclui os aspectos psicossociais, especialmente em se considerando a intensificação do trabalho intelectual e com o uso de novas tecnologias, em ambiente digital, que convive com o trabalho em ambiente físico e com danos típicos da primeira revolução industrial. Tais fatos impõem a necessidade de se ampliar a própria noção de meio ambiente do trabalho para incorporar as questões imateriais, que são invisíveis aos olhos humanos, mas que se fazem presente nos diversos contextos laborais, sobretudo em face das constantes ameaças sociais do desemprego e do subemprego, que pairam sobre os (as) trabalhadores (as) e se agigantam em contextos de crises econômicas ou de crises sanitárias, como a vivida no contexto da pandemia do SARs-Cov II[(276)].

(275) A notícia menciona que o princípio foi utilizado no REsp 883.656, em favor da inversão do ônus da prova, nos autos do REsp 1.367.923, do REsp 1.198.727 e REsp 1.356.207, com viés interpretativo.

(276) A pandemia da Covid-19 foi relatada na segunda edição do relatório de monitoramento da Covid pela OIT como "the worst global crisis since the Second World War" (OIT, 2020, p. 2). Tradução livre da autora: "a pior crise global desde a segunda guerra mundial". O mesmo relatório apontou o número de 3,3 bilhões de pessoas afetadas pelas restrições impostas pela Covid no mundo do trabalho, ante os impactos produzidos nas empresas, especialmente as menores, e a ampliação dos riscos de desemprego e de perdas significativas para os trabalhadores informais. Os setores mais atingidos foram os de comércio, alojamento, alimentação e serviços de fabricação. Notícia da OIT, publicada em 28 de abril de 2022, aponta para a importância da participação de todos os setores do mundo do trabalho (empregados, empregadores e governo, por meio de seus representantes) para que haja sucesso no engajamento desses na aplicação e sucesso das medidas, em contextos como os da pandemia da Covid-19 (OIT, 28 abr. 2022).

Como a maioria dos danos ambientais, o dano labor-ambiental muitas vezes aparece após um longo período da exposição do(a) trabalhador(a) à poluição ou desequilíbrio labor-ambiental, ou pode também se materializar de imediato e produzir efeitos duradouros ou mesmo efeitos que se agravam com o passar do tempo, como se verifica a seguir.

3.2.1. Conceito e caracterização do dano labor-ambiental

As transformações no mundo do trabalho, intensificadas, sobretudo, com o processo de industrialização iniciado a partir da segunda metade do século XVIII acelerou o desequilíbrio ambiental em decorrência de seu processo produtivo valer-se da apropriação dos recursos naturais para sua expansão e crescimento. Ademais, tem-se observado a reestruturação do modo de produção, com a incorporação de novos métodos, tecnologias e comando de trabalho e de produção que impactam os trabalhadores(as) (PADILHA, 2002, p. 37).

Padilha (2002, p. 41) vale-se da noção ampla de meio ambiente do trabalho para formar a noção de lesão ambiental trabalhista, que se caracteriza sempre que o meio ambiente de trabalho deixa de proporcionar "[...] condições mínimas para uma razoável qualidade de vida do trabalhador".

De acordo com Fiorillo (2017, p. 24), o equilíbrio do meio ambiente estaria caracterizado na: "[...] salubridade do meio e na ausência de agentes que comprometam a incolumidade físico-psíquica dos trabalhadores, independentemente da condição que ostentam (homens ou mulheres, maiores ou menores de idade)". Em antítese, o desequilíbrio ambiental trabalhista, produtor do dano labor-ambiental, ocorreria sempre que determinado agente comprometesse a incolumidade físico-psíquica dos trabalhadores em sentido amplo.

O desequilíbrio ambiental de que trata o autor supramencionado constitui, nas palavras de Maranhão (2017, p. 255): "[...] o desarranjo sistêmico dos fatores labor-ambientais de risco suscitado pela ingerência humana e gerador de inaceitável afetação de equilíbrio ambiental propiciador do sadio fluir da vida humana".

O desarranjo ou desequilíbrio entre os fatores labor-ambientais são representados pelos perigos advindos da 1ª Revolução Industrial e da revolução tecnológica, e pelos riscos advindos da sociedade de risco, que coexistem, somam-se, intensificam-se e interagem entre si, ocasionando danos que, como os danos aos demais aspectos do meio ambiente, tornam-se cada vez mais complexos.

Assim, o meio ambiente do trabalho alberga um conjunto de riscos, que podem ser de ordem física (em geral, relacionados à energia e em boa medida relacionados nos anexos 1 a 10 da NR-15, dentre os quais se destaca o ruído, o frio, o calor, iluminação, vibração, além dos riscos mecânicos de que trata a NR-12, a exemplo da falta de saída de emergência, uso de máquinas e equipamentos sem proteção ou sem que o(a) trabalhador(a) tenha recebido treinamento adequado). Podem ser de ordem química (advindos do contato com qualquer elemento químico que possa adentrar ao organismo humano por via respiratória, cutânea ou por meio de ingestão, cuja lista se encontra nos anexos 11 a 13 da NR-15, a exemplo de poeiras, névoas, gases ou vapores do amianto); de ordem biológica (microorganismos, sangue, bactérias e vírus, conforme rol contido no anexo 14 da NR-15); de ordem ergonômica (que dizem respeito à falta de adequação das condições psicofisiológicas e/ou antropométricas, a exemplo do ritmo intenso ou monótono de trabalho em ambiente de frigorífico ou setor de telemarketing, tratados na NRs 17 e 36); ou de ordem psicossocial (ambiente com elevado grau de autoritarismo ou outra condição psicossocial desfavorável que possa afetar o equilíbrio mental, como exemplificado nas NRs 17 e 36, que trata da necessidade de adequação do trabalho à situação psicofisiológica do(a) trabalhador(a)) (MARANHÃO, 2017, p. 203-224).

O conceito de dano labor-ambiental futuro tem que partir inicialmente da ideia do dano labor-ambiental, do qual constitui espécie.

Por outro lado, para a definição de um conceito de dano labor-ambiental, é preciso definir inicialmente o objeto e o alcance do meio ambiente do trabalho.

Nessa perspectiva, inicialmente é preciso convergir com Melo (2020), no sentido de que o meio ambiente de trabalho não pode estar associado à ideia do local em que o trabalho é prestado[277], vale dizer, à relação espacial propriamente dita. Lado outro, também não está puramente ligado à ideia da proteção do trabalhador, na medida em que esse não é o destinatário único dessa proteção, embora seja o principal.

A resposta ao objeto da proteção ao meio ambiente do trabalho e aos seus destinatários parece se encontrar no *caput* do art. 225 c.c 200, VIII e art. 170, VI, todos da CF/88. Dispõe o primeiro dispositivo, situado no título VII, relativo à ordem econômica e financeira:

> A ordem econômica, fundada na valorização do trabalho humano e na livre iniciativa, tem por fim assegurar a todos existência digna, conforme os ditames da justiça social, observados os seguintes princípios:
>
> [...]
>
> VI – defesa do meio ambiente, inclusive mediante tratamento diferenciado conforme o impacto ambiental dos produtos e serviços e de seus processos de elaboração e prestação;

(277) O costume de relacionar o meio ambiente de trabalho ao local em que o labor é prestado está tão arraigado que, mesmo quando escrevendo em sentido contrário, o autor em comento, após tratar da unidade do meio ambiente e descartar a perspectiva espacial do conceito de meio ambiente do trabalho, ao traçar a ideia dos destinatários desse, afirma: "Todos aqueles que prestam trabalho nestes termos têm o direito fundamental de realizá-lo em um local seguro e saudável, nos termos do art. 200, VIII, c/c art. 225 da CR [...]" (NAHMIAS, 2020, s.p).

Situado no título VIII da CF/88, que trata da ordem social, encontram-se tanto o art. 200, VIII[278], que expressamente inclui o meio ambiente do trabalho como elemento do meio ambiente, quanto o art. 225, *caput*[279], segundo o qual o meio ambiente é direito de todos e constitui um bem.

Ademais, observa-se que o art. 186 da carta magna determina o cumprimento da função social da propriedade rural. Para tanto, essa deve respeitar simultaneamente, os seguintes requisitos: "I – aproveitamento racional e adequado; II – utilização adequada dos recursos naturais disponíveis e preservação do meio ambiente; III – observância das disposições que regulam as relações de trabalho; IV – exploração que favoreça o bem-estar dos proprietários e dos trabalhadores" (BRASIL, 1988).

O dispositivo supracitado expressamente separa em incisos distintos, as disposições que regulam as relações de trabalho daquelas que tratam dos recursos naturais e da preservação do meio ambiente, o que deve ser interpretado em razão do momento histórico, na medida em que, no momento da promulgação da CF/88, o país tinha um histórico de inobservância das leis trabalhistas no âmbito do trabalho rural, tanto que a prescrição do trabalhador rural no texto original era de cinco anos após a extinção do contrato de trabalho.

Não obstante, o trabalho constitui o primado da ordem social, da qual o meio ambiente, aí incluído o do trabalho, é um capítulo que perpassa tanto o ambiente rural, quanto o urbano, ainda que tenha havido referência expressa à questão ambiental apenas no título reservado à atividade rural e agrícola, uma vez que, no que se refere à propriedade urbana, o constituinte delegou ao plano diretor dessa, o estabelecimento de critérios e requisitos para o cumprimento da função social da cidade (art. 182, CF[280]) e, nos termos 39, da Lei n. 10.257, de 10 de julho de 2001, que regulamenta os arts. 182 e 183 da CF/88, o plano diretor da cidade deve atender `as "necessidades dos cidadãos quanto à qualidade de vida, à justiça social e ao desenvolvimento das atividades econômicas, respeitadas as diretrizes previstas no art. 2º desta Lei". Por sua vez, nos termos do art. 2º

(278) Diz esse dispositivo: "Ao sistema único de saúde compete, além de outras atribuições, nos termos da lei: [...] VIII – colaborar na proteção do meio ambiente, nele compreendido o do trabalho".

(279) Nos termos do artigo em comento: "Todos têm direito ao meio ambiente ecologicamente equilibrado, bem de uso comum do povo e essencial à sadia qualidade de vida, impondo-se ao Poder Público e à coletividade o dever de defendê-lo e preservá- lo para as presentes e futuras gerações".

(280) Dispõe o art. 182 da CF: "A política de desenvolvimento urbano, executada pelo Poder Público municipal, conforme diretrizes gerais fixadas em lei, tem por objetivo ordenar o pleno desenvolvimento das funções sociais da cidade e garantir o bem-estar de seus habitantes. [...] § 2º A propriedade urbana cumpre sua função social quando atende às exigências fundamentais de ordenação da cidade expressas no plano diretor." A regulamentação dos arts. 182 e 183 da CF/88 se dá por meio da Lei n. 10.257, de 10 de julho de 2001, cujo art. 2º traz como sendo objetivo da política urbana: "ordenar o pleno desenvolvimento das funções sociais da cidade e da propriedade urbana, mediante as seguintes diretrizes gerais: I – garantia do direito a cidades sustentáveis, entendido como o direito à terra urbana, à moradia, ao saneamento ambiental, à infra-estrutura urbana, ao transporte e aos serviços públicos, ao trabalho e ao lazer, para as presentes e futuras gerações".

da Lei supramencionada, dentre as diretrizes gerais da política urbana, que deverão ser observadas para o plano diretor, encontram-se:

> I – garantia do direito a cidades sustentáveis, entendido como o direito à terra urbana, à moradia, ao saneamento ambiental, à infra-estrutura urbana, ao transporte e aos serviços públicos, ao trabalho e ao lazer, para as presentes e futuras gerações;"
>
> [...] VI – ordenação e controle do uso do solo, de forma a evitar:
>
> [...]
>
> *g)* a poluição e a degradação ambiental;
>
> [...] XII – proteção, preservação e recuperação do meio ambiente natural e construído, do patrimônio cultural, histórico, artístico, paisagístico e arqueológico.

Ademais, no que concerne ao meio ambiente de trabalho, especialmente aquele realizado no âmbito doméstico, é importante destacar que, por meio da Lei n. 13.699, de 2018, foi incluído no art. 2º da Lei n. 10.257/2001, o inciso XIX, de modo que a política urbana deverá também observar a:

> [...] garantia de condições condignas de acessibilidade, utilização e conforto nas dependências internas das edificações urbanas, inclusive nas destinadas à moradia e ao serviço dos trabalhadores domésticos, observados requisitos mínimos de dimensionamento, ventilação, iluminação, ergonomia, privacidade e qualidade dos materiais empregados (Sem destaque no original).

Por meio do inciso XIX, o legislador visou regulamentar o aspecto físico das instalações urbanas, inclusive aquelas destinadas à moradia e ao serviço dos trabalhadores domésticos, na medida em que muitas edificações urbanas que serviam de moradia e aos serviços do trabalhador doméstico não contavam com ventilação adequada, o chamado "quarto de empregada".

Assim, mesmo em relação ao ambiente urbano, o cumprimento da função social da propriedade exige a observância de garantia da qualidade de vida, incluindo questões relacionadas ao meio ambiente, nele incluído o do trabalho.

Importante ainda observar que tanto o meio ambiente — gênero quanto o meio ambiente do trabalho encontram-se em ambos os títulos da carta magna, quais sejam, o da ordem econômica e o da ordem social. O primeiro, como elemento fundante de ambas, e o segundo como um de seus princípios fundantes, constituindo, ao mesmo tempo, um direito de todos e de cada um em relação à ordem social e uma diretriz fundamental para a ordem econômica.

Daqui se pode extrair a lição de que a visão adotada pelo Constituinte em relação ao meio ambiente foi antropogênica, posto que se destina à garantia da sadia qualidade de vida, das presentes e das futuras gerações.

Se "todos" possuem o direito ao meio ambiente equilibrado e se o meio ambiente constitui o conjunto de elementos que se interagem e se influenciam e, apenas para fins didáticos, são classificados em meio ambiente natural, artificial, cultural e do trabalho, parece certo entender que os destinatários da proteção do meio ambiente do trabalho sadio e equilibrado não são apenas os(as) trabalhadores(as), mas a sociedade em geral, mesmo os não trabalhadores(as), logo, a primeira parte do artigo em comento deve ser entendida como: "Todos têm direito a um meio ambiente (natural, artificial, cultural e do trabalho) adequado".

Avançando no comando do dispositivo legal em exame, é possível afirmar que o uso comum a que se refere deve ser lido de modo a enfatizar o aspecto do meio ambiente que se queira relevar, pois assim como o corpo humano tradicionalmente é dividido em cabeça, tronco e membros para fins didáticos, o meio ambiente é dividido em natural, artificial, cultural e do trabalho, sendo que a ofensa a uma das partes que compõem o todo prejudicará mais de perto a parte que mais se aproxima, o que não significa que não trará um prejuízo, ainda que pequeno, às demais partes do corpo.

Nessa analogia, pensando-se o meio ambiente como um corpo humano, cujas partes estão interligadas, é possível dizer que o meio ambiente natural seja a cabeça; o artificial, o tronco e o do trabalho e o cultural, os membros, respectivamente. Para se fazer uma analogia cultural com o mundo do trabalho e da cultura, associar-se-ia o do trabalho com os membros superiores, que originariamente são aqueles que desenvolvem as ações humanas e o cultural, aos membros inferiores.

Isso porque a destruição total de um dos elementos bióticos e abióticos do planeta inviabilizaria a existência humana na terra, o que seria equivalente à destruição das funções do cérebro, sem as quais os demais membros do corpo humano lentamente deixariam de funcionar[(281)].

Continuando a analogia proposta, é possível dizer que a ofensa ao meio ambiente do trabalho equivaleria, na hipótese mais grave, como no caso de morte de um trabalhador(a) ou na amputação total dos dois membros superiores, em ofensa a todo o corpo humano, na medida em que trará prejuízos ao funcionamento deste enquanto organismo completo e suas funções. Contudo, diretamente afetará apenas a função dos membros superiores, a depender do quanto comprometido, logo, o objeto imediato da proteção ao meio ambiente do trabalho é o coletivo de trabalhadores(as) e o(a) trabalhador(a), de modo individual. O objeto mediato é a sociedade.

---

(281) Conforme leciona OLIVEIRA (2005, p. 85), a questão ambiental enfrenta menor resistência da sociedade e no mundo jurídico do que o meio ambiente do trabalho, muito provavelmente porque "o direito ambiental pretende a 'salvação' de todos; o direito à saúde do trabalhador só cogita do problema de alguns". Aspas internas no original.

Costa e Almeida (2017, p. 63), propõe que:

> [...] o meio ambiente do trabalho equilibrado tem como elemento essencial a preservação da saúde e da segurança do trabalhador em todos os aspectos, bem como a garantia de um trabalho digno, cuja condição é dependente da efetivação dos direitos relacionados à dignidade da pessoa humana, um dos fundamentos de nossa República.
>
> Acorde com o disposto no § 3º do art. 225, da CF/88:
>
> As condutas e atividades consideradas lesivas ao meio ambiente sujeitarão os infratores, pessoas físicas ou jurídicas, a sanções penais e administrativas, independentemente da obrigação de reparar os danos causados.

O conceito de acidente de trabalho e de doença ocupacional e profissional para efeitos previdenciários é dado pelos arts. 19 e 20, I e II da Lei n. 8.213 de 24 de julho de 1991.

Nos termos do art. 19 da Lei n. 8.213 de 24 de julho de 1991 entende-se por acidente de trabalho aquele que se dá no desempenho do labor por parte de um dos segurados a que se refere, ou prestado a uma empresa ou empregador doméstico e que cause "[...] lesão corporal ou perturbação funcional que cause a morte ou a perda ou redução, permanente ou temporária, da capacidade para o trabalho".

A doença profissional, nos termos do art. 20, I, da lei previdenciária supra mencionada é a "[...] produzida ou desencadeada pelo exercício do trabalho peculiar a determinada atividade e constante da respectiva relação elaborada pelo Ministério do Trabalho e da Previdência Social" e a doença do trabalho, consoante o inc. II do mesmo art. 20, aquela "[...] adquirida ou desencadeada em função de condições especiais em que o trabalho é realizado e com ele se relacione diretamente, constante da relação mencionada no inciso I".

Como se infere da leitura dos incisos do art. 20 da lei em comento, as doenças profissionais e as doenças do trabalho, também conhecidas como doenças ocupacionais diferenciam-se porque, no primeiro caso, o adoecimento do trabalho ocorre em virtude de exposição a determinadas substâncias no ambiente de trabalho, como no caso da silicose, típica do labor em contato com a sílica, ao passo que, na segunda hipótese, a doença está relacionada às condições em que o labor é exercido, vale dizer, a doença não é específica de determinadas atividades. Conforme Rossit (2001, p. 143) as doenças profissionais decorrem da "[...] manipulação de determinados agentes patogênicos" e são também chamadas de "tecnopatias", ao passo que as segundas são também chamadas de "mesopatias".

Ademais, importa mencionar o art. 21, I, da referida lei, que equipara[282], para os fins ali previstos, os acidentes de trabalho que tenham colaborado com a morte, redução da capacidade ou exigido cuidado médico para a recuperação do segurado, mesmo que não tenha sido a causa única.

O acidente de trabalho ou doença ocupacional a ele equiparado que gerar o afastamento superior a 15 dias, confere ao trabalhador o direito à estabilidade provisória, nos termos do art. 118 da Lei n. 8.213/91. Entretanto, é possível se falar em acidente de trabalho ou doença ocupacional que gere danos à saúde do trabalhador, mesmo com incapacidade inferior a 15 dias, como no caso de uma gripe adquirida em virtude do labor em um ambiente frio e sem ventilação ou mesmo no caso de adoecimento por exposição ao Coronavírus, em decorrência do trabalho em uma UTI (Unidade de Terapia Intensiva), mas sem que o trabalhador desenvolva a forma grave da doença e fique afastado apenas pelo perigo que apresenta o risco de contaminação a outras pessoas, em regra 14 dias, não gerando o direito ao benefício previdenciário ou mesmo à estabilidade acidentária[283], de que trata o art. 118 da Lei previdenciária.

Consoante Feliciano e Ribeiro (2021, p. 304), o labor em condições insalubres:

> [...] normalmente acarretam prejuízos à saúde do trabalhador, a médio e longo prazos, em razão do contato com determinados agentes físicos, químicos ou biológicos. É que a exposição a tais agentes promove microtraumas ou microcontaminações que, acumulando-se ao longo do tempo, terminam por engendrar doenças ocupacionais, i.e., doenças profissionais, ditas *tecnopatias* (Lei n. 8.213/1991, art. 20, I), ou doenças do trabalho, ditas *mesopatias* (Lei n. 8.213/1991, art. 20, II).

Saliba e Corrêa (2004, p. 11) afirmam que a palavra insalubre tem origem latina e significa: "[...] *tudo aquilo que origina doença, e a insalubridade é a qualidade de insalubre*".

De acordo com o art. 189 da CLT, o labor em condições insalubres é aquele no qual os(as) trabalhadores(as) são expostos a substâncias prejudiciais à saúde em virtude do tipo ou modo de trabalho e de ultrapassarem os patamares máximos estipulados com base na natureza e potência do elemento e da duração da exposição aos impactos desse.

(282) Ademais, para fins previdenciários, equipara-se a acidente de trabalho o acidente sofrido pelo(a) segurado(a) em seu local de trabalho, ainda que em decorrência de fato de terceiro, caso fortuito ou força maior e o ocorrido fora do local e horário de trabalho, mas em razão desse e o ocorrido no percurso casa/trabalho e vice-versa e a doença advinda de contaminação acidental do empregado que estiver exercendo a atividade laboral.

(283) Nesse caso, o trabalhador não fará jus à indenização por danos materiais decorrentes da incapacidade para o trabalho, eis que o período inferior a 15 dias já é pago pelo empregador e não pelo INSS, mas fará jus ao pagamento das despesas com tratamento de sua saúde, incluindo eventuais gastos com a pessoa que o teria que acompanhar em seu tratamento e ao pagamento de indenização por danos morais.

Assim como a insalubridade, a periculosidade também importa em risco de danos à saúde do (a) trabalhador (a), os quais são, contudo, atuais, iminentes, em contraposição aos advindos das condições insalubres, eis que, nos termos do art. 193 da CLT, o labor em condições perigosas é aquele que: "[...] por sua natureza ou métodos de trabalho, impliquem em contato permanente com inflamáveis ou explosivos em condições de risco acentuado". Desse modo, conforme lecionam Mesquita e Tavares, (2017, p. 284-285), uma vez produzidos os danos em decorrência da periculosidade, esses são severos, fortuitos e amplos.

No que concerne ao meio ambiente do trabalho, a predominância da ótica repressiva em detrimento da preventiva é denunciada por Cesário (2012), Wandelli e Eufrásio (2014), dentre outros. Isto porque, via de regra, na esfera trabalhista, privilegia-se a busca de indenizações, o pagamento de adicionais e mesmo de horas-extras, em detrimento da busca pela redução dos riscos inerentes ao trabalho.

Lado outro, conforme salienta Santos (2010, p. 41), o confronto entre a garantia constitucional ao meio ambiente equilibrado e o art. 7, XXIII levanta três possíveis reflexões: a) inconstitucionalidade do segundo dispositivo em comento; b) existência de conflito entre tais regras, de modo que deve se sobrepor àquela que "[...] faça prevalecer o direito difuso sobre as garantias individuais;" c) a conciliação entre tais normas deve se fazer de modo que prevaleça "a maior proteção ao trabalhador".

Wandelli e Eufrásio (2014) propõem a responsabilidade preventiva na esfera da responsabilidade civil em relação ao meio ambiente do trabalho, nas hipóteses em que se esteja diante do "risco de dano". Assim, para os autores, "[...] o direito constitucional à saúde, ao trabalho, ao meio ambiente e de proteção jurisdicional em face da ameaça de lesão" imporia a necessidade de se preservar o trabalhador e manter o "meio ambiente do trabalho sadio e, apenas excepcionalmente, a reparação econômica da lesão sofrida e sanções a quem provocou o dano" (WANDELLI E EUFRÁSIO, 2014, p. 96).

Ainda que se realize uma análise rasa dos arts. 196 a 200 da CF/88, constata-se que se encontra ali "[...] uma norma definidora de direito" e também de "[...] cunho impositivo de deveres e tarefas [...]" aos "[...] poderes públicos [...]", uma vez que impõe a esses últimos diversas obrigações a serem cumpridas de modo igualitário perante todos. Dentre tais obrigações está "[...] promover políticas sociais e econômicas que visem à redução dos riscos de doenças e de outros agravos". Ademais, o constituinte deixou para a legislação a tarefa de regulamentar "[...] as ações e serviços de saúde [...]", estabeleceu as bases para o SUS e, exemplificativamente, definiu de tal órgão, consoante a lei (SARLET; MARINONI; MITIDIERO, 2012, p. 658).

Do exposto, tem-se que algumas condutas e/ou atividades são consideradas lesivas para o meio ambiente, logo, não será a atividade laborativa ou produtiva em si que será prejudicial ao meio ambiente do trabalho, mas aquelas previamente definidas em lei como perigosas, como no caso do trabalho com substância causadora de alguma doença típica (trabalho com amianto), ou nos casos em que, mesmo não se tratando de atividade perigosa, as condições em que exercidas, por descumprimento de deveres específicos de cautela relacionadas ao modo de produção, cuja responsabilidade é do empregador, ocorra um desequilíbrio das condições ambientais de modo sistemático, hipóteses em que se tratarão como atividades ofensivas ao meio ambiente do trabalho e sobre as quais será possível aplicar a responsabilidade objetiva.

Quando se concretizam em lesão à saúde ou à qualidade de vida do trabalhador(a), os danos podem ser de diversas ordens, a depender do interesse protegido que tenha sido lesado, de modo que também podem ser classificados de várias formas, como se trata na sequência.

3.2.2. Classificação do dano labor-ambiental

Assim como os danos ambientais, os danos labor-ambientais podem ser classificados sob vários aspectos, cujo conhecimento se torna importante, sobretudo porque permite definir o regime jurídico de prescrição aplicável, bem como a titularidade para a postulação da reparação, dentre outros elementos, como se infere neste itemo, a começar pela classificação quanto à abrangência e titularidade.

3.2.2.1. Quanto à abrangência e titularidade

Quando se trata do meio ambiente enquanto conceito, esse constitui um direito difuso, como também ocorre em relação aos demais aspectos do meio ambiente, como assegurado na primeira parte do *caput* do art. 225, CF/88. Entretanto, no que diz respeito à estipulação da "[...] natureza jurídica dos litígios labor-ambientais (e, por extensão dos respectivos direitos ou interesses concretamente considerados) [...]" é necessário investigar o teor desses, que se fazem cada vez mais presentes no judiciário trabalhista (FELICIANO, 2013, p. 15).

O dano labor-ambiental, como espécie do gênero dano ambiental, é coletivo, em sentido *lato sensu* e, como tal, pode atingir a, um só tempo: a sociedade como um todo, eis que essa tem interesse na qualidade do meio ambiente e será atingida pelo desarranjo do meio ambiente do trabalho, tratando-se, então, de um dano difuso, a exemplo do acidente de trabalho em Brumadinho, que vitimou cerca de 270 pessoas, das quais três seguiam desaparecidas em 23.01.2023, conforme notícia atualizada do Estadão. O mesmo acidente produziu efeitos coletivos em sentido estrito, consistente na perda de vida de um grupo de trabalhadores, atingindo toda a categoria, e danos individuais, seja aos trabalhadores que sobreviveram ao referido acidente e tiveram sequelas psicológicas ou físicas, seja em relação aos familiares de trabalhadores mortos no acidente, que tiveram perdas materiais e/ou morais, por meio do chamado dano reflexo.

No âmbito europeu, a saúde encontra-se alçada juridicamente à categoria de "bem coletivo, no respeitante ao meio ambiente, às cidades, condições de salubridade das habitações" e regulamentada por meio de "[...] normas anti-poluição, de higiene, segurança e qualidade de bens e serviços", mas essa "tutela coletiva [...] tem menosprezado a existência e a reparação do dano individual" (BRAGA, 2005, p. 45).

Rossit (2001, p. 33) também vincula o direito à saúde e ao trabalho como direitos de natureza difusos, eis que essenciais "[...]à vida, e à vida com dignidade".

Bechara (83) afirma que "[...] o dano ambiental lesa o direito difuso ao meio ambiente ecologicamente equilibrado e dano por intermédio do meio ambiente lesa direitos individuais das mais variadas ordens [...]". Assim, para essa autora, os danos à saúde do(a) trabalhador(a) não constituem danos labor-ambientais, pois embora decorrentes da poluição labor-ambiental, o interesse jurídico atingido é diverso.

Ao contrário do entendimento supra, entende-se que a proteção à saúde do trabalhador(a) constitui um dos objetivos do equilíbrio labor-ambiental, de modo que todos os danos decorrentes da perda da qualidade de vida ou da saúde do trabalhador em decorrência do desarranjo das condições ambientais do trabalho constituem danos labor-ambientais.

Os danos advindos decorrentes do desarranjo das condições labor-ambientais podem ter como titulares os próprios trabalhadores e os danos em decorrência das condições ambientais, os familiares destes, no caso de morte ou mesmo nos casos em que o dano seja de tal monta que cause danos à vida de relação do trabalhador(a), por exemplo. Esses últimos, são também chamados de danos por *ricochet* e atingem a esfera do direito dos familiares ou entes queridos da vítima no caso de morte ou de danos de relação do trabalhador, quando a titularidade para postular a reparação é do próprio familiar ou pessoa que tinha uma relação de proximidade com a vítima do resultado morte, já que indiscutivelmente essa sentirá a perda do ente querido.

3.2.2.2. Quanto ao interesse lesionado

A poluição a algum dos elementos do meio ambiente produzirá danos diretos e danos reflexos, na medida em que o elemento ambiental juridicamente protegido tem o seu valor próprio, como no caso do meio ambiente do trabalho, que constitui um valor em si e, uma vez lesado, ou seja, produzido o seu desarranjo, estará configurado o dano à qualidade labor-ambiental, que será chamado de dano direto.

Também produzirá danos à saúde ou qualidade de vida do(a) trabalhador(a) em decorrência da exposição desse(a) à poluição labor-ambiental e ainda podem produzir danos reflexos, nas hipóteses em que ocorre a morte do trabalhador que possui dependentes econômicos, ou mesmo em razão da relação afetiva com familiares. Esses últimos serão tidos como danos indiretos, pois embora tendo como fonte o desequilíbrio labor-ambiental, constituem danos aos interesses de outrem que não o(a) trabalhador(a) protegido(a).

Os prejuízos à saúde do trabalhador podem se verificar de imediato, mas, via de regra, continuarão a existir ao longo dos anos, pois se trata de lesão ao corpo humano, que pode gerar sofrimento e comprometer o futuro desse. Nesse sentido, leciona Ducharm (1959, p. 8, tradução nossa): "Quando o corpo humano é prejudicado, muitas vezes todo o futuro da vítima fica seriamente comprometido. O sofrimento pode levar anos para diminuir, a alegria de viver diminuirá, a renda futura da vítima estará mais ou menos seca"(284).

O adoecimento do(a) trabalhador(a) pode gerar danos diversos, cuja classificação pode variar de acordo com o entendimento que se adote, havendo classificações que falam em danos corporais, danos biológicos, danos à vida de relação, danos morais, danos existenciais e outras. A ampliação da importância e das denominações dos danos à pessoa decorre da compreensão por parte do direito de que a pessoa humana deve receber proteção desse "[...] pelo simples fato de ser pessoa — isto é, a pessoa em sua irredutível subjetividade e dignidade, dotada de personalidade singular e por isso mesmo titular de atributos e de interesses não mensuráveis economicamente [...]" (MARTINS-COSTA, 2001, p. 181-182).

Assim, ainda conforme a referida autora, o direito passa a eleger princípios como o da dignidade humana, que passa a estruturar a própria ordem jurídica. Sem desprezar as diversas denominações aos novos danos admitidos à pessoa, dentre os quais o chamado dano à vida de relação, dano à realização sexual, dentre outros, abaixo se abordam rapidamente as principais categorias de danos que têm chegado à discussão nas cortes trabalhistas, os quais são tratados como danos extrapatrimoniais e danos patrimoniais.

3.2.2.2.1. Danos extrapatrimoniais

O dano moral é também denominado de dano extrapatrimonial e pode atingir a esfera individual ou coletiva. Embora haja discussão acerca do termo correto para se referir aos danos morais e ainda sobre a necessidade de uma denominação própria a esse, desvinculada do termo dano extrapatrimonial, adota-se aqui o entendimento de que o dano moral constitui espécie de dano extrapatrimonial, ainda que se entenda que determinado dano à personalidade possa se revestir de caráter patrimonial(285), pois conforme

(284) No texto original: "Dès que le corps humain est lésé, souvent tout l'avenir de la victime en est gravement compromis. La souffrance mettra peut-être des années à se calmer, la joie de vivre sera diminuée, les revenus futurs de la victime seront plus ou moins taris" (DUCHARM, 1959, p. 8).

(285) Como leciona Diniz (2023, p. 138), nas hipóteses em que o dano à personalidade ou à imagem da pessoa atrapalhar ou impedir sua atividade profissional, haverá um dano indireto no patrimônio dessa. Seria o caso de determinado trabalhador que ingressou em juízo para reclamar das condições ambientais de trabalho e por isso foi colocado numa lista "suja" pelo empregador e, em virtude desta, não encontra trabalho na localidade.

leciona Martins-Costa (2001), a expressão dano extrapatrimonial é mais ampla e atinge não só os danos morais em sentido estrito, como também os danos à pessoa, danos estéticos e danos à personalidade, danos existenciais, dentre outros, como se vê a seguir:

a) Dano moral

Para Diniz (2023, 40), "O dano moral é, na verdade, lesão ao direito da personalidade." A autora elenca entre tais direitos, "[...] a vida, a integridade corporal e psíquica, a liberdade, a honra, o decoro, a intimidade, os sentimentos afetivos, a própria imagem)" e entende ainda caracterizado o dano moral nas hipóteses de lesão aos "[...] atributos da pessoa (como o nome, a capacidade, o estado de família) e "à dignidade da pessoa humana (CF/88, art. 1º, III)".

A autora supra fala também em danos morais indiretos como sendo aqueles que refletem sobre os interesses não patrimoniais, mas por ofensa a um bem material, como nas hipóteses de lesão a um bem de "valor afetivo" (DINIZ, 2023, p. 40).

Quando do início das discussões acerca do dano moral, a doutrina o entendia como o dano que produzia sentimentos negativos ou dolorosos no indivíduo, como se via nas lições de Silva (1969).

Tal entendimento, ainda comumente adotado na jurisprudência trabalhista, contudo, tem encontrado resistência na chamada doutrina civil-constitucional, que entende o dano moral a partir de uma situação objetiva, sendo que as dores e demais sentimentos negativos podem ou não constituir reflexos da ofensa, inclusive porque cada pessoa o sentirá de um modo.

Como se verifica no Enunciado 445 da V Jornada de Direito Civil, o entendimento atual foi incorporado pela comunidade jurídica. Diz o mencionado dispositivo: "O dano moral indenizável não pressupõe necessariamente a verificação de sentimentos humanos desagradáveis como dor ou sofrimento" (BRASIL, 2020b).

No que concerne ao dano individual, advindo o evento lesivo à saúde do trabalhador, os danos morais são presumíveis, de acordo com as lições de Moraes (2003), uma vez que essa, a saúde, constitui um aspecto de sua personalidade.

Relevante discussão é traçada sobre a natureza jurídica do dano que provoca a morte do trabalhador, muito comum nos casos de concretização do dano labor-ambiental por exposição ao amianto, asbestose, que provoca a morte do trabalhador pouco tempo após o diagnóstico.

Menezes Leitão (2022) aponta três tipos de danos advindos da morte do lesado: a) supressão da vida em si em relação à "própria vítima"; b) "danos não patrimoniais sofridos pelos familiares da vítima" em decorrência da morte daquela; c) quando a morte não se dá de imediato, "danos não patrimoniais sofridos pela vítima e pelos seus familiares até à ocorrência da morte. Acrescenta-se ao terceiro caso, os danos patrimoniais à vítima.

Existe forte controvérsia acerca da transmissibilidade da titularidade desse dano em caso de morte do trabalhador (o chamado dano morte em si), ante a teoria de que o direito de personalidade cessa com a morte.

No âmbito da doutrina portuguesa é inconteste o cabimento dos danos morais e materiais em ricochete. Contudo, tratando-se da transmissibilidade do dano moral em virtude do evento morte em si considerado em relação à vítima, essa se divide entre aqueles que não admitem a transmissão desse direito, posto que não teria sido adquirido por seu titular, e aqueles que aceitam a transmissibilidade desse direito, uma vez que "[...] a vida constitui um bem jurídico cuja lesão faz surgir na esfera da vítima o direito a uma indemnização, que naturalmente se transmitirá aos seus herdeiros". O autor se filia na segunda corrente e afirma que a jurisprudência portuguesa atual também caminha em tal sentido, embora tenha estado dividida anteriormente (MENEZES LEITÃO, 2022, p. 335).

Ainda segundo o autor, considerando que "[...] 'a morte integra o conceito de dano corporal'", nos termos do disposto no "art. 3º, n. 2, do D.L. 291, de 21 de agosto de 2007, o art. 2º, *"a"* da Portaria 377, de 26 de maio de 2008, que inclui "a violação do direito à vida entre os danos indemnizáveis em caso de morte, para além dos danos morais dela decorrentes", hoje essa posição seria inquestionável (MENEZES LEITÃO, 2022, p. 337, aspas internas no original).

Situação diversa é aquela na qual o trabalhador, embora adoecido gravemente, não ingressou com a ação com pleito de indenização por danos morais, hipótese em que é discutível a possibilidade de seus familiares o fazerem em nome do espólio posteriormente.

Tratando-se da morte do trabalhador, como adiantado acima, os familiares desse podem requerer, em nome próprio, a indenização pelos danos morais advindos da perda do ente querido, que, nesse caso, tratará de dano próprio do familiar que comprovar elo afetivo com a vítima e dano labor-ambiental indireto.

b) Dano estético

O conceito de dano estético, que esteve inicialmente vinculado à noção de aleijão ou deformidade física grave e aparente, vem sofrendo alteração na doutrina e jurisprudência, que tende a avançar para a adoção de critérios mais objetivos para seu enquadramento, embora sua noção ainda se encontre bastante ligada ao critério de beleza, de modo que apenas a lesão que causasse espécie aos demais, ou seja, que provocasse o grave enfeamento da vítima, era entendida como tal, em decorrência do disposto no art. 129[286] do

(286) O referido dispositivo legal considera como lesão corporal de natureza grave punível com pena de reclusão de um a cinco anos quando resultar em: "I – Incapacidade permanente para o trabalho; II – enfermidade incurável; III perda ou inutilização do membro, sentido ou função; IV – deformidade permanente".

Código Penal e também da própria origem da palavra, relacionada à aparência externa da vítima.[(287)]

Lopez (2004, p. 56) entende o dano estético como aquele que provoque uma alteração definitiva na compleição exterior da pessoa e lhe provoque "enfeamento", dando origem a sentimentos negativos. Em sentido semelhante, na esfera civil, Silva (1969), Cavalieri Filho (2002) e Aguiar (1987).

Na doutrina trabalhista também se verifica tal entendimento. Brandão (2006, p. 141) fala sobre a visibilidade das sequelas de determinada lesão no trabalhador. Nas palavras do autor: "[...] basta a pessoa ter sofrido uma transformação que modifique sua aparência anterior, provocando um desequilíbrio entre o passado e o presente, numa mudança para pior, e estará configurado o dano estético."

Em sentido semelhante, porém tratando especificamente das lesões decorrentes de acidente de trabalho ou doença ocupacional, Oliveira (2007, p. 219) atesta que o dano estético compreende: "[...] qualquer alteração morfológica do acidentado, como, por exemplo, a perda de algum membro ou mesmo um dedo, uma cicatriz ou qualquer mudança corporal que cause repulsa, afeiamento ou apenas desperte a atenção por ser diferente".

Também na Itália, a noção de dano estético encontra-se atrelada à lesão externa. Acerca do referido dano, Policarpio (2020, s.p., negrito no original, tradução nossa), escreve que: "No âmbito legal, o dano estético **é a modificação pejorativa no aspecto físico** de uma pessoa, suscetível de **avaliação médica e legal**"[(288)]. Ainda segundo a referida autora, o dano estético pode ser ressarcido sob o aspecto patrimonial e o não patrimonial. O primeiro consiste em eventual cirurgia que o ofendido precisar realizar, além dos lucros cessantes, pelo fato de não poder trabalhar durante a convalescença. O segundo, assemelha-se ao dano biológico e moral, que são as consequências psicológicas advindas da piora física (POLICARPIO, 2020)

Crítica que se pode fazer à ideia de dano estético ligado ao enfeiamento da vítima é que os padrões de beleza não são estáticos, mas alteram-se com o passar do tempo e variam de sociedade para sociedade, como também os valores dessa mesma sociedade. Exemplo disso é o entendimento esposado por Wilson Melo da Silva (1969, p. 396), de que caso um "[...] prêto", em decorrência de um medicamento ou motivo diverso tivesse alterada a cor da pele e essa se tornasse "*naturalmente branca*", como teria sido noticiado pela imprensa à época, não poderia este reclamar qualquer dano estético, na medida que

(287) Conforme o dicionário Michaelis On-line (2023), o termo estético é um adjetivo relacionado à: "1 [...] estética e à apreciação do belo. 2 Que apresenta características consideradas belas; belo, harmonioso. 3 Que tem por objetivo o embelezamento do corpo. 4 Que revela bom gosto; atraente, encantador".

(288) No texto original: "In ambito legale il danno estetico è la **modificazione peggiorativa dell'aspetto fisico** di una persona, suscettibile di **valutazione medica e legale**" (POLICARPIO, 2020, s.p., negrito no original).

já teria auferido uma reparação "*in natura*", que transformou o que, antes pudesse lhe causar sofrimento e "[...] sentimentos inferiorizantes".

Sem adentrar na discussão de racismo estrutural que daí se possa extrair ou qualquer outra relacionada às questões étnico-raciais, não parece que tal raciocínio pudesse ser defendido abertamente nos dias atuais em razão do movimento em defesa da igualdade racial substantiva, que inclui uma luta pela representatividade do fenótipo negro em todas as esferas sociais, incluindo a desmitificação da ideia de inferioridade do negro em relação ao branco, dentre outros tantos movimentos em prol da diversidade cultural, que inclui os padrões de beleza e estética.

Não obstante o autor critique a noção que considera o dano estético como aquele decorrente de determinado aleijão, o que em seu entender estaria ligado ao direito penal e não ao direito civil, atrela o dano estético à questão da aparência física, do "enfeamento" da vítima. Contudo, o autor ressalta não haver necessidade da aparência da lesão, que se constituiria em mero fator adicional que poderia implicar na majoração do valor da indenização, mas não na definição da caracterização ou não desta.

Além disso, a avaliação do dano por tal aspecto fica sempre no âmbito da subjetividade do julgador, do perito ou da própria sociedade, valendo ressaltar que a própria noção do belo é subjetiva e que o que pode ser considerado belo por um pode não ser por outro.

A jurisprudência predominante há muito adota a noção subjetiva de dano estético, embora avance no sentido de não se exigir que determinada alteração externa na aparência da vítima seja visível para que possa ser indenizada, como se vê também na leitura dos precedentes da Súmula n. 387 do STJ, cujos fundamentação legal para a cumulação do dano moral e estético foram os arts. 21 do Decreto n. 2.681, de 7 de dezembro de 2012(289), que trata da responsabilidade das estradas de ferro e o art. 1.538, CC/02.

Tal conceito, de caráter bastante subjetivo, embora predominante na doutrina e jurisprudência, encontra divergência por parte de Matos (2008), para quem o dano estético corresponde à todo dano que comprometa a integridade física da pessoa humana, ligados diretamente à pessoa de seu titular.

Ainda de acordo com o referido autor, o dano estético, que seria dano evento, estaria fundamentado no art. 6º e 196(290) da CF/88, que assegura o direito à saúde, enquanto que o dano moral, caracterizado como dano consequência, teria como fundamento

(289) Dispõe o referido dispositivo legal: "No caso de lesão corpórea ou deformidade, à vista da natureza da mesma e de outras circunstâncias, especialmente a invalidade para o trabalho ou profissão habitual, além das despesas com o tratamento e os lucros cessantes, deverá pelo juiz ser arbitrada uma indenização conveniente".

(290) Nos termos do art. 196, CF/88. "A saúde é direito de todos e dever do Estado, garantido mediante políticas sociais e econômicas que visem à redução do risco de doença e de outros agravos e ao acesso universal e igualitário às ações e serviços para sua promoção, proteção e recuperação".

o art. 5º, V, X, CF/88. Neste sentido, o dano estético seria de caráter objetivo e não se confundiria com o dano moral, que seria de cunho subjetivo. Outrossim, pode haver hipóteses de dano estético desacompanhado do moral, quando, embora tenha ocorrido uma lesão na integridade física da vítima, não provocam sentimento de repulsa social ou de abalo emocional a essa.

Outra noção de dano estético, que aqui se denomina de intermediário, porquanto não abrange a ideia de dano estético como qualquer lesão à integridade física e tampouco limita a lesão à aparência física da vítima, mas ainda assim o restringe à ideia de imagem desta, é a defendida por Cobo-Plana, apud Sakaguti (2017, p. 37). Para o referido autor, no conjunto da imagem da pessoa estariam compreendidas a "[...]imagem da voz, imagem do cheiro, imagem tátil e a imagem gustativa"(291).

Conforme leciona Lopez (2004), a tarefa de quantificar o dano estético envolve dois momentos específicos: o de delimitar a ocorrência ou não do dano e sua extensão (*an debeatur*) e o de arbitrar o valor da indenização pelo referido dano (*quantum debeatur*).

A tarefa de definição e da quantificação do dano estético demanda ainda muita controvérsia, não havendo uma fórmula matemática que possa resultar num critério quantitativo que enseje menores discussões, como costuma ocorrer nas hipóteses de danos com caráter patrimonial. Conforme Amaral (2007, p. 88), o juiz, a quem cabe fixar o valor da indenização em casos de danos extrapatrimoniais, teria como elementos de decisão as normas do Código civil e "[...]os princípios da equidade e a jurisprudência já existente, elementos de um sistema aberto e flexível, que exigem do intérprete grande saber e prudência na arte de decidir e criar."

Lopez (2004, p. 133-134) propõe que o juiz deva considerar aspectos como: a) gravidade do dano em si, tendo em vista sua extensão e localização; b) particularidades da vítima como idade, condições sociais, profissão e beleza. No que concerne ao elemento beleza, afirma haver uma certa tendência da jurisprudência ocasional, ainda que não exista um modelo a ser seguido por esta.

A seu turno, Eneas Matos (2008) afirma que a perícia deve responder: a) houve modificação na integridade física? b) é permanente e irrecuperável pelos critérios da medicina? Respondidos tais quesitos, deve-se atentar ainda para as consequências do dano, tais como: 1) modificação no aspecto exterior; 2) redução na eficiência psico-física (redução da possibilidade de uso próprio do corpo); 3) redução da capacidade social (vida de relação); 4) perda de oportunidade de trabalho ou diminuição na liberdade de escolha da profissão ou trabalho.

---

(291) De todas essas alterações que constituem dano estético, a mais difícil de ser auferida seria a imagem gustativa, que decorreria da perda do sentido do sabor dos alimentos. A alteração da imagem olfativa poderia provocar mau hálito ou ozena (cheiro vindo de passagens nasais). A imagem táctil poderia ser alterada em decorrência do enrijecimento das camadas profundas da pele. A imagem auditiva seria decorrente de qualquer modificação no timbre ou tom da voz (COBO PLANA (2010) *apud* SAKAGUTI, 2017, p. 37).

Dias (2001), que também considera o aspecto da permanência da lesão, aponta os seguintes critérios como importantes para a avaliação do grau da lesão: ocupações da vítima (maior ou menor contato com o público); intensidade da lesão sofrida; localização; aspecto estático ou dinâmico (coxear seria mais grave do que uma cicatriz, ainda que extensa); possibilidade de correção ou não; grau de sensibilidade da vítima para a alteração de sua imagem e interação social; idade e sexo da vítima. No que tange ao derradeiro elemento, o autor reconhece haver forte controvérsia no direito espanhol e português, face à igualdade de direitos entre homens e mulheres.

Outro requisito constantemente considerado pela doutrina e jurisprudência é o da visibilidade da lesão, de modo que o dano estético estaria caracterizado quando determinada cicatriz, perda de membro e outros tivessem maior ou menor visibilidade por parte de outros, de modo que provocaria sentimentos negativos como vergonha na vítima.

Cabe ao perito responder aos quesitos elaborados pelo juiz acerca da natureza da lesão, para se chegar ao *an debeatur* ou seja, o que indenizar, sobretudo porque ainda que determinada imagem possa apontar o local, forma e tipo de lesão, não poderia o juiz, sem a perícia técnica, dizer se determinada lesão é definitiva ou não, considerando o estado da técnica atual, salvo nos casos de perda de determinado membro do corpo, por exemplo, posto que em tal hipótese, ainda que a parte possa vir a adotar uma prótese, não afastará por completo a lesão, embora possa ser considerado mais grave a perda de determinado órgão que não exista condições de haver sequer uma adaptação para melhoria da funcionalidade, por exemplo, como no caso de rejeição do organismo da vítima por determinada prótese, por exemplo.

As pesquisas sobre os critérios para a caracterização e valoração do dano estético vem ganhando relevo junto aos profissionais da odontologia, com vistas à habilitação dos mesmos para as perícias relacionadas a esse tipo de dano quando relacionado à face da vítima[(292)] ou mesmo em razão do fato de que o referido profissional, cuja atividade é desenvolvida na face do paciente, seja réu, na medida em que de sua atividade possa resultar alguma alteração morfológica dessa.

Bouchardet *et all* (2013), em levantamento da jurisprudência do Tribunal de Justiça de Minas Gerais, no período de 2009 a 2012, em que o cirurgião dentista figurava no polo passivo da demanda, concluiu que em 76 processos em face de tais profissionais, houve condenação em 35 processos e absolvição nos demais. Concluiu-se que, na maioria dos processos, foi considerado o dano estético como espécie do dano moral.

(292) Em tese de doutorado que analisou a aplicação do método AIPE (Análise da impressão e do impacto do prejuízo estético) proposto por Cobo Plana (2010), Sakaguti (2017) concluiu que os cirurgiões-dentistas possuem percepção mais próxima dos demais membros da sociedade (senso comum), pelo que reputou que os laudos produzidos por estes seriam mais apropriados.

Também na medicina se procura estabelecer critérios para a valoração do dano estético, sobretudo na Europa, em que tendem a ser adotadas tabelas de valoração desse tipo de dano. Bermúdez (s.d.), especialista em medicina legal, afirma que os métodos de avaliação dos danos estéticos seriam: a) descritivo — pelo qual se exporia de modo minucioso todas as modificações estáticas e dinâmicas da lesão; b) qualitativo: pelo qual se qualificaria a lesão por meio de adjetivo (elevado, moderado, médio, importante, muy importante e considerável), como a utilizada no baremo espanhol para os acidentes de trânsito; c) quantitativo: avalia-se por meio de uma percentagem o grau da lesão, a partir de um princípio convencional estabelecido em 100% para a integridade estética.

Ainda segundo Bermúdez (s.d.), os parâmetros de valoração da lesão estética por cicatrizes seriam: a) extensão: compreende o tamanho da lesão e ainda a distância em que a mesma pode ser visualizada, sendo mais grave se vista a maior distância; b) localização: se a visibilidade é contínua ou não e se pode alterar a mímica; c) relação com dobras e rugas: determinadas áreas do corpo são mais propensas a produzir cicatrizes e causar tensões na pele; d) morfologia: se possui ou não elevações; e) fatores pessoais como idade, sexo e estado anterior.

No Brasil, percebemos que ainda se encontram incipientes os estudos para a aplicabilidade de métodos periciais que apontem critérios quantificativos para a avaliação dos danos estéticos, sendo mais comum as avaliações que respondem aos quesitos estipulados pelo magistrado ou mesmo a técnica da descrição da lesão, havendo ainda muito espaço para as discussões acerca de critérios que permitam com maior segurança a delimitação do grau da lesão estética, primeira etapa do processo de arbitramento do valor da indenização.

Em se tratando de dano por exposição ao amianto, acorde com o entendimento de Matos (2008), o espessamento da pleura, chamado de placas pleurais, ainda que benigno, pois não canceroso e mesmo não dificultando a atividade respiratória, como pode ocorrer, caracteriza dano estético, passível de indenização, o que aqui se entende plausível.

c) Dano existencial

O dano existencial consiste naquele dano ocasionado à pessoa que tem alguma condição de sua existência digna aviltada em razão das condições em que o labor é prestado, como, por exemplo, no caso de prestação de horas extras frequentes, sem que o trabalhador tenha tempo livre para sua família ou amigos aos finais de semana.

Silva (2022, p. 97) aponta hipótese em que o STJ reconheceu o dano existencial como dano autônomo e contesta a categorização desse como nova espécie de dano. Afirma o autor: “A rigor, em que pese o esforço na configuração da suposta autonomia dogmática do dano estético ou do dano existencial, a tentativa não se justifica no direito civil brasileiro”.

Assim, na concepção de Homero Batista da Silva, qualquer ofensa levaria ao enquadramento em "[...] uma das duas espécies de dano (patrimonial ou extrapatrimonial)" (SILVA, 2022, p. 102).

Molina (2017, p. 360) entende que o TST tem sido vanguardista no reconhecimento do dano existencial como um tipo de dano imaterial, nas hipóteses de "[...] frustração dos projetos de vida e da vida de relações dos empregados por atos ilícitos dos empregadores". O autor analisa algumas decisões do TST nas quais o órgão estabeleceu algumas balizas para a caracterização do dano existencial, quais sejam: a) limitação ao desenvolvimento dos "[...] projetos de vida [...]" do empregado além do ambiente de trabalho em razão "[...] de condutas ilícitas praticadas pela empresa"; b) ato reiterado e de duração mais ou menos longa; c) prestação de labor em "[...] jornadas que excedem habitualmente o limite legal de duas horas extras diárias em decorrência de ato ilícito por parte do empregador".

Além disso, como aponta o autor acima indicado, não se entendeu relevante o fato de ter havido condenação ao pagamento das horas extras e tampouco foi exigida comprovação fática de prestação de labor em jornada extraordinária tenha frustrado projeto pessoal ou convivência social do empregado.

Contudo, a questão ainda é controvertida, especialmente no que concerne à necessidade de prova material do dano. Nesse aspecto, no âmbito do TRT 23ª Região, foi, inclusive, a Súmula n. 23[293], que exige a comprovação material do prejuízo às relações pessoais para que haja o deferimento de indenização por danos existenciais.

Com a aprovação da Lei n. 13.467 de 2017, em que pese os muitos retrocessos trazidos com essa (inclusive no que concerne ao próprio título II-A, que estabeleceu parâmetros limitadores de valor da condenação, especificamente em relação ao cabimento do dano existencial, pela redação literal do art. 23-A, incluído na CLT pela mencionada norma), a questão estaria pacificada, na medida em que diz o referido dispositivo: "Causa dano de natureza extrapatrimonial a ação ou omissão que ofenda a esfera moral ou existencial da pessoa física ou jurídica, as quais são as titulares exclusivas do direito à reparação" (BRASIL, 1943).

Contudo, consoante leciona Delgado (2019), a se observar o conjunto do título II-A da CLT, observa-se que esse, no fundo, desconsidera "[...] um dos avanços humanísticos e sociais mais relevantes da Constituição de 1988, consistente no princípio da centralidade da pessoa humana na ordem jurídica, social, econômica, com os seus

(293) Dispõe a Súmula n. 23 do TRT 23ª Região: "INDENIZAÇÃO POR DANO MORAL/EXISTENCIAL DECORRENTES DA JORNADA EXCESSIVA/EXTENUANTE. NÃO CONFIGURAÇÃO POR MERA PRESUNÇÃO. A prestação de horas extras habituais, em jornada constantemente excessiva ou exaustiva, ainda que sem a respectiva contraprestação financeira, por si só, não enseja a presunção absoluta ou relativa da ocorrência de dano moral ou existencial ao empregado passível de reparação, o qual carece de demonstração objetiva no caso concreto" (MATO GROSSO, 2015).

diversos princípios correlatos [...]" (DELGADO, 2019, p. 785). Isto porque a referida norma estabeleceu que apenas os trabalhadores diretamente atingidos seriam titulares dos direitos extrapatrimoniais, não se referiu aos danos estéticos como espécies do dano extrapatrimonial e ainda estipulou limites para as condenações de dano extrapatrimonial, numa discriminação injustificada aos trabalhadores.

Considerando que o trabalhador atingido por uma doença grave como o mesotelioma, que, após descoberto, provoca a morte em pouco tempo, terminando por impedir o trabalhador de conviver com seus filhos e netos, por exemplo, o dano existencial consistiria um dano autônomo, na medida em a morte premente frustra o projeto de vida desse.

Os danos futuros geralmente são tratados no direito civil na perspectiva da perda de rendimento da vítima e ressarcidos como danos patrimoniais, como se aponta de forma breve, na sequência.

3.2.2.2.2. Danos patrimoniais

Os danos advindos à saúde físico-psíquica do trabalhador(a) podem provocar a redução temporária ou mesmo definitiva de sua capacidade laborativa ou mesmo a sua morte, hipóteses que geram consequências patrimoniais, inclusive em relação a eventuais gastos para a recuperação da saúde ou mesmo para a amenização dos sintomas. Consoante Rangel (2006, p. 28), "[...] a perda de rendimento que se vai reflectir em prejuízos sofridos e a sofrer o lesado ou por aqueles que viviam na sua dependência econômica" constitui o exemplo mais típico de danos futuros.

Acerca dos chamados danos puramente econômicos, que se subdividem nas categorias de danos puramente econômicos diretamente provocados e danos puramente econômicos de natureza referencial para se referir aos danos que ora se trata, qual seja, danos à integridade de outra pessoa, Leitão (2019, p. 14-15) afirma existir divergência doutrinária sobre a abrangência desses, embora se possa apontar que não atingem os danos resultantes de morte ou de ofensa a bens tangíveis, sendo que para designar as consequências econômicas advindas "[...] de morte, de lesão da integridade ou da lesão da propriedade" foi desenvolvido o conceito de *"consequential economic loss"*.

Acorde com Rangel (2006, p. 19), o dano patrimonial é tratado no direito português há muito tempo e se subdivide em duas categorias, conforme previsto no art. 564, 1 do código civil daquele país: "[...] o dano emergente ou positivo, caracterizado por uma perda ou desfalque de valores que já constituíram o património do lesado; — o lucro ou frustrado, caracterizado pelo corte ou frustração no rendimento ou patrimonial".

A maioria dos danos labor-ambientais caracteriza-se por se prolongar no tempo, muitas vezes com agravamento da saúde, de modo que enseja o pagamento dos danos materiais, que incluem o pagamento de pensão mensal diretamente à vítima e, nos casos de morte do(a) trabalhador(a), pensão aos seus dependentes diretos, nos termos do art. 948, II, CC/02.

No caso de adoecimento em razão da exposição ao amianto ou por qualquer outra condição ambiental desfavorável, o(a) trabalhador(a) faz jus ao pagamento de todas as despesas que tiver com o tratamento de sua saúde, incluindo acompanhamento médico, hospitalar, exames, fisioterapia, despesas com acompanhante, acaso necessário e o pagamento dos salários vincendos em forma de pensionamento, consoante o disposto no art. 949, CC/02, que assim dispõe: "No caso de lesão ou outra ofensa à saúde, o ofensor indenizará o ofendido das despesas do tratamento e dos lucros cessantes até ao fim da convalescença, além de algum outro prejuízo que o ofendido prove haver sofrido" (BRASIL, 2002).

Ademais, conforme previsto no parágrafo único do art. 950, CC/02, a vítima pode exigir que o pagamento da indenização seja feito em parcela única, hipótese em que o TST tem entendido pela necessidade de aplicação de um deságio, em média, de 20% do valor total da indenização que seria devida.

Ademais, em caso de morte do(a) trabalhador(a), o entendimento da referida corte é no sentido de que não se aplica a regra acima mencionada, porquanto existe regra específica no art. 948, II, CC/02, como se constata na pesquisa de jurisprudência junto ao TST com o termo dano labor-ambiental, item 4.5.2.

3.2.2.3. Quanto ao momento em que verificado

Verificada o desarranjo labor-ambiental, como na hipótese de labor em condições insalubres ou perigosas, o dano daí decorrente pode surgir imediatamente, como nas hipóteses dos danos provocados pela ocorrência de determinada explosão, com a morte imediata de determinado trabalhador ou com a perda de um braço desse.

Contudo, mesmo os acidentes típicos podem gerar danos presentes e danos futuros em sentido estrito, como nos casos em que o trabalhador perde um braço e tem sua capacidade laborativa reduzida total ou parcialmente para a atividade que exercia anteriormente[(294)], situação em que poderá postular em juízo os danos presentes, como o prejuízo que já sofreu até aquele momento, os ganhos que deixará de auferir ao longo de sua vida ou durante o período em que perdurar a incapacidade e os danos morais e até mesmo existenciais, em razão da ofensa à sua integridade físico-psíquica. Deverá

(294) Importante destacar que a atividade a ser considerada para os efeitos dessa indenização é aquela que o trabalhador exercia no momento do acidente e para a qual se inabilitou, nos termos do art. 950, CC/02, que assim dispõe: "Se da ofensa resultar defeito pelo qual o ofendido não possa exercer o seu ofício ou profissão, ou se lhe diminua a capacidade de trabalho, a indenização, além das despesas do tratamento e lucros cessantes até ao fim da convalescença, incluirá pensão correspondente à importância do trabalho para que se inabilitou, ou da depreciação que ele sofreu" (BRASIL, 2002).

levar em conta a gravidade do dano, de modo que em caso de incapacidade definitiva, obviamente se autoriza a estipulação de um valor maior a título de dano moral do que no caso de incapacidade temporária, por exemplo, ou seja, embora o dano moral já esteja configurado no momento do deferimento da indenização, os efeitos futuros da lesão no âmbito psíquico do(a) trabalhador(a) também deverá ser considerado para a fixação do valor da indenização.

Na análise concreta dos interesses postos em juízo, o dano labor-ambiental pode ser analisado sob a ótica do interesse difuso, quando se trata estritamente do aspecto da prevenção, sobretudo nos casos de tutela inibitória para a proteção da saúde da coletividade, como pode também se tratar de um interesse individual homogêneo, quando se postula, por exemplo, o pagamento do custeio de tratamento de saúde em virtude da necessidade de acompanhamento médico constante de trabalhadores submetidos a determinadas condições de trabalho que apresentem, por exemplo, determinada lesão à saúde, hipótese em que a individualização se fará na liquidação ou ainda, individual quando, apesar de um grupo de trabalhadores ter sido exposto a substâncias cancerígenas, por exemplo, poucos desenvolveram a lesão e postulam, em juízo, parcelas vincendas em relação aos gastos com o tratamento médico-hospitalar e pagamento dos salários vincendos em razão da incapacidade laborativa.

3.3. Proposição de um conceito de dano labor-ambiental futuro

Consoante as lições levantadas no capítulo 2, em que pese a doutrina civilista denominar como dano futuro apenas aqueles ainda não concretizados por ocasião da decisão que o analisa, a doutrina ambiental destaca que os danos ambientais, diferentemente dos tradicionais danos até então tratados pela responsabilidade civil, possuem efeitos prolongados, cumulativos, extraterritoriais.

Também os resultados da jurisprudência do STF em relação ao dano futuro, o relaciona em seu sentido estrito, mas quando se trata de dano ambiental futuro, constata-se na jurisprudência de ambas as cortes, a ideia de dano ambiental futuro como um dano de natureza continuada, progressiva, com período de latência prolongado, ou seja, que leva em conta o aspecto da distância entre a produção da atividade danosa e o resultado do dano, e não propriamente o momento da decisão acerca do dano.

Desse modo, acerca do que se entende como dano ambiental futuro, na perspectiva da jurisprudência do STJ e do STF e das características do dano ambiental apontadas pela doutrina ambiental, o dano ambiental futuro pode ser entendido no sentido *lato sensu,* tendo em vista a elevada distância do resultado do dano (dano prejuízo) em relação ao momento em que produziu o evento danoso (dano evento).

Também se verificou o surgimento de uma corrente doutrinária iniciada por Delton Carvalho, que entende por dano ambiental futuro em sentido estrito, "o risco atual de dano futuro", de modo que a criação do risco deveria ser indenizado, o que também é referido por parte da doutrina como responsabilidade civil sem dano.

Mas qual a distância temporal a ser considerada como dano imediato e dano futuro?

Aqui se propõe que a distância para a designação de dano labor-ambiental futuro, em sentido amplo, especialmente para efeitos de aplicação do princípio da precaução, seja a do prazo em que geralmente se daria a prescrição daquele tipo de dano pela responsabilidade civil tradicional.

A análise do dano como dano futuro *lato sensu* pode se dar tanto a partir da ótica da distância do resultado do dano (dano prejuízo) em relação ao momento em que produziu o evento danoso (dano evento), hipótese em que se denomina de futuros os danos cuja distância temporal ultrapassa normalmente o período de prescrição quanto em relação ao momento de prolação da sentença, quando o magistrado se deparará com a possibilidade de danos futuros já concretizados, nos casos de danos que se consolidaram em momento distante do momento do evento; danos futuros-presentes continuados, nos casos em que o dano apresentou a referida qualidade, mas apresentam a possibilidade de continuidade no tempo; ou danos presentes instantâneos, caracterizados como aqueles danos em que a lesão se verificou de forma imediata ao dano evento e também produziu resultados imediatos.

A partir dessa lógica, todo dano cujo resultado não se concretizar imediatamente ou no período da prescrição típica da responsabilidade civil e necessitar da aplicação da teoria da *actio nata*, por exemplo, deverá ser considerado dano futuro lato sensu.

Lado outro, o evento que, ao tempo da sentença de primeira instância, embora guardando uma distância superior ao período da prescrição típica da responsabilidade civil, já se houver concretizado, será considerado como dano futuro consolidado e aqueles que, apresentando tais características, não estejam totalmente consolidados ao tempo da sentença, mas carregarem a previsibilidade de ocorrência serão considerados como danos futuros *stricto sensu.*

Assim, na hipótese de determinado trabalhador ser acometido por câncer em razão de ter sido exposto a determinado agente nocivo cerca de 10 a 30 anos antes do aparecimento da lesão concreta, essa será considerada como um dano futuro.

Analisado em juízo esse dano e comprovada a causalidade, cuja aferição deverá ocorrer por análise probabilística e verificado que a doença tenha incapacitado o trabalhador para o labor que exercia habitualmente, a indenização devida ao trabalhador em razão desse adoecimento será tratada como dano futuro concretizado, e a indenização devida em razão dos gastos que serão necessários com a saúde do trabalhador, por exemplo, será tida como dano futuro em sentido estrito.

Em ambos os casos existe longa distância entre o dano evento e o dano prejuízo superior ao período da prescrição típica da responsabilidade civil e a dificuldade de prova do nexo causal entre o dano evento e o dano prejuízo, na medida em que o tempo funciona como um elemento dificultador dessa prova.

No primeiro caso, o elemento dano já se realizou, de modo que em relação à ocorrência do dano, tanto no que concerne ao *an debeatur* quanto em relação ao *quantum debeatur*, apontam para a certeza absoluta e, em relação aos danos futuros *stricto sensu*, a certeza sempre será relativa, na medida em que existirá sempre a possibilidade de determinado elemento atípico influenciar no resultado, porquanto o exercício de futuridade sempre carregará um certo tipo de álea em relação ao seu resultado.

A tese proposta por Carvalho (2013), não obstante sua inovação e importância na esfera ambiental, sobretudo em se considerando o princípio da precaução, mostra-se inviável para a responsabilidade civil, por carregar um elemento de álea superior ao aceitável pelo direito, na medida em que considera a mera "possibilidade" de existência do dano no conceito de dano futuro, logo, inverte a lógica da relativa[295] certeza de ocorrência do dano, para a lógica da relativa certeza de sua não ocorrência.

Ocorre que o dano indenizável da responsabilidade civil não prescinde da certeza de sua ocorrência, logo, conceituar-se o dano ambiental futuro como a possibilidade de ocorrência de dano ambiental retira a possibilidade de sua indenizabilidade, pois o dano indenizável deve se revestir da característica de certeza, a qual, repita-se não é total, mas parcial.

Outra crítica que aqui se faz à ideia de dano ambiental futuro defendida por Carvalho (2013) é que essa reduz a responsabilidade civil à indenização monetária, mais uma vez, em se tratando de indenizações trabalhistas, monetiza a saúde do trabalhador ao invés de centrar esforço em medidas diversas de prevenção e precaução, especialmente as legislativas e administrativas ou, tratando-se do processo judicial, nas tutelas preventivas.

Portanto, acorde com os princípios da prevenção e da precaução, para efeito de responsabilidade prevencionista, por meio da adoção de obrigações de fazer ou não fazer, entende-se por dano labor-ambiental futuro, em sentido lato, como sendo o prejuízo à saúde ou à vida do trabalhador que se distancia substancialmente de sua exposição ao desarranjo das condições labor-ambientais e o dano prejuízo advindo do labor em condições ambientais inadequadas ainda não concretizado por ocasião da sentença, mas com previsibilidade de ocorrência em decorrência das regras objetivas da experiência (dano futuro *stricto sensu*).

(295) Diz-se relativa porque, tratando-se de futuro, sempre existe a possibilidade daquele dano não se realizar, ou seja, há um elemento de álea no dano futuro, ainda que pequeno. Porém, no caso, a possibilidade maior é de que esse se realize e não o contrário.

Via de regra, esse dano decorre de eventos lesivos continuados no tempo e, por vezes, no espaço, podendo decorrer, por exemplo, de uma exposição em diferentes empresas, como no caso do labor em ambientes que exigem esforço repetitivo e que o trabalhador não apresenta a lesão logo após a saída da empresa, mas essa vem a se concretizar em tempo futuro, somando-se, muitas vezes, a outros fatores laborais ou extra laborais.

Nessa hipótese, o trabalho atuou como concausa da patologia do trabalhador e esse, ainda que já decorrido o prazo da prescrição para a ação acidentária comum, não tem como prever o resultado danoso, que se manifesta posteriormente, deve ingressar com ação em face de todas as empresas às quais se expôs em condições labor-ambientais desfavoráveis, na medida em que, por exemplo, cada uma das condições laborativas constituíram, ainda que em pequena medida, concausa para o surgimento da doença laboral.

Os resultados do desequilíbrio ou da poluição labor-ambiental são os danos, que podem ocorrer numa perspectiva difusa, coletiva e individual.

Tais danos podem ser imediatos, como ocorre, por exemplo, com a maioria dos acidentes de trabalho típicos, nos quais, exemplificativamente, o(a) trabalhador(a) quebra uma perna em virtude da queda de um andaime ou perde um braço em decorrência da falha no funcionamento de uma serra. Também podem ser cumulativos no tempo e no espaço, em muitas hipóteses de doenças ocupacionais e profissionais (também consideradas como acidente de trabalho para efeitos previdenciários) que se caracterizam pela deterioração paulatina da saúde do(a) trabalhador(a) em virtude da exposição a uma condição ou substância adversa à saúde, de que são exemplos o labor em condições insalubres ou mesmo em um ambiente desequilibrado em decorrência de cobranças excessivas ou jornadas extenuantes, que venham a resultar em adoecimento mental do(a) trabalhador(a).

3.4. Responsabilidade civil e dano(s) labor-ambiental(is) futuro(s)

O princípio da reparação integral e a elevação da dignidade humana a importante bem a ser protegido pelo direito impõe que todos os danos provocados pelas condições ambientais a que o trabalhador foi exposto sejam indenizados, o que inclui aqueles que, embora ainda não concretizados, apresentam a certeza, ainda que relativa, com base nas regras naturais dos acontecimentos, de que se concretizarão.

Contudo, para que surja a obrigação de indenizar, a presença do dano não dispensa a análise de outros elementos da responsabilidade civil, como se trata na sequência.

3.4.1. *Responsabilidade civil subjetiva* versus *responsabilidade civil objetiva*

Não obstante se observe a chamada objetivação da responsabilidade civil, a responsabilidade baseada na culpa, também chamada de responsabilidade civil oitocentista ou subjetiva, ainda é dominante no modelo de responsabilidade civil brasileiro e se funda nos elementos do dano, conduta humana, culpa e nexo de causalidade, dos quais o dano se encontra em seu centro e constitui o cerne da responsabilidade atual e da presente tese, também como já adiantado quando se tratou da importância do dano como elemento da responsabilidade civil.

No entanto, tendo em vista que o objeto da presente obra é um tipo específico de dano, sobre o qual se debruça com maior vagar na sequência, a presente sessão é iniciada com os elementos da responsabilidade civil, sobre os quais se discorrerá brevemente, a iniciar pela culpa.

3.4.1.1. O contexto social e político de ampliação da responsabilidade civil objetiva no século XX e seus efeitos

No século XVIII e XIX, o sistema de responsabilidade civil essencialmente baseado na culpa passa a sofrer importantes mudanças, que se mostraram mais contundentes a partir da segunda metade do século passado, quando o regime da responsabilidade objetiva começa a adquirir força em diversos ordenamentos jurídicos.

Conforme leciona Viney e Jourdain (1998), esse ramo do direito, que até a revolução industrial não tinha tanta relevância, a partir do contexto de implementação de novas técnicas de produção e a geração de um número expressivo de trabalhadores acidentados, passa a ser considerado a "grande estrela do direito civil"(296) (VINEY; JOURDAIN, 1998, p. 21, aspas internas no original). Ao lado do aumento dos danos em face dos trabalhadores pela revolução industrial, a autora também aponta que o "[...] o desenvolvimento do seguro proporciona um equilíbrio interno ao sistema tradicional de responsabilidade civil [...]"(297), de forma a contemplar [...] a coletivização dos riscos [...] "(298), além da necessidade de se preocupar com a vítima e o movimento consumerista, iniciado nos EUA e levado para a Europa, nos anos de 1970 (VINEY; JOURDAIN, 1998, p. 22, tradução nossa).

Godoy (2009, p. 13) destaca que alteração do instituto em comento teve duas bases centrais: A revolução industrial e as duas guerras mundiais. Aquela, ao mesmo tempo em que alterou o modo de relações, antes individualizadas para relações padronizadas, massificadas(299), também trouxe novos riscos, especialmente no que concerne aos acidentes

(296) No original: "[...] grande vedette du droit civil [...]" (VINEY; JOURDAIN, 1998, p. 21, aspas internas no original).

(297) No original:: "[...] le développement de l' assurance équilibre interne du système traditionnel de la responsabilité civile [...]" (VINEY; JOURDAIN, 1998, p. 22).

(298) No original: "[...] la collectivisation des risques [...]" (VINEY; JOURDAIN, 1998, 22).

(299) As relações pessoais, antes focadas basicamente na individualidade, tornaram-se padronizadas, generalizadas, sobretudo em função da revolução industrial, que trouxe novos riscos, traduzidos em diversos acidentes, nos quais o culpado geralmente não era identificado, dificultando ou impedindo a prova do nexo causal, cujo ônus da prova pertencia à vítima.

de trabalho e as questões consumeristas[300] e as duas guerras mundiais, especialmente a segunda, proporcionou o nascimento de novas mutações constitucionais, ante o aviltamento da condição humana, que exigiu uma tomada de decisão que colocasse a "dignidade humana" no centro dos ordenamentos jurídicos dos países.[301][302]

No que concerne às alterações da responsabilidade civil do produtor face ao consumidor, Calvão da Silva (1999) também aponta a automação comentada por Godoy (2009) e acrescenta o fato de que, neste contexto, o consumidor, nem sempre estava preparado para reconhecer os "defeitos e os riscos" que os novos produtos apresentavam. A preocupação com a proteção ao consumidor de forma autônoma começa a partir da década de 1960, posto que, não floresceu antes, sobretudo em razão dos ideais liberais e individualistas apregoado pela revolução francesa, que impunham o afastamento do Estado das atividades econômicas entre particulares e o forte individualismo, contrário aos movimentos associativos, além do impedimento de alteração dos contratos em razão do princípio de que o contrato faz lei entre as partes (SILVA, 1999, p. 32).

Ademais, os meios de comunicação permitiram a divulgação de acidente de consumo como o ocorrido com a talidomida, provocando comoção pública e "sentimento generalizado de solidariedade para com as vítimas", o que exigiu uma correta intervenção do direito (SILVA, 1999, p. 21).

Discorrendo sobre a passagem da responsabilidade pela culpa para a responsabilidade fundada no risco, Antunes Varela (2000, p. 633) destaca que essa se deu primeiramente no âmbito dos acidentes de trabalho e que aquele que "[...] aufere os (principais) lucros da exploração industrial, justo é que suporte os encargos dela, entre os quais se

---

(300) O surgimento da adequada tutela do consumidor também foi influenciado pela a nova fase do comércio, que impôs renovadas estratégias de direção com vistas à própria "expansão contínua e estandardizada" e não às vicissitudes do consumidor (SILVA, 1999, p. 35). Era preciso criar novas necessidades de consumo, alcançar multidões, o que acaba por ampliar a desigualdade mediante a "concentração industrial" e a desigualdade de forças entre o consumidor e o produtor. Isso implica dizer que o "mercado puro" e "(sua) "mão invisível" de que fala "ADAM SMITH" não foi, afinal, nem perfeito, nem fonte de justiça e felicidade para todos", daí a necessidade de que o Estado, impulsionado por questões sociais e políticas, passasse a imiscuir-se nas relações privadas para buscar equilibrar as forças, de modo a evitar excessos e proteger o consumidor (SILVA, 1999, p. 35).

(301) Também no sentido do reconhecimento da necessidade de tutela da pessoa humana, conferir MORAES (2003) e SILVA (1999).

(302) Os terríveis acontecimentos observados durante a primeira guerra mundial também foram importantes para o surgimento da OIT, em 2019, como parte do tratado de Versalhes, que encerrou o fim da referida guerra. Ao fim da segunda guerra, surge a Organização das Nações Unidas (ONU) e, em 1946, a OIT se firma como uma de suas agências especializadas (OIT BRASIL, s/d). Dentre os considerandos do preâmbulo do documento de criação da referida organização, consta a necessidade da justiça social para a preservação da paz mundial e a "proteção dos trabalhadores contra as moléstias graves ou profissionais e os acidentes do trabalho" (OIT, 2016, p. 3). Ainda acerca dos eventos próximos à segunda guerra mundial, Rossit (2001, p. 107) aponta para a criação da OMS, em 1946, e a aprovação da Declaração Universal dos Direitos do Homem, que ampliou a noção de "melhoria das condições de vida e, por conseguinte, das condições de trabalho". Nesse contexto, Rossit (2001, p. 108) trata da influência das ações de reconstrução, após a segunda guerra, no incremento de "doenças e do risco de acidentes", com repercussão econômica e na "consciência dos trabalhadores a respeito dos riscos que sofriam".

inscreve, como fenómeno normal e inevitável, o dos acidentes no trabalho." Ainda segundo o autor em comento, ao mesmo tempo em que a estipulação dessa obrigação ao empregador assegura "[...] os empregados contra os acidentes a que continuamente se encontram expostos", também "constitui "um estímulo eficaz ao aperfeiçoamento da empresa, tendente a diminuir o número e a gravidade dos riscos na prestação do trabalho" (ANTUNES VARELA, 2000, p. 634).

O contexto da passagem da responsabilidade fundada na culpa para a objetiva expõe não apenas as relações trabalhistas, mas também as relações comerciais, que adquirem características de massificação e prejudicam o consumidor, pois impõe novas estratégias de direção com vistas à própria "[...] expansão contínua e estandardizada [...]" e não às vicissitudes do consumidor. É preciso criar novas necessidades de consumo, alcançar multidões, o que acaba por ampliar a desigualdade mediante a "concentração industrial [...]" e a desigualdade de forças entre o consumidor e o produtor. Isso implica dizer que o [...] "mercado puro [...]" e "[...] (sua) "mão invisível" de que fala "ADAM SMITH" não foi, afinal, nem perfeito, nem fonte de justiça e felicidade para todos", daí a necessidade de que o Estado, impulsionado por questões sociais e políticas, passasse a imiscuir-se nas relações privadas para buscar equilibrar as forças, de modo a evitar excessos e proteger o consumidor (SILVA, 1999, p. 36). As aspas internas são do original.

Noronha (2013, p. 562), com base nos ensinamentos de Jourdain, assevera que a sociedade de risco adveio da revolução industrial e ainda se encontra em curso, fazendo com que o direito deixe de se preocupar com a pessoa causadora do dano para se preocupar também com o lesado, tendo como orientação a ideia da "reparação do dano".

A profunda modificação no sistema da responsabilidade civil, que ainda não foi encerrada, decorre da necessidade de integral tutela à pessoa humana (MORAES, 2003). Na atualidade, inicia-se a discussão do papel preventivo a ser assumido pela responsabilidade civil.

O acórdão lavrado pelo ministro Alexandre de Moraes enfatiza a ideia de que o surgimento das hipóteses excepcionais de responsabilidade civil objetiva se deu no intuito de proteção à vítima e não de punição ao causador do dano(303) (BRASIL, 2020a).

Tão importante quanto os aspectos sociais, políticos e ideológicos, que permitiram as alterações no âmbito da responsabilidade civil, foi o surgimento e o desenvolvimento da teoria do risco, tema do qual se cuida a seguir.

---

(303) Eis os fundamentos do acórdão, no que se refere ao papel da responsabilidade objetiva: "Essa possibilidade surgiu como algo para se fazer justiça às vítimas, surgiu como um direito reparatório às vítimas e em algumas situações em que na verificação da responsabilidade, o dolo ou a culpa deveriam ceder a algo maior, à necessidade de justiça plena de se indenizar as vítimas. E assim se fez com acidentes nucleares, com acidentes relacionados ao meio ambiente. E também assim se fez no Brasil – que foi pioneiro no mundo em relação a isso -, pelo Código de Defesa do Consumidor, em algumas hipóteses. Nunca para apenar alguém, mas sim para proteger. A ideia é protetiva" (BRASIL, 2020a, p. 11).

3.4.1.2. A evolução do sistema da responsabilidade civil no direito brasileiro e a responsabilidade objetiva

Seguindo a tradição do direito francês, a responsabilidade civil no Brasil era tratada basicamente como responsabilidade subjetiva no Código Civil de 1916.

O aperfeiçoamento da responsabilidade civil no ordenamento jurídico nacional aconteceu de forma tardia, sobretudo em razão dos traços aquilianos que guarda, o que a fragiliza e faz com que as primeiras construções para a solução dos novos fatos passem a ser realizados pela jurisprudência e doutrina, com vistas ao atendimento das necessidades da vítima (HIRONAKA, 2005, p. 67).

Hironaka (2005, p. 142) defende que o CC/02, em matéria de inclusão da responsabilidade civil objetiva, "[...] não o fez pontualmente, em situações individualizadas, delimitadas, mas o fez como sistema geral, transmudando o caráter da responsabilidade objetiva — até então meramente excepcional — em regra, isto é, em preceito legal geral."

A referida autora ainda discorre sobre a noção de se estabelecer como fundamento do dever de reparar "[...] a exposição a um perigo".

> "1) este critério deve descrever a potencialidade perigosa das atividades que podem ensejar a responsabilização pelo viés da *mise en danger*; 2) não deve ser taxativo ou enumerativo, para não fechar as portas para futuros danos, ainda não conhecidos; 3) não deve ser tão elástico que acabe por suportar (ou por deixar entrar) variáveis que não se encaixem na verdadeira potencialidade perigosa de uma atividade; 4) estabelecido o nexo causal (dano x atividade perigosa), o executor da atividade é considerado o responsável pela reparação."

A primeira norma que tratou de responsabilidade objetiva no direito brasileiro foi o_Decreto n. 2.681, de 7 de dezembro de 1912, cujo art. 1º, expressamente diz ser presumida a culpa das estradas de ferro e elenca, de forma taxativa, as hipóteses em que se admitiria a prova para afastar tal presunção.

Posteriormente, o Decreto n. 3.724, de 15 de janeiro de 1919, previu a responsabilidade objetiva para os casos de acidente de trabalho. De modo exemplificativo, outras hipóteses de responsabilidade objetiva no direito brasileiro antes da alteração do sistema de responsabilidade civil adotado pelo Código civil, são: a responsabilidade previdenciária por acidente de trabalho (Lei n. 8.213, de 24 de julho de 1991); a responsabilidade do transportador aéreo (arts. 268 e 269 da Lei n. 7.565 de 1986) e a responsabilidade do explorador da lavra (art. 47, VIII, do Código de Mineração — Decreto-lei n. 227, de 28 de fevereiro de 1.967).

Ademais, antes do surgimento de hipóteses de responsabilidade objetiva na legislação geral civil, desenvolveu-se a chamada culpa presumida[(304)], que alguns doutrinadores equiparam à responsabilidade objetiva. No entanto, essa se diferencia daquela, ainda se está diante do sistema de responsabilidade com culpa, embora presumida, em certas hipóteses concretas. Esse sistema aproxima-se, em termos de resultados práticos, da responsabilidade objetiva (CAVALIERI FILHO, 2014).

Segundo Gonçalves (2003), podem ser apontadas cinco fases na transição da culpa para o risco: 1ª) buscou-se conferir mais facilidade na prova da culpa; 2ª) aceitou-se a teoria do abuso de direito como ilícito; 3ª) criou-se hipóteses de culpa presumida, como por exemplo por meio da súmula 341 do STF[(305)]; 4ª) admitiu-se mais hipóteses de responsabilidade contratual, na qual a vítima só precisava provar que não chegou indene em seu destino; 5ª) acolheu-se a teoria do risco, na qual basta a prova da causalidade entre a conduta e o dano.

Outrossim, ainda nesse campo, a noção clássica de culpa começa a perder espaço e deixa de ter relevância o aspecto subjetivo que se baseia no estado de ânimo do ofensor para ganhar um aspecto objetivo, que considera um modelo base de conduta esperada do agente naquela situação e a responsabilidade civil subjetiva se distancia de seu objetivo moralizador. Trata-se da também denominada culpa objetiva, ou culpa normativa, cujo fundamento relaciona-se a uma análise da conduta adotada pelo ofensor e o padrão esperado do ponto de vista abstrato de comportamento (SCHREIBER, 2011).

Para Cavalieri Filho (2014, p. 6), a CF/88, propiciou, de vez, o avanço no que diz respeito à transformação da responsabilidade civil, posto que trouxe a pacificação sobre o tema dano moral (art. 5º, incisos V e X[(306)]) e ampliou a responsabilidade objetiva (art. 37, § 6º[(307)]). Ainda segundo o autor, o CDC representou o "[...] golpe final [...]" no sistema da responsabilidade subjetiva, já que alterou totalmente o ordenamento jurídico de então, de modo que os riscos do consumo[(308)] deixaram de ser do consumidor e passaram a ser do fornecedor.

---

(304) Ainda a respeito do tema, conferir, por todos, Schreiber (2011, p. 32).

(305) Segundo Schreiber (2011), por meio da Súmula n. 341 do STF, passou-se a não se admitir prova em sentido contrário. Desse modo, as presunções de culpa, adotadas como solução para as injustiças causadas pela dificuldade da prova da culpa, foram deixando de ser relativas e passaram a ser absolutas. Diz a súmula em comento: "É presumida a culpa do patrão ou comitente pelo ato culposo do empregado ou preposto".

(306) Eis a redação dos dispositivos mencionados: Inc. V, "é assegurado o direito de resposta, proporcional ao agravo, além da indenização por dano material, moral ou à imagem;" Inc. X:, "são invioláveis a intimidade, a vida privada, a honra e a imagem das pessoas, assegurado o direito a indenização pelo dano material ou moral decorrente de sua violação".

(307) Dispõe o art. 37, § 6º, CF/88: "As pessoas jurídicas de direito público e as de direito privado prestadoras de serviços públicos responderão pelos danos que seus agentes, nessa qualidade, causarem a terceiros, assegurado o direito de regresso contra o responsável nos casos de dolo ou culpa".

(308) Nos termos do art. 12 c.c art. 14, CDC, a responsabilidade objetiva foi adotada para todos os acidentes de consumo, sejam eles advindos do fato do produto ou do fato do serviço. Diz o primeiro dispositivo legal mencionado: "O fabricante, o produtor, o construtor, nacional ou estrangeiro, e o importador respondem,

O avanço no sistema de responsabilidade civil foi completado com o CC/02 que, embora sem abolir totalmente o sistema de responsabilidade subjetiva, cuja adoção se dará sempre que não houver previsão legal expressa da responsabilidade objetiva, adotou o sistema predominante da responsabilidade objetiva, em três cláusulas gerais: a primeira, que constitui cláusula geral de responsabilidade objetiva, decorre da conjugação do art. 927 com o 187 do código civil, nos casos em que ocorrer o abuso de direito; a segunda encontra-se prevista no art. 927, parágrafo único do referido digesto, prevendo a adoção da responsabilidade objetiva sempre que o dano advier do exercício habitual de atividade perigosa por parte do causador do dano; e a terceira, prevista no art. 931, que estendeu a responsabilidade objetiva aos empresários individuais e as empresas nos casos de fato danoso provocado pelos produtos e serviços que colocarem em circulação (CAVALIERI FILHO, 2014).

Contudo, tal revolução, sobretudo no que tange à ampliação dos danos indenizáveis[(309)], não é infensa às críticas. Schreiber (2011), por exemplo, afirma que, com a diminuição dos filtros de reparação, muitas vezes não se analisa corretamente a questão do nexo causal entre o dano e a conduta. Também a ideia do solidarismo é criticada pelo autor, que afirma que este muitas vezes não acontece em relação aos deveres.

Por outro lado, Godoy (2009, p. 23) adverte que algumas críticas são relevantes, mas muitas vezes desmedidas. A título de exemplo, menciona que quando da publicação do código de defesa do consumidor com atribuição de responsabilidade sem culpa por parte do fornecedor, também se assistiu a pareceres alvoroçados, "[...] como se o mercado viesse a colapso." O autor enfatiza que, diversamente das previsões catastróficas, a legislação terminou por trazer até mesmo uma "[...] função educativa [...]", trouxe novos rumos às relações e concretizou o "[...] imperativo da boa-fé objetiva- [...] ", advindo da exigência do solidarismo previsto no art. 3º, I, da Constituição Federal.

Tendo em vista a complexidade da sociedade atual, refletida no sistema de responsabilidade civil brasileiro, é importante observar a necessidade de integração das diversas fontes normativas, avaliar, em cada caso concreto, e acorde com os princípios que regem a matéria, a norma que mais se adequa a esse (CAVALIERI FILHO, 2014).

---

independentemente da existência de culpa, pela reparação dos danos causados aos consumidores por defeitos decorrentes de projeto, fabricação, construção, montagem, fórmulas, manipulação, apresentação ou acondicionamento de seus produtos, bem como por informações insuficientes ou inadequadas sobre sua utilização e riscos". Por sua vez, o art. 14 possui a seguinte redação: "O fornecedor de serviços responde, independentemente da existência de culpa, pela reparação dos danos causados aos consumidores por defeitos relativos à prestação dos serviços, bem como por informações insuficientes ou inadequadas sobre sua fruição e riscos".

(309) Acerca do tema, conferir também a crítica de Martins-Costa (2014), segundo a qual, o reconhecimento irrestrito do direito à indenização por futilidades ocorre, inelutavelmente, em prejuízo da própria coletividade, que terá de arcar com os custos decorrentes.

O STJ, por meio de seu sistema de organização de Jurisprudência em teses n. 119, específica sobre a responsabilidade por danos ambientais, composta por onze enunciados, fixou entendimento de que é objetiva a responsabilidade por dano ambiental, não dispensando a demonstração do nexo de causalidade entre a conduta e o dano, porquanto o nexo de causalidade constitui o elemento agregador do risco à completude do ato (entendimento obtido a partir da leitura dos enunciados ns. 1[(310)] e 3[(311)]).

3.4.1.3. Teorias que fundamentam a responsabilidade civil fundada no risco

Conforme leciona Menezes Direito (2022), a imputação da responsabilidade com base no risco parte do pressuposto de que existe uma "[...] certa esfera de riscos pela qual deve responder outrem que não o lesado." Essa determinação parte de diversas concepções.

Lima (1998, p. 117-119) aponta que a primeira construção em torno da passagem da culpa para a responsabilidade objetiva foi fundada na teoria do risco integral, à qual sobrevieram outras, como a do ato anormal, segundo a qual advém a responsabilidade do agente sempre que a atividade do agente é anormal no uso da propriedade e do risco-proveito, que aponta para a responsabilidade daquele que usufrui dos benefícios das atividades que criaram o risco, ante a injustiça e irracionalidade de "[...]que a vítima, que não lhe colhe os proveitos da atividade criadora dos riscos e para que tais riscos não concorreu, suporte os azares da atividade alheia" (LIMA, 1998, p. 119).

Também Menezes Direito (2022, p. 363) aponta que a teoria do risco-proveito parte da noção de que aquele que auferir proveito com determinadas atividades, deve responder "pelos danos resultantes" dessas.

Já a teoria do risco criado, "[...]aquele que cria uma situação de perigo deve responder pelos riscos que resultem dessa situação" (MENEZES DIREITO, 2022, p. 363).

Apontados as principais teorias da responsabilidade civil objetiva, passa-se a um breve apontamento dos requisitos dessa.

3.4.2. Elementos da responsabilidade civil objetiva

Mesmo a adoção da responsabilidade objetiva exige a presença de seus para que nasça o dever de reparar, quais sejam: dano, nexo de imputação[(312)] e nexo de causalidade.

(310) Diz o enunciado 1 da jurisprudência em teses do STJ a respeito de responsabilidade por dano ambiental: "A responsabilidade por dano ambiental é objetiva, informada pela teoria do risco integral, sendo o nexo de causalidade o fator aglutinante que permite que o risco se integre na unidade do ato, sendo descabida a invocação, pela empresa responsável pelo dano ambiental, de excludentes de responsabilidade civil para afastar sua obrigação de indenizar."

(311) Nos termos do enunciado 3 da orientação uniformizadora do STJ: "O reconhecimento da responsabilidade objetiva por dano ambiental não dispensa a demonstração do nexo de causalidade entre a conduta e o resultado".

(312) Importante apontar que Frota (2014), após estudar a teoria da imputação, aduz que sua aplicação como elemento da responsabilidade civil ao lado do nexo de causalidade, sob o argumento de que isso diminuiria a proteção para a vítima.

Referidos elementos são aqui tratados, sem a pretensão de esgotá-los, mas tão somente para fornecer elementos que permitam entender a discussão dos resultados da jurisprudência levantada com os termos pesquisados na presente tese, posto que muitas delas a eles se referem, em especial, o nexo de causalidade, tratado logo depois do nexo de imputação.

3.4.2.1. Nexo de imputação

O nexo de imputação diz respeito ao motivo pelo qual determinada pessoa deve responder pelos danos causados a outrem em decorrência de algum "[...] fato antijurídico", ou seja, por meio desse requisito é possível estipular a relação entre o "[...] fato danoso" e aquele que deve responder por ele (NORONHA, 2013, p. 496).

Para Feliciano (2005), conquanto a imputação, assim como a causalidade se vincule a relações de causa e efeito, as duas não se confundem. Na primeira, ao analisar o fato concreto face à norma jurídico-penal, o intérprete se baseia num juízo naturalístico, palpável. Já na segunda, o juízo que se estabelece é normativo e abstrato. Desse modo, defende que apenas a imputação é jurídica em seu nascimento, própria das ciências sociais e concebida dedutivamente, ao passo que a causalidade possui sua gênese na ciência física ou no aspecto psíquico, funda-se nas ciências naturais e em si mesma constitui uma lei natural.

Com base no relato do pecado original, que seria o primeiro caso de quebra de uma norma, quando Adão come o fruto oferecido por Eva e viola a primeira norma imposta pelo criador, ao ser questionado sobre o fato respondeu, num misto de relato e defesa, que quem lhe dera o fruto teria sido a mulher que lhe fora dada por companheira (ou seja, uma pessoa responsável e que fora dada pelo próprio Deus). Origina-se do contexto um princípio da confiança, que não foi reconhecido pelo criador, que impôs a Adão e à Eva a responsabilidade pelo ocorrido. O autor apresenta, assim, os fundamentos teóricos e dogmáticos da teoria da imputação objetiva (JAKOBS, 1998).

Desse modo, para o autor suprareferido, os fundamentos teóricos da imputação objetiva residem no fato de que os seres humanos se organizam socialmente e cada um exerce determinado papel na sociedade. Quando ocorre uma ofensa a um contrato social é necessário investigar a existência de terceira pessoa que seria o potencial autor (JAKOBS, 1998).

Do ponto de vista das instituições dogmáticas, os fundamentos para a teoria da imputação objetiva são: 1) existe um risco permitido, pois o direito não pode evitar todo tipo de dano, sob pena de paralisar as relações sociais; 2) como os comportamentos humanos estão entrelaçados, há um princípio da confiança, segundo o qual cabe a cada um desempenhar seu papel, sem que haja necessidade de repartição do trabalho; 3) um comportamento não pode se impor única e arbitrariamente, de modo que há uma proibição de regresso contra aquele cujo comportamento foi inócuo para o resultado; 4) pode ocorrer que o contexto social imponha também algum papel à vítima, logo, existe uma competência da vítima (JAKOBS , 1998).

Alvarado (1999) retoma o papel do princípio da confiança e rechaça a ideia da previsibilidade como fundamento deste. Vale-se do exemplo do tráfego de veículos automotores para mostrar que os indivíduos devem se portar perante os demais respeitando os sinais de trânsito, ou seja, a atividade é mais facilmente realizada porque se parte do princípio de que cada cidadão agirá conforme as regras gerais de conduta.

Para o autor acima mencionado, não é possível eliminar todos os riscos criados por se viver em sociedade, pois isso significaria retroceder ao seu nível mais elementar. Mesmo a descoberta do fogo implicou riscos para a sociedade, assim como a invenção de meios de transporte em massa como o avião, o trem ou o automóvel, que em muito facilitou os contatos, a comunicação e o desenvolvimento social. Logo, existe um risco socialmente permitido e as atividades inseridas dentro dele não dariam lugar a nenhuma reprovação jurídica. O risco permitido é um elemento da teoria da imputação objetiva.

Para Roxin (1997), determinado resultado só pode ser imputado ao agente quando: a) sua conduta criou um perigo não coberto por um risco permitido; b) esse perigo se concretizou no resultado.

Discorrendo sobre a responsabilidade civil, Rangel (2006, p. 10) assevera que essa apresenta duas vertentes, uma de "[...] conteúdo normativo [...]", posto que advém da lei, e "[...] outra de carácter vincadamente econômico [...]", porquanto as lesões ocasionadas à vítima terminam por adquirir tal caráter. A conjunção desses dois fatores é que gera a obrigação de indenizar, ou seja, "[...] a possibilidade de imputação *lato sensu* de determinado acto e seus efeitos ao agente causador e a susceptibilidade de sujeitar alguém ou alguma coisa às consequências originadas e derivadas de certo comportamento" (Itálico no original).

O referido autor cita o exemplo de um acidente com uma criança que cai do quinto andar de um prédio e morre, enquanto o pai tranquilamente assiste a um programa televisivo. Adverte que nesse caso não há que se perquirir sobre a existência de nexo de causalidade entre o acidente que ceifou a vida do menor e o fato de o pai estar assistindo ao programa televisivo, já que a morte adveio de elementos naturalísticos (lei da gravidade). Assim, em outras palavras, a discussão sobre eventual responsabilidade do pai pela morte do filho não diz respeito a nexo de causalidade, mas ao nexo de imputação (obrigação legal de cuidado) (FELICIANO, 2018).

Adaptando-se o exemplo para a casuística dos acidentes de trabalho, considere-se o caso hipotético de um acidente de trabalho em que o empregador deixa de construir porta detectora de metais apta a detectar a presença de pessoas portando armas de fogo como forma de aumentar a segurança em determinado estabelecimento que explora serviços bancários. Um assaltante, portando arma de fogo, adentra no estabelecimento para roubar valores e dispara sua arma contra um funcionário do estabelecimento e esse, em razão do disparo, fica tetraplégico.

Reportando-se à doutrina civilista atual, o autor tentaria provar o nexo causal entre a omissão do empregador em não dotar o estabelecimento de porta giratória e diria que, em se tratando de empreendimento que lida diariamente com grandes somas de dinheiro, o assalto constituiria fortuito interno, logo, não excluiria o nexo de causalidade. A defesa, a seu turno, diria que se trataria de fato de terceiro, que excluiria o nexo de causalidade e que o empregador não poderia responder pela violência que assola o país e que a segurança pública é dever do Estado. A decisão do magistrado acolhendo ou refutando a tese da causalidade estaria sujeita a críticas e sentimento de injustiça, seja pela vítima, seja pelo ofensor.

Entretanto, não haveria que se perquirir a existência do nexo causal por causa da conduta omissiva do empregador (não instalação de portas detectoras de metal), justamente por consistir em fato negativo do qual não adviria qualquer resultado. Não significa, porém, que o dano ao empregado não possa ser imputado ao empregador, com base no nexo imputacional, porquanto esse possui a obrigação legal de garantir a incolumidade físico-psíquica do empregado no ambiente de trabalho (papel de garante), sendo que ao explorar a atividade bancária sem a instalação da porta detectora de metal em estabelecimento visado por assaltantes, o empregador criou um risco que se realizou, ferindo a norma protetora segundo a qual o empregador deve indenizar o empregado pelos danos que lhe advier em razão dos acidentes de trabalho.

3.4.2.2. Nexo de causalidade

Pereira (2022) e Schreiber (2011) assinalam que no contexto da responsabilidade objetiva o nexo de causalidade adquire fundamental importância, ante a desnecessidade de analisar a existência da culpa.

Conforme leciona De Cupis (1966, p. 184) não é a causa natural aquela que define ser o dano causado por determinada ação humana, mas *"[...] la causalità giuridica"*[313]. Para o autor, o direito civil e o direito penal regulam de modo diverso a questão da causalidade, vez que o primeiro exclui as concausas, o que não ocorre com o direito civil.

Para Noronha (2013, p. 499), embora pareça fácil definir o nexo de causalidade, posto que se trata de estabelecer a ligação entre o dano e o fato que o gerou, por vezes esse constitui o elemento mais difícil da responsabilidade civil, dada a dificuldade de apontar de modo suficiente, sob o aspecto jurídico, esse elo e ainda porque, ainda que

(313) A causalidade jurídica (tradução livre da autora).

raro, há casos nos quais uma pessoa deve responder por um dano que nem ela nem alguém pela qual é responsável deu causa.

De fato, no intuito de estabelecer as bases para a fixação do elo entre o dano e o evento danoso, diversas teorias foram elaboradas e todas elas suscitam diversos debates acerca de sua adequação/inadequação ou ainda acerca de sua adoção por determinado sistema jurídico.

Como leciona Cavalieri Filho (2014), o fato de a norma civil, diferentemente da penal, não indicar expressamente a teoria da causalidade utilizada é que leva a doutrina e a jurisprudência a buscarem o embasamento teórico.

Nos termos do art. 403 do CC/02: "Ainda que a inexecução derive de dolo do devedor, as perdas e danos só incluem os prejuízos efetivos e os lucros cessantes por efeito dela direto e imediato, sem prejuízo do disposto na lei processual" (BRASIL, 2002).

Noronha (2013, p. 234) se vale do exemplo de uma pessoa que sofre determinado acidente que lhe danifica o veículo indispensável para seu trabalho e alugue um veículo para continuar trabalhando tem direito à indenização do gasto com o aluguel, ainda que não seja consequência direta e imediata do acidente para mostrar o alcance da expressão usada no art. 403, CC/02.

As principais teorias utilizadas para tentar explicar o nexo de causalidade são: teoria da equivalência das condições ou dos antecedentes[(314)], teoria da causa necessária[(315)] e teoria da causalidade adequada[(316)]. Dessas, a derradeira é aceita por Noronha (2013); Cavalieri Filho (2014), dentre outros doutrinadores brasileiros.

Noronha (2013), descarta de imediato a adoção das teorias da equivalência das condições ou dos antecedentes e teoria da causa necessária pelo Código Civil Brasileiro. A primeira porque sua adoção pela responsabilidade civil levaria à obrigação de indenizar muito longe, especialmente no âmbito da responsabilidade objetiva, que prescinde da culpa. A segunda porque restritiva[(317)], embora o autor reconheça que referida teoria constitua um avanço importante se comparada "[...]à estreita fórmula "efeito direto e imediato"", na medida em que admite interpretação diferente da regra expressa e permite

(314) Teoria antiga, melhor desenvolvida no direito penal alemão, no século XIX, pelo criminalista von Buri, com o objetivo de apontar que também o cúmplice pode ser tido como responsável pelo crime ao lado do autor, mas que ainda guarda relevância para esse ramo do direito (NORONHA, 2013).

(315) Teoria desenvolvida na França, no século XIX por Pothier (NORONHA, 2013).

(316) Formulada inicialmente por von Kries, no final do século XIX, a teoria foi melhor trabalhada por Rumelin e Träger (NORONHA, 2013).

(317) O exemplo usado por Noronha (2013, p. 235) para explicar a inadequação do termo necessário é a previsão dos arts 399, 862 e 1218 de que os danos acidentais ocasionados pelo "[...] devedor em mora, o gestor de negócios (este quando procede contra a vontade do dono do negócio) e o possuidor de má-fé" sejam de responsabilidade desses, salvo prova de que referidos danos teriam se verificado mesmo estando com aquele que deveria ter a posse.

concluir pela necessidade de ampliação de seu sentido (NORONHA, 2013, p. 235, aspas internas no texto original).

Ademais, o autor acima mencionado, entende que a teoria da causalidade adequada é a que melhor explica o elo entre o dano indenizável e a conduta. Ainda de acordo com referido autor, para essa teoria "[...] um fato é causa de um dano quando este seja consequência normalmente previsível daquele", conclusão a que se chega ao se analisar retroativamente ao fato danoso e fazer um prognóstico acerca da probabilidade de determinado "dano" tendo em conta "[...] as regras da experiência comum [...]". Chegando-se a uma conclusão afirmativa, tem-se hipótese em que tais danos serão atribuídos ao referido fato e indenizáveis, e aqueles que decorreram de condições excepcionais, não (NORONHA, 2013, p. 499).

Por sua vez, Pereira (2022, p. 136) aduz que o art. 403 CC/02, tanto quanto o 1060 do código anterior, adotou a teoria da causa necessária, posto que entende afastado o dever de reparar "[...] sempre que causa autônoma mais próxima interrompa o nexo de causalidade." Para o autor, referida teoria é aclamada na jurisprudência, ainda que se valendo de diversas expressões, como *"[...] causalidade adequada ou causalidade eficiente"* (itálico no original).

A teoria da necessariedade da causa foi desenvolvida no Brasil por Arruda Alvim, na segunda metade do século XX, ainda na vigência do CC/16. A seu ver, era a que mais se adequava ao modo como a questão foi tratada no código civil. De acordo com tal teoria, o nexo de causalidade consistiria numa "[...] relação necessária" entre o fato gerador e o evento danoso, que a seu ver, era a que mais se adequava ao modo como a questão foi tratada no código civil (ARRUDA ALVIM, 1965, p. 339).

De acordo com o autor suprarreferido, a causa do dano pode ser próxima ou remota, mas deve ser a causadora do evento, ou seja, não poderia existir outra causa diversa que o explicasse. Consoante as palavras do próprio autor: "Ela é causa necessária desse dano, porque ele a ela se filia necessariamente; é causa única, porque opera por si, dispensadas outras causas" (ALVIM, 1965, p. 339).

Pereira (2022, p. 134) aponta que a teoria em comento pode ser abreviada em poucas palavras nos seguintes termos: "[...] o problema da relação de causalidade é uma questão científica de probabilidade".

Para a teoria da equivalência das condições ou dos antecedentes, constituem causa do dano todas as condições essenciais para a ocorrência desse e condição é todo antecedente que não pode ser eliminado mentalmente sem que se venha a ausentar o efeito (CAVALIERI FILHO, 2014).

De acordo com Noronha (2013, p. 231), para tal teoria, a explicação do nexo de causalidade pela teoria da equivalência das condições seria muito simples, pois considera que:

"[...] são causas de um dano todas as condições sem as quais este não se teria produzido". Para o autor, o art. 403 não deixa dúvidas sobre o afastamento dessa teoria.

Ao contrário da teoria da equivalência das condições, a teoria da causalidade adequada diferencia causa e condição, sendo que, após raciocinar quais as condições contribuíram para o resultado, há de observar qual foi a de maior importância, que será tida como causa e as demais serão desconsideradas. Aí reside o problema. Como se eleger qual foi a condição necessária, dentre as diversas observadas? (NORONHA, 2013, p. 625).

Conforme explica Noronha (2013), duas correntes se formaram para explicar o modo como se chegar à descoberta da causa necessária: uma positiva, que parte da concepção de que determinado acontecimento pode ser tido como causa adequada de um caso que lhe sucede quando propiciar sua produção e uma negativa, para a qual se exclui a causalidade nas hipóteses em que o resultado é desprendido do fato que lhe antecede. Em sua visão, a formulação negativa é preferível porque: a) explicita a persistência do nexo causal ainda quando se observa que outros fatos contribuíram para o dano; b) amplia o âmbito de causalidade do ponto de vista prático; c) na prática, auxilia na produção da prova para a vítima, o que constitui a maior vantagem da teoria.

O art. 403, CC/02 teve como fonte o art. 1.151 do código francês de 1804, por sua vez, inspirado em Pothier, e quer dizer que nos casos de determinada conduta ofensora, somente são indenizáveis os que puderem ser tidos como de "'[...] efeito direto e imediato' do inadimplemento da obrigação". Nesse caso, indaga-se que danos advém do descumprimento de determinada "obrigação", que lhe "[...] tenha sido condicio sine qua non [...]". Contudo, embora tenha sido a fórmula usada por diversos códigos, em nenhum ordenamento jurídico que o adotou, se pode "[...] explicar em termos satisfatórios, juridicamente razoáveis, quais serão esses danos que devem ser considerados "efeito direto e imediato" (NORONHA, 2013, p. 233).

O autor rememora o exemplo usado por Pothier para explicar sua teoria, posto que a entende importante para explicar o teor do art. 403. No exemplo, determinada pessoa vende uma vaca sabidamente doente, que vem à morte depois de contaminar e provocar a morte de todo o rebanho do comprador, que termina "[...] executada e vendida judicialmente".

Noronha (2013, p. 234) conclui que "[...] os danos indenizáveis não são somente aqueles que puderem ser considerados efeito direto e imediato do fato lesivo." Isso porque os termos não devem ser lidos de modo literal, pois caso contrário retiraria a importância do exemplo fornecido por Pothier, porquanto, em tal exemplo:

> [...] dano direto e imediato é apenas o prejuízo da perda da vaca; se o comprador não tivesse mais animais, ou se aquela tivesse ficado separada, não

> teria havido o contágio da peste. Entre a venda do animal doente e a morte dos restantes animais, está uma causa intermediária, que é o contágio (NORONHA, 2013, p. 234).

Desse modo, para a apuração dos danos indenizáveis, é necessário também que o intérprete realize uma operação mental que lhe permita dizer quais os danos decorrem de determinada conduta do agente, posto que aqueles que puderem ser afastados em razão de não serem presumíveis, de acordo com as regras normais da experiência, são afastados da responsabilidade do agente.

Em matéria de responsabilidade civil por danos labor-ambientais, tão relevantes quanto o nexo de causalidade são as excludentes deste, na medida em que o ofensor, via de regra, aponta uma excludente para tentar afastar o nexo causal e, consequentemente, a obrigação de reparar, como se discorre na sequência.

3.4.2.3. Excludentes do nexo de causalidade

De acordo com Noronha (2013, p. 544) as excludentes são os motivos que afastam o dever de reparar daquele que o tinha e podem se relacionar ao nexo de causalidade ou ao nexo de imputação, que se confundem em caso de responsabilidade objetiva.

Ainda segundo o autor supra, as excludentes podem advir de determinada norma legal, que assim o preveem em hipóteses específicas, do decurso do prazo prescricional ou de cláusulas contratuais redigidas pelos contratantes (NORONHA, 2013).

As principais excludentes de causalidade são: fato do lesado, fato do terceiro e força maior. Contudo, em relação à chamada responsabilidade objetiva agravada, excepcionalíssima, havendo elo entre o dano e a atividade desenvolvida, como no caso de energia atômica e explosão de um reator, nenhuma delas tem aplicação.

O chamado fato do lesado ou da vítima constitui o fato imputado à vítima, por si. Podendo se cogitar ainda de motivo concorrente. Na primeira hipótese, salvo na responsabilidade civil agravada, o nexo de causalidade e nexo imputacional são afastados e, na segunda, aplica-se o redutor de acordo com a concorrência da vítima e daquele a quem se atribui a responsabilidade de indenizar.

Em se tratando de responsabilidade civil acidentária, as defesas tendem a atribuir o fato à vítima, por meio do chamado ato inseguro.

O fato de terceiro constitui hipótese em que o dano advém da prática de determinado "fato antijurídico" por pessoa diversa da vítima ou daquele ao qual se atribui a obrigação de indenizar (NORONHA, 2013, p. 649).

O caso fortuito ou força maior geralmente é usado para tratar tanto dos fatos da natureza quanto os atos humanos atribuídos a fatos gerais humanos, como faz Noronha (2013).

Chaves (1965, p. 56) afirma que apesar de existirem diversas teorias que tentam diferenciar com precisão os dois termos, não existe um "critério seguro" para tanto, o que justifica o uso como sinônimo ou a "omissão" por parte do legislador.

Mas nem sempre essas circunstâncias servirão para afastar o nexo causal, como leciona Noronha (2013). Para que isso ocorra, "[...] será sempre necessário que não exista uma relação de causalidade entre o fato do indigitado responsável e esse fato excludente".

Chaves (1965, p. 63) aponta a necessidade da presença do requisito objetivo e subjetivo para que se possa falar na atuação dessas excludentes de causalidade. O primeiro equivale à falta de culpa, ainda que indireta do devedor, e o segundo, à "[...] inevitabilidade dos efeitos", que significa dizer que o devedor deve envidar todos os esforços para evitar o resultado do evento danoso (CHAVES, 1965, p. 63).

O art. 393, *caput*, exclui o dever de indenizar nos casos fortuitos ou força maior e o seu parágrafo único dispõe sobre a inevitabilidade e irresistibilidade, nos seguintes termos: parágrafo único do art. 393, CC/02 "O caso fortuito ou de força maior verifica-se no fato necessário, cujos efeitos não era possível evitar ou impedir".

Contudo, como leciona Noronha (2013), embora o dispositivo legal supra realce a inevitabilidade do fato relativo ao caso fortuito ou força maior, não informa quais as hipóteses em que deve ser considerada a presença dessa. Para o autor em comento, apenas quando constatada a imprevisibilidade, irresistibilidade e externalidade do fato em relação que teria a obrigação de indenizar, embora via de regra, só se fale nas duas primeiras hipóteses, das quais a segunda é a mais importante.

Diz-se imprevisível o evento que acaso passível de previsão, fosse inevitável e, irresistível, o evento que mesmo podendo ser previsto não se poderia evitá-lo. Mas mesmo preenchendo esses dois requisitos, é necessário que o evento seja externo, ou seja, que não se situe na órbita da responsabilidade do agente a quem se atribui a responsabilidade (NORONHA, 2013, p. 655).

Ademais, nas hipóteses de responsabilidade objetiva agravada, como já adiantado o caso fortuito ou força maior em sentido amplo, ou seja, abrangendo todas as excludentes comentadas, não afasta a responsabilidade nos casos em que um risco inerente à atividade for levado a efeito (NORONHA, 2013, p. 651).

Feitos os breves apontamentos acerca dos elementos da responsabilidade objetiva, incidente no caso de dano labor-ambiental por exposição ao amianto, na próxima subseção, discorre-se acerca da posição adotada pelo STF no julgamento do RE 828040/DF, no qual fixou a tese de repercussão geral n. 932, encerrando a discussão acerca da aplicabilidade da responsabilidade objetiva aos acidentes de trabalho e doenças ocupacionais.

3.4.3. Posição do STF acerca da aplicação da responsabilidade civil objetiva aos acidentes de trabalho

Por meio do julgamento do RE 828040/DF(318), o STF aponta o entendimento de que a responsabilidade subjetiva é regra no direito brasileiro, além de reconhecer expressamente que a previsão fixada no art. 7º, XXVIII, CF/88 é um patamar mínimo, que não impede sua ampliação por meio de outras normas ordinárias e fixou a tese de repercussão geral, no Tema de n. 932, nos seguintes termos:

> O art. 927, parágrafo único, do Código Civil é compatível com o art. 7º, XXVIII, da Constituição, sendo constitucional a responsabilização objetiva do empregador por danos decorrentes de acidentes de trabalho, nos casos especificados em lei ou quando a atividade normalmente desenvolvida, por sua natureza, apresentar risco especial, com potencialidade lesiva, e implicar ao trabalhador ônus maior do que aos demais membros da coletividade. (BRASIL, 2020a)

Do excerto acima verifica-se que a decisão do pretório excelso no tema em exame pacificou as discussões acerca do fato de se aplicar, subsidiariamente, a responsabilidade objetiva, de que trata o art. 927, parágrafo único do CPC(319), às hipóteses de danos causados aos trabalhadores. A polêmica advinha de que o art. 7º, XXVIII, CF/88(320), específico para as questões de direitos dos trabalhadores, aponta para a responsabilidade subjetiva do empregador nas hipóteses de responsabilidade civil desse frente ao empregado.

Logo, acorde com o entendimento esposado na tese supra transcrita, dispensa-se a prova da culpa da empresa no momento de avaliar o pedido de indenização nas duas hipóteses distintas de que trata o referido dispositivo legal, quais sejam: a) casos previstos em lei; b) risco advindo da natureza da atividade.

---

(318) Trata-se de recurso interposto pela empregadora, para a qual se reconheceu a responsabilidade objetiva em razão do exercício de atividade de risco. No caso, a 5ª Turma do TST havia reformado a decisão de segunda instância, que por sua vez, havia reformado a decisão de primeira instância, que havia reconhecido a responsabilidade direta da empregadora, empresa de segurança que prestava serviços a um supermercado e na qual um segurança passou a sofrer danos psicológicos, postulando a condenação da empregadora, de forma principal, ao pagamento de indenização por danos morais e por danos materiais, consistente no custeio de todo o tratamento de saúde relacionado ao trauma e pensão até o 65 anos de idade, em razão da incapacidade laborativa. A decisão foi lavrada pelo ministro Alexandre de Moraes e contou com voto divergente do ministro Marco Aurélio, que entendeu não ser aplicável a responsabilidade objetiva aos acidentes de trabalho (BRASIL, 2020a).

(319) Dispõe o dispositivo supra mencionado: "Haverá obrigação de reparar o dano, independentemente de culpa, nos casos especificados em lei, ou quando a atividade normalmente desenvolvida pelo autor do dano implicar, por sua natureza, risco para os direitos de outrem".

(320) Nos termos do dispositivo em comento e do *caput* do art. 7º, CF/88: "São direitos dos trabalhadores urbanos e rurais, além de outros que visem à melhoria de sua condição social: [...] seguro contra acidentes de trabalho, a cargo do empregador, sem excluir a indenização a que este está obrigado, quando incorrer em dolo ou culpa".

A primeira parte do dispositivo refere-se aos casos previstos em lei, vale dizer, aqueles cuja norma já previu a responsabilidade objetiva, a exemplo da responsabilidade ambiental, prevista no art. 14, § 1º da Lei n. 6.838/81,(321) e a segunda parte, que mais gera polêmica, às hipóteses em que a atividade normalmente desenvolvida pelo causador do dano, por sua natureza, representa mais riscos para os demais, ante a falta de consenso acerca do significado da expressão "natureza da atividade normalmente desenvolvida".

A decisão em comento entendeu que: "A natureza que implica riscos maiores é a natureza da atividade, não é a natureza da ocorrência momentânea, não é a conduta que levou ao dano." Exemplificando, citou o caso de um funcionário que labore em um templo budista, no qual possa, excepcionalmente, ocorrer um tiroteio em decorrência de um roubo à mão armada, hipótese que em que se tem um risco extraordinário momentâneo, diversamente do caso de um segurança que exerce sua atividade em um carro forte, pois, nesse contexto, o risco é inerente à atividade exercida regularmente (BRASIL, 2020a, p. 5).

Para Antunes Varela (2000, p. 593), o perigo da atividade pode ser entendido não apenas a partir da do texto expresso da lei, como "[...] da própria natureza da actívidade (fabrico de explosivos, confecção de peças pirotécnicas, navegação aérea, etc.) ou da natureza dos meios utilizados (tratamento médico com ondas curtas ou com raios X [...]".

Ainda reconheceu-se, nos fundamentos da decisão ora reportada, que a cláusula geral do parágrafo único do art. 927 CC/02 representou um enorme avanço ao sistema de responsabilidade civil anterior e que o constituinte, em matéria de direitos sociais, quis estabelecer um patamar protetivo mínimo ao garantir a responsabilidade subjetiva do empregador pelos acidentes de trabalho sofridos pelo empregado, uma vez que a tradição da Corte Suprema, por meio de sua súmula 229, da década de 1960, exigia a comprovação de dolo ou culpa grave para se reconhecer a responsabilidade do empregador em tais situações. Desse modo, apontou que seria um enorme contrassenso, sob o aspecto da sistematicidade do direito e da proteção constitucional aos direitos sociais, entender que acaso o trabalhador fosse um transeunte, que passasse pelo local e viesse a ser atingido durante o tiroteio, tivesse aplicada a responsabilidade subjetiva para o primeiro e objetiva para o segundo (BRASIL, 2020a).

Feliciano (2013, p. 22) distingue duas modalidades de infortunística no meio ambiente do trabalho, com vistas à aplicação da responsabilidade civil do empregador a depender do

---

(321) De acordo com o § 1º do art. 14 da da Lei n. 6.838/81: "Sem obstar a aplicação das penalidades previstas neste artigo, é o poluidor obrigado, independentemente da existência de culpa, a indenizar ou reparar os danos causados ao meio ambiente e a terceiros, afetados por sua atividade. O Ministério Público da União e dos Estados terá legitimidade para propor ação de responsabilidade civil e criminal, por danos causados ao meio ambiente" (BRASIL, 1981).

tipo de concreção dos riscos a que o(a) trabalhador(a) está exposto(a): a) "[...] causalidade sistêmica"(322) e b) "[...] causalidade tópica". No primeiro caso, o acidente de trabalho decorre "[...] de um quadro de desequilíbrio na disposição ou na combinação de fatores de produção", de modo que se tem a responsabilidade objetiva (com fulcro no art. 14, § 1º, da Lei n. 6938/81 e, no segundo, não existe correlação entre o acidente e "[...] o desequilíbrio sistêmico do meio ambiente do trabalho, sendo cabível responsabilidade subjetiva (art. 7º, XXVIII, CF/88)".

3.5. Dano labor-ambiental e labor-ambiental futuro na jurisprudência do TST

No presente item são apresentados os resultados da pesquisa de jurisprudência acerca do tema do dano ambiental e do dano ambiental futuro junto ao TST.

Inicialmente são informados os critérios de pesquisa, incluindo o motivo da escolha do termo usado.

3.5.1. Critérios de pesquisa

Pesquisa realizada no sítio eletrônico do TST na data de 18 de abril de 2023, com o critério de busca dano labor-ambiental, sem o uso de aspas e tendo como critérios adicionais nos buscadores as Classes Processuais de Recurso de Revista, Ação Civil Pública e Embargos e tipo de decisão: Acórdãos, súmulas, orientação jurisprudencial e precedente normativo. Valendo-se ainda do indicador Acidente de trabalho, foram apontados 27 resultados para acórdãos e nenhum resultado para os demais tipos de decisão pesquisadas.

Quando utilizadas aspas no termo de busca, não foi reportada nenhuma decisão, razão pela qual foi utilizado o termo sem aspas.

Das 27 decisões mostradas no resultado, a maioria absoluta (22) foi proferida pela terceira turma(323). Apenas duas foram proferidas pela segunda turma, uma pela sétima turma e uma pela sexta turma.

Todas as decisões foram sistematizadas em um quadro e trabalhadas apenas aquelas conhecidas. Logo, foram excluídas de análise as decisões proferidas em sete processos(324), restando 20 decisões a serem analisadas.

---

(322) A "[...] causalidade sistêmica [...]" pode ser aferida com provas que servem de indício de sua ocorrência: 1) muitos trabalhadores sujeitos a condições de trabalho "[...] agressivas [...]", 2) as condições inadequadas apresentadas nos autos já foram verificadas em ações do MTE; 3) "[...] imperícia organizacional [...]", quando se dá, exemplificativamente, a alteração do objeto social da empresa em período "recente"; 4) verificação por meio de prova pericial de que o ambiente guarda riscos agravados ou proibidos", hipótese em que se tem propriamente uma "[...] evidência [...]" (FELICIANO, 2013, p. 23).

(323) O relator de todas as decisões da terceira turma foi o ministro Mauricio Godinho Delgado.

(324) RR 0005-77.2015.5.02.0434; RR 898-19.2014.5.05.0661, RR 489-41.2016.5.05.0251, RR 491-06.2013.5.03.0046, RR 745-48.2014.5.04.0811, RR 197200-41.2007.5.02.0017 e RR 668-64.2012.5.03.0026.

3.5.2. Resultados da pesquisa junto ao TST

Os resultados apontam para o reconhecimento da culpa presumida em caso de dano labor-ambiental e responsabilidade objetiva do empregador nos casos de acidente de trabalho típico com eletricidade, em caso de empresa do ramo elétrico, de corte em empresa de cana de açúcar, em caso de acidente de trajeto no qual a empresa fornece o transporte de casa/trabalho e vice-versa.

A adoção da culpa presumida levou ao afastamento da decisão de segunda instância em cinco casos(325), nos quais havia sido considerado que o trabalhador não havia conseguido comprovar a culpa do empregador no evento danoso, por se entender que cabia ao empregador comprovar que adotou todas as medidas cabíveis para prevenir o acidente de trabalho ou a doença ocupacional.

Destaca-se também a decisão proferida nos autos do RR 2-68.2015.5.05.0134, que reconheceu a possibilidade de liquidação por artigos, por ausência de todos os elementos para a fixação da indenização por ocasião da decisão de mérito, num caso de acidente típico com uma empregada que fraturou a perna enquanto se deslocava em ambulância. Determinou-se também que fosse observada na liquidação da sentença por artigos que a obesidade da trabalhadora contribuiu para o agravamento de sua lesão.

No que concerne ao pagamento de pensão, o entendimento aplicado nas decisões que tratou do tema foi de que não se aplica a previsão do art. 948, II, CC/02, em caso de pensão por morte(326) e, no que concerne ao pagamento de pensão por redução permanente da capacidade em parcela única, determinada a aplicação do redutor de 20%(327).

No que concerne à base de cálculo do pensionamento para filhos e cônjuge, reconhecido o direito de acrescer do cônjuge, quando o(s) filho(s) completarem 25 anos e exclusão do adicional de periculosidade da base de cálculo, por se tratar de salário condição(328).

A data inicial do pensionamento é a data da aposentadoria por invalidez e não a data do auxílio doença.

Também no que diz respeito à aplicação de redutor em caso de pagamento de indenização em parcela única, nos autos RR 691-95.2014.5.08.0124(329), o RR foi

---

(325) RR 20587-24.2020.5.04.0772; RR 10164-74.2015.5.03.0168; RR 1002461-33.2014.5.02.0461; RR 11292-17.2015.5.03.0173; RR 11600-48.2017.5.03.0152.

(326) RR 1284-75.2015.5.22.0003.

(327) RR 20234-34.2019.5.04.0411.

(328) RR 11915-08.2016.5.03.0089.

(329) Trata-se de queimaduras na face, tórax e ombro por água quente que saiu com elevada pressão do esterilizador. O acórdão recorrido entendeu pela culpa da empresa em razão da ausência de prova de ter fornecido treinamento, razão pela qual não foi conhecido quanto a esse tema. Decisão da lavra do ministro José Roberto Freire Pimenta, 2ª T.

acolhido para determinar a redução de 10% em razão da determinação de pagamento da pensão em parcela única.

Foi requerida a fixação de limite de 65 anos, porém rejeitada, sob o argumento de que a jurisprudência trabalhista entende incabível a limitação temporal ao pagamento da pensão em razão do princípio da reparação integral. Houve redução proporcional e definitiva da capacidade laborativa do obreiro e foi fixado o redutor de 10%, sob o entendimento de que apenas ao final da vida da vítima seria devido. O valor da indenização por danos morais foi de R$ 400.000,00 e de R$ 200.000,00 o de danos estéticos.

No que concerne ao pagamento da pensão em parcela única em caso de morte de trabalhador, nos autos do RR 32-44.2017.5.05.0131, RR – 21402-39.2015.5.04.0661 e RR 489-41.2016.5.05.0251, foi apontado que o entendimento do TST é no sentido de não cabimento dessa modalidade de pagamento tratando de pensão por morte do trabalhador.

Ainda no que diz respeito ao pagamento de pensão por morte, importante consignar que a decisão proferida nos autos do RR – 21402-39.2015.5.04.0661 excluiu do valor da indenização por danos materiais a serem pagos mensalmente às dependentes do trabalhador falecido, o valor que esse teria direito a título de FGTS.

Destaca-se também, especialmente das decisões proferidas pela terceira turma do TST, o entendimento pela aplicação da culpa presumida aos casos em que verificado o dano e o nexo causal entre esse e o acidente de trabalho, de modo que se transfere para a empresa o ônus de comprovar alguma excludente de causalidade, como o fato exclusivo da vítima ou culpa de terceiros, como assentado nas decisões proferidas nos autos do processo RR – 21402-39.2015.5.04.0661, 11600-48.2017.5.03.0152, RR 11292-17.2015.5.03.0173, RR – 1002461-33.2014.5.02.0461, RR – 10164-74.2015.5.03.0168.

A responsabilidade objetiva do empregador que fornecia o transporte casa/trabalho e vice-versa para o trabalhador foi reconhecida nos autos do RR 10287-54.2018.5.03.0043, por se entender que se trata de fortuito interno, assim entendido "o fato imprevisível ligado à atividade do empregador e acobertado pelo conceito de risco mais amplo"[(330)] (BRASIL, 2021, p. 3). No caso, a vítima era transportada por veículo da empresa, hipótese em que a condenação se deu com fulcro na regra dos arts. 734 e 735 CC/02. Desse modo, em razão do óbito do trabalhador, foi fixado o pagamento de indenização por danos morais em *ricochet* em favor da mãe e da companheira deste.

Nos autos RR 2-68.2015.5.05.0134, foi reconhecida a culpa presumida da empresa, sob o fundamento de que nos casos de dano em decorrência de acidente típico de trabalho, cabível a presunção de culpa, porquanto "o empregador tem o controle e a

(330) A fundamentação da decisão apontou que as hipóteses de fato de terceiro não se enquadram na regra em análise, mas tão somente na regra do art. 927, parágrafo único, CC/02 (p. 18).

direção sobre a estrutura, a dinâmica, a gestão e a operação do estabelecimento em que ocorreu o malefício" (BRASIL, 2020, p. 3).

A pesquisa de jurisprudência junto ao TST com o tema do dano labor-ambiental futuro mostrou que as decisões ali proferidas têm caminhado no sentido de aceitar a ideia da aplicação da culpa presumida da empresa, considerando o fato de que essa possui as condições de fazer prova das circunstâncias do evento danoso, já que dirige a prestação laboral e ou em razão de se tratar de dano labor-ambiental, aplicando a teoria da unidade do meio ambiente e da responsabilidade objetiva na manutenção da salubridade deste, bem como em assumir a responsabilidade civil objetiva, inclusive mencionando a decisão do STF na tese de repercussão geral n. 932 do STF.

Capítulo 4

Dano labor-ambiental futuro por exposição ao amianto e regulamentação da exploração do produto no Brasil

No capítulo anterior foram apresentadas as principais características do dano labor-ambiental e do dano labor-ambiental futuro e o entendimento do STJ, STF e TST acerca do tema. No presente capítulo, é exemplificado o dano labor-ambiental, especialmente em sua modalidade futura, por meio do dano decorrente da exposição ao amianto (mesotelioma de pulmão, placas neurais, derrame pleural, neoplasia maligna de estômago, entre outros), além de serem indicadas as principais normas que tratam do tema, no âmbito da OIT, no âmbito nacional e local, que desafiou resposta por parte do STF, chamado a responder sobre a constitucionalidade das normas locais em face da nacional mesmo em face da constitucionalidade da norma nacional ante a norma da OIT, com caráter de supralegalidade.

Também é registrado o resultado da pesquisa realizada junto aos tribunais superiores (STJ e TST) com o termo dano futuro por exposição ao amianto, uma vez que os danos à saúde do trabalhador em decorrência da exposição ao amianto geralmente aparecem após longos anos da exposição (em média 10 a 50)[331], caracterizando-se,

(331) A discussão acerca do alcance dos danos labor-ambientais pela exposição ao amianto, a exemplo do câncer de laringe ainda persiste na literatura médica, mormente em razão da dificuldade das pesquisas científicas na área e da ausência de elucidação dos métodos aplicados para elas. Nada obstante, já existe consenso acerca da correlação entre a exposição à fibra do produto e o câncer de pulmão e as placas pleurais, bem como sobre a letalidade deste. Pesquisa realizada por Nishikawa *et al* (2008), a partir de dados disponíveis de 31 países, buscou correlacionar a elevada proporção de mesotelioma pleural em homens expostos ao amianto e as tendências históricas de uso do produto versus época de seu banimento, apesar de ter encontrado diversas dificuldades nas comparações, ante os tipos de dados disponíveis em nível nacional para análise e a discrepância de padrões de registro do código da doença, pelo que recomendou certo cuidado nas interpretações conclusivas, apontou que as proibições no uso do amianto no período de 1970-1985 constituíram-se em fator importante na redução da mortalidade pela doença e que embora a tendência de diminuição do uso tenha ocorrido antes das proibições, os países que proibiram o uso do amianto reduziram as taxas de utilização duas vezes mais rápido que aqueles que não o fizeram.

pois, como danos labor-ambientais futuros em sentido amplo (tendo em vista que após se apresentarem, normalmente evoluem para sequelas mais graves) e, considerando que se tratam de danos continuados que, via de regra, tendem a se agravar e cuja indenização, por ocasião do julgamento do pleito de indenização também são postulados, caracterizam-se também como danos labor-ambientais futuros em sentido estrito. Ademais, o elevado risco de adoecimento do(a) trabalhador(a) exposto(a) ao amianto no ambiente de trabalho, causando angústia a esses(as), tem sido levado ao poder judiciário por meio de pedidos de indenizações por danos morais, com base na ideia da indenização pelo aumento do risco.(332)

Para a compreensão do problema, impõe-se inicialmente apontar as características e uso do produto, bem como a legislação que regulamenta sua exploração, com reflexos no meio ambiente laboral e ao meio ambiente como um todo, ante a unidade desse, e ainda porque as fibras do amianto, por serem de tamanho muito pequeno, podem se espalhar pelo ar e contaminar as áreas de entorno das minas, dos locais de descarte dos despojos do produto ou expor os consumidores de produtos que o contenham a danos ainda desconhecidos, ante suas inúmeras modalidades de uso.

4.1. Asbesto ou amianto: tipos, características, principais formas de exploração e países produtores e consumidores

O termo amianto ou asbesto(333) é usado de modo amplo para designar uma classe de fibras minerais da série serpentina e anfibólio,(334) encontrada na natureza em forma de silicatos estrito senso. Comercialmente, é usado para designar seis tipos de fibras de silicatos que ocorrem espontaneamente na natureza, conforme mostrado na Figura 1.

---

(332) Acaso se adote a teoria que considera como dano futuro não apenas o momento da sentença que analisa os pleitos de responsabilidade do ofensor, mas também a distância entre o evento lesivo e a lesão, considerando a longa distância entre o dano evento e o dano resultado, o dano decorrente da exposição ao amianto também se enquadraria na concepção de dano futuro, ante a progressão lenta e a origem cumulativa no tempo e no espaço, eis que o(a) trabalhador(a) pode ser exposto à substância em mais de um local de trabalho.

(333) A palavra Amianto vem do latim e asbesto, do grego (). Os minerais podem ocorrer na modalidade asbestiforme e não asbestiforme, as primeiras em quantidades menores (VIRTA, 2006). Tais minerais estão dispersos no ambiente e se localizam em regiões nas quais a massa rochosa original passou por um processo de metamorfismo, como por exemplo, nas Montanhas Urais, na Rússia, nos Apalaches, EUA, e no Canadá (VIRTA, 2006). A forma mais comum é o amianto tipo crisotila (VIRTA, 2006).

(334) As diferenças entre os anfibólios e os serpentinos está na forma da disposição dos tetraedros. Enquanto nos primeiros a disposição leva à formação de "[...] cadeia, nos segundos, formam "[...] folhas" (IARC, 2009, p. 219).

Fig. 1 – Grupos e tipos de asbesto ou amianto.

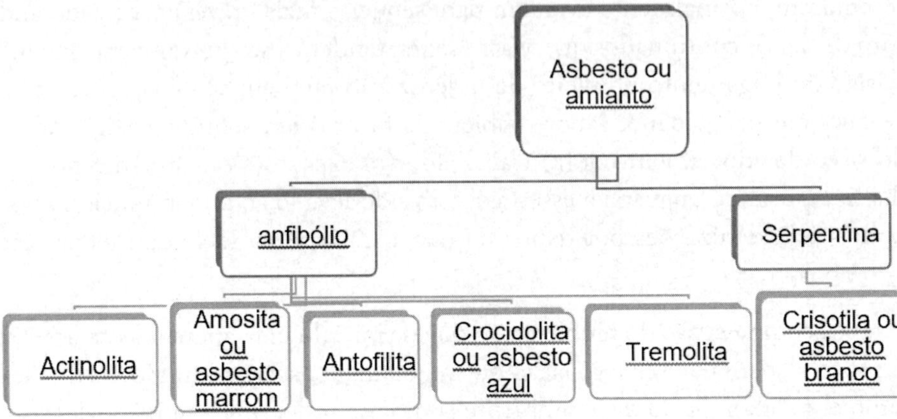

Fonte: Adaptada pela autora a partir de fig. IARC (1977, p. 11).

Legalmente, o amianto é definido no art. 2º, "a", da Convenção n. 162 da OIT, no item 1.1 do anexo 12 da NR-15 e por diversas normas estaduais no Brasil, dentre as quais a Lei n. 11.121, de 11 de maio de 2018, do estado da Paraíba[(335)].

Nos termos do art. 2º, "a" da OIT:

> O termo 'amianto' refere-se à forma fibrosa dos silicatos minerais que pertencem às rochas metamórficas do grupo das serpentinas, ou seja, a crisotila (amianto branco), e do grupo das anfíbolas, isto é, a actinolita, a amosita (amianto azul), a tremolita, ou todo composto que contenha um ou mais desses elementos minerais; (OIT, 1986)

Da definição acima, constata-se que o termo abarca todas as formas do mineral, cuja utilização para a fabricação de produtos que resistem a temperaturas elevadas remonta aos primórdios da civilização e ainda perdura, não obstante a proibição de todas as suas formas de utilização por diversos países, dentre os quais a França, a Alemanha, Portugal, Itália e Bélgica (IARC, 2020).

Em decorrência de seu baixo custo e das características de suas fibras[(336)], que se adaptam a diversos tipos de uso, o asbesto tem cerca de 3.000 aplicações industriais, das quais se destacam: fabricação de: a) produtos de cimento-amianto (telhas, caixas d'água, tubulações e divisórias), b) materiais de fricção (pastilhas e discos de freios, gaxetas), c) tecidos não combustíveis com amianto (mantas de isolamento térmico); d) tintas; borrachas de vedação; e) filtros de cloro-soda; f) material de mistura para isolamento

(335) Nos termos do parágrafo único, do art. 1º da norma pernambucana: "Entende-se como amianto uma fibra mineral natural extraída de rochas, utilizada na indústria para fabricar telhas, caixas d'água e outros artefatos. Também conhecido como asbesto, termo associado à asbestose (sic), doença pulmonar provocada pelo contato com o amianto" (PARAÍBA, 2018).

(336) Fibras são: "[...] particulados sólidos cuja relação comprimento/diâmetro é de 3:1 ou mais" (INCA, 2021, p. 123). Conforme o dicionário Michaelis online, a palavra fibra se refere a: "Qualquer estrutura alongada, filamentosa, geralmente disposta em feixe, encontrada em tecidos animais e vegetais, bem como em certas substâncias minerais:".

térmico de tubulações e caldeiras; h) tijolos refratários; i) instalação de produtos de cimento amianto; j) oficinas mecânicas de autos e oficinas de pinturas de autos (BRASIL, s.d.).

O auge da produção mundial e do consumo do amianto ocorreu em meados da década de 70 do século XX(337), quando atingiu o cume, com cerca de 5 milhões de toneladas. A partir de então tem decrescido para aproximadamente 3 milhões de toneladas anuais. Em 1986, estimava-se que cerca de 100 países fabricavam produtos de amianto e que o Japão era o maior consumidor do produto (WHO, 1998).

Em 2010, o consumo mundial das fibras de amianto era de cerca de 2 milhões de toneladas. Com o decréscimo constante, nos últimos anos, estima-se cerca de 1 milhão de toneladas anuais. O mercado de produtos de fibrocimento, como telhas onduladas, tubos e painéis de parede, constitui o principal consumidor do produto e deverá continuar a sê-lo (USA, 2021, p. 27).

A comparação entre os quatro maiores exportadores do produto nos anos de 2018 e 2019 (gráfico 1), mostra que, apesar de significativa diminuição da participação brasileira no volume de exportações mundiais de asbestos no ano de 2019, em relação a 2018, o país ainda é o terceiro maior exportador de amianto no mundo.(338) Contudo, enquanto em 2018, de um total de 302 milhões de dólares, contribuiu com 14,9% de todas as exportações mundiais do produto. Em 2019, de um total de 294 milhões de dólares em exportação do produto em nível mundial, exportou 3,94%(339).

Gráfico 1- Os quatro maiores exportadores de amianto em 2018 e 2019- Em milhões de dólares

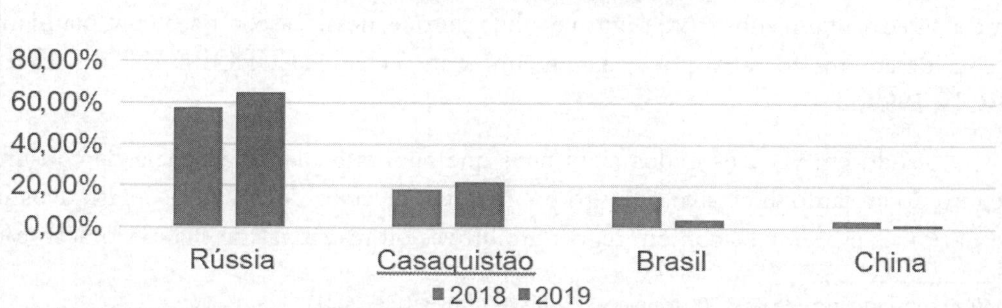

Fonte: A autora, a partir das informações obtidas em OEC (2019).

(337) Historicamente, o maior consumo *per capita* ocorreu inicialmente nos países do norte e do oeste da Europa, Oceania e da América do Norte. Na Austrália, Canadá e em vários países do norte e do oeste europeu, observou-se uso *per capita* de mais ou menos 4,0 Kg/ano. Nos Estados Unidos da América, o pico ocorreu em 1950, quando o consumo per capita atingiu 4,2 Kg/ano, observando-se gradativamente uma redução ao longo das décadas de 1960, 1970, 1980 e 1990, chegando, em 2003 a cerca de 0,02 kg *per capita*/ano. No Brasil, o consumo foi de 0,27 Kg em 1950; (NISHIKAWA *et al.* 2008).

(338) Dados de 2012 indicam que nos últimos 35 anos houve um decréscimo no número de países produtores de asbesto e que aproximadamente 90% da produção mundial era realizada por quatro países: Rússia, China, Brasil e Cazaquistão.

(339) Os maiores importadores do produto brasileiro foram a Índia, Indonésia, Malásia e Bangladesch, respectivamente, com 74,4%, 16,1%, 2,34% e 2,1%.

Em nível geral, os maiores exportadores do produto nos anos de 2018 e 2019 foram os países asiáticos, liderados pela Índia, com 44,6%, Indonésia, com 11,9%, Uzbequistão e China, com 10,9%, cada (OEC, 2019; WITS, 2019).

As ações de responsabilidade civil e os problemas de saúde atribuídos ao amianto fizeram com que o consumo da fibra do amianto diminuísse(340) vertiginosamente a partir de 2016 nos Estados Unidos da América.(341) As atividades produtivas do amianto já não ocorrem desde 2002, quando o país passou a depender integralmente das importações para satisfazer o mercado interno, avaliado em 450 toneladas, no ano de 2020(342) (USA, 2021, p. 26).

Entretanto, a United States Environmental Protection Agency (EPA)(343), em relatório final sobre o amianto no ano de 2020, considerou que todos os produtos da fábrica de cloralkali ou os importados mencionados anteriormente, representam riscos imponderáveis para a saúde humana e deverá apresentar e finalizar ações de enfrentamento de tais riscos até o final de 2022, em observância ao requerido pela norma de controle de substâncias químicas (USA, 2021, p. 26).

No âmbito da União Europeia, a partir de 1991, restou permitido apenas o uso do amianto do tipo crisotila (amianto branco) em produtos de cimento, ante o banimento de cinco dos seis tipos de amianto(344). Em 27 de julho de 1999, foi declarada a proibição do produto em todo o território do bloco europeu e a partir de 01 de janeiro de 2005, ante a modificação do anexo I da directiva 76/769 EEC, foi excepcionado apenas a utilização do crisotila em diafragmas, usados em determinadas plantas de cloro, para os quais não existe um substituto seguro e ainda porque, nesse caso, o risco com o amianto é considerado muito baixo, por se dar em ambiente fechado (EUROPEAN COMMISSION, 1999).

Tendo em vista os dados científicos que apontam para a ausência de consumo seguro do amianto, inclusive o do grupo crisotila, diversos documentos legislativos internacionais e nacionais contêm regras proibitivas ou restritivas de sua exploração e/ou

---

(340) O consumo recorde (803.000 toneladas) se deu em 1973 (USA, 2021).

(341) A lei Frank R. Lautenberg de segurança química para o século XXI, de 2017, alterou a norma Toxic Substances Control Act (TSCA), de 1976 (Controle de Substâncias Tóxicas). Desde então, o produto é totalmente utilizado pela indústria do amianto cloralkali em cerca de 11 fábricas que produzem diafragmas semipermeáveis no país. Além do crisotila, há também uma pequena quantidade de amianto que entra no país no interior de produtos industrializados, como cepos de freio para utilização na indústria petrolífera, folhas de borracha para juntas (de uso na criação de selo de contenção química para produzir dióxido de titânio), certos tipos de juntas pré-fabricadas e alguns produtos de fricção de veículos (USA, 2021, p. 26).

(342) De acordo com as informações obtidas até julho de 2020, o produto é importado do Brasil (USA, 2021).

(343) Agência de proteção ambiental dos EUA, é a maior autoridade no país para a análise de perigos dos produtos químicos.

(344) Apesar das exceções permitidas pela União Europeia, nove dos 15 membros do bloco europeu já haviam proibido o uso do amianto crisotila em seus territórios (Áustria, Bélgica, Dinamarca, Finlândia, França, Alemanha, Itália, Países Baixos e Suécia).

apontam para a necessidade de se avançar em estudos que visem encontrar substâncias mais seguras para a sua substituição, como se aponta a seguir.

4.2. Documentos e publicações de organismos internacionais que recomendam a adoção de ações por parte dos governos e da sociedade para a eliminação do amianto

A Convenção de Roterdã, de 1998,(345) constitui importante documento acerca dos produtos químicos perigosos, posto que trata dos procedimentos para o consentimento prévio do comércio exterior de determinadas substâncias químicas e agrotóxicos perigosos, tendo em vista a ideia do compartilhamento da responsabilidade e da cooperação entre os aderentes em relação ao comércio internacional de tais substâncias, com o objetivo de proteger a saúde humana e o meio ambiente em face de danos potenciais e auxiliar na utilização apropriada das referidas substâncias.(346) (ONU, 1998).

Consoante o art. 2º(347), "b e c" da Convenção supra referida, a diferença entre a "[...] substância química proibida" e a "[...] substância química severamente restrita" se encontra na proibição de "[...] todos os seus usos dentro de uma ou mais categoria" para a primeira e a proibição de "[...] quase todos seus usos, dentro de uma ou mais categorias" para a segunda(348). Em ambos os casos, ainda nos termos da definição legal em evidência, deve ter havido comprovação contundente do objetivo da ação, ou seja, de que visou a proteção ao meio ambiente ou à saúde humana (ONU, 1998).

Dentre as substâncias inseridas no anexo III da Convenção (lista de substâncias químicas proibidas ou severamente restritas),(349) insere-se a crocidolita(350).

---

(345) Apesar de sua adoção em 10 de setembro de 1998, a convenção em comento somente entrou em vigor internacional no dia 24 de fevereiro de 2004 (nonagésimo dia após a data do quinquagésimo instrumento de ratificação, adesão ou aprovação, conforme previsto no seu art. 26, § 1º). No Brasil, foi aprovada por meio do Decreto Legislativo n. 197, de 7 de maio de 2004 e promulgada por meio do Decreto n. 5.360, de 31 de janeiro de 2005.

(346) De acordo com o art. 1º da referida norma, os objetivos seriam alcançados por meio da facilitação do intercâmbio de informações acerca das características dessas e da tomada de decisão dos Estados quanto à importação e exportação de tais substâncias.

(347) O art. 2º da Convenção de Roterdã define os termos utilizados na Convenção, dentre os quais se destaca a definição das substâncias químicas proibidas ou severamente restritas.

(348) A regulamentação que proíbe ou restringe o uso da substância tem como objetivo a proteção ambiental ou à saúde humana, de acordo com a norma (ONU, 1998)

(349) A inclusão da substância nessa lista é feita por um comitê de revisão química, nos termos do art. 5º, § 5º da mesma convenção e envolve a avaliação de riscos e a adoção de métodos científicos reconhecidos, dentre os quais, o procedimento inicial de notificação do Secretariado das Nações Unidas, seu depositário, se dá por iniciativa de cada uma das Partes que adotar uma ação regulamentadora final, são estabelecidos no anexo II da Convenção de Roterdã. As substâncias inscritas na referida lista necessitam obter um consentimento anterior para serem exportadas.

(350) A inclusão do amianto do tipo crisotila no anexo III da Convenção de Roterdã tem sido o exemplo mais importante do debate acerca de substância controversa e o Brasil não apresenta uma posição muito clara acerca do tema, ante as divergências internas em torno do produto (VASCONCELLOS, 2014).

Outro documento relevante acerca do tema é o WHA58.22 Cancer Prevention and Control(351) (OMS em 2005),(352)(353) que conclamou os Estados-membros a colaborarem com o órgão em políticas e estratégias de prevenção dos cânceres, atentando-se, sobretudo, para as modalidades cuja exposição é evitável(354), além de recomendar a priorização dos diagnósticos e investigação precoce e ampliação das pesquisas científicas sobre o cancro humano (WHO, 2005).

No que concerne à restrição ao uso do amianto no trabalho, a OIT constitui um dos organismos mais importantes e trata do tema, especialmente por meio das Convenções ns. 139, de 1974(355) e a de n. 162, de 1986(356), além da Recomendação n. 172(357), também de 1986(358) e da resolução relativa ao asbesto, produzida em 2006(359).

---

(351) Prevenção e controle do Câncer (tradução livre pela autora).

(352) Publicado pela, por meio da Resolução n. 58.22 e adotado na 58ª Assembleia Mundial de Saúde, de 2005. Dentre os "considerandos" para a adoção das recomendações ali expressas, indica o relatório sobre a prevenção e controle do câncer e outros documentos anteriores do Órgão sobre prevenção e controle de doenças não transmissíveis e sobre o controle do tabaco, do câncer de colo do útero e sobre estilo de vida saudáveis e o reconhecimento da necessidade de prevenção e de planejamento do uso de recursos, além do reconhecimento da evitabilidade dos cancros provocados pelo consumo do tabaco (WHO, 2005).

(353) Em 1998, o órgão já havia adotado o documento denominado de Environmental Health Criteria 203 (WHO, 1998) acerca do asbesto tipo crisotila, no qual descreve o amianto, seus principais usos, os maiores países produtores e os resultados de diversos estudos de análises epidemiológicas realizadas em animais e em humanos de acordo com os tipos e os níveis de exposição ocupacional por meio de inalação ou mesmo ingestão, além de dados acerca da disposição do produto em relação ao meio ambiente geral. Referida publicação é apontada em diversos outros estudos e fundamenta alterações legislativas para a eliminação do consumo do amianto ao redor do mundo.

(354) A exemplo da exposição a produtos químicos, ao fumo de tabaco em locais de trabalho e a determinados agentes infecciosos.

(355) Também conhecida como Convenção sobre o cancro profissional, de 1974.

(356) Denominada de Convenção sobre o Amianto, foi aprovada no Brasil pelo Decreto Legislativo n. 84, de 11 de dezembro de 1989 e ratificada em 17 de maio de 1990. Promulgada pelo Decreto n. 126, de 22 de maio de 1991, revogado pelo Decreto n. 10.088, de 05 de novembro de 2019, que consolidou os atos normativos do Poder Executivo Federal relativos às promulgações de Convenções e recomendações da OIT ratificadas pelo Brasil.

(357) Também chamada de recomendação relativa ao asbesto, foi adotada na 72ª reunião do órgão, em Genebra e trata da Prevenção e Controle de Riscos Profissionais causados por Substâncias ou Agentes Cancerígenos e foi elaborada a partir do conhecimento pela instituição das disposições da Convenção e recomendação sobre a proteção contra as radiações, de 1960 e da Convenção e da Recomendação sobre o Benzeno, de 1971, quando se entendeu ser necessário estabelecer normas internacionais acerca da proteção contra substâncias ou agentes cancerígenos (OIT, 1974).

(358) Conhecida como recomendação sobre o amianto, foi adotada em 24 de junho de 1986 e teve por base as observações realizadas a partir das normas internacionais do Órgão, em especial, a Convenção e Recomendação sobre o Câncer no trabalho, de 1974, a Convenção e Recomendação sobre o ambiente de trabalho (poluição do ar, ruído e vibração), de 1977, a Convenção e Recomendação sobre segurança e saúde no trabalho, de 1981, a Convenção e Recomendação sobre serviços de saúde no trabalho, de 1985, a lista de doenças profissionais anexa à Convenção sobre as prestações por acidentes de trabalho, de 1964, revista em 1980 e o Código de prática de segurança na utilização do amianto, publicado pela Organização Internacional do Trabalho em 1984.

(359) O documento foi produzido na segunda discussão do quarto ponto da ordem do dia, na 95ª Reunião do órgão, em 2006: A segurança e saúde no trabalho.

Tanto a Convenção n. 162 quanto a Recomendação n. 172 da OIT são divididas em cinco partes: a primeira, que traz as definições utilizadas no documento para seus efeitos[(360)] e os campos aos quais se aplica[(361)], quais sejam, todas as atividades com amianto, salvo exceções feitas pelas autoridades competentes, após consulta com entidades de empregados e empregadores e a constatação da possibilidade dessa exclusão[(362)]; a segunda, com os princípios gerais que as orientam, com destaque ao princípio da prevenção[(363)], do controle de riscos[(364)] , da revisão periódica de acordo com o desenvolvimento técnico e aumento do conhecimento científico[(365)], da participação dos empregados e empregadores envolvidos (art. 6, "a" daquela e art. 3º, 3 e art. 4º dessa[(366)]): a terceira, que estabelece as medidas de prevenção e controle quanto ao uso do amianto; a derradeira, que estipula proibição contra riscos específicos do amianto e os tipos do produto e seus derivados que devem passar por autorização (OIT, 1974; OIT, 1986).

Dessa parte, destaca-se a possibilidade das autoridades competentes exigirem medidas específicas de proteção em razão da concentração de poeira do asbestos em locais de trabalho, de acordo com os requisitos nela enumerados, dentre os quais a medição das amostragens por pessoas qualificadas e a observância do tamanho da fibra de amianto para a avaliação do risco e a indicação da necessidade de que cada trabalhador(a) envolvido(a) no labor com o amianto faça exames admissionais e periódicos, relacionados com o adoecimento em decorrência da exposição ao amianto, os quais devem ser informados ao(`a) trabalhador(a) e servir para que esse seja realocado para trabalhos compatíveis com seu estado de saúde.

---

(360) A primeira parte da Recomendação n. 172 da OIT também descreve as principais atividades que envolvem a exposição ao amianto. O art. 2º da convenção em comento apresenta o significado de diversas expressões nela utilizadas, como o próprio termo "amianto", grupo de trabalhadores, e exposição ao amianto.

(361) A Convenção se aplica a todas

(362) A possibilidade de exclusão deverá observar parâmetros como o tempo, o nível e a frequência da exposição, além do tipo de labor e das condições do ambiente de trabalho, consoante o art. 1º, 1-3 da Convenção n. 172.

(363) Dentre as medidas de proteção e de prevenção pelo uso das substâncias relacionadas ao amianto, a Convenção n. 162 prevê que a legislação nacional deverá prescrever normas e estabelecer procedimentos especiais, sempre tendo em conta a viabilidade técnica da substituição da substância ou de certos tipos da mesma por outros materiais e produtos "inofensivos" ou "menos perigosos" e proibição total ou parcial do amianto. O art. 7, I da Recomendação n. 172 determina que se recorra a todas as medidas adequadas para a prevenção e controle da exposição ao produto (OIT, 1986).

(364) Art. 3º, da C162 e art. 3º, I, da Recomendação n. 172, OIT.

(365) Art. 1º, 1 e 2 C162 e art. 3º, 2, Recomendação n. 172, OIT.

(366) Além daqueles expressamente referidos em campos próprios, alguns princípios se encontram implícitos, a exemplo do princípio da melhoria contínua, em consonância com a primado do estado atual da técnica, de acordo com os estudos mais recentes dos órgãos competentes, conforme se infere do art. 1º da Convenção n. 139, que determina aos membros que a ratificarem, o dever de revisão periódica da lista de substâncias e agentes cancerígenos aos quais é vedada a exposição no trabalho ou que demandem autorização ou controle e os que deverão se submeter outras disposições da convenção, cujas exceções exigem autorização com especificações das circunstâncias a serem observadas. A revisão busca concretizar os princípios da prevenção e da precaução, nos termos do art. 2º, § 2º.

Ademais, releva-se a indicação de que os documentos relacionados ao monitoramento do ambiente de trabalho e da exposição dos trabalhadores devem ser guardados por período mínimo de 30 anos após o término do labor que envolveu o uso do produto, mesmo em caso de encerramento da atividade de determinada empresa, além de estarem disponíveis para a consulta por parte do trabalhador, bem como a recomendação de que a legislação nacional preveja indenização para as doenças relacionadas às doenças profissionais, de acordo com a Convenção sobre Prestações por Danos do Trabalho, de 1964, ou seja, a Convenção n. 121, adotada na 48ª Sessão da OIT, em 08 de julho de 1964, com vigência a partir de 28 de julho de 1967 e que conta, até o momento, com apenas 24 ratificações.

Na América latina, o primeiro país a ratificar o referido documento foi o Uruguai, em 1973, seguido da Bolívia, em 1977, do Equador, em 1978, da Venezuela, em 1982, e do Chile, em 1979. Além desses países latinos, cita-se a assinatura do documento por parte da Alemanha, Irlanda, Países Baixos e Suécia, na Europa, além de Senegal e República Democrática do Congo, no continente Africano (OIT, 2021).

Nos termos do art. 18 da Convenção n. 162 da OIT, as roupas dos(as) trabalhadores(as) que estejam sujeitos à contaminação pelo amianto devem ser lavadas dentro da própria empresa e é proibido o transporte das roupas ou trajes de proteção ou mesmo dos EPIs.

Registra-se ainda, no âmbito da OIT, a Resolução relativa ao asbesto, na qual a Conferência Geral do órgão expôs como motivos para o que ali se resolveu: a) a carcinogenicidade de todas as formas de asbestos, incluindo o crisotila; b) a preocupação do órgão com a estimativa anual de morte de 100.000 trabalhadores por câncer, em decorrência da exposição ao asbestos, além do fato de que os trabalhadores continuariam enfrentando sérios riscos pela exposição do produto, sobretudo nas atividades de remoção desse, quando realizada a demolição, manutenção de edifícios e eliminação dos resíduos do produto; c) o fato de que a proibição da produção e uso da substância por parte de alguns países ocorreu apenas depois de 3 décadas de esforços e da aparição de soluções adequadas[367] (OIT, ACTAS PROVISIONALES 20, 2006).

---

(367) De acordo com essa resolução, a abolição futura do asbesto, o conhecimento e a gestão correta acerca do que já foi pesquisado seriam as melhores estratégias para a prevenção de doenças e mortes futuras relacionadas ao produto, cuja continuidade de uso não deveria ser justificada ou respaldada pela Convenção n. 162 (OIT, ACTAS PROVISIONALES 20, 2006, p. 75). No segundo item da resolução, há a solicitação dirigida ao Conselho de Administração para que recomende à OIT: a) a continuidade da orientação para que os Estados Membros ratifiquem e apliquem as Convenções ns. 162 e 139; b) a supressão do uso futuro de todas as formas de asbestos ou materiais que o contivesse por parte dos Estados Membros nos seus territórios; c) a identificação e a gestão correta de todas as formas de amianto já instaladas; d) a orientação e assistência aos Estados membros para que incluíssem medidas de proteção aos trabalhadores expostos ao amianto em seus programas internos de seguridade e saúde no trabalho; e) a transmissão da resolução a todos os Estados Membros (OIT, ACTAS PROVISIONALES 20, 2006, p. 75).

Além das Convenções ns. 139 e 162 da OIT, a regulamentação do uso do amianto no Brasil e nos territórios da maioria de seus estados também se dá por meio de normas federais e estaduais, que serão abordadas na sequência.

4.3. Regulamentação da exploração do amianto no Brasil: confronto entre a norma nacional e normas estaduais e locais

No âmbito interno, antes mesmo da publicação da lei federal n. 9.055 de 1º de junho de 1995(368), que regulamenta o uso do amianto em território nacional, o estado do Pará, por meio da Lei n. 5.883, de 21 de dezembro de 1994, proibiu o uso de telhas de amianto em prédios públicos em seu território.

A partir dos anos 2000, diversos outros estados e municípios brasileiros aprovaram leis próprias para proibir o uso total ou parcial do amianto em seus territórios, como se trata nas próximas subseções, iniciando-se pelas normas vigentes no âmbito federal.

4.3.1. As normas federais

No Brasil, a Lei n. 9.055, de 1995 proibiu qualquer forma de exploração da actinolita, amosita (asbesto marrom), antofilita, crocidolita (amianto azul) e da tremolita, além de todos os minerais do grupo de anfibólio e de qualquer produto que os inclua, nos termos de seu art. 1º, I. Ademais, vedou o uso de qualquer tipo de amianto, por meio de pulverização de fibras e mesmo outras em substituição a esse, bem como a venda a granel de fibras em pó de qualquer tipo de amianto, consoante os incisos II e III do mencionado artigo.

O art. 2º da Lei do amianto deve ser lido como um dispositivo excetivo, na medida em que, embora permita a extração, industrialização, uso e comércio do amianto ou de qualquer fibra que venha a ser utilizada em sua substituição, deve ser realizada em consonância com o disposto na referida lei, ou seja, com as limitações ali impostas.(369)

Nos termos do art. 3º, *caput*, da lei em exame, as normas referentes ao amianto do tipo crisotila e às fibras naturais e artificiais (prejudiciais à saúde humana), presentes na legislação de segurança, higiene e medicina do trabalho, nos tratados internacionais ratificados pelo país e nos acordos coletivos entre empregados(as) e empregadores(as)(370) devem ser atualizadas todas as vezes que houver necessidade.

O desenvolvimento de programas contínuos de fiscalização, monitoramento e controle dos riscos de exposição ao amianto e às fibras naturais nocivas à saúde humana

(368) Regulamentada pelo Decreto n. 2.350, de 1997.

(369) O parágrafo único do art. 2º da Lei em comento informa que, para efeitos da referida norma, entende-se por fibras naturais e artificiais aquelas cujo prejuízo à saúde humana já se encontra comprovado.

(370) A lei também previu a obrigatoriedade das empresas que ainda não contassem com os acordos coletivos mencionados no *caput* do dispositivo, que o fizessem no prazo de 12 meses da publicação da norma.

pode ser realizado por meio de convênio com empresas credenciadas perante o poder executivo para o referido fim.

Em concordância com o art. 5º, *caput*, da norma em comento, as empresas que vierem a manejar ou usar o amianto ou as fibras naturais referidas na norma, devem encaminhar, anualmente, um rol de seus empregados ao Sistema Único de Saúde (SUS)(371) e aos sindicatos representantes dos trabalhadores(as), no qual devem constar seus dados pessoais e profissionais, além das datas da avaliação médica periódica, com os devidos diagnósticos.

A observância aos limites de tolerância estipulados por lei(372) (no caso, o anexo XII da NR-15) ou, na falta desses limites, a observância `aqueles recomendados por organismos nacionais ou internacionais validados cientificamente, é estipulada pelo *caput* do art. 7º, cujo § 1º prevê a estipulação de outros critérios além daqueles definidos em normas de segurança do trabalho.

O art. 6º da norma em relevo proíbe o fornecimento do amianto crisotila ou das fibras nela mencionadas às empresas que deixem de observar qualquer de suas disposições, conforme determinação do poder executivo. Esse também deverá, nos termos do art. 8º, estipular normas específicas para o setores de fricção e têxtil que utilizarem amianto ou fibras naturais nocivas à saúde humana em seus processos de fabricação e também para os locais em que são comercializados seus produtos ou reparados seus maquinários.

Não obstante a previsão restritiva do art. 2º e as demais disposições no sentido da redução progressiva dos limites do amianto crisotila e dos cuidados com o meio ambiente, principalmente o laboral, o art. 9º, *caput,* e seu parágrafo único, na contramão dos demais dispositivos da norma, prevê a realização de pesquisas científicas e tecnológicas, com especial incentivo por parte de órgãos públicos de fomento à pesquisa, com vistas a permitir o uso do amianto crisotila e das fibras naturais a que a norma se refere, desde que não haja danos à saúde humana (BRASIL, 1995).

O art. 10 da norma em comento trata da periculosidade do transporte de amianto ou das fibras nocivas à saúde humana, e da obrigatoriedade de acondicionamento do produto em conformidade com as normas de segurança e o isolamento da área em casos de acidente, que deve ocorrer às expensas da empresa transportadora (BRASIL, 1995).

Por fim, o art. 11 da norma em destaque prevê que todas as infrações a essa, se devidamente comprovadas, sejam registradas de modo pormenorizado e encaminhadas, no prazo de 72 horas, ao Ministério Público Federal (MPF) para as providências cabíveis. No caso, considerando que a maior parte dos dispositivos da norma em realce dizem respeito ao meio ambiente do trabalho, defende-se que o órgão competente para

(371) Segundo o parágrafo único do art. 5º da Lei n. 9.055/95, é obrigatório o registro e acompanhamento por parte do setor especializado do SUS, além das ações que competem às empresas.

(372) Os limites devem ser revistos anualmente, de modo a reduzir a exposição ao nível mais baixo possível, nos termos do § 2º do art. 7º da Lei n. 9.055/95.

receber essa comunicação seja o Ministério Público do Trabalho (MPT), mesmo porque, ainda que houvesse o comprometimento do ambiente em geral, os trabalhadores(as) envolvidos(as) nas operações empresariais em torno do amianto seriam os primeiros prejudicados (BRASIL, 1995).

A última parte do art. 3º, *caput* da Lei n. 9055/95, deve ser lida em conjunto com a regra da melhoria contínua das normas de proteção ao meio ambiente laboral e à saúde do trabalhador, e ainda com o primado do estado atual da técnica, impondo-se às autoridades competentes a revisão do conjunto normativo nacional acerca do uso e exploração do amianto crisotila, o qual deve acompanhar, par e passo, a legislação internacional, sob pena de se fazer letra morta essa previsão (BRASIL, 1995).

Em nível federal, também a Lei n. 9.976, de 03 de julho de 2000[(373)], em seu art. 2º, VII, faz referência ao gerenciamento do controle de amianto nas indústrias que adotam essa tecnologia. Para tanto, impõe, dentre outras medidas: a) obrigação de utilização do amianto do tipo crisotila apenas; b) separação dos resíduos do produto; c) prevenção quanto aos riscos do amianto para a saúde, com o uso de metodologia bem especificada das ações de controle quando da exposição ocupacional; d) uso de EPIs e uniformes específicos para as atividades na área (BRASIL, 2000).

O amianto encontra-se incluído na classe de resíduos perigosos (classe D), nos termos do inc. IV do art. 3º da Resolução n. 307, de 05 de julho de 2002.[(374)] (BRASIL, 2002).

No que concerne à questão de emergência relacionada a produtos químicos perigosos, é importante mencionar o Decreto n. 5098, de 3 de junho de 2004, que criou o Plano Nacional de Prevenção, Preparação e Resposta rápida a emergências ambientais com produtos químicos perigosos (P2R2).[(375)]

---

(373) Dispõe sobre a produção de cloro e dá outras providências.

(374) O dispositivo teve sua redação alterada para incluir o amianto, com redação dada por meio da Resolução n. 348, de 17 de agosto de 2004, do Conselho Nacional do Meio Ambiente (CONAMA). A proposta de alteração teve origem no Processo n. 02000.00164/2000-15 e contou com manifestação favorável do então MTE. Nos "considerandos" do parecer realizado pelo órgão constam as seguintes observações: a) que o conhecimento científico atesta os malefícios da substância à saúde humana; b) a ausência de limites seguros para uso do amianto; c) a dificuldade de controle da exposição ambiental/ocupacional ao produto; d) a competência do órgão para a garantia do trabalho seguro no país; e) a existência de diretiva acerca do destino dos sacos de asbestos pela indústria que faz uso do produto e a legislação nacional e internacional sobre a matéria; f) a prática de aproveitamento de resíduos da construção civil sem a observância da composição desses; g) a necessidade de quebra dos resíduos de cimento amianto para ser reaproveitado, de modo que o produto deixa de ser encapsulado pelo cimento; h) o aumento da qualidade das discussões acerca da segurança e saúde, sobretudo, na construção civil, com a inclusão do produto na Classe "D" da resolução n. 305; i) a ausência de risco de desemprego no país com a medida (BRASIL, s.d.).

(375) Nos termos do art. 2º da referida norma, o P2R2 será orientado pelos princípios do direito ambiental, dentre os quais, o da informação, da participação, da prevenção, da reparação e o do poluidor-pagador. A Lei n. 12.608, de 10 de abril de 2012, além de criar a Política Nacional de Proteção e Defesa Civil (PNPDEC) e dispor sobre Sistema Nacional de Proteção e Defesa Civil (SINPDEC) e o Conselho Nacional de Proteção e Defesa Civil (CONPDEC), dentre outras providências, também autorizou a criação de sistema de informações e monitoramento de desastres. O PNPDEC possui, nos termos do inc. VII do art. 5º da lei em comento, dentre outros objetivos, "monitorar os eventos meteorológicos, hidrológicos, geológicos, biológicos, nucleares, químicos e outros potencialmente causadores de desastres" (Sem destaque no original).

Na esfera trabalhista, o anexo XII da Norma Regulamentadora (NR) n. 15[(376)] institui os "limites de tolerância para poeiras minerais" e asbestos[(377)] e estipula a obrigatoriedade dos cadastros dos estabelecimentos das empresas que produzem, utilizam, comercializam ou removem o amianto junto ao MTE e ao Instituto Nacional de Segurança Social (INSS).

No que concerne à prevenção, princípio ambiental tratado no tópico 3.1.1.2, o anexo XII, da NR-15 deveria ter dito que as roupas deveriam ser higienizadas ao menos duas vezes por semana, pois inicialmente diz que a troca deve ser realizada ao menos duas vezes. Por norma usa o termo troca para se referir à troca diária, que também assegura que devem ser trocadas no mínimo duas vezes por semana, sendo que as roupas não poderão ser levadas para a casa dos trabalhadores, mas higienizadas por conta do empregador, assim como os demais EPIs.

Cumpre destacar também, em âmbito nacional, a Portaria n. 777, de 28 de abril de 2004, do Ministério da Saúde (MS), que trata dos procedimentos e notificações obrigatórias dos agravos à saúde relacionados ao Sistema de Informações de Agravos de Notificação (SINAN), e a Portaria n. 874, de 16 de maio de 2013, do Gabinete do Ministro da Saúde, que institui a Política Nacional para a Prevenção e Controle do Câncer na Rede de Atenção à saúde das pessoas com Doenças crônicas no âmbito do SUS[(378)].

Estudos acerca da combinação das substâncias cancerígenas fumo e amianto comprovam que a exposição do trabalhador ao amianto resulta em probabilidade cinco vezes maior de desenvolvimento de câncer de pulmão do que alguém não exposto ao produto e a exposição ao fumo, dez vezes maior de contaminação. Uma conclusão rápida, baseada apenas na soma das probabilidades de incremento do risco para o caso de um(a) trabalhador(a) fumante que tenha sido exposto ao amianto, levaria ao total de 15 vezes mais chance de desenvolver a referida doença. Contudo, essa combinação resultou em 50 vezes mais probabilidade de desenvolvimento da doença, levando ao entendimento de que os efeitos "são multiplicativos" ou "sinergéticos" (AGÊNCIA EUROPEIA DO AMBIENTE. AGÊNCIA FEDERAL DO AMBIENTE, 2004, p. 67)[(379)].

---

(376) Alteração legislativa promovida pela Portaria DSST/MTE n. 1, de 28 de maio de 1991.

(377) As disposições do anexo XII, da NR-15 são aplicáveis a todas as atividades que impliquem em exposição dos trabalhadores ao produto. O referido anexo apresenta ainda algumas definições do que se entende por asbesto, exposição ao asbesto, fornecedor, fibras respiráveis de asbesto e vestiário duplo. Reproduz alguns comandos da Lei n. 9.055/95, como a proibição do amianto do tipo spray e do tipo anfibólio, cujo uso, após consulta às organizações mais representativas de trabalhadores interessados e empregadores, poderá ser autorizada pela autoridade competente, caso não seja possível a substituição do produto e estipula a obrigatoriedade de dois tipos de vestiários para uso dos trabalhadores, um dos quais destinados à guarda das vestimentas pessoais e outro para as vestimentas usadas no trabalho, garantindo-se o banho e a troca da roupa de trabalho pela roupa pessoal do trabalhador a cada final de jornada. Ademais, as vestimentas de trabalho deverão ser trocadas no mínimo duas vezes por semana. Aqui deve se entender que a norma quis se referir à higienização das vestimentas de trabalho, que deve ocorrer ao menos duas vezes por semana, de modo que o trabalhador tem direito à troca de vestimenta diariamente e, duas vezes por semana, à troca da vestimenta de trabalho.

(378) A portaria em comento elenca dentre seus objetivos a diminuição da incidência de alguns tipos de câncer e a redução da mortalidade e da incapacidade causada pela referida doença. Uma das diretrizes para a Política Nacional para a Prevenção e Controle do Câncer é o afastamento ou a diminuição dos agentes cancerígenos relacionados ao trabalho, dentre os quais, o amianto.

(379) Nome do documento no original: (EUROPÄISCHE UMWELTAGENTUR; UMWELT BUNDESAMT, 2004, p. 67).

Assim, observa-se que o dano labor-ambiental futuro por exposição ao amianto, tanto quanto os danos ambientais ao ecossistema natural encontram-se na esfera das relações jurídicas nas quais os danos envolvem uma rede de causalidade complexa, sobre as quais se recomenda a inversão do ônus da prova acerca do nexo de causalidade.[(380)]

À medida em que se deu a divulgação acerca dos efeitos perversos do amianto para a saúde humana, desencadeou-se um engajamento da sociedade civil organizada como, por exemplo, a ABREA, e de órgãos governamentais como o MS e o Ministério Público do Trabalho (MPT).[(381)] No Ministério do Trabalho e Emprego (MTE), o tema passou também a ser disciplinado por normas regionais e locais, como se estuda a seguir.

4.3.2. *Normas estaduais e municipais proibitivas/restritivas acerca do amianto*

As normas estaduais acerca do amianto variam entre a proibição total de uso do produto, aqui entendidas aquelas que vedam o uso do amianto no setor público e privado, a exemplo das normas dos estados do MA[(382)], RJ, PE[(383)], MT[(384)],

(380) Extrai-se da ementa da decisão supramencionada sobre a possibilidade da inversão do ônus da prova: [...] em relações jurídicas nas quais ora claudiquem direitos indisponíveis ou intergeracionais, ora as vítimas transitem no universo movediço em que convergem incertezas tecnológicas, informações cobertas por sigilo industrial, conhecimento especializado, redes de causalidade complexa, bem como danos futuros, de manifestação diferida, protraída ou prolongada (BRASIL, 2010a, p. 1 e 2).

(381) Notícia de Caio Fulgêncio, do G1 do Acre, informa a interposição de ACP pelo MPT em face da empresa Comercial e Industrial Ronsy Ltda., que estaria submetendo seus funcionários, no município de Rio Branco, a risco à saúde em virtude da submissão destes à poeira formada a partir do trânsito de caminhões e máquinas de transporte no pátio da empresa, que usa cacos de telhas de fibrocimento como forma de calçamento e não possuiria uma gestão específica e apropriada para descarte de materiais que contém amianto e tampouco fornecia EPIs a seus trabalhadores (FULGÊNCIO, 07.07.2017).

(382) Lei n. 8.927 de 12 de janeiro de 2009, proibiu, a partir de 1º de janeiro do mesmo ano, o uso de qualquer produto que contenha amianto em seu território e, nos termos do art. 6º, autorizou o poder executivo a criar, por meio do SUS, os centros de referência em saúde do Trabalhador e demais unidades de saúde, programas para ações de vigilância em saúde com vistas à prevenção, diagnóstico e tratamento das doenças decorrentes da exposição ao amianto, além de obrigar a notificação obrigatória à rede de saúde estadual pela rede pública e privada de todos os casos de doença e óbito decorrente da exposição ao produto. Previu ainda que, uma vez requeridas informações relativas aos empregados e ex-empregados que tenham sido expostos ao amianto, pela autoridade do SUS, este é obrigatório (MARANHÃO, 2009). O documento da ABREA informa a existência da Lei n. 5.017, de 1990, que não foi encontrada no site da assembleia legislativa do estado do Amazonas nem na pesquisa geral no *site* de busca *Google*.

(383) Lei n. 12.589, de 26 de maio de 2004, proíbe o uso e o comércio de materiais que contenha amianto em qualquer atividade e obriga as licitações do governo a explicitar tal proibição nas obras e serviços públicos, além de estabelecer multa de 20 salários mínimos em caso de descumprimento, com possibilidade de dobra do valor, em cada reincidência.

(384) Lei n. 9.583, de 04 de julho de 2011 proíbe o uso de qualquer produto contendo amianto, ainda que acidentalmente e estabelece limites à exposição humana, além de criar a "Semana de Proteção Contra o Amianto", que deverá ocorrer anualmente, na semana do dia 28 de abril. A norma mato-grossense é regulamentada pelo decreto n. 68, de 16 de abril de 2015, que, dentre outras matérias, estabelece, em seu art. 6º, a obrigação das empresas que tenham usado amianto no território mato-grossense, de fornecerem informações sobre empregados e ex-empregados que tenham sido expostos ao produto.

MG[385], SC[386], DF[387], PB[388], RS[389] e ES[390], uso do produto apenas por parte da administração pública, mesmo que estabelecida essa em estabelecimento

(385) Lei n. 21.114, de 30 de dezembro de 2013 proíbe a importação, o uso, o armazenamento, a industrialização e a comercialização de produtos que contenham amianto em sua composição e estabelece prazos que vão de oito a dez anos para tais atividades, sendo o maior prazo, de dez anos, para o uso e o menor, oito anos, para o transporte e de oito anos e seis meses para a industrialização, armazenamento e comercialização pela indústria, durante o qual as empresas deverão ainda realizar medições de concentração de poeira de amianto em suspensão nos locais de fabricação em períodos não superiores a seis meses, interromper as atividades no caso de serem encontradas concentrações superiores a 0,10 f/cm^3, divulgar aos seus trabalhadores as normas de segurança sobre o uso seguro do produto e desenvolver campanhas semestrais de divulgação ampla sobre os riscos e a forma correta de uso dos produtos que contenham amianto. Outrossim, estipulou que os produtos substitutos do amianto que forem introduzidos no mercado também estarão sujeitos a controle nos termos de regulamento, até que se comprove não serem prejudiciais à saúde humana. O estado contava com projeto de lei sobre o tema desde 2007 (PL n. 1.476, de 30 de agosto de 2007, que foi inicialmente arquivado e teve o desarquivamento requerido por meio do Requerimento sem número — RQS em 12.02.2011, sendo anexado aos Projetos de Lei ns. 1.484, de 2011 e 1.472 de 2011 e transformado no projeto de Lei n. 1.476, de 2011, que foi transformado em lei, a qual se encontra também referenciada no site da assembleia legislativa do estado como um tema de "saúde pública" e de "defesa do consumidor", além do tema de saúde do trabalhador.

(386) Oriunda do projeto de lei 0179.5 de 2008, que chegou a ser arquivado em duas oportunidades: em 17.12.2010, sendo desarquivado em 03.02.2011, por meio do RQS 003.4 de 2011 e em 30.01.2015, por meio do RQS/0007.8/2015, de 04.02.2015, Santa Catarina conta com a Lei n. 17.076, de 12 de janeiro de 2017 que proíbe o uso de qualquer produto que contenha a substância em seu território e proíbe a administração Pública de adquirir ou utilizar o produto em qualquer de suas instalações, além de estabelecer a obrigatoriedade das empresas ou instituições que lidam com o produto de respeitar outras normas ou regulamentos pertinentes ao objeto da lei, que sejam mais restritivas em relação à saúde pública, meio ambiente e saúde do trabalhador.

(387) No Distrito Federal, a Lei n. 6.990, de 1º.02.2018 proíbe o uso, a industrialização e comercialização de qualquer produto que contenha amianto em sua composição, mas ressalva aqueles que, cumulativamente, estiverem em uso na data da entrada em vigor da lei e que não sejam objeto de industrialização ou comercialização.

(388) Lei n. 11.121, de 11 de maio de 2018, proíbe o uso de produtos, materiais ou artefatos destinados ao consumidor, contendo fibra de amianto em sua composição, bem como a comercialização e o uso de qualquer tipo de amianto nas construções. Estipula ainda que quando identificada a presença de amianto em qualquer construção, a demolição, reparo ou reforma da mesma será realizada com o uso de EPI pelos trabalhadores que puderem vir a ter contato com o produto.

(389) Lei n. 11.643, de 21.06.2001, proíbe a produção e a comercialização de produtos à base de amianto e concede o prazo de 03 e 04 anos, para os estabelecimentos industriais e comerciais, respectivamente, se adequarem às mencionadas proibições.

(390) A Lei n. 10.849, de 28 de maio de 2018 do ES proíbe a industrialização, comércio e uso de produtos ou materiais que contenham qualquer tipo de asbesto e obriga os estabelecimentos que fabricam, utilizem ou comercializam qualquer produto contendo a referida substância a proceder o descarte ambientalmente correto de tais produtos e determina que o descarte de produtos que contenham amianto deverá ser feito em aterro industrial para descarte de lixo perigoso (classe I). Ademais, estabelece multa para os casos de inobservância da norma (ESPÍRITO SANTO, 2018).

privado, como o estado do AM(391) e AL(392). Esse último também veda a utilização do produto em brinquedos e materiais didáticos, em escolas públicas e particulares, e proíbe o uso de telhas de amianto nas construções executadas pelo estado, como no caso do AP(393).

Outras normas, a exemplo da gaúcha e rondoniense(394), não proíbem o uso, mas, respectivamente, a produção e comercialização ou armazenamento, industrialização e comércio.

A norma paulista, pernambucana, distrital, capixaba, mineira e baiana(395) proíbe, além do uso, o comércio e a industrialização de produtos contendo amianto. Ademais, é importante mencionar que a norma paulista acresce à proibição de uso e fabricação, o veto à circulação do produto em seus territórios.

As normas dos estados do RJ, PE, MT, MG, SC, DF, PB e ES estabelecem sanções por descumprimento, seja por meio da inclusão de dispositivo específico em seu texto,

---

(391) No Amazonas, a Lei n. 258, de 06 de maio de 2015, proíbe o uso de produtos, materiais ou qualquer artefato que contenha amianto ou asbesto em seu território, além de vedar qualquer órgão da administração pública direta ou indireta do estado de adquirir, fazer uso ou instalar de qualquer produto que tenha amianto. Estabelece ainda a obrigatoriedade de o poder executivo divulgar informações acerca dos efeitos nocivos do produto e sobre as tecnologias e produtos que possam substituí-los e que sejam menos agressivos à saúde e de orientar sobre a manutenção dos produtos já instalados, incluindo as cautelas com os resíduos e sua destinação final, nos termos da resolução 384 do Conama.

(392) No estado de Alagoas, a Lei n. 7.322, de 03.01.2012 vedou o uso do amianto em qualquer construção que venha a constituir bem público, ressalvadas as licitações em andamento à época de sua publicação. Chama a atenção o disposto no art 4º da norma, que atribui a responsabilidade pelo manuseio, descarte e proteção aos trabalhadores que lidam com o amianto e da vizinhança ao responsável técnico e nada se refere em relação à empresa responsável. O art. 5º da lei em comento, a exemplo de diversas outras normas estaduais, estipula a obrigação das empresas que utilizarem o amianto de divulgarem os efeitos desse, por meio de placas indicativas a serem dispostas na frente da obra, e o art. 7º assegura o prazo de 3 anos para os estabelecimentos industriais e comerciais se adequarem aos seus termos, inclusive as escolas públicas e particulares que possuam brinquedos com amianto em sua composição. O art. 6º autoriza o poder executivo a desenvolver estudos, pesquisas e campanhas com ampla divulgação sobre o amianto (ALAGOAS, 2012).

(393) No estado do Amapá, a Lei n. 1.997, de 21 de março de 2016, estabelece a obrigatoriedade da adoção de práticas e métodos sustentáveis na construção civil executada pelo estado. Concorde com o art. 5º, III, consideram-se telhas ecológicas aquelas: "[...] fabricadas a partir de placas prensadas de fibras naturais ou de materiais reciclados que possuem características melhores do que as telhas de fibra, vidro ou amianto, além de serem mais leves e preferencialmente de cores claras" (AMAPÁ, 2016).

(394) Em Rondônia, por meio da Lei n. 4.141, de 21 de setembro de 2017, ficou proibido, após 90 dias da publicação da norma, o armazenamento, industrialização e comércio de produtos que contenham o amianto em sua composição dentro do seu território. A referida norma estipulou ainda o prazo de seis meses para os estabelecimentos comerciais e industriais se adequarem a ela, período em que deveriam informar que o produto continha amianto e que sua inalação causa câncer (RONDÔNIA, 2017a).

(395) No estado da Bahia, em 27 de dezembro de 2017, foi aprovada a Lei n. 13.830, que proíbe a importação, extração, beneficiamento, comercialização, fabricação e uso dentro do estado da Bahia de qualquer produto contendo amianto, inclusive materiais automotivo, e estabelece a obrigatoriedade do responsável pela obra em que se der a remoção de material que contenha amianto de apresentar um plano de demolição da obra e de monitoramento da saúde dos trabalhadores envolvidos no processo. O material elaborado pela ABREA cita a Lei n. 12.276 de 2001, que trataria sobre o tema na Bahia. Contudo, a referida norma não foi encontrada.

seja por meio de remissão a normas federais que dispõem sobre infração sanitária, a exemplo da lei paraibana[(396)], da lei distrital e mineira[(397)]; da norma catarinense[(398)] ou mesmo por meio de indicação do disposto em outra norma estadual, a exemplo da lei mato-grossense[(399)] e da Lei[(400)] distrital.

(396) A norma remete ao art. 56, I da Lei n. 8.078, de 11.09.1990. A Lei n. 8.078, de 11.09.1990 dispõe sobre a proteção ao consumidor e dá outras providências. Nos termos de seu art. 56, I, as infrações às normas de defesa do consumidor, sem prejuízo das sanções de natureza civil, penal e das definidas em normas específicas, sujeitam o infrator à pena de multa, que pode, nos termos do art. 57, da norma consumerista, variar "de acordo com a gravidade da infração, a vantagem auferida e a condição econômica do fornecedor" e depende de procedimento administrativo.

(397) Referidas normas estaduais se valem das sanções previstas na Lei n. 6.347, de 20.08.1977. A Lei n. 6.347, de 20 de agosto de 1977, configura as infrações à legislação sanitária federal, estabelece as sanções respectivas, e dá outras providências. Nos termos do art. 2º, *caput*, da norma em comento, as infrações sanitárias, além das sanções penais e civil cabíveis, podem ser punidas, de modo alternativo ou cumulativo, com penas diversas, dentre as quais se destacam as de advertência (art. 2º, I), multa (art. 2º, II), com valores que variam de acordo com a classificação de leve, grave e gravíssimas (art. 2º, § 1º, I, II e III) e que podem ser aplicadas em dobro em caso de reincidência (art. 2º, § 2º), imposição de mensagem retificadora (art. 2º, XII) , cancelamento do alvará de licenciamento de estabelecimento (art. 2º, XI).

(398) A lei remete ao art. 61 da Lei n. 6.320, de 20 de dezembro de 1983 do estado de MT, para definir como infração sanitária a ofensa aos seus dispositivos.

(399) A lei remete ao art. 65 da Lei n. 7.110, de 10.02. 1999.A Lei n. 7.110, de 10.02.1999 dispõe sobre a promoção, proteção e preservação da saúde individual e coletiva no Estado de Mato Grosso e dá outras providências. No capítulo VI, estabelece as infrações e penalidades que podem ser aplicadas às infrações sanitárias. As penalidades por infração sanitária podem variar de advertências à multa (MATO GROSSO, 1999).

(400) A norma remete à punição por seu descumprimento aos termos da Lei federal n. 6.437, de 20 de agosto de 1.977 (DISTRITO FEDERAL, 2018).

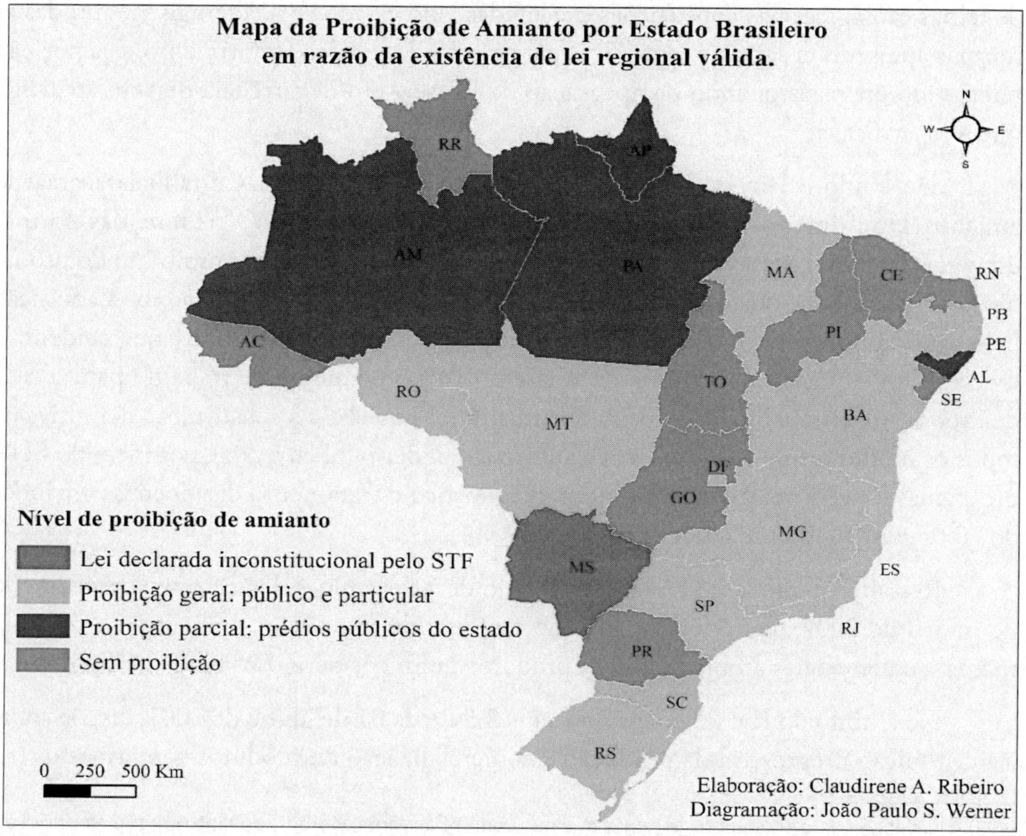

Fonte: A autora, a partir de dados obtidos junto à ABREA (2018), conferidos e corrigidos em pesquisa nos *sites* das assembleias legislativas estaduais e do buscador *Google*.(401)

Por sua vez, os estados do Acre (AC), Paraná (PR), Tocantins (TO), Piauí (PI), Ceará (CE), Rio Grande do Norte (RN) e Sergipe (SE) não aprovaram leis sobre o tema e o estado de Mato Grosso do Sul (MS) teve a Lei n. 2.210, de 2001, revogada pelo STF por meio da ADI 2.396, como mostra o mapa acima.

Algumas leis, a exemplo da carioca, apresentam proibição de extração, uso, fabricação e comercialização, e outras, a exemplo da lei amapaense, determinam o uso

---

(401) Os dados iniciais para a elaboração do mapa foram obtidos a partir de mapa elaborado pela ABREA (2018), os quais foram conferidos pela autora em pesquisa nos sites das assembleias legislativas dos estados federados e pelo buscador www.google.com.br, nas datas de 12 e 13 de maio de 2021, na qual se constatou que algumas normas citadas no mapa de referência não se encontravam divulgadas nas respectivas assembleias legislativas ou no *google*. Pesquisa feita em 13.05.2021, no site da assembleia legislativa do Ceará, apenas localizou notícia de início do trâmite naquela casa, dentre outros, do projeto n. 228 de 2019 que proibiria o uso em todo território do estado de produtos que contenham, ainda que acidentalmente em sua composição, fibras de amianto. Contudo, não se localizou o projeto no referido sítio eletrônico do referido estado (CEARÁ, 09 de abril de 2019). No Paraná, o Projeto de Lei n. 4.982, de 3.9.2015, foi arquivado em 21.7.2016 após receber um parecer pela sua inconstitucionalidade, conforme pesquisa ao site da assembleia legislativa do referido estado, em 12 de maio de 2021. No estado do Acre, não obstante o documento elaborado pela ABREA apontar a para a existência da Lei n. 19 de 2014 que proibiria o uso do amianto em território acreano, a norma não foi localizada em pesquisa no sítio eletrônico da assembleia legislativa do mencionado.

de telhas ecológicas nas construções executadas pelo estado.[402] Ademais, nem todas as normas apresentam sanções específicas para o caso de seu descumprimento, seja por não terem sido previstas quando da aprovação da lei, seja em decorrência de veto ao artigo que a especificava.[403]

São Paulo e Rio de Janeiro[404] contam com duas normas estaduais acerca do amianto. Do primeiro, merece destaque a Lei n. 12.684 de 2007,[405] uma das normas estaduais mais completas acerca do tema, pois além de estabelecer a proibição do uso no território paulista de qualquer produto ou artefato contendo o produto, proíbe a aquisição pelo poder público de qualquer material que contenha amianto, ainda que acidentalmente. Também estipula o limite de 0,1f/cm^3[406] no ambiente de trabalho para o caso de exposição do trabalhador à poeira do amianto, até que haja a substituição definitiva de todos os produtos que o contenham e autoriza o poder público a criar, por meio do SUS, programas específicos para a prevenção, diagnóstico e tratamento das doenças advindas do labor com o amianto (SÃO PAULO, 2007).

Ressalta-se ainda, no âmbito do estado de São Paulo, o Decreto n. 40.648, de 08 de março de 2007, que criou a comissão estadual de prevenção, preparação e resposta rápida a emergências ambientais com produtos químicos perigosos (CE- PRR2).[407]

No âmbito do Rio de Janeiro, a Lei n. 3.579, de 07 de junho de 2001, dispõe sobre a substituição progressiva da produção e comercialização de produtos com asbestos (de

---

(402) A lei define como ecológicas, as telhas que não contenham fibra, vidro ou amianto em sua composição.

(403) A lei aprovada no estado de Rondônia estipulava multas administrativas, que poderiam ser dobradas em caso de reincidência, previsão vetada pelo governador, por meio da mensagem de veto n. 218, de 21 de setembro de 2017, sob a justificativa de que o dispositivo legal não estabeleceria gradação de penalidades e tampouco distinguia a conduta dolosa ou culposa, de modo que imporia responsabilidade objetiva, o que seria vedado pela Carta Magna. O veto foi mantido pela Assembleia Legislativa daquele Estado (RONDÔNIA, 2017b).

(404) A norma carioca foi regulamentada pelo decreto n. 43.582, de 25 de agosto de 2017, que suplantou o disposto na referida lei acerca da substituição progressiva da produção e comercialização de produtos com amianto. Essa norma estipula o limite máximo de exposição humana à concentração de poeira de 1/10 de fibra de amianto por centímetro cúbico ou (0,1 f/cc), até que se dê a substituição definitiva dos produtos que contenham amianto, inclusive nas atividades de demolição e mediante o contato com qualquer produto, ainda que acidentalmente, como nos casos de talco e pedra-sabão, cujo uso deve ser precedido de análise mineralógica para comprovar a ausência da substância. A publicação da ABREA cita ainda a existência do decreto n. 647, de 08 de março de 2007, a respeito do tema no referido estado. Contudo, o referido decreto não foi localizado.

(405) A norma foi alterada pela Lei n. 12.048, de 10 de dezembro de 2015, que acrescentou os §§ 1º a 4º ao art. 7º, para incluir sanções específicas em caso de seu descumprimento. Sua origem se deu no projeto de Lei n. 384, de 26 de abril de 2007, que tramitou em regime de urgência e em cuja justificativa constava, dentre outras informações acerca de normas proibitivas do amianto em nível internacional e a Resolução n. 384 do Conama, que, ao gestor público compete não apenas a responsabilidade de cuidar daqueles que adoecem como também de realizar ações preventivas para a garantia do "[...] bem-estar físico, mental e social de seus cidadãos" e que evitassem os riscos, ainda que ínfimos de surgir doenças como as decorrentes da [...] exposição às fibras do amianto ou asbesto (PROJETO DE LEI N. 384, 2007, p. 03).

(406) Além da norma paulista, as normas dos Estados de Santa Catarina, Mato Grosso, Minas Gerais, Santa Catarina estipulam limites para o manuseio do produto no ambiente de trabalho.

(407) Em atendimento ao Decreto Federal n. 5.098, de 03 de junho de 2004.

dois a quatro anos) e estipula obrigatoriedade do poder público estadual de divulgar os efeitos perversos do amianto e de realizar a notificação obrigatória, por meio do SUS, de programas de vigilância em saúde com vistas à prevenção, diagnóstico e tratamento das doenças relacionadas ao trabalho com amianto. A Lei n. 4.341, de 27 de maio de 2004[(408)], especifica a responsabilidade das empresas de fibrocimento pelos custos de tratamentos dos trabalhadores vítimas da exposição à fibra do amianto/asbesto e pelo descarte adequado dos produtos ou qualquer material que contenha algum tipo de amianto, além de estipular sanções pecuniárias em caso de descumprimento da norma e interdição do estabelecimento em caso de reincidência.

Além das normas estaduais proibitivas do amianto, alguns municípios brasileiros, sobretudo no estado de São Paulo, editaram normas proibitivas ou restritivas para o uso de produtos de amianto em seu território, ou ainda proibindo o uso de tal produto por parte das obras do município.

Nas esferas locais, diversos municípios também possuem leis com restrição ao uso do amianto e dedicam uma semana, geralmente no mês de abril, para que sejam realizadas campanhas de informação sobre a nocividade do produto. A título de exemplo, mencionam-se, no estado do Paraná, os municípios de Curitiba[(409)], Maringá[(410)] e São José dos Pinhais[(411)]; no estado de São Paulo, os municípios de Amparo[(412)], Barretos[(413)],

---

(408) A referida lei foi alterada por meio da Lei n. 16.048, de 10 de dezembro de 2015, que acresceu os §§ 1º a 4º ao seu art. 7º (com vigência a partir de 1º.12.2016).

(409) Lei n. 14.172 de 2012, que proíbe o uso de produto contendo amianto, sobretudo nas obras de construção civil públicas e particulares no município, limita a 0.1f/cc o limite de exposição humana até que haja a substituição definitiva, institui a semana do amianto a ocorrer na semana de 28 de abril, institui a notificação obrigatória das doenças e óbitos em decorrência do amianto por meio de CAT ao INSS.

(410) Lei Complementar n. 986 de 2014, que proíbe a fabricação e o uso de produtos com amianto no município, a substituição dos produtos na medida de seu desgaste e a comercialização total dos produtos no prazo de 42 meses da publicação da norma.

(411) Lei n. 2.322 de 2013, que proíbe a fabricação, uso e instalação de qualquer produto que contenha amianto no território do município, obriga a assinatura do termo de responsabilidade para novos projetos de obras de construção civil e limita a 0,1 f/cc a exposição ao amianto, inclusive trabalhadores e concede o prazo de 36 meses para adequação das empresas, o qual foi prorrogada para 31 de março de 2019, por meio da Lei n. 2.741, de 11 de agosto de 2016.

(412) A Lei n. 2671 de 24 de maio de 2001 e Lei n. 2869, de 26 de dezembro de 2002 acrescentou e alterou disposições da primeira, dentre as quais, a suspensão da proibição do art. 10 para as construções em que os proprietários requeressem a regularização até 31 de julho de 2003.

(413) Lei n. 3.425 de 26 de abril de 2001, que proíbe o uso de material com amianto nas construções civis em todo território municipal (exceto as mangueiras usadas no combate a incêndio) e institui multa de R$ 500 por cada infringência, dobrada após 30 dias se persistir, quando a obra será embargada até a regularização.

Bauru(414), Campinas(415), Guarulhos(416), Jacareí(417), Jundiaí(418), Mogi Mirim(419), Osasco(420), Penápolis(421), Piracicaba(422), Pirajuí(423), São Caetano do Sul(424), São Paulo(425) e Taboão da Serra(426).

4.4. A posição do STF em relação à constitucionalidade das normas regionais restritivas ao amianto

A discussão sobre o conflito de normas acerca do amianto no país já foi levada ao STF em algumas oportunidades, pois, como apresentado anteriormente, as Convenções da OIT que tratam da matéria foram ratificadas pelo Brasil e compõem o ordenamento jurídico do país, ao lado das normas federais, estaduais e municipais acerca do tema, sendo que essas últimas têm tornado mais restritivo o uso do produto, ora no âmbito vertical apenas, ora no âmbito horizontal, de modo que são mais benéficas ao meio ambiente laboral e, caso observado apenas o princípio da precaução e da melhoria contínua (art. 7º, XXII, CF/88) deveriam prevalecer sobre as demais normas.

O alcance do conteúdo dos princípios labor-ambientais encontra divergências no âmbito doutrinário e, sobretudo, no jurisprudencial, uma vez que tais princípios convivem lado a lado com outros de mesma envergadura constitucional, como o princípio da livre iniciativa e concorrência (art. 1º, IV e art. 170, *caput* e inciso IV, CF/88), o que tem

(414) Lei n. 4.667, de 04 de maio de 2001, que proíbe o uso de qualquer produto com amianto nas construções civis públicas e privadas, institui multa de 06 salários mínimos ao infrator, que pode ser dobrada em caso de reincidência.

(415) Referido município conta com três leis municipais que tratam do tema do amianto, quais sejam: Lei n. 10874, de 10 de setembro de 2001, que proíbe a fabricação de qualquer produto que contenha amianto dentro de seu território, o uso de produto que contenha amianto, autoriza o embargo da obra até a substituição do produto, estabelece que o município deverá realizar campanha educativa em relação ao produto e instituir programa de acompanhamento dos expostos ao amianto e instituir a comunicação compulsória das doenças para fins de estatísticas e orientar as vítimas sobre seu direito à indenização; Lei n. 11.256, de 27 de maio de 2002, que acrescenta o art. 7º A na Lei n. 10.874, de 2001, para encarregar também o Procon de fiscalizar o comércio de produtos à base de amianto; Lei n. 11.463, de 09 de janeiro de 2003, que altera diversos artigos da Lei n. 10.874, de 2001, e a Lei complementar n. 09, de 23 de dezembro de 2003, que dispõe sobre o código de projetos e edificações no referido município e cujo art. 3º, VII, veda o uso de concreto cimento-amianto e outros materiais pesados em Cobertura Leve sobre recuo obrigatório.

(416) Lei n. 5.693 de 05 de junho de 2001.

(417) Lei n. 5.914, de 17 de março de 2015.

(418) Lei complementar n. 332, de 2001.

(419) Lei n. 3.316, de 1º de março de 2000.

(420) Lei n. 90, de 13 de dezembro de 2000.

(421) Lei n. 1917, de 11 de junho de 2013.

(422) Lei n. 5.127, de 2002, em complemento à Lei estadual 10.813. de 2001.

(423) Lei n. 1.757, de 2001.

(424) Lei n. 3.898, de 2000 (vigência a partir de 1º de janeiro de 2008).

(425) Lei n. 13.113, de 2001.

(426) Lei n. 1.368, de 29 de maio de 2001.

suscitado questionamentos perante o STF, a quem compete a tarefa de dizer o direito Constitucional, como se vê a seguir.(427)

4.4.1. Ações diretas de constitucionalidade que questionam o conflito de normas sobre o amianto — visão geral

A criação de regras próprias por alguns estados e municípios da federação (elencadas no capítulo anterior) retrata parte da conflituosidade política da sociedade reflexiva de que trata Beck (2000), num palco em que divergem os interesses dos muitos atores sociais envolvidos. De um lado estão, exemplificativamente, as associações de vítimas, como a ABREA e representantes da sociedade civil organizada,ou de categorias com interesses correlatos como a Associação Brasileira de Juízes do Trabalho (ANAMATRA) e a Associação Nacional de Procuradores do Trabalho (ANPT); de outro lado estão as associações que defendem aqueles que desejam a continuidade da exploração do produto ou a possibilidade de poder fazê-lo, como a Confederação Nacional de Trabalhadores da Indústria (CTNI) e o Instituto Brasileiro do Crisotila (IBC).

Desse modo, diversas ADIs(428) acerca da constitucionalidade de leis estaduais restritivas ao uso do amianto nos territórios em que vigoram foram propostas perante o STF.

Questionando especificamente a constitucionalidade do art 2º, *caput* e parágrafo único, da Lei n. 9.055/1995, tramitou no STF a ADI n. 4.066 DF(429), proposta pela ANPT e ANAMATRA, e cujo julgamento foi improcedente por ausência de quórum mínimo.

---

(427) Ao exercer o Controle Concentrado de Constitucionalidade, o STF pode validar, rejeitar ou atribuir o sentido de interpretação de determinada regra jurídica para harmonizá-la com o sentido material e formal da Constituição.

(428) A ação de controle de constitucionalidade possui escopo diverso da jurisdição ordinária, na qual vigora o princípio de que não se concederá decisão que venha a causar à parte autora uma situação mais prejudicial que aquela em se encontrava antes da propositura da ação, na medida em que, por exemplo, uma vez proposta a ação, não é dado ao autor dela desistir, conforme art. 5º da Lei n. 9.868/99. Diz-se abstrato o controle de constitucionalidade exercido pelo órgão do poder judiciário em sede de juízo de análise de um determinado preceito normativo diante do julgamento de uma situação concreta e concentrado, o controle exercido privativamente pelo STF sobre os atos normativos em geral, de forma abstrata, vale dizer, analisa-se o ato em si e por si em face da CF/88, declarando-se, num juízo de abstração, se a norma fere ou não a CF/88, seja pelo aspecto formal, competência e iniciativa legislativa, seja pelo aspecto material, contrariedade ao regramento constitucional como um todo. Dispõe o art. 525, § 12, CPC, "Para efeito do disposto no inciso III do § 1º deste artigo, considera-se também inexigível a obrigação reconhecida em título executivo judicial fundado em lei ou ato normativo considerado inconstitucional pelo Supremo Tribunal Federal, ou fundado em aplicação ou interpretação da lei ou do ato normativo tido pelo Supremo Tribunal Federal como incompatível com a Constituição Federal, em controle de constitucionalidade concentrado ou difuso" (BRASIL, 2015a). Nos termos do art. 102, I, *"a"* da CF/88, é competência originária do STF o julgamento da ADC, ADI e ADPF. O procedimento para a propositura e julgamento das duas primeiras é regulado pela Lei n. 9.868, de 10 de novembro de 1999 e o da terceira, pela Lei n. 9.882, de 3 de dezembro de 1999.

(429) A ação foi relatada pela Ministra Rosa Weber e contou com 5 votos a favor e 4 contra. O Julgamento se deu em 24.8.2017.

De forma mais recente, também tramitaram no âmbito da referida corte as seguintes ADIs: 3937 SP, que questionava a constitucionalidade 1º ao 9º da Lei n. 12.684, de 2004, do estado de São Paulo; 3357 RS, que questionava a constitucionalidade dos arts. 1º, 2º, 4º e 5º da Lei n. 11.643/200 RS; 3356 PE, com foco na tese de inconstitucionalidade dos arts. 1º a 8º da Lei n. 12.589/2004 PE; 3406 RJ e 3470 RJ, ambas alegando inconstitucionalidade de dispositivos da Lei n. 3.579/2001 do estado do RJ, a primeira tratando especificamente dos arts 7º e 8º da referida norma, que traça limites para a exposição de trabalhadores(as) ao amianto e a segunda tratando dos dispositivos de tal norma que proíbem extração e demais usos do produto no território daquele estado.[(430)]

Além das ADIs supra informadas, já tramitaram anteriormente perante o STF as ADIs 2396/MS[(431)] e a 2656/SP[(432)], que postulavam, respetivamente, a inconstitucionalidade de todos os dispositivos da Lei n. 2.210, do Estado de MS[(433)] e dos arts. 1º a 8º da Lei n. 10.813/01 do Estado de SP, sendo ambas acolhidas parcialmente. A primeira,

---

(430) Todas essas ADIs foram propostas pela CTNI e julgadas improcedentes em decorrência da declaração de inconstitucionalidade superveniente do art. 2º da Lei n. 9.055/95

(431) Julgada em 29.11.2017, tendo como relatora, a min. Ellen Grace.

(432) Proposta pelo governador do Estado de Goiás em face da Assembleia legislativa de São Paulo, sob o argumento de que o município de Minaçu-GO teria uma das maiores minas de amianto do tipo crisotila do mundo e que seria a única em operação no país, cuja produção, em grande parte, se destinaria ao estado de São Paulo e que a proibição do produto no estado traria enorme prejuízos ao municípios, incluindo a perda de empregos. Ademais, aduziu-se que o produto não apresentaria os mesmos riscos que os do tipo anfibólio, tanto que sua produção não teria sido proibida pela Lei n. 9.055/95, de modo que o estado de São Paulo estaria invadindo a competência legislativa privativa da União ao proibir o produto em seu território. A assembleia legislativa do estado de São Paulo defendeu a constitucionalidade da norma, sob o argumento de que essa visaria a proteção da saúde pública e que a competência seria concorrente entre os entes federativos da União, nos termos do inc. XII do art. 24, CF/88. Já o governador do estado concordou que a norma seria inconstitucional e que não haveria fundamento científico suficiente para as medidas ali adotadas.

(433) A norma impugnada restringia a fabricação, ingresso, comercialização ou estocagem de amianto ou de produtos que o contivesse em todo o território do referido estado, salvo aqueles decorrentes de estoque já existentes por ocasião da publicação da norma e estipulava multa para o caso de descumprimento, dentre outras disposições. Os principais argumentos foram os de invasão da competência Privativa da União, ofensa aos princípios da livre iniciativa, livre concorrência, da propriedade, federativo e da proporcionalidade. Os dispositivos questionados na ADI 2656/SP foram: a) art. 1º: proibição de importação, extração, beneficiamento, comercialização, fabricação e instalação de qualquer forma produto de amianto; b) art. 2º: fabricação, comercialização e instalação de materiais de fricção e automotivos no prazo de 12 meses da publicação da norma; c) art. 3º: fabricação, comercialização e instalação, de EPIs e artefatos de uso infantil; d) art. 4º: proibição de instalação ou aquisição por parte de órgãos da administração direta e indireta em suas instalações ou dependências de qualquer produto contendo amianto, o que era extensível aos serviços terceirizados e conveniados; e) art. 5º: estipulação de que até que fosse eliminado totalmente o amianto, não fosse ultrapassado o limite de 0,1 (um décimo) de fibra de amianto por cm^3 nos ambientes de trabalho em que houvesse sua extração ou produção e ainda a avaliação ambiental de tal ambiente a cada seis meses, nos termos da Lei n. 10.083, de 23 de setembro de 1998; f) art. 6º: estipulação de respeito por parte de qualquer empresa ou instituição responsável pela execução de obras de demolição ou remoção de material que contenha amianto, de respeito às normas técnicas previstas no código sanitário do estado de São Paulo, Lei n. 10.083, já mencionada e Lei n. 9.505, de 11 de março de 1997, em relação à proteção aos trabalhadores e comunidades exposta à poeira do produto; g) art. 7º: obrigação de informação por parte das empresas que produzam ou comercializem produtos que contivessem amianto, de informar, de forma destacada nas embalagens de seus produtos, a existência do mineral e de que a inalação do mesmo poderia causar câncer; h) art. 8º: imposição de penalidades em caso de inobservância de qualquer dispositivo da norma.

por unanimidade, para declarar a Inconstitucionalidade do art. 1º e seus §§ 1º a 3º; art. 2º, 3º e §§ 1º e 2º do parágrafo único do art. 5º da Lei sul mato grossense; a segunda, para declarar a inconstitucionalidade dos arts 1º a 5º e art. 7º da Lei paulista(434).

O tema do amianto também foi objeto de algumas Arguições de Descumprimento de Preceito Fundamental (ADPF), como a ADPF 109(435), ADPF 234 DF(436) e Reclamações (Recl.), como a Rcl 26003 AgR/SP(437), Rcl 4907 AgR/PE(438) e a Rcl 16637(439), perante o STF.

Das ADIs supra mencionadas, optou-se por discutir na presente tese a ADI 3937-SP, que questiona a constitucionalidade do art. 1º ao 9º da Lei n. 12.684, de 2004, do estado de São Paulo, pois, diversamente das decisões proferidas nas ADIs 2696/MS e 2656/SP que, respectivamente, questionavam as restrições impostas pela lei estadual 2.210/01 do Mato Grosso do Sul e pela Lei n. 10.813, de 2001, do estado de São Paulo, em que não se reconheceu a inconstitucionalidade da norma estadual. Nessa, ante a aplicação prática dos princípios da precaução, da melhoria contínua das condições ambientais de trabalho e do avanço do estado da técnica por ocasião do julgamento da liminar por parte do pleno, posteriormente confirmada no mérito, entendeu-se pela inconstitucionalidade superveniente do art. 2º da Lei n. 9.055 de 1995.

4.4.2. A ADI 3937-SP

Tendo em vista os interesses econômicos envolvidos na exploração do amianto e os supostos interesses dos(as) trabalhadores(as) na manutenção de seus empregos, que também caracterizaria interesses sociais desses e dessas *versus* os interesses coletivos relacionados à defesa da saúde e da qualidade de vida dos(as) trabalhadores(as) e da própria sociedade, a exemplo da ABREA e do MPT, a ADI 3937-SP foi palco de diversas discussões e decisões conflitantes, tanto no que concerne à primeira decisão do relator,

(434) A ADI em comento foi julgada em 8.5.2003, tendo como relator, o min. Maurício Corrêa. O art. 6º dizia respeito à vigência da norma. Logo, a declaração de inconstitucionalidade, na prática, foi total. A decisão transitou em julgado em 13.8.2003.

(435) Julgada em 30.11.2017, essa ADPF questionava a Lei n. 13.113/2001 e o Decreto 41.788/2002, ambos do estado de SP. Foi relatada pelo Min. Edson Fachin e foi rejeitada em razão da declaração de inconstitucionalidade superveniente do art. 2º da Lei n. 9.095/95.

(436) Questionou-se a interpretação administrativa e jurisdicional do art. 1º da Lei paulista n. 2.684/2007, que proibia o transporte do amianto no território do estado de São Paulo. Relatada pelo Min. Marco Aurélio, teve liminar deferida em 28.09.2011, a qual foi confirmada, por maioria de votos, para permitir o transporte do produto naquele.

(437) Julgada em 13.11.2018, questionava decisão do TST que descumpriu a liminar deferida na ADPF 234. Inicialmente relatada pelo Min. Alexandre de Moraes, teve como redatora do acórdão a Min. Rosa Weber e foi rejeitada, ante a alteração da situação fático-jurídica em que alicerçada a cautelar deferida na ADPF 234.

(438) Julgada em 11.04.2013 e relatada pelo Min. Dias Toffoli, a Recl. questionava a aplicação da Lei n. 12.589/04 do estado de PE e teve provimento ao agravo negado, pois inadmitida reclamação em substituição ao controle de constitucionalidade.

(439) Julgada em 1º.09.2014.

que concedeu a liminar postulada pelos autores e foi rejeitada pelo pleno, quanto no que concerne à decisão definitiva de mérito, que alterou o entendimento da corte quanto à constitucionalidade do art. 2º da Lei n. 9.055/95.

Com o objetivo de permitir a cognição dos interesses econômicos, sociais e políticos envolvidos na ADI em comento, antes de tratar das decisões proferidas em tal ação, são apresentados os seus principais eventos, incluindo as intervenções das partes e de terceiros ao longo de sua tramitação, porquanto, conforme Lopez (2010, p. 18) a ciência jurídica tem na "[...] realidade social" o maior manancial do direito enquanto ciência.

4.4.2.1. Aspectos descritivos/inventário da ação

A ADI 3937-SP(440) foi proposta pela CTNI(441), que sustentou a pertinência temática para a legitimidade ativa ante o nexo frontal entre a eficácia da lei questionada e a redução da atividade econômica do segmento, sob o argumento de que ocasionaria o desemprego para os(as) trabalhadores(as) do setor, representado pela proponente.

Sustentou ainda, quanto ao aspecto formal(442), o desacato ao princípio da reserva legal (usurpação da competência privativa da União, incisos I, XI e XII do art. 22) e geral (§ 1º e incisos V, VI e XII do art. 24 da CF/88) já que o estado federado não teria competência para proibir o uso do produto, com fundamento na competência residual (§§ 2º, 3º e 4º do art. 24 da CF/88). No que concerne ao conteúdo da norma, foram impugnados quase todos os dispositivos da norma paulista em comento, sob o pretexto de que esses se confrontavam com a lei federal n. 9.055/95, cujo art. 1º apenas proíbe a extração, uso, industrialização e comercialização da actinolita, amosita, antofilita, crocidolita e tremolita, espécies do gênero anfibólio, e porque o art. 2º da norma estabeleceria que o asbesto/amianto do tipo crisotila seria extraído, utilizado e comercializado de acordo com as disposições contidas na referida norma. Assim sendo, a norma paulista(443) estaria equivocada, posto que o amianto branco, em índices toleráveis, não seria prejudicial à saúde(444).

---

(440) Em 15.07.2020, o feito, que inicialmente tramitou em autos físicos, foi convertido em processo digital, conforme certidão de Conversão, doc. 326 e 327.

(441) Não obstante a relevância do emprego para os trabalhadores como forma de melhoria de sua condição social, a atuação da entidade representativa dos trabalhadores em desfavor de uma norma que representa a ampliação dos padrões de saúde de seus representados reflete a mentalidade ainda dominante, no sentido de monetizar a saúde dos trabalhadores.

(442) Arguiu-se também o vício de iniciativa do governo estadual paulista que teria invadido a competência privativa do chefe do executivo federal, art. 84, incisos II e IV, alínea "a", CF/88 e contrariado a autoridade da corte suprema, ao dispor sobre tema de lei já declarada inconstitucional.

(443) Apenas os §§ 1º e 2º do art. 7º da Lei n. 12.684/2007 do estado de São Paulo, que, respectivamente, preveem a possibilidade de se adotarem critérios estipulados em normas autônomas coletivas em complemento aos estabelecidos pela legislação de medicina do trabalho e a redução anual dos limites fixados, com vistas à redução desses, não foram objeto da ADI em comento.

(444) Ademais, dentre outras alegações, foi argumentado que a ciência viria demonstrando que apenas a inalação da fibra do amianto seria prejudicial à saúde humana, o que também seria minimizado em se tratando do crisotila, quando observados os limites de tolerância, como feito no Brasil, e que o uso das fibras naturais e

A ABREA, a Associação Brasileira das Indústrias e Distribuidores de Produtos de Fibrocimento (ABIFibro), o Instituto Brasileiro do Crisotila (IBC), o Sindicato dos Trabalhadores na Indústria da Extração de Minerais não Metálicos de Minaçu, em Goiás, o Instituto Brasileiro de Mineração (IBRAM), o Conselho Federal da Ordem dos Advogados do Brasil e a Associação Nacional dos Procuradores do Trabalho (ANPT) ingressaram na ação na condição de amicus curiae(445).

Em 20 de agosto de 2007, o relator, atendendo a pedido de reconsideração por parte da autora(446), concedeu liminar, *ad referendum* do pleno e suspendeu os dispositivos questionados, sob o fundamento de que o tema já havia sido discutido nas ADIs 2656-9/SP e 2396-9/MS, quando entendeu-se pela competência da União e não do Estado-membro para legislar sobre o tema da comercialização e uso de qualquer tipo de asbesto, e que a norma questionada dificultava o comércio interestadual do produto, violando o inc. VIII do art. 22 da CF/88.

As sessões de julgamento(447) da liminar foram marcadas por calorosas discussões entre os membros da corte, que, por maioria(448), a rejeitou.

O ministro Eros Grau pediu licença para fazer uma observação quanto ao voto dado nos autos da ADI 3.356, pois teria errado ao dizer, na ocasião, que se caracterizaria a inconstitucionalidade formal acaso se permita que o Estado membro legisle acerca de matéria de competência exclusiva da União, posto que o debate deveria ser mais amplo, pois, nos termos do art. 24, VIII, CF/88, a competência para legislar acerca do meio ambiente e do consumidor seria concorrente entre os entes federados. Asseverou ainda que, embora a lei federal não fosse objeto de julgamento, não haveria alternativa a não

---

sintéticas em substituição ao amianto também não seria cientificamente seguro. Postulou-se medida cautelar visando suspender liminarmente a eficácia da norma impugnada.

(445) A figura do *amicus curiae* possui natureza jurídica e processual polêmica. As sustentações acerca da mesma variam entre "[...] terceiro, assistente ou assistente atípicos [...], auxiliar da justiça, colaborador informal, forma especial de intervenção, ou uma espécie de participação da sociedade (por meio de uma entidade representativa) no controle abstrato de constitucionalidade." (CARDOSO, 2014, p. 123). Qualquer que seja sua natureza jurídica, fato é que o instituto é previsto no § 2º do art. 7º da Lei n. 9.868/99, segundo o qual: "O relator, considerando a relevância da matéria e a representatividade dos postulantes, poderá, por despacho irrecorrível, admitir, observado o prazo fixado no parágrafo anterior, a manifestação de outros órgãos ou entidades." A Emenda Regimental n. 15, de 30 de março de 2004, acresceu o § 3º no art. 131 do Regimento Interno do STF para permitir a sustentação oral por parte do terceiro interventor admitido nos autos da ação em comento. Conforme Sarlet, Marinoni e Mitidiero (2012, p. 953), o instituto permite a elucidação de tema constitucional e resulta na validação "[...] social" das deliberações da corte. O Estado de Goiás teve rejeitado o pedido para atuar na condição de terceiro interessado.

(446) O pedido de reconsideração ao primeiro despacho do relator foi o do iminente prejuízo econômico em razão da vigência da norma, que conteria alguns dispositivos que já deveriam ser observados a partir da publicação dessa e não a partir de 1º de janeiro de 2008, em ofensa à segurança jurídica, além do desrespeito pelo Estado de São Paulo ao decidido pela corte suprema na ADI 2656/SP. Postulou que fosse aplicado o § 3º do art. 10 da Lei que rege o rito das Ações de competência inaugural do STF.

(447) O julgamento da liminar teve início em 29 de agosto de 2007 e foi finalizado em 04 de junho de 2008.

(448) Junto com o relator original, restaram vencidos os ministros Menezes de Direito e Ellen Gracie.

ser declará-la inconstitucional, porquanto o STF seria uma corte Constitucional e não estaria vinculado à causa de pedir da ação de declaração de inconstitucionalidade, mas deveria garantir a normatividade da Constituição face à norma que a contrariava. Apelou para que a corte assumisse seu papel e enfrentasse o tema e, caso não se dispusesse a fazê-lo, que se suspendesse a sua análise até o julgamento da ADI 4.066, que também tratava do tema, já que a saúde estaria em risco. Propôs ainda que se ouvissem os votos dos ministros que já haviam votado, para que se analisasse a extensão do tratamento já conferido ao tema.

Dentre as discussões travadas, cabe destacar as falas do ministro relator e do ministro Joaquim Barbosa, que apresentou voto divergente. O primeiro enfatizou que o julgamento seria da lei estadual e não da lei federal e que caso fosse considerar os efeitos prejudiciais dos produtos, o estado de São Paulo poderia aprovar norma proibitiva do comércio de cigarro e tabaco também, em detrimento da lei federal e, após a leitura do voto divergente, chamou a atenção para o efeito prático da decisão contrária aos precedentes da corte, porquanto se estaria a excluir o estado de São Paulo da submissão à lei federal, que continuaria imposta às demais unidades da federação. Ressaltou a existência de precedentes em sentido contrário ao voto divergente e argumentou que "o passo seria demasiadamente largo"(449) (BRASIL, 2008, p. 1.149).

O ministro Joaquim Barbosa apontou que o tema já teria sido julgado pela corte, que havia entendido pela competência exclusiva da União para legislar sobre o tema e que não havia interesse local que justificasse a norma estadual, premissas que continuariam corretas. Contudo, apontou estudos acerca das características e dos efeitos perversos do amianto para a saúde, além da resolução n. 348, de 16 de agosto de 2004 do Conama, que reconheceu a ausência de limites seguros para o uso do amianto e a existência de fibras artificiais e orgânicas aptas a substituí-lo, de modo que a corte deveria decidir se, perante os riscos à saúde humana, os estados poderiam legislar sobre o amianto. Lembrou precedente do STF, no Caso dos Agrotóxicos ou DDT, ainda sob a vigência da CF/1967, no qual se reconheceu a inconstitucionalidade parcial de norma do RS, que proibiu o uso de certos produtos, ocasião em que a corte entendeu que o ato normativo estadual seria inconstitucional por refrear a norma federal, posto que a União não teria ultrapassado o conceito de norma geral (BRASIL, 2017).

Destacou ainda que a corte já teria adotado o referido entendimento em julgamentos recentes, o que impunha a discussão acerca do alcance da norma geral e que não haveria inconstitucionalidade das normas estaduais que tratam do amianto por dois motivos: 1) o compromisso assumido pelo Brasil, por meio da promulgação da Convenção

(449) Ante os votos contrários, o ministro relator alegou ser importante preservar a competência normativa prevista na CF/88, tendo em vista o elevado número de entes federados com capacidade de legislar. Na sequência, o ministro Menezes Direito registrou seu voto concordante com o do relator, sob o argumento de que estariam, em sede de cautelar, a analisar a "[...] plausibilidade jurídica" e que os precedentes da corte assinalavam a limitação da legislação concorrente do Estado (BRASIL, 2008, p. 1.162).

n. 162 da OIT, com status de norma supralegal, pelo menos no sentido de efetivar medidas protetivas de direitos fundamentais, sobretudo à saúde e ao meio ambiente equilibrado; 2) falta de sentido em se definir se determinada lei deve confrontar-se com uma lei geral, porquanto esse caráter seria da Convenção n. 162 e não da lei federal. Registrou ainda o compromisso assumido pelos Estados-partes no sentido de desenvolver progressivamente materiais e tecnologias alternativas que pudessem substituir o amianto, em contrapartida às exceções que fossem abertas, nos termos do art. 3º. 10 da Convenção n. 162 da OIT, o que se coadunaria com o disposto no art. 196 da CF/88, quanto ao direito à saúde e em relação à importância dos tratados de direitos humanos assumidos pelo país e, em decorrência lógica, pelos estados e municípios também, sob pena de incongruência . Ressaltou que a literatura científica sugeriria que os riscos das fibras substitutas ao amianto são menores que os riscos desse, os quais já se encontram comprovados, tanto que o poder executivo federal já mostrava sinais de recomendar a substituição, conforme ofício n. 1.145/GM, de 28 de dezembro de 2004, pelo que concluiu pela razoabilidade da restrição estadual ao amianto, ante a inexistência de alternativa ao ente federado.[450]

---

(450) Em seu voto, a ministra Cármen Lúcia pediu vênias ao ministro Marco Aurélio e reviu seu voto para acompanhar o voto divergente, realçando que embora o ponto central da demanda fosse a questão de uma norma estadual contrariando uma federal, alguns direitos, sobretudo o da saúde, seriam de competência comum, nos termos do art. 23, II, CF/88 e negou-se a entrar no questionamento levantado pelo ministro Marco Aurélio se entendia que a comercialização do cigarro poderia então ser proibida pelo estado de São Paulo sob a alegação de resguardar o consumidor. O ministro Ricardo Lewandowski, que originalmente havia acompanhado o voto do relator, alegou vir refletindo desde então sobre a importância da decisão que estavam a proferir e que, à vista dos argumentos expendidos no voto do ministro Joaquim Barbosa e das reflexões postas pelo Ministros Eros Grau e Cármen Lúcia, estava revisando o voto que acompanhava o relator, no que foi advertido pelo relator de que sua posição estaria em "descompasso" com seu próprio voto e não com o do relator (BRASIL, 2008, p. 1157). À advertência de seu par, Lewandowski respondeu que o entendimento agora esposado seria o que melhor preservaria os princípios federativo, democrático e republicano, que formam um dos alicerces da CF/88 e que o perigo da demora e *fumus boni iuris* estariam caracterizados, não apenas em razão da legislação internacional, que veda a produção do produto, como pelos exemplos do direito comparado e pela convenção 162 da OIT e que seu entendimento, em sede acadêmica e em algumas decisões proferidas em matéria de meio ambiente e saúde pública na corte estadual à qual pertenceu anteriormente, seria no sentido de que as normas estaduais poderiam ser mais restritivas que as federais, com o que concordou o ministro Carlos Britto (BRASIL, 2008, p. 1.158). O ministro Carlos Britto registrou o caráter supralegal da C162, cujo art. 3º autoriza, excepcionalmente, a exploração do produto, mas exige a revisão periódica da legislação até a sua extinção, de modo que estaria revendo sua primeira impressão no sentido de inconstitucionalidade da norma estadual. Nas palavras de Carlos Brito: "[...] a Convenção já categoriza a legislação sobre o assunto de norma de eficácia progressivamente atenuada" (BRASIL, 2008, p. 1.165). Consignou ainda que a norma federal era "[...] paradoxal", pois trazia, em seu art. 1º, uma vedação mais importante que a permissão, na medida em que reconhecia explicitamente os riscos de todas as formas de amianto, embora excepcionasse o amianto do tipo crisotila em seu art. 2º, cujo parágrafo único afirmava que mencionada substância seria uma das fibras prejudiciais à saúde (BRASIL, 2008, p. 1.165/1.167). Outrossim, sustentou que a norma em exame, ao invés de ser uma norma de eficácia progressivamente atenuada até o exaurimento desta eficácia, visava "salvar o amianto" em seu art. 9º, ao prever pesquisas que permitissem o seu uso sem prejuízo à saúde humana, logo, buscava se "definitizar", contrariando a Convenção n. 162 da OIT (BRASIL, 2008, p. 1.166-1.167). Por fim, fez remissão ao discurso do ministro Joaquim Barbosa, para afirmar que a norma estadual estaria mais de acordo com o escopo de prevenção "[...] dos riscos [...] à saúde da população em geral e dos trabalhadores em particular e do meio ambiente" (BRASIL, 2008, p. 1.167) e que dois princípios afastariam o referendo à cautelar: "[...] o princípio da precaução, que busca evitar riscos ou danos à saúde e

Rejeitada a liminar pelo pleno, o relator original deferiu pedido do IBC e CTNI para a realização de audiência pública e determinou a intimação dos interessados para indicarem órgãos técnicos e especialistas com vistas a levar subsídios científicos para a formação do convencimento dos membros da corte.(451)

O requerimento para a realização de audiência pública fundou-se na alegação de que essa traria dados científicos para auxiliar na decisão de mérito, pois inexistiriam estudos isentos e respeitáveis que apontassem limites de tolerância para a exposição à crisotila sem danos à saúde, e informações relacionadas ao baixo custo das telhas de fibrocimento, utilizadas sobretudo em moradias de baixo custo e sobre a viabilidade dos fios de álcool polivinílico (PVA) e polipropileno (pp) para a substituição do amianto.(452)

Na audiência pública(453) foram apresentados inicialmente os argumentos em desfavor(454) da exploração da crisotila, os quais estão relacionados, sobretudo, à sua carcinogenicidade, em especial para os trabalhadores que laboram diretamente na extração.

Os argumentos foram de que os trabalhadores se sujeitam a um risco potencializado e que não há limites seguros para a exposição, mas há um custo social decorrente da aposentação precoce dos trabalhadores da extração, cujo nexo epidemiológico é previamente reconhecido para fins previdenciários, ante a toxicidade do produto, cuja fibra não é absorvida pelos pulmões, que terminam por inflamar e se autodestruir, e que há ainda os riscos ambientais ante a não biodegradabilidade do produto.

Ademais, também foi enfatizado que a longa latência entre a exposição ao amianto e o adoecimento dos trabalhadores dificulta o estabelecimento de nexo causal, sendo que muitos diagnósticos desses são dificultados ou impedidos em decorrência da sonegação de dados, que impõe a criação de um cadastro de trabalhadores por parte do Ministério da Previdência.

---

ao meio ambiente para gerações presentes; e o princípio da prevenção, que tem a mesma finalidade para as gerações futuras" (BRASIL, 2008, p. 1.167).

(451) O deferimento da medida foi objeto de Agravo Regimental por parte da ABIFIBRO, sob o argumento de que já havia elementos suficientes para o julgamento definitivo e de que, ao contrário das requerentes da audiência, a agravante e demais interessados teriam facilidade de indicar expositores. Requereu, sucessivamente, caso mantida a decisão, fossem indicados com precisão os pontos sob os quais deveriam versar as elucidações a serem prestadas (Petição n. 26053/2012). O recurso teve seguimento denegado pelo relator, sob o fundamento de que os terceiros interessados não possuíam legitimidade para recorrer ou fazer pedidos incidentais, conforme a jurisprudência daquela corte.

(452) A audiência pública é prevista no art. 9º, § 1º da Lei n. 9.868, de 10 de Novembro de 1999 e no art. 21, XVII, do Regimento Interno do STF e, conforme Cardoso (2014), constitui modalidade de elucidação de fatos no controle concentrado de constitucionalidade, cujo uso vem se fortalecendo perante o STF.

(453) A audiência ocorreu nos dias 24 e 31 de agosto de 2012.

(454) Na referida audiência pública, falaram em desfavor da continuidade de exploração do amianto, os indicados pelo Estado de São Paulo, pela ABREA e pela ABIFIBRO; os representantes dos ministérios da Saúde, do Meio Ambiente e Previdência Social, indicados pela União; o Presidente da Fundação Jorge Duprat Figueiredo (Fundacentro), vinculada ao Ministério do Trabalho; um médico indicado pelo Deputado Estadual Beto Tricoli; o representante da OIT; o Dr. David Bernstein, PhD em medicina e Toxicologia ambiental, pelo Instituto de Medicina Ambiental da Universidade de Nova Iorque, e o Dr. Evgeny Kovalesky.

Também se argumentou em torno da exposição da população em geral, em razão do consumo de produtos que utilizam a substância ou em decorrência de morar próxima às minas, e o prejuízo ambiental em decorrência da vida quase eterna das fibras, cuja dispersividade é elevada, além de ter custoso armazenamento e descarte, e sobre a existência de materiais com custos pouco mais elevados que os da crisotila, em média 3,5%, mas com riscos significativamente menores que os do mineral.

A favor da exploração controlada do produto,(455) foram apresentados resultados de estudos que mostram a ausência de correlação direta entre as doenças mencionadas nos autos e o amianto, ou que indicam que os dados relacionados a tais doenças são relacionados ao anfibólio, muito mais perigoso que a crisotila. Outrossim, foi enfatizada a relevância econômica e social da exploração e do comércio do amianto para o país e para a cidade de Minaçu-GO, na qual se encontra a única mina em funcionamento no país, e alegada a ausência de estudos suficientes acerca da viabilidade ambiental e econômica das fibras que poderiam substituir o amianto.

Embora iniciado em 31.10.2012(456), o julgamento da ADI 3937-SP, somente foi finalizado em 24.08.2017(457), prevalecendo o voto-vista do ministro Dias Toffoli, que rejeitou o pedido de inconstitucionalidade da lei paulista e declarou incidentalmente a inconstitucionalidade do art. 2º, da Lei n. 9.055/95.(458)(459)

---

(455) Nesse sentido, expuseram os representantes dos Ministérios do Desenvolvimento, Indústria e Comércio Exterior e do Ministério das Minas e Energia, ambos indicados pela União, o Presidente do Sindicato dos Trabalhadores na indústria de exploração de Minerais não metálicos de Minaçu-GO, os indicados pela CTNI, pelo IBC e pela Associação Nacional dos Comerciantes de Materiais de Construção (ANAMACO), além do médico PhD em saúde ocupacional e líder do Instituto de Pesquisas em saúde Ocupacional da Academia Russa de Ciências médicas. Esse último, um dos quais o relatório não informa por quem teria sido indicado ou convidado, falou sobre os estudos realizados na Rússia e sobre o Programa Nacional para Eliminação das Doenças relativas ao Amianto, que, dentre outras medidas, analisou todas as publicações acerca do empoeiramento dos trabalhadores a partir de 1902 e que os estudos demonstravam que 10% dos trabalhadores que se ativavam em circunstâncias de elevado empoeiramento, tiveram alguma alteração patológica e que o país havia proibido o uso dos anfibólios e dos materiais friáveis que contém amianto e determinado a realização de exames médicos pré e pós ocupacionais e, no decurso do tempo de emprego, não se verificou riscos à saúde maiores que outros produtos. Asseverou ainda que não haveria motivo para deixar de adotar as medidas de segurança e se optar pelo pavor. Também o Advogado Geral da União defendeu o reconhecimento da inconstitucionalidade da Norma objeto de questionamento, que teria extrapolado os limites de competência, conforme já teria sido reconhecido pela ADI 3.916/DF. Ressaltou também que as falas na audiência pública teriam evidenciado a ausência de consenso a respeito da matéria entre os pesquisadores, cujo tema deveria permanecer tratado por lei federal, inclusive pela existência de diversos projetos de lei em tramitação, que dispõe sobre o banimento do produto.

(456) Na ocasião, após os votos dos ministros Marco Aurélio e Ayres Britto, respectivamente, pela procedência e improcedência da ação, o julgamento foi suspenso, sendo retomado em 23.11.2016, ocasião em que o ministro Edson Fachin votou pela improcedência da ação e o ministro Dias Toffoli pediu vistas dos autos.

(457) Julgamento presidido pela ministra Cármen Lúcia. Após o voto de Dias Toffoli, o julgamento foi suspenso pela terceira vez (CERTIDÃO DE JULGAMENTO, DOC 268).

(458) Ficaram vencidos os ministros Marco Aurélio e Luiz Fux, que rejeitavam o pedido da ADI e, parcialmente vencido, o ministro Alexandre de Moraes, que rejeitava o pedido da ADI, porém sem declarar incidentalmente a inconstitucionalidade do art. 2º da Lei n. 9.055/95.

(459) Após a leitura do voto-vista pelo ministro Dias Toffoli, o ministro Marco Aurélio interveio e fez uma observação, segundo ele, a título de elucidação, para afirmar que existem ações que questionam as leis estaduais propostas pela CNTI, o que seria "[...] sintomático em termos de emprego" (BRASIL, 2017, p. 181).

Em seu voto, o ministro Alexandre de Moraes defendeu a constitucionalidade da Lei n. 9.055/95, ante a necessidade de se ler que o seu art. 3º adotou a ideia de ""não envelhecimento da Lei"", por meio da observância de normas internacionais, de medicina do trabalho, de saúde e trabalhistas. Logo, uma "[...] evolução protetiva", que permite que os estados-membros legislem de modo mais restrito sobre o tema (BRASIL, 2017, p. 190) (Aspas no original).

Desse modo, ao permitir a atualização da proteção, o art. 3º da Lei n. 9.055 se coaduna com as Convenções internacionais acerca do tema e a norma paulista, porque complementa a proteção, também é constitucional e não usurpa competência da União.(460)

Outro voto que merece destaque, dado os importantes registros às questões relacionadas ao meio ambiente do trabalho é o proferido por Rosa Weber(461), que tratou da legitimidade ativa para a propositura da ação, resgatou os julgados da corte acerca da constitucionalidade de normas estaduais acerca do amianto e afastou a tese de invasão de competência normativa federal por parte da norma paulista, ante o princípio cooperativo(462) que rege a matéria, o conceito e o alcance do que seriam normas gerais(463).

No que diz respeito ao caráter normativo da decisão da corte, a partir de questões fáticas e científicas, ressaltou não ser incumbência da corte a decisão acerca dos limites

---

O julgamento foi suspenso após a manifestação do ministro Marco Aurélio e retomado em 24 de agosto de 2017, oportunidade em que o ministro Edson Fachin explicou que estaria adotando, na totalidade, a fundamentação do voto do ministro Dias Toffoli como fundamento de seu voto de improcedência, para ser coerente com o voto que proferiu nos autos da ADI n. 4066, relatado pela Ministra Rosa Weber. Após a juntada do voto escrito do ministro Alexandre de Moraes, o ministro Marco Aurélio requereu um aparte e chamou a atenção para a existência de "[...] um pequeno conflito", em decorrência da lei federal autorizar e a lei estadual proibir "[...] a fabricação, o uso, a circulação do produto" amianto, ao que o primeiro responde afirmativamente e é advertido de que "[...] o sistema não fecha, porque, então, chega-se à seguinte conclusão: é possível ter-se o produto circulando em todo o território nacional, menos em São Paulo" (BRASIL, 2017, p. 187).

(460) Os argumentos foram: a) que para a análise da distribuição de competência deve-se analisar o respeito à competência legislativa constitucional daquele que edita a norma e não o relevo do tema legislado; b) que o equilíbrio federativo e do próprio país fica garantido pela existência de um poder legislativo nuclear, exercido pela União e as competências dos demais entes federativos, dentro do modelo de pacto federativo adotado pela Constituição brasileira, desde 1891 até a atual; d) a adoção do modelo cooperativo pela CF/88 no que tange às competências legislativas afasta a tendência centralizadora ocorrida durante o período ditatorial; e) a predominância de interesse é o princípio global a informar a divisão de competências entre os entes federativos, de modo que a norma federal, ao pretender regulamentar a deferência de seu art. 2º, terminou por extrapolar o conteúdo de norma geral, desconsiderando ser admitido que os Estados membros podem estabelecer normas mais protetivas ao meio ambiente, de acordo com seus interesses específicos, sem que se caracterize ofensa ao princípio da livre iniciativa, que deve contrabalançar com o princípio do desenvolvimento sustentável, que permite a interferência estadual "[...] sobre o domínio econômico a fim de prestigiar os direitos fundamentais à saúde (art. 196, CF) e ao meio ambiente ecologicamente equilibrado (art. 225, CF)." Citou precedentes da corte em sentido semelhante (BRASIL, 2017, p. 199).

(461) O voto de Weber (fls. 201/250 do inteiro teor do acórdão), adiantado por ocasião do voto-vista de Toffoli, contém 14 tópicos, dos quais o último, por erro material, foi descrito como 15º.

(462) O princípio federativo deve ser lido à luz do art. 24 da CF/88, que ostenta os limites subjetivos (compartilhados entre a União e os Estados) e objetivos (normas de caráter global e específicos) da repartição de competência legislativa (BRASIL, 2017).

(463) A norma estadual em questão teria cumprido todos os requisitos que as normas estaduais devem cumprir quando legislam concorrentemente. Caráter "[...] substancialista", cujo âmbito de atividade, em caso

de tolerância, sua factibilidade de aproveitamento econômico inviolável ou mesmo o acerto de determinadas pesquisas(464), mas que competia a essa, ao analisar determinada norma jurídica que regula a situação fática, acolher "[...] como premissa empírica, o **conhecimento científico estabelecido** sobre eles, considerado o estado da arte no momento do julgamento."(465) (BRASIL, 2017, p. 232, com destaque no original).

Foi ainda destacado que os primados da livre iniciativa, livre concorrência e da propriedade, não são absolutos e devem conformar-se com os aspectos sociais do desenvolvimento econômico, com o valor social do trabalho humano e com a função social da propriedade, que constituem a própria finalidade do desenvolvimento econômico (BRASIL, 2017, p. 232).

O direito à promoção da saúde e diminuição do risco de doença é garantido a toda a população(466), nos termos dos art. 6º e 196 respectivamente, e "a redução dos riscos inerentes ao trabalho [...]" especialmente aos trabalhadores, no inc. XXII do art. 7º da CF/88, e devem ser garantidos por aqueles que chamados a atuar em tal campo e não apenas ao Estado e "[...] impõem a adoção de uma agenda positiva voltada à concretização desses direitos." Essa agenda deve ser garantida pelos 3 poderes da República, porquanto se traduz em "[...] norma principiológica, consiste em proposição objetiva, deontológica e teleológica" (BRASIL, 2017, p. 237).

O acórdão, que conferiu efeito *erga omnes* e vinculante à decisão proferida nos autos da ADI 3937-SP é analisado no próximo item(467) e foi objeto de ED por parte da CTNI e do IBC, sob a alegação de que nos autos das ADIs 3406 e 3470 teria sido atribuído expressamente o efeito vinculante e geral à decisão, o que não ocorrera na ação em comento, que teria sido omissa quanto ao fato de que fora postulada não a declaração de inconstitucionalidade da norma federal, mas da lei estadual e a corte teria proferido uma

de divergência, considera o princípio da "[...] subsidiariedade", devendo, não apenas colmatar lacunas da lei geral e ecoar as especificidades regionais, como também obedecer aos parâmetros "[...] (i) da preponderância do interesse local, (ii) do exaurimento dos efeitos dentro dos respectivos limites territoriais – [...] para se prevenir conflitos entre legislações estaduais potencialmente díspares e (iii) da vedação da proteção insuficiente (BRASIL, 2017, p. 217, negrito no original). Assim, conclui que a norma em exame não fere o disposto no art. 24, V, VI e XII, e §§ 2º, 3º e 4º, da CF/88 e que, ainda que assim não fosse, o art. 2º da Lei n. 9.055/95 seria inconstitucional em razão do "[...] conhecimento científico acumulado" acerca dos prejuízos advindos da exploração do amianto "[...] para a saúde e o meio ambiente" e à vista da ineficiência dos padrões de gerenciamento que estipula (BRASIL, 2017, p. 227).

(464) Tais caberiam ao campo da ciência e da técnica (BRASIL, 2017).

(465) Mencionou o caso dos pneus usados importados, julgado na ADPF 101, em 2009, no qual, a partir dos aspectos práticos, o STF entendeu haver afronta aos arts. 170, I e IV e seu parágrafo único, 196 e 225, CF/88 (BRASIL, 2017, p. 232).

(466) O voto de Weber observa a extrapolação dos riscos do produto para o trabalhador diretamente envolvido na cadeia produtiva e o alcance aos familiares deste, à população do entorno das minas, aos consumidores, destinatários finais dos produtos e para os que estão sujeitos aos resíduos e despojos do produto (BRASIL, 2017, p. 231-232).

(467) O estudo conta com a indicação dos principais fatos ocorridos durante as sessões de julgamento do mérito da ação e os fundamentos dos votos dos ministros que participaram dessas.

decisão mais prejudicial aos requerentes ao conferir, de forma inédita, efeito vinculante e erga omnes à declaração incidental de inconstitucionalidade da lei federal.(468)

Por meio da petição de n. 8040/2019, os terceiros interessados ABREA e ANPT responderam aos EDs e também juntaram documentos. Aduziram que as questões trazidas pelas embargantes não constituíam qualquer omissão no julgado, que as teria enfrentado de forma explícita, tanto acerca dos efeitos de preclusão consumativa da declaração de inconstitucionalidade quanto em relação à questão da eficácia erga omnes, às fls. 69, 71 e 77 dentre outras, e que tal modalidade de decisão não seria propriamente novidade, mesmo que a Suprema corte tenha tratado o tema com mais vagar de modo inédito, formalizando teoria que já vinha sendo adotada por parte da doutrina e da jurisprudência, o que teria sido aguçado pelo CPC de 2015. Impugnaram também o pleito de efeitos suspensivos aos EDs, pois o Sindicato queria rediscutir a matéria já decidida e que, em havendo conflitos entre os "direitos à vida, à saúde e ao meio ambiente hígido, de um lado, e a empregabilidade, de outro", os primeiros deveriam prevalecer.

Ademais, afirmaram que a pretensão das embargantes retiraria a utilidade da decisão, pois permitiria a continuidade da ofensa à saúde nos estados que não normatizaram a questão, contrariando o ordenamento jurídico nacional, que não mais toleraria a exploração do amianto e que, ao invés do prejuízo social alegado, a decisão do pretório excelso teria beneficiado a economia, pois a Eternit teria ampliado sua capacidade produtiva de fibras de polipropileno e aumentou as contratações de trabalhadores, ao passo que a mão de obra da indústria do amianto sofreu uma diminuição no período de 2014 a 2017, ante a possibilidade de banimento do amianto pelo STF, logo, que o setor já vinha se preparando para a situação atual. Também informaram que teriam sido firmados diversos Termos de Ajustamento de Condutas (TAC) entre o MPT e 6 dos 8 maiores grupos da construção civil que ainda usavam o amianto em suas construções e deixaram

(468) Asseveraram também que, em alguns estados, os produtos poderiam continuar sendo comercializados por um prazo maior e que, com a decisão da suprema corte não mais poderão, causando maiores prejuízos às requerentes do que se nada tivessem postulado e que haveria fato relevante a ser noticiado, porquanto a Eternit S/A, maior utilizadora do amianto no Brasil teria publicado, em 19 de janeiro de 2019, que não mais utilizava o amianto nas telhas que fabrica e que a SAMA, controladora da referida empresa, não mais negociava internamente o produto no Brasil, o que evidenciaria os resultados frutíferos do efeito suspensivo declarado. Também foram invocados problemas sociais relativos aos trabalhadores e moradores dos municípios em que estava situada a empresa, que não desejavam o encerramento das atividades da empresa, além de questões econômicas da mineradora, que necessitava atender seus clientes do exterior, além de ter custos milionários para o encerramento das atividades, incluindo os projetos de recuperação das áreas degradadas. Destacou que o estado de Minas Gerais, em 2013, teria aprovado lei que prevê prazo de 10 anos para o banimento do uso do produto em seu território e que também a Comunidade Europeia, novamente teria, em 2016, estendido para 2025 o prazo para a total substituição do amianto. Postularam a manutenção da suspensão da eficácia da declaração incidental de inconstitucionalidade declarada, com efeitos gerais e vinculantes até que fossem julgados os ED, ou, sucessivamente, a anulação do acórdão embargado para que fossem as embargantes intimadas a se manifestarem acerca da atribuição dos efeitos vinculantes e gerais da decisão, ou ainda que a declaração da eficácia de inconstitucionalidade do art. 2º, da Lei n. 9.095/95 só tivesse eficácia 8 anos e 6 meses após o trânsito em julgado da ADI ou, de modo sucessivo, no mínimo 5 anos após o referido trânsito em julgado. Com os embargos declaratórios juntaram diversos documentos.

de fazê-lo, e que os representantes dos trabalhadores(as) embargantes possuiriam ligação com entidades pertencentes à Comissão Nacional de Trabalhadores do Amianto, que, mesmo fazendo parte da CTNI receberam recursos financeiros do ramo do fibrocimento e teriam assinado um acordo para o uso controlado do produto, o que representaria grave violação à liberdade sindical, motivo pelo qual teria sido denunciado ao comitê de liberdade sindical da OIT.

Em 01 de julho de 2020, o ministro Dias Toffoli declarou-se suspeito para atuar no feito em virtude de fato superveniente e motivo de foro íntimo.

O julgamento dos EDs opostos em face do acórdão, agendado inicialmente para 02.10.2020 em pauta virtual e suspenso por duas vezes, foi concluído em 23 de fevereiro de 2023.[(469)] Por maioria dos votos, aqueles opostos pelo IBC não foram conhecidos e os opostos pela CTNI foram conhecidos e rejeitados.

4.4.2.2. Aplicação prática dos princípios da precaução, da melhoria contínua e do estado da técnica pelo voto vencedor na ADI 3937-SP

Como asseverado alhures, o entendimento da Suprema Corte na ADI 3937-SP contrariou a sua jurisprudência anterior, tanto na votação da liminar por parte do Pleno quanto no mérito da ação[(470)], cujas sessões de julgamento foram igualmente repletas de diversos questionamentos por parte dos membros da casa[(471)], cujos debates, por vezes, assumiu tom de ironia, a exemplo do embate entre o Ministro relator e Ayres Britto.

Na primeira sessão de julgamento, o ministro Marco Aurélio questionou se a União pode vedar e o estado permitir a comercialização do amianto, ao que o ministro Edson Fachin respondeu que o ente federal não teria afastado a competência legislativa do ente local à vista dos critérios do princípio da subsidiariedade. Na sequência, o ministro Marco Aurélio destacou que o advogado-geral da União não teria defendido a lei

(469) Em face da inclusão do feito em pauta virtual também se insurgiu a CTNI, sob o argumento de que os embargos opostos na ADPF 109 não foram julgados em razão de o relator ministro Edson Fachin ter consignado que todos os declaratórios que tratassem da matéria deveriam ser julgados conjuntamente, de modo que todos os ED interpostos em face das ADIs 3406, 3470, 3356 e ADPF 109 foram retirados da pauta virtual do plenário, em face do destaque por parte do ministro Gilmar Mendes e incluídos na sessão por videoconferência, e que o julgamento em lista e pelo plenário virtual não permitiria a ampla discussão que o caso requer. O pedido foi rejeitado pela relatora, sob o fundamento de que as peças se encontram nos autos e podem ser acessadas por todos os ministros, não havendo qualquer prejuízo. Em sessão virtual realizada no período de 02 a 09/10/2020, após o voto da agora relatora ministra Cármen Lúcia no sentido de acolher os embargos declaratórios com efeitos infringentes para não conferir efeitos vinculantes e erga omnes da inconstitucionalidade do art. 2º da Lei n. 9.095/95 e dos votos dos ministros Marco Aurélio e Edson Fachin em sentido contrário, o ministro Alexandre de Moraes pediu vistas dos autos.

(470) Essa contrariedade, inclusive, restou registrado à p. 46 do acórdão da lavra do ministro Dias Toffoli, redator para o acórdão.

(471) Após o voto do ministro Fachin, interveio o ministro Marco Aurélio, que insistiu na competência da União para legislar sobre direito comercial, civil, processo civil, processo penal e Penal. Na sequência, pediu vistas o ministro Dias Toffoli, que terminou proferindo o voto vencedor e sendo o redator para o acórdão.

federal, como lhe caberia, e que o Conselho Federal da OAB teria suscitado a discussão de inconstitucionalidade formal do art. 2º da Lei n. 9.055 por extrapolar o conceito de norma geral, termo bastante controverso, e que na ciência se poderia falar em absoluta certeza, absoluta incerteza e penumbra, sendo esse último o estágio científico em relação ao amianto. Argumentou ainda a importância do consenso entre os Estados da Federação no que concerne ao comércio de produtos para evitar uma espécie de guerra fiscal entre esses, de modo que a questão ali discutida diferia da defendida na cautelar da ADI 927, relativa ao núcleo do princípio federativo, e que a ideia de prevalência da norma mais favorável ao meio ambiente, à saúde, consumidor etc. subverte o condomínio legislativo e causa insegurança jurídica.(472)

Logo após a leitura do voto do ministro relator, a ministra Ellen Gracie sustentou que cabe à sociedade adotar posição quanto aos riscos advindos da incerteza, pois o STF não seria uma academia de ciência. O Ministro Ayres Britto votou pela improcedência da ação e remeteu seu voto ao proferido na ADI 3357. O ministro Gilmar Mendes questionou se a lei oferecia uma proteção insuficiente e pugnou pela necessidade de prognose legislativa e fatos, pois caso contrário, poderia substituir o achismo do legislador pelo dos ministros, como ocorrido no caso de uma lei alemã que proibiu o transporte de animais por correio, pelo sistema ferroviário e reembolso e levantou a discussão acerca da sociedade de riscos, que são diversos e que não se poderia proibir tudo, e que embora reconhecesse que o amianto é prejudicial à saúde, o tribunal seria da federação. Em resposta, o ministro Ayres Britto registrou que a Lei n. 9.055/95 oferecia proteção insuficiente e que dos países desenvolvidos, apenas o Canadá continuaria produzindo o amianto, ao que o ministro Marco Aurélio interveio para dizer que a Alemanha e o Japão são os maiores importadores do Brasil e aqueles que renunciaram a produzir, continuariam importando com os cuidados necessários. Ayres Britto argumentou pela necessidade de progredir, por meio do banimento do amianto, ao que o ministro Marco Aurélio, de forma irônica,

(472) Outrossim, defendeu também o ministro Marco Aurélio: a) que a Convenção 162 não fala em extinção do amianto, mas em seu uso seguro e entendimento contrário constituiria um passo extremo por parte da corte e que em relação à saúde pública, existia duas óticas. Embora admitindo os riscos para os trabalhadores que laboram na extração dos produtos e de seus familiares, asseverou que a utilização do produto em telhas não gera maiores riscos à população em geral, desde que usado de forma controlada, o que seria possível, de acordo com o estado da técnica, de modo que seu manuseio inadequado, inclusive quanto ao descarte, não seria suficiente para retirá-lo do mercado, inclusive porque seria substituído por produto de risco desconhecido. Usou o princípio da precaução e o da prevenção como ferramentas de proteção ao direito ao meio ambiente, mas a interpretação ao primeiro não pode impedir a realização de toda e qualquer atividade. Citou também o autor Beck, para refutar a ideia de se voltar ao estado anterior em decorrência dos riscos advindos do novo modelo de sociedade. Ademais, citou decisões da corte sobre os pneus usados e o exemplo do cigarro, dos anticoncepcionais, e da fumaça da queima do diesel, nas quais restou asseverado que o art. 170, CF/88 institui reserva de lei para a vedação das atividades econômicas e que o art. 3º, II, CF/88 visa a garantir o desenvolvimento nacional, que seria prejudicado com a vedação ao uso do amianto, ante o aumento de preços dos produtos de fibrocimento, com prejuízo ao déficit habitacional do país e à empregabilidade do setor, e que o argumento mais relevante da ADI seria a separação de poderes e que a ideia da força normativa dos princípios poderia levar ao esvaziamento da competência do legislador nos moldes ordem-moldura, apta a impedir os poderes de ultrapassem limites, podendo-se se falar em discricionariedade estrutural e sistêmica.

afirmou que seria o contrário, ao que obteve também resposta irônica de Ayres Britto. O ministro Gilmar Mendes ponderou que os bombeiros ou os militares poderiam precisar do amianto e não poderiam usar em razão da decisão do STF, razão pela qual sustentou ser oportuna a suspensão da sessão para que se discutisse a lei federal, no que foi acompanhado por Ayres Britto.

A questão econômica e os efeitos práticos da decisão, que poderia implicar em prejuízo ao uso do produto, também foi objeto de argumento por parte do ministro Gilmar Mendes.

Na retomada do julgamento, em 23.11.2016, votou o ministro Edson Fachin[(473)], que, após tecer importantes observações acerca da competência complementar dos Estados e do Distrito Federal, concluiu que a jurisprudência da Corte esteve voltada ao fortalecimento da concentração de competências na União[(474)]. No que concerne ao aspecto material da norma questionada, salientou que, com exceção do art. 1º da Lei n. 9.055/95, todos os seus demais dispositivos disciplinam aspectos relacionados à utilização, fiscalização, controle e transporte do amianto crisotila, o que evidenciaria a preocupação do legislador com a questão ambiental e com a saúde dos trabalhadores em relação à exposição ao produto e que o art. 9º da norma reconheceria os riscos a tais questões, de modo que a norma estadual ia ao encontro da norma federal e a complementava[(475)].

Também negou a tese da ofensa ao livre comércio, ante a inexistência de malferimento ao princípio da livre iniciativa. A esse respeito, invocou a analogia as decisões de órgãos internacionais, destacando decisão do órgão de apelação da OMC, que, no conflito entre Canadá e França, editou o Decreto 96-1133, vedando o uso do amianto no país em cumprimento à Convenção da OIT (art. III, 4, do GATT 1994, que trata da proteção ao livre comércio) e que o argumento de que a adoção de EPIs pelos trabalhadores(as) inibiria o risco à saúde e ofenderia o princípio da precaução, reconhecido como de inescusável relevância constitucional na decisão proferida na ADPF 101.

---

(473) Inicialmente remeteu a decisão ao seu voto na ADPF 109 e ao voto-vista na ADI 3356 e ressaltou que, ao final, seu voto seria para as quatro ações pautadas.

(474) Valendo-se da experiência europeia de fortalecimento do princípio da subsidiariedade, previsto na CF/88 para a competência legislativa material dos estados e municípios, Fachin advogou a aplicação desse princípio e do princípio da proporcionalidade em seu aspecto material para presumir a independência dos demais entes federativos. Concluiu pela ausência de inconstitucionalidade nas normas estaduais, que não contrariavam norma expressa da União em sentido contrário e que as assembleias legislativas estaduais seriam os órgãos que melhor poderiam legislar sobre o tema.

(475) Ainda com relação ao tema da saúde dos trabalhadores, destacou a previsão do art. 154 da CLT, com a redação dada pela Lei n. 6.514/77, no sentido de que as empresas deveriam cumprir obrigações decorrentes de regulamentos sanitários dos estados e municípios e citou decisão paradigmática do STF no julgamento da ADPF n. 101, na qual se entendeu que a atuação estatal teria sido legítima e razoável ao agir em prol da prevenção de motivos para o adoecimento sério, além de destacar que a norma questionada seria consentânea com a jurisprudência da corte quanto às políticas públicas que valorizam o princípio da precaução.

Acerca da inconstitucionalidade da norma federal, ressaltou que a ordem econômica nacional deve observar não apenas o aspecto econômico e de saúde, como também a proteção ao meio ambiente. Outrossim, elencou as normas nacionais acerca do amianto, das quais destacou a Portaria Interministerial n. 8, de 19 de abril de 2004, que previu a criação de uma comissão interministerial com o objetivo de avaliar as políticas já desenvolvidas em relação ao amianto e estabelecer um plano de trabalho para todos os ministérios para que pudessem atuar em estudos e estabelecimentos de mecanismos de fiscalização, e cujos estudos(476) apontaram a manutenção da política de uso controlado do produto ou sua substituição progressiva, com necessidade de avanço no tratamento da questão no país, em qualquer das hipóteses.(477) Concluiu que também pelo fato de a lei federal e seu regulamento não terem sido utilizados, sobretudo em razão da existência de material substitutivo, caberia o reconhecimento de sua inconstitucionalidade(478).

O voto do ministro Toffoli está dividido em 04 partes: a primeira, na qual apontou a jurisprudência anterior da corte acerca do tema; a segunda, em que tratou da competência legislativa concorrente entre União, estados e municípios; a terceira, na qual apontou os motivos da inconstitucionalização do art. 2º da norma federal 9.055/95; a quarta, em que resumiu sua conclusão (BRASIL, 2017).

No que concerne à competência legislativa, asseverou que a CF/88 concebeu "um federalismo cooperativo", prevendo "a atuação conjunta dos entes federados", sobretudo para viabilizar a "superação das desigualdades regionais" (BRASIL, 2017, p. 156) e que os estados poderiam legislar nas seguintes hipóteses: a) quando não houver norma geral editada pela União ou b) existindo essas, os estados devem complementá-las para atender a peculiaridades locais (BRASIL, 2017, p. 159), pois no "modelo vertical de repartição de competências, na divisão de competência legislativa na CF/88, vigoraria a ideia da "predominância do interesse", sendo o geral de competência da União e o regional e local, respectivamente, dos estados e municípios, e que não se trataria de hierarquia entre os entes e sim de "campos de atribuição distintos, pré-definidos constitucionalmente" e que o ente federal não deve legislar de modo a abstrair a competência do ente federado, ou seja, sem lhe deixar espaço relevante para disciplinar.(479)(BRASIL, 2017, p. 160).

(476) Referiu que tais estudos não foram publicados, mas conhecidos pela Câmara dos Deputados.

(477) Citou ainda o relatório Chrysotile Asbestos, que apontou limite estabelecido na legislação brasileira como um dos mais elevados e a possibilidade de substituição do amianto, especialmente na construção civil.

(478) Destacou ainda a importância da informação trazida pelas partes acerca dos países que aboliram o uso do produto e o alerta da OMS em relação à ausência de limites seguros para a exploração do amianto e que os motivos levantados na ADI em julgamento informam que os riscos trazidos pelo amianto e demais argumentos a ele relacionados foram desconsiderados pelo poder público na elaboração da política e que o direito à saúde exige que as decisões da corte sejam transparentes e que os direitos fundamentais exigem sua proteção suficiente.

(479) Igualmente, os estados não podem legislar de modo frontal à norma geral federal, com vistas à manutenção de equilíbrio entre as normas, como previsto pela Constituição Federal, como decidido pelo ministro Celso de Mello na ADI 2.903/PB.

Desse modo, concluiu-se que o texto constitucional não permite a contrariedade de norma da União por lei estadual, ainda que mais protetiva, por invasão de competência (BRASIL, 2017).

Quanto à terceira parte do voto, obtemperou que, diversamente do que ocorria em 1995[(480)], quando da edição da Lei n. 9.055, já existiriam materiais alternativos para a substituição do amianto, a exemplo do PVA, já importado pelo país desde 2003 e que passou a ser produzido com matéria prima nacional, o fio de polipropileno, que, ao lado das fibras de poli álcool vinílico (PVA), teria obtido a recomendação da Associação Nacional de Vigilância Sanitária (ANVISA) e do MS para substituir o amianto.[(481)]

Além da Convenção 162, destacou a Convenção 139, também ratificada pelo Brasil e que determina que os países signatários deverão trocar as substâncias e agentes cancerígenos a que se expõem os(as) trabalhadores(as) por materiais não cancerígenos ou menos nocivos a estes (BRASIL, 2017).

Do ponto de vista processual, citou precedentes da Corte, que em decisões anteriores, declararam incidentalmente a inconstitucionalidade de determinada norma, a exemplo do acórdão do ministro Gilmar Mendes na Rcl 4.374/PE[(482)] e na na ADI 4.029[(483)(484)]. Logo, uma lei antes tida como constitucional pode se tornar inconstitucional em razão da modificação da norma constitucional ou do sentido dessa, no caso de

(480) Na época, o prognóstico era no sentido da possibilidade do controle de uso adequado do amianto e na ausência de material que pudesse substituí-lo por outros materiais, prognóstico este que não vem se confirmando, na medida em que a experiência nacional tem demonstrado que as empresas que o exploram não têm dedicado a devida atenção às técnicas de prevenção, como, por exemplo, se deu com a maior fabricante de telhas, caixas d'água e outros produtos que usam o fibrocimento, condenada em 1ª instância a substituir o amianto por outros produtos alternativos no prazo de 18 meses, em decorrência da constante desobediência às normas de segurança cabíveis, apurada em inquérito civil pelo MPT. Acresceu que tal dificuldade não seria exclusiva das empresas brasileiras, posto que o representante da OIT afirmou na audiência pública que era impossível controlar o uso seguro do amianto, sobretudo porque as medidas de controle se aplicam apenas em relação às grandes empresas, que respondem por parcela pequena das pessoas expostas ao mesmo (BRASIL, 2017).

(481) Conforme nota técnica elaborada por Grupo de Trabalho da primeira, acostada às fl. 1068 dos autos, à qual fez referência, diretrizes de acordo com o estipulado na 95ª Conferência Internacional, em 2006 no sentido de que a forma mais satisfatória de proteger os trabalhadores e deter o aparecimento de doenças, seria a proibição da exploração do amianto em todas as suas formas (BRASIL, 2017).

(482) Em tal decisão, foi reconhecida a possibilidade de o STF declarar qualquer norma que lhe for submetida, ante a sua competência geral de guardião da Constituição Federal, ante a abertura da causa de pedir trazida nas ações de controle concentrado de constitucionalidade (BRASIL, 2017, p. 164).

(483) Relatada pelo Ministro Luiz Fux, a referida ADI questionava a constitucionalidade da Lei Federal n. 11.516 de 2007 e, não obstante a improcedência da ação, foi reconhecida incidentalmente a inconstitucionalidade de dispositivos da Resolução n. 1 de 2002, do Congresso Nacional.

(484) Referenciou outros precedentes da corte neste sentido: o RE n. 135.328, no qual se entendeu que o art. 68 do Código de Processo Penal (CPP) seria tido por constitucional até que a Defensoria Pública fosse organizada e a Rcl n. 4.374/PE, na qual se declarou a inconstitucionalidade parcial, sem pronunciar a nulidade, do art. 20, § 3º da Lei n. 8.742/1993, em virtude das modificações de fato e de direito em relação ao que se considerava como requisitos do padrão econômico adotado para a concessão dos benefícios da gratuidade de justiça pelo País (BRASIL, 2017). Transcreveu a doutrina de Medina para confirmar a tese de que a legislação baseia-se em determinada prospecção, que pode se confirmar ou não, hipótese em sua serventia deve ser revista (BRASIL, 2017).

"mutação constitucional" ou em decorrência de mudanças nas "relações fáticas subjacentes à norma jurídica." (BRASIL, 2017, p. 165, negrito no original).

As premissas processuais e materiais levaram Toffoli a entender que a norma 9.055/95 se tornou inconstitucional em decorrência da alteração do entendimento acerca da natureza cancerígena do amianto e da inexistência de limites seguros de seu uso, que inexistia anteriormente, conclusão a que teria chegado após a audiência pública realizada de 24.08.2012, especialmente em virtude das falas do representante do MS, no sentido da cariogenicidade de todos os tipos de asbestos(485), do aumento nos casos da doença e a elevada taxa de rápida morbidade pela mesma, cujas aposentadorias se davam precocemente, o que, aliado ao elevado número de pedidos de aposentadoria por invalidez, ocasiona prejuízos ao sistema previdenciário.

Ademais, relembrou ter emitido parecer favorável à constitucionalidade da norma na ADI 4066-RJ, quando advogado geral da União, e ressaltou que a audiência pública o permitiu enxergar que se encontravam perante "[...] um tema de natureza técnico-científica, cuja compreensão e tratamento jurídico normativo dependem do estágio do desenvolvimento científico em que se encontre o observador"(486) (BRASIL, 2017, p. 160, negrito no original).

A todos os fatores já mencionados, destacou o princípio contido no art. 3º, 2, § 2º do art. 15, da Convenção n. 162 da OIT, segundo o qual, a revisão da legislação nacional e dos limites de tolerância ou outros critérios de exposição ao amianto ocorreria sempre que necessário, de acordo com o desenvolvimento técnico e ampliação do conhecimento científico, raciocínio também usado no art. 10 da Norma, que à luz de tais critérios prevê a substituição ou banimento do amianto por outros materiais, sempre que necessário e viável. Enfatizou ainda que o compromisso assumido pelo país na assinatura da

---

(485) O que exigiria sua eliminação total para impedir as doenças decorrentes da exposição às suas fibras, de acordo com a OMS. Outros pontos destacados no voto do ministro foram o anexo da Portaria Interministerial n. 09 do MPS e MTE, Lista Nacional de Agentes cancerígenos para Humanos (LINACH)), na qual o amianto figura no grupo de substâncias comprovadamente cancerígenas; no item 1.02 do Anexo IV do Decreto n. 3.048/1999, que prevê aposentadoria especial após 20 anos de labor em exposição ao amianto, somente equiparável à exposição aos agentes físicos, químicos e biológicos em função do trabalho na linha de frente da produção em atuação na mineração, porquanto o item 1.0.0 prevê 25 anos para a exposição aos demais agentes nocivos; nos danos causados ao meio ambiente, de acordo com o representante do MMA, que apregoou a imposição de troca do produto por materiais alternativos; no aspecto de elevado espalhamento do amianto, que aumenta o risco da exposição ao mesmo, conforme intervenção da representante da Secretaria de Meio Ambiente do Estado de São Paulo, que também afirmou que no referido estado, que não dispõe de número suficiente de aterros em decorrência do alto custo para a criação e manutenção destes, são produzidas anualmente 50 mil toneladas de refugos do amianto, cuja substituição por materiais alternativos já se deu em 17 das 19 indústrias que o utilizavam em seus produtos e que o Brasil figura entre os cinco países com maior geração de amianto (BRASIL, 2017, p. 170-173, 17/20 do voto).

(486) Também se referiu à sua manifestação no sentido de que o nível de conhecimento científico é determinante para se entender o que "[...] é seguro ou não à saúde [...]", quando do julgamento do RE n. 627.189, no qual se discutia a aplicação da Lei n. 11.934/2009, "[...] relativa ao grau de exposição humana ao campo eletromagnético das linhas de transmissão de energia elétrica [...]" (BRASIL, 2017, p. 169, negrito no original).

Convenção n. 162 foi com a saúde dos trabalhadores(as) e não com a continuidade de uso do produto de forma contida(487) (BRASIL, 2017).

As conclusões extraídas do voto do relator quanto aos aspectos materiais da normas foram: a) convergência de opiniões dos órgãos oficiais de saúde geral e de saúde dos trabalhadores acerca da natureza cancerígena do amianto crisotila; b) existência de materiais alternativos viáveis para a substituição do amianto e c) a falta de revisão da norma federal, em mais de 22 anos, formavam uma conjuntura que demonstrava a inconstitucionalidade da Lei n. 9.055/95, em especial, por violação ao direito à saúde (art. 6º e 196, CF/88); d) o Estado deve diminuir os riscos decorrentes do trabalho por meio de normas de saúde, higiene e segurança (art. 7º, inciso XXII, CF/8 e promover a defesa do meio ambiente (art. 225, CF/88) (BRASIL, 2017).

Assim, o pedido formulado na ADI n. 3357 foi rejeitado e declarada, incidentalmente, "[...] a inconstitucionalidade do art. 2º da Lei n. 9.055/95, com efeito ***erga omnes e vinculante***" (BRASIL, 2017, p. 180, itálico e negrito no original).

Não obstante, a empresa Sama Minerações Associadas (SAMA) continua atuando no município de Minaçu-GO, com a participação de políticos municipais e estaduais e exportando seus produtos pelo Porto de Santos-SP, o que ensejou a propositura de uma ACP por parte do MPT em face da empresa de Porto de Santos e a apresentação de Mandado de Injunção pela SAMA, que não obteve êxito e teve que devolver o carregamento de 400 toneladas do produto, que regressou à origem. Tal fato resultou em contendas em face dos responsáveis pela medida, dentre os quais o governo de São Paulo (KAZAN-ALLEN, 2021)(488).

A discussão acerca da proibição do transporte pelo Porto de Santos tem encontrado divergência nos julgamentos em primeira e segunda instância por parte da Justiça Federal da 3ª Região. O ministro Ricardo Lewandowski indeferiu liminar postulada na Recl. n. 36091, na qual a mineradora SAMA questiona decisão proferida pelo TRF 3, que reformou a decisão de 1ª instância, que autorizava exportação de amianto ou derivados pelo Porto de Santos (PROIBIÇÃO, 2019; BRASIL, 2019i).

A questão em análise integra o processo de constitucionalização do direito que se observa não apenas no direito civil, em relação à responsabilidade civil, conforme

---

(487) Também ressaltou que, na mesma linha da Convenção 162, a Comissão das Comunidades Europeias, no ano de 1999, vedou o uso residual do amianto a partir de 2005, conforme anexo I da Diretriz 769/69 EEC, assim como mais de 66 países também eliminaram o uso de qualquer tipo da substância, dentre os quais, Chile, Argentina e Uruguai, na América Latina.

(488) O fato também foi divulgado por outros veículos de imprensa, especialmente os regionais, que dão conta de que o processo que determinou a remoção do produto do Porto de Santos e sua devolução à origem ou o descarte nos termos da Resolução Conama 348/2004#, tramitou na 2ª Vara do Trabalho de Santos a partir da iniciativa do MPT#, após receber denúncia formulada pela ABREA com destino a países asiáticos (MPT, 2021; PMS, 2021; CARGA, 2021).

asseverado na sessão 1 da presente tese, como também pelos demais ramos do direito material, como o direito ambiental, o direito administrativo, o direito penal e direito processual, como o direito processual civil e o direito processual penal, que encontram nos princípios constitucionais e na dignidade da pessoa humana uma fonte irradiadora para a interpretação e de maximização de efeitos na concretização dos princípios do estado democrático socioambiental de direito.

4.5. Evidências do dano labor-ambiental futuro por exposição ao amianto a partir de pesquisas científicas

Em 2013, a OMS estimava que a exposição ao amianto no ambiente de trabalho era de aproximadamente 125 milhões de pessoas em todo o mundo e que o número de mortes em decorrência de doenças de câncer de pulmão, mesotelioma e asbestose associados ao amianto, cujas estimativas apontam dar causa a cerca de 50% das mortes por cancro profissional (OMS, 2014).

Em 2008 foram registrados 7,6 milhões de mortes por câncer e 12,7 milhões de novos casos, dos quais, cerca de 19% se relacionam com o ambiente, especialmente o do trabalho (OMS, 2014).

O longo período da latência entre a exposição ao produto e o adoecimento[(489)], que pode ultrapassar trinta anos, é apontado pela OMS como um dos motivos importantes para a sua substituição. Essa longa latência dificulta a percepção dos riscos por parte da população, como concluiu um estudo realizado por meio da técnica de questionário e observação participante em campo, que avaliou a percepção dos riscos sociais, riscos à saúde e de estratégias defensivas por parte da população do município de Bom Jesus da Serra- BA[(490)] (MONIZ; CASTRO; PERES, 2012).

Apesar de haver relutância da indústria do amianto crisotila (serpentina) no sentido de que apenas o amianto anfibólio causaria câncer de pulmão em seres humanos[(491)], há

(489) A dificuldade de percepção dos riscos por parte dos ex-trabalhadores também advém dos aspectos econômicos ocasionados pelos investimentos na localidade e pela criação de empregos, como apontado por Jânio Rocha, professor de geografia na região e militante do movimento em desfavor do amianto em entrevista a Dominguez (2012), pois muitos ex-trabalhadores têm em mente que a criação dos filhos foi possibilitada pela empresa, o que gera o sentimento de gratidão e impede que se convençam dos danos sofridos. No caso a empresa Sociedade Anônima de Mineração (SAMA), instalou-se no local, em 1937, junto a uma vila de cerca de 200 funcionários, que passou a contar com escola, sala de cinema, quadra poliesportiva, feira livre e até um restaurante que oferecia comida e vinho francês aos finais de semana.

(490) No município foi explorada uma mina de amianto no período de 1939 a 1967 e que, a partir de então, passou a utilizar as rochas britadas no asfaltamento da cidade e construção de casas até 2009. A maioria da população não percebe os riscos ambientais do produto em relação ao ar e ao solo (87% dos entrevistados não percebem o risco à saúde para os que trabalharam na mina ou residem próximo ao local e, especialmente os ex-trabalhadores, adotam estratégias defensivas de negar os riscos, as quais podem advir da própria constatação dos riscos do próprio adoecimento.

(491) Em 10.12.2022 foi inaugurado em Osasco-SP, uma escultura denominada de "Árvore-Pulmão", do artista W. Hermusch, que simboliza a luta das vítimas da contaminação pelo produto, que não podem respirar em

estudos que demonstram que ambos são cancerígenos, mesmo com baixos índices de exposição. Existe também uma forte possibilidade de adoecimento em caso de conciliação entre o amianto e o tabaco. A falta de indicação das medições por parte das pesquisas dificulta a determinação do nível de exposição implicado (CONCHA-BARRIENTOS *et al.*, 2004, p. 1.687).

A exposição ao amianto ocorre sobretudo no trabalho, por meio da inalação de suas fibras, contidas no ar contaminado no ambiente de trabalho, incluindo a demolição de construções antigas que usavam o produto ou em locais que ficam próximos às fontes emissoras. As maiores exposições ocorrem no processo de recondicionamento de produtos que o contenham, no processo de sua mistura com outros produtos e quando o produto que contém a substância é cortado com instrumento polidor (WHO, 1998).

Também pode ocorrer a exposição por meio do manuseio ou utilização de produtos que contenham amianto e no processo de conserto de veículos ou ainda em decorrência de demolições e reformas de edifícios antigos que empregaram material com o produto e nas quedas de tais edificações em decorrência de algum fenômeno natural (OMS, 2014). Outrossim, potencial exposição ao amianto pode se dar nos processos de: a) mineração e moagem; b) fabricação de produtos como materiais de fricção, tubos, chapas de cimento, juntas e selos, papel e têxteis); c) construção, reparação e demolição e d) transporte dos produtos de demolição. A indústria do fibrocimento é a que mais consome o produto, cerca de 85% do uso geral (WHO, 1998) .

A exposição ambiental ao amianto não se dá apenas em relação ao (a) trabalhador(a), havendo também relatos de adoecimento de filhos e mulheres de trabalhadores que foram expostos ao produto em ambiente doméstico (OMS, 2014, p. 10).[492]

Ademais, a contaminação pode se dar também em relação à população que reside próximo às minas de amianto, não só por meio da poluição atmosférica como também em decorrência da demolição de obras de construção civil em que se utilizou amianto (OMS, 2014, p. 11). No momento, aliás, a maior preocupação se dá em relação ao uso de materiais que contêm amianto em sua fabricação, incluindo a sujeição do(a) trabalhador(a) nas obras de construção e da população geral em decorrência da deterioração dos materiais de construção e em razão do descarte de modo impróprio dos resíduos de obras (OMS, 2014).

---

decorrência das doenças provocadas pelas fibras do amianto. A obra foi realizada pela Prefeitura da cidade, por meio da Secretaria de Emprego, Trabalho e Renda em parceria com a ABREA e a inauguração contou com a presença de diversas delegações de pessoas que lutam pelo fim da exploração desse produto em outras localidades do país (OSASCO, 2022).

(492) O grau de exposição é maior no ambiente de trabalho e do ar próximo do local emissor, mas também se dá em decorrência de sua presença no ambiente, por meio do contato com o produto em razão do manuseio de roupas e utensílios que o contenham, residência próximo às áreas de mineração ou com resíduos do produto descartado na natureza.

No início da década de 1930, as exposições ocupacionais nos setores produtivos foram muito elevadas, como mostram dados do Japão, Europa e EUA, sobretudo. Exemplificativamente, no setor mineiro e na indústria de moagem, no Québec, as concentrações médias de fibras no ar diversas vezes foram superiores a 20 fibras/ml (f/ml) nos anos de 1970, ao passo que agora são geralmente bem abaixo de 1 f/ml. Numa fábrica no Reino Unido, na qual um grande estudo de mortalidade foi desenvolvido, as concentrações ultrapassaram 20 f/ml no período anterior a 1931 e durante o período de 1970-1979 foram inferiores a 1 f/ml. No setor de manutenção de veículos, foram relatadas concentrações próximas de 16f/ml na década de 1970 ao passo que todas as medições de níveis após 1987 apontaram para valores inferiores a 0,2f/ml. Porém, há carência de dados acerca da instalação e utilização de produtos com crisotila, não obstante seja o modo mais provável de exposição dos trabalhadores (WHO, 1998).

A Portaria n. 1339, de 18.11.1999 do Ministério da Saúde estipula a lista de doenças relacionadas ao trabalho e considera o amianto ou asbesto como agente etiológico ou que constitui fator de risco de natureza ocupacional e lista como doenças que podem estar a ele relacionadas, segundo a Cid 10: Neoplasia maligna do estômago (C16.-); Neoplasia maligna da laringe (C32.-); Neoplasia maligna dos brônquios e do pulmão (C34.-); Mesotelioma da pleura (C45.0); Mesotelioma do peritônio (C45.1); Mesotelioma do pericárdio; (C45.2); Placas epicárdicas ou pericárdicas (I34.8); Asbestose (J60.-); Derrame Pleural (J90.-); Placas Pleurais (J92.-).

Ainda, o medo ou a angústia de determinada pessoa de que venha a desenvolver câncer em virtude da exposição labor-ambiental ao amianto, embora indenizável, sobretudo em se considerando o entendimento majoritário da jurisprudência no sentido de entender o dano moral pelos aspectos dos sentimentos negativos que gera à alma do ofendido, constitui dano presente, na medida em que já existe no momento em que formulado o pedido de indenização.

Nessa perspectiva, é importante apontar a necessidade de implementação da tutela preventiva, por meio do exercício da tutela inibitória, como mecanismo hábil a fazer cessarem as ameaças de danos e não a tutela ressarcitória, que deve ser vista como caráter suplementar e incidir apenas na impossibilidade de se tutelar o ambiente e a vida de forma diversa.

No caso, a tutela preventiva para se evitar que o dano se concretize, deve ser exercida no sentido de acompanhamento total do trabalhador(a) que tiver tido contato com substância potencialmente causadora de dano, inclusive pela via da tutela coletiva, na medida em que diversos trabalhadores(as) se encontram em situação semelhante, advinda de situação comum, de que trata o já mencionado art. 81, III, CDC.

Nas subseções seguintes, são apontados os resultados da jurisprudência do STJ e do TST acerca dos danos ambientais futuros por exposição ao amianto.

A inclusão do STJ na investigação deveu-se ao fato de que, até 30 de dezembro de 2004, data da publicação da Emenda Constitucional — EC n. 45/2004, que alterou, dentre outros diversos dispositivos Constitucionais, o art. 114 e expressamente inseriu na competência da justiça obreira, o julgamento das ações de indenizações por dano moral ou patrimonial decorrentes da relação de trabalho (inc. V), até então julgados pela justiça comum, apesar de diversas vozes que apontavam para a competência da justiça do trabalho, o que, inclusive, terminou sendo reconhecido pelo STF no julgamento do CC 7204 MG[(493)], embora com modulação prospectiva dos efeitos, por questão de política judiciária e segurança jurídica.

4.5.1. A jurisprudência do STJ acerca dos danos labor-ambientais futuros por exposição ao amianto

A pesquisa com o termo de busca "amianto" apontou para 12 resultados, dos quais apenas 2 discutem diretamente o dano labor-ambiental por exposição ao amianto e são objeto de estudo na presente tese (AgRg no AREsp 231116/SP e REsp 291157/SP)[(494)].

A busca foi realizada em 11 de maio de 2021. A utilização do mesmo termo de busca para os dois órgãos, como se propôs inicialmente, não foi possível, uma vez que o uso do termo "dano labor-ambiental e amianto", mais próximo do que se analisa na presente sessão, junto ao STJ não registrou nenhum acórdão, ao passo que no site do TST, resultou em 36 acórdãos. Valeu-se então do termo de busca "amianto" (com aspas), junto ao STJ, obtendo-se 12 acórdãos. Tentou-se o termo de busca "exposição ao amianto" e obteve-se apenas um resultado[(495)]. Com o termo de busca exposição ao amianto, sem

(493) Ação de indenização por acidente de trabalho ajuizada na JT antes da EC 45/2004 na qual o juiz da então Junta de Conciliação e Julgamento de Ubá/MT declarou a incompetência da justiça trabalhista para a causa e determinou a remessa dos autos à Justiça comum, que rejeitou os pedidos de indenização. Em grau de recurso, o Tribunal de Alçada de MG declinou da competência e determinou a remessa dos autos ao órgão de origem, que, dessa feita, aceitou a competência e acolheu parcialmente os pleitos do autor. Em recurso de revista, a 5ª Turma do TST declarou a incompetência da JT e suscitou conflito de competência negativo em face da decisão do Tribunal de Alçada de MG. Em decisão proferida no Conflito de competência em comento, o pleno do STF decidiu pela revisão de sua jurisprudência anterior, que, em decorrência da redação do art. 109, I, CF/88, que atribui à Justiça Federal o julgamento das matérias em que a União for parte, entendia que a competência para o julgamento das ações com pedido de indenização por danos morais e materiais, mesmo que propostas em face do ex-empregador, eram da competência da justiça comum dos estados. O novo entendimento do STF foi de que a competência para o julgamento da matéria já era de competência da justiça do trabalho desde a promulgação da CF/88, tanto pelo fato de que o art. 114 já assim apontava, seja porque o entendimento anterior estava arraigado aos ditames das Constituições anteriores. Contudo, por razões de política judiciária, dado o elevado número de ações em curso ou que já haviam tramitado perante a justiça comum até aquele momento, por maioria, o órgão decidiu que o marco temporal a definir a competência da Justiça do Trabalho para tais questões seria a EC n. 45 de 2004, que expressamente tratou da referida competência.

(494) Dos outros resultados da pesquisa, dizem respeito à matéria penal (HC 553549/MG e HC 435090/SP), ao tipo de cobertura existente em imóvel objeto de desapropriação (REsp 1820311/MG), à validade de norma local ou nacional que cria restrições ou estipula obrigações relacionadas ao amianto (AgInt no AREsp 1158866/SP, AgRg no AREsp 557365/SP, AgRg na SLS 805/PR, EDcl no AgRg no MS 12459/DF e AgRg no MS 12459/DF) ou previdenciária (AgRg no Ag 1358845/PR e REsp 513329/RJ). Como se verifica no quadro 6, os acórdão, dizem respeito a matéria penal pedido de *Habeas Corpus*. Nos dois casos, o termo amianto se refere ao tipo de material que foi objeto da tentativa de furto (telhas de amianto).

(495) Acórdão n. AgRg no AREsp 231116/SP.

as aspas, retornaram 5 acórdãos. Desse modo, optou-se pelo uso do termo de busca "amianto" junto ao STJ, que apontou para um resultado maior e ao mesmo tempo viável de sistematização no âmbito da presente pesquisa, excluindo-se manualmente aqueles que não tratavam efetivamente de dano-labor ambiental.

Os autos do AgRg no AREsp 231116/SP correspondem a uma ACP ajuizada em 2005[(496)] com pedidos de indenizações por danos morais e materiais, a serem apurados em relação a cada empregado(a) e ex-trabalhador(a)[(497)] que demonstrasse, individualmente, ser portador de doenças decorrentes da exposição ao amianto na empresa ré, os quais foram acolhidos parcialmente em primeira instância e rejeitados em segunda, que entendeu ausente qualquer culpa da empresa empregadora.[(498)] O STJ rejeitou o recurso da agravante no sentido de negativa da prestação jurisdicional pelo fato de o Tribunal de origem não ter analisado, de ofício, fato superveniente, consistente na questão da inconstitucionalidade da Lei n. 9.095/95, que estaria sendo reconhecida pelo STF nas ADI 3357 e 3937/SP (BRASIL, 2013).[(499)]

Nos autos do REsp 291157/SP[(500)], a prescrição foi discutida e afastada, porquanto se aplicou o entendimento do STJ no sentido de que o prazo prescricional para ações de indenização por acidente de trabalho começa a fluir a partir do momento em que o trabalhador tem conhecimento preciso de sua incapacidade[(501)] e que a doença discutida naqueles autos poderia demorar alguns anos para aparecer[(502)] (BRASIL, 2001, p. 6).

---

(496) Em tal data, a competência para o julgamento da matéria já havia sido reconhecida expressamente pelo STF como sendo da Justiça do Trabalho, o que não foi objeto de discussão nos autos. Ajuizada pelo Ministério Público do Estado de São Paulo e pela ABREA em face da empresa Eternit S/A.

(497) Registra-se o pedido de vista realizado pela Nancy Andrighi com o objetivo de analisar a possibilidade da decisão proferida naqueles autos abranger todas as vítimas do amianto, ainda que não empregados ou ex-empregados da empresa ré e a conclusão de impossibilidade, uma vez que o pedido na ação inicial era específico para estes, conforme registrado em seu voto-vista (BRASIL, 2013).

(498) Foi também levantada a discussão acerca do direito intertemporal, porquanto os fatos lesivos ocorreram sob a égide do Código Civil de 1916, que exigia a culpa do réu para a responsabilidade civil, nos termos do art. 159, o que se entendeu não demonstrado nos autos, já que a ré teria seguido limites até inferiores ao estabelecido na NR-15, como indicado pelo próprio autor na inicial (BRASIL, 2013).

(499) Acórdão relatado pelo Ministro Ricardo Villas Bôas Cueva, que entendeu que, naquela ocasião, o julgamento das ADIs mencionadas estava suspenso e inexistia decisão de mérito sobre a questão e que, ainda que assim não fosse, o relator ou qualquer dos demais membros do órgão não teriam o dever de analisar, de ofício, a inconstitucionalidade de lei ou ato normativo e conclusão diversa da adotada pelo tribunal de origem seria inviável em recurso perante aquela Corte, nos termos de sua Súmula n. 7, segundo a qual: "A pretensão de simples reexame de prova não enseja recurso especial" (BRASIL, 2013).

(500) Trata-se de ação individual proposta por trabalhador que teve conhecimento de sua condição de portador de placas pleurais e bissinose em decorrência da exposição ao produto durante o labor prestado à empresa Eternit S/A, ré.

(501) Conforme transcrição do acórdão recorrido, o autor relatou que somente teve conhecimento da doença por meio de laudo médico realizado em 05 de dezembro de 1997, quando foi advertido pela ABREA acerca dos males provocados pelo amianto (BRASIL, 2001, p. 6).

(502) Em seu voto, o ministro Sávio de Figueiredo Teixeira asseverou que mesmo tendo-lhe chamado a atenção a distância temporal entre o ajuizamento da ação, o enfoque de que a prescrição não poderia ser infinita em prol da segurança jurídica vislumbrava, naquele caso, três fatores que justificariam a demora: a) a lentidão do aparecimento da doença, como outras; b) a tenra vigilância em relação ao produto; c) a sobreposição da vida humana a determinadas formalidades da lei, pois "[...] a qualidade de vida é uma das vertentes dos direitos humanos de última geração" (BRASIL, 2001, p. 11). Eis o teor da ementa do referido acórdão, da lavra do ministro Ruy Rosado de Aguiar, relator da ação: "ACIDENTE NO TRABALHO. Prescrição.

Também foi ressaltado que a proteção à pessoa humana teria prevalência em face da segurança jurídica.(503)

Verificada a compreensão do STJ em relação ao dano labor-ambiental futuro por exposição ao amianto, na sequência são apontados os critérios e resultados da pesquisa realizada no site do TST.

4.5.2. A jurisprudência do TST acerca dos danos labor-ambientais futuros por exposição ao amianto

A pesquisa livre no sítio eletrônico do TST foi realizada na data de 12 de setembro de 2022 com o termo de busca dano futuro por exposição ao amianto (sem aspas)(504), com exclusão da palavra "falecimento" e inclusão das palavras "Recurso de revista conhecido" na ementa.(505)

O resultado da busca apontou para a existência de 23 decisões, proferidas em 22 processos(506), das quais, a maioria (14) discute o tema da prescrição(507), 2 dizem respeito ao alcance do acordo realizado para quitação por parte do trabalhador(508), 1 discute indenização para viúva e filhos em razão da morte de ex-trabalhador exposto ao amianto(509), 5 dizem respeito à questão diversa ao amianto, referido na fundamentação do acórdão em transcrição de decisões proferidas em processos nos quais se discutiu a questão do amianto(510), os quais, portanto, não serão aqui discutidos.

Termo inicial. Asbestose. Amianto. O termo inicial da prescrição da pretensão indenizatória não flui da data do desligamento da empresa, mas de quando o operário teve conhecimento da sua incapacidade, origem, natureza e extensão, que no caso corresponde à data do laudo. O fato do decurso de 34 anos da despedida do empregado impressiona, mas deve ser examinado em conjunto com as características da doença provocada pelo contato com o amianto (asbestose), que pode levar muitos anos para se manifestar. [...]" (BRASIL, 2001, p. 1).

(503) Extrai-se do voto acolhido por unanimidade na quarta Turma do STJ: "Entre a segurança jurídica [...] e a necessidade de dar amparo ao operário que trabalhou em condições adversas, sem ter sido advertido ou protegido do mal que minou a sua saúde, [...] a prevalência há de ser em favor da solução que preserva a pessoa humana (BRASIL, 2001, p. 7).

(504) Optou-se por essa forma de busca porque, quando utilizadas aspas no termo, não retornou nenhum resultado.

(505) Também no filtro de busca foram incluídas todas as turmas do TST e selecionado o filtro de busca acerca da classe processual para recurso de revista e indicador Acidente de Trabalho.

(506) Dessas decisões, 1 foi proferida pela 8ª Turma, 5 pela 6ª Turma, 1 pela 5ª Turma, 3 pela 4ª Turma, 6 pela 3ª Turma, 3 pela 2ª Turma e 2 pela 1ª Turma.

(507) Tratam-se das decisões proferidas nos seguintes acórdãos: 581-61.2010.5.06.0005; RR – 1167-80.2010.5.06.0011; RR – 1167-80.2010.5.06.0011; RR – 10878-29.2017.5.15.0039, RR – 12182-29.2018.5.15.0039; RR -11213-97.2017.5.15.0152; RR – 13084-16.2017.5.15.0039; RR – 10592-51.2017.5.15.0039; RR – 13098-34.2016.5.15.0039; RR – 591-20.2010.5.06.0001; RR -13076-73.2016.5.15.0039; RR -12840-24.2016.5.15.0039 e RR – 10454-84.2017.5.15.0039.

(508) Decisões proferidas no RR: RR: 92840-68.2007.5.02.0045.

(509) Decisões proferidas nos seguintes 60000-51.2009.5.18.0251; 13740-75.2006.5.02.0085 e.

(510) Trata-se dos acórdãos proferidos autos dos recursos de revistas números: 363-76.2012.5.23.0009, 1897-76.2011.5.10.0001, RR 190041-20.2004.5.08.006, 566-65.2011.5.20.0006 e 52800-46.2006.1.5.0068. Nos três

Nos autos do processo RR: 92840-68.2007.5.02.0045, que concerne à indenização postulada por viúva e filha de ex-trabalhador vitimado por doença ocupacional decorrente da exposição ao amianto no labor exercido para a ré, a 6ª Turma do TST deu provimento ao recurso da parte autora e ampliou o valor da indenização por danos morais à viúva de R$ 600.000,00 para R$ 1.000.000,00, além de asseverar o caráter objetivo do dano moral naquela hipótese, conforme precedentes da SBDI-I e os princípios constitucionais de respeito à dignidade humana e dos valores sociais do trabalho, e o fato de o direito ambiental imprimir a dimensão de solidariedade aos direitos humanos.

Ademais, fez referência aos primados do direito ambiental e a influência deste nos direitos da personalidade(511), bem como acerca da incidência dos princípios ambientais da precaução e da prevenção para a relação de trabalho(512) e do interesse da humanidade na prevenção e desestímulo da conduta danosa. Outrossim, no que tange à irreversibilidade do dano labor-ambiental, apontou a decisão:

> Pode-se dizer que a impossibilidade de retorno ao status quo ante em razão do evento morte ocasionado pela doença ambiental e ocupacional esvazia quase por completo a função compensatória da pena, não fosse, ante a inexorável irreversibilidade do dano, a transmissão da pretensão reparatória aos seus sucessores (BRASIL, 2014b, p. 2-3).

No que concerne aos efeitos de acordo realizado antes do surgimento da doença que vitimou ex-trabalhador que teve contato com amianto no ambiente de trabalho, nos autos do RR 60000-51.2009.5.18.0251(513), julgado no mérito pela 3ª Turma do TST em virtude da autorização do art. 1.013, § 3º, CPC(514), por estar já madura para

---

primeiros, o termo amianto aparece em referência à ação na qual se discutiu tutela inibitória para fazer cessar a exposição de trabalhadores ao produto, usada como fundamento de decidir da tutela inibitória ali discutida. No terceiro, o termo amianto foi citado também como fundamento para o caso em que se afastou a prescrição e o termo futuro foi usado para se referir aos lucros cessantes, ali discutidos em relação a doença ocupacional diversa às causadas pelo amianto e, no último, o termo amianto aparece em ementa de decisão citada para afastar os efeitos da coisa julgada em caso no qual se realizou acordo extrajudicial antes do surgimento da doença, ou seja, também usado como fundamento da decisão que discutia a questão do alcance de acordo extrajudicial firmado em caso de acidente típico que implicou em danos irreversíveis ao trabalhador.

(511) Destaca-se da decisão em comento: "Em suma, o direito ambiental impregna os direitos humanos dos postulados da harmonia e da solidariedade. Trata da relação recíproca entre o homem e o meio ambiente, tratando, assim e simultaneamente, de ecologia e de equilíbrio, em um projeto ambicioso de um Direito para toda a humanidade" (BRASIL, 2014b, p. 20-21)

(512) A importância desses princípios justificariam as normas que incidem sobre o caso, e a existência de ADI visando a declaração de inconstitucionalidade do art. 2º da Lei n. 9.055/95 perante o STF, apesar da existência de vozes minoritárias favoráveis ao produto que representa risco para a saúde dos expostos.

(513) No caso em exame, o acordo foi firmado em 2000 e o trabalhador morreu vitimado por doença decorrente da exposição ao amianto em 2008. Em segunda instância havia sido reconhecida a coisa julgada material em decorrência do acordo homologado pelo juízo civil e extingo o processo com julgamento do mérito, por entender que eventual discussão acerca da validade do negócio jurídico deveria ser realizada em ação anulatória. O TST entendeu que no caso se fazia presente apenas a coisa julgada formal.

(514) Dispõe o art. 1013, § 3º, CPC: "Se o processo estiver em condições de imediato julgamento, o tribunal deve decidir desde logo o mérito, quando: I – reformar sentença fundada no art. 485;" (BRASIL, 2015).

julgamento a causa, entendeu-se pela impossibilidade de renúncia antecipada de direitos e pela invalidade absoluta do acordo formulado pela empresa e o trabalhador em 2000, quando ainda não se tinha ciência da extensão dos efeitos da exposição ao amianto, bem como em decorrência da má-fé da empresa, posto que, àquela época, já ocorriam discussões acerca de possíveis efeitos lesivos da exposição ao produto face o trabalhador, que provavelmente não tinha ciência "dos riscos a que estava submetido", razão pela qual se entendeu: "ausentes os requisitos referentes à disponibilidade de bens e direitos envolvidos na transação, a existência de dúvida [...] sobre certa relação jurídica material, para que seja possível falar em transação e a boa-fé objetiva por parte da empresa" (BRASIL, 2019d, p. 5).

Em se tratando de acordo formulado entre o trabalhador e sua ex-empregadora, nos autos do RR – 13740-75.2006.5.02.0085, a primeira turma do TST entendeu que pedidos de indenização por danos morais formulados em nome próprio por esposa e filhos de trabalhador vitimado por doença ocupacional equiparada a acidente de trabalho, eis que se trata de direitos personalíssimos desses, que não atuam na qualidade de sucessores. Logo, a quitação ofertada pelo trabalhador não abrangia a terceiros que não participaram do acordo.

Dos treze processos nos quais se discutiu o tema da prescrição, um se refere à hipótese na qual ocorreu alteração do diagnóstico que o autor tinha à época em que fez acordo com a ex-empregadora. Trata-se da discussão travada nos autos TST-RR--581-61.2010.5.06.0005(515), que chegou até a Seção de Dissídios Individuais (SDI-I), em razão da oposição de embargos de Divergência em recurso de revista, que, no entanto, não foi conhecido, em razão da especificidade dos arestos apontados. Nenhum deles tratou da existência de cláusula específica de ressalva dos direitos de postularem em juízo algum dano em caso de alteração da lesão constatada até a data da realização de acordo extrajudicial, razão pela qual a sexta turma do TST afastou a prescrição declarada pelo regional em relação a um dos recorrentes e determinou o retorno dos autos à origem pela segunda vez(516).

Restou consignado na decisão que afastou a prescrição, que, embora o início da prescrição em caso de doença decorrente da exposição ao amianto, fosse a data da ciência

(515) Decisão da lavra do ministro Alexandre Agra Belmonte e julgado pela 3ª Turma do TST.

(516) Decisão proferida em na data de 19.11.2020. A primeira decisão proferida no âmbito da 6ª T. no TST se deu em 04.09.2013, quando se entendeu pela negativa da prestação jurisdicional em razão do Regional não ter se manifestado acerca de questões levantadas pelo recorrente e que poderiam interferir no julgamento da prescrição reconhecida. Os EDs questionavam a data do início da contagem da prescrição, como sendo a data em que o trabalhador teve ciência da doença, eis que o órgão considerou a data da assinatura de termo de transação (ocorrida em data diferente para cada um dos autores da ação, sendo que apenas a de um foi declarada prescrita), eis que o acordo foi assinado por esse a mais de dois anos da data da propositura da ação, posto que o acordo foi assinado em 20.07.2004 e a ação foi ajuizada em 2010. O contrato havia se encerrado em 08.05.1984. Após o retorno dos autos pela segunda vez ao TRT de origem, foi fixada indenização de R$ 100.000,00 para cada um dos autores, valor mantido pelo TST.

inequívoca da doença, que equivalia à data da assinatura do acordo pelos trabalhadores, naquele caso específico, havia uma cláusula que ressalva o direito do trabalhador, a qualquer tempo, ingressar em juízo para postular direitos decorrentes de novo diagnóstico da doença.(517)

Nos casos discutidos nos autos em comento, os autores desenvolveram doença pulmonar. Conforme transcrição da decisão de segunda instância, o primeiro reclamante (Amaro Gonçalves da Silva) foi diagnosticado em 2005 com placas pleurais, em 2011, com distúrbio restritivo moderado e 2012 com comprometimento intersticial pulmonar, sendo o diagnóstico final de placas pleurais e asbestose. Já o segundo reclamante (Manoel Dionízio da Silva) foi diagnosticado como portador de asbestose pulmonar, mas não apresentava evidências clínicas de disfunção pulmonar.

Ainda no que concerne aos efeitos de acordo extrajudicial no qual os trabalhadores expressamente renunciam a postular qualquer tipo de indenização em decorrência da exposição à poeira do amianto durante o contrato de trabalho, conforme transcrito nos autos TST-Ag-AIRR-591-20.2010.5.06.0001, o caso em que a primeira instância reconheceu a validade do acordo extrajudicial realizado entre as partes e a segunda instância, valendo-se inclusive de súmula existente naquela regional(518), afastou a conclusão de primeira instância e julgou a matéria, com base na causa madura.

Especificamente no que concerne aos recursos em processos nos quais se discutiu a prescrição aplicável aos casos de pedido de indenização por danos morais em virtude da angústia causada pelo medo de adoecimento por doença grave em virtude da exposição ao amianto durante o contrato de trabalho, via de regra, em contratos extintos entre as décadas de 1970 e 1990, as decisões das turmas do TST foram no sentido da aplicação da prescrição, variando o entendimento quanto ao tipo de prazo aplicável, se civil ou trabalhista e ainda quanto ao momento a partir do qual ocorreu a fluência do prazo prescricional, se da extinção do vínculo ou da ciência inequívoca da lesão, adotada como tal, via de regra, a data da publicação das normas que estabeleceram o nexo técnico epidemiológico entre a exposição direta ao produto e as doenças cancerígenas.

---

(517) Por ocasião do acordo realizado pelos trabalhadores perante o Ministério Público Estadual e a Empresa recorrida, pelo fato de que a competência para a matéria ainda ser da justiça comum, a doença reconhecida pela empresa era a existência de placas pleurais pulmonares sem o desenvolvimento de tumores malignos. O acordo previu o pagamento de R$ 37.364,80 a título de pagamento de indenização e o outro teve os gastos com o tratamento custeados pela empresa.

(518) Súmula n. 32, TRT 6: **"DOENÇA PROFISSIONAL. EMPREGADO EXPOSTO AO AMIANTO/ASBESTO. TRANSAÇÃO EXTRAJUDICIAL. DIREITO FUTURO. RENÚNCIA. INVALIDADE.** É inválida a transação extrajudicial, com o escopo de prevenir litígio decorrente do agravamento de saúde do ex-empregado resultante da exposição ao amianto/asbesto, que contenha cláusula de renúncia a direito futuro" (PERNAMBUCO, 2016, negrito no original).

Nos autos do processo RR-11213-97.2017.5.15.0152[(519)], que se extinguiu em 1981, acorde com a ementa do julgamento, a segunda instância, ressalvando o entendimento do relator, entendeu que não se aplicaria a prescrição, porque o medo se renova a cada novo exame realizado, conclusão que foi afastada pelo entendimento esposado pela 5ª Turma do TST, que aplicou o prazo prescricional de 2 anos após a extinção do contrato de trabalho, posto que o medo de adoecimento já existia desde a data em que o contrato se extinguiu e entendeu prejudicadas as demais matérias do recurso.

Também nos autos TST-RR – 12182-29.2018.5.15.0039[(520)], foi reconhecida a prescrição bienal e extinto o processo com julgamento do mérito, fazendo-se referência expressa ao fato de que o trabalhador não estava acometido de qualquer doença após 28 anos de extinção do vínculo, que se deu em 30/06/1980. Também se fez referência expressa de que, acaso viesse a aparecer qualquer doença em decorrência da exposição ao amianto, dali decorreria novo prazo prescricional.

Em primeira instância havia sido deferida indenização no valor de R$ 8.000,00 a título de danos morais, tendo o relator, em segunda instância, afirmado que o valor comportaria majoração e não minoração. A prescrição havia sido afastada sob o entendimento de que a contagem do marco prescricional se daria a partir do momento em se tivesse ciência inequívoca da doença, que, naquele caso, ainda não ocorrera (p. 3, 4).

Nos autos do processo TST-RR-13098-34.2016.5.15.0039[(521)], a ementa do acórdão expressamente faz referência à declaração de inconstitucionalidade do art. 2º da Lei n. 9.055/95 e ao fato da existência de estudos que comprovam o diagnóstico de adoecimento de trabalhadores após 20-30 de latência com a exposição, data a partir da qual se contaria a prescrição bienal, conforme diretriz das Súmulas ns. 278 STJ e 230 do STF. Contudo, entendeu que tal entendimento não se aplicaria ao caso dos autos, posto que o pedido decorria do "mero risco de adoecimento, fato que também enseja a reparação civil". Nesse particular, a 3ª Turma do TST expressamente registrou seu entendimento favorável ao cabimento do pleito, mas reformou o acórdão de segunda instância[(522)], que manteve a decisão primeva pelo reconhecimento da imprescritibilidade total da pretensão, ante sua natureza continuada, e aplicou a prescrição bienal a partir da extinção do contrato de trabalho, no caso, em 1975 (BRASIL, 2022, p. 2).

Nos autos do TST-RR-13076-73.2016.5.15.0039, a 3ª Turma do TST reformou decisão de primeira e segunda instância que havia deferido indenização por danos morais no valor de R$ 5.000,00, uma vez que a exposição ao amianto se deu por cerca de 4 meses, com a extinção do vínculo em 19.04.1982. Foi registrado que o fato de se tratar

(519) Acórdão da lavra do ministro Breno Medeiros.

(520) Processo relatado pelo ministro Cláudio Brandão, 7ª Turma.

(521) Decisão da lavra do ministro Agra Belmonte.

(522) O acórdão de segunda instância afastou a tese de que se tratava de danos continuados.

de efeitos conexos ao contrato de trabalho atrai a prescrição trabalhista e que apenas se estabeleceu regra de transição diversa para colmatar a questão da alteração das regras de mudança de competência.

Nos autos do processo N. TST-RR-12840-24.2016.5.15.0039, também foi acolhido o RR para declarar prescrito o direito de reclamar indenização após 2 anos de extinção do contrato. Conforme transcrito no acórdão do TST, a segunda instância entendeu que não se aplicava a prescrição porque o prazo prescricional se protrai no tempo, já que se trataria da "angústia pela possibilidade de adoecimento (que é sabidamente aumentada para os trabalhadores expostos ao amianto." (BRASIL, 2021, p. 7 – 8).

Ademais, também transcreveu decisão da lavra da desembargadora Maria Inês Correa de Cerqueira César Targa, no julgamento dos autos 0012928-62.2016.5.15.0039, que afastou a prescrição por entender que se tratava de dano ambiental, portanto, imprescritível.

Ainda conforme transcrição no acordão do TST, o acórdão do TRT transcreveu em suas razões de decidir as razões do julgador de primeira instância, no seguinte sentido:

> [...] não pleiteia o autor verbas típicas de um contrato de trabalho, mas sim a reparação pela possibilidade de adoecimento, em razão da exposição a amianto durante o vínculo empregatício. Logo, trata-se de lesão que se renova no tempo, independentemente do contrato de trabalho não estar mais em vigor, uma vez que diariamente o reclamante pode desenvolver doenças decorrentes do contato com o asbesto, cujo prazo de latência é extenso, podendo surgir em até 45 anos após o período de exposição ao produto [...] (BRASIL, 2021)

No caso ali discutido, o contrato se extinguiu em 1992 e, conforme transcrito na decisão do TST, o acórdão de segunda instância manteve a indenização de R$ 100.000,00 (valor fixado na sentença), por entender razoável, considerando que o dano seria grave por afetar não apenas o trabalhador, mas sua família e a sociedade, em razão da contaminação do meio ambiente e da ampliação dos gastos do sistema público com a saúde dos trabalhadores, a duração do vínculo de trabalho (quase 11 anos) e o fato de a empresa não ter cumprido com a obrigação de monitorar o estado de saúde do trabalhador após a extinção do vínculo (BRASIL, 2021, p. 12).

O prazo de prescrição bienal a partir da extinção do contrato de trabalho também foi adotado nas decisões proferidas nos autos dos processos TST-RR-13084-16.2017.5.15.0039[523], 10592-51.2017.15.0039[524] e RR – 13024-

(523) Nesse caso, o contrato se extinguiu em 1981 e teve duração de três anos. Não houve registro acerca do valor arbitrado em primeira e segunda instância, mas tão somente o registro de que o regional e a primeira instância afastaram a prescrição com base no entendimento de que a pretensão de reparação por dano moral se renova diariamente, tanto quanto o risco aumentado de adoecimento.

(524) Como consta da ementa da decisão analisada, o contrato de trabalho teve duração de um ano e se extinguiu em abril de 1978. Também não constou da decisão o valor da indenização arbitrada em primeira e

77.2016.5.15.0039[525], todas da lavra do ministro Ives Gandra Martins Filho, e julgadas pela 4ª Turma.

Na fundamentação expendida nos autos supra referidos, contou expressamente que:

> Diante disso, impende distinguir que **não** se está diante de **reparação** por dano decorrente de **acidente de trabalho** ou **doença ocupacional**, uma vez que o Reclamante **nem sequer apresenta**, atualmente, **indícios** de que sua saúde esteja, ainda que minimamente, **afetada** pela exposição ao amianto ao longo de suas atividades laborais do passado.
>
> Por outro lado, se a questão revela que a causa de pedir é a **enfermidade que pode vir a acometer o Obreiro**, estamos diante de **reparação** de **dano futuro e incerto**, sendo que não há respaldo jurídico para que o Empregador seja condenado a reparar um **dano que pode** simplesmente **nunca ocorrer**" (BRASIL, 2022, p. 7; BRASIL, 2021, p. 6-7, negritos no original).

Nos autos do processo N. TST-RR-10878-29.2017.5.15.0039, a oitava turma do TST aplicou o prazo prescricional de 03 anos e reformou a decisão do regional que entendeu pela imprescritibilidade da ação. No caso, o contrato se extinguiu em 1998, data que se entendeu iniciada a contagem prescricional civil, porquanto não decorrida a metade do prazo prescricional anteriormente previsto, conforme regra de transição estipulada no art. 2.028 CC/02.

Ainda, a ementa da decisão consignou que:

> É posicionamento pacífico desta Corte Superior que a prescrição nesta hipótese, em que o trabalhador não se encontra acometido por doença ocupacional, mas teme sofrer futuramente as consequências do trabalho em contato com amianto, é contada da data do término do contrato de trabalho (BRASIL, 2022).

Nos autos do processo N. TST-RR – 10454-84.2017.5.15.0039[526], a segunda turma também afastou a imprescritibilidade declarada pela segunda instância, e adotado o entendimento de que a segurança jurídica impõe a delimitação temporal e o momento a partir do qual a parte autora teve conhecimento inequívoco do risco de lesão, no caso, entendeu-se que tal conhecimento se deu a partir da publicação da Lei n. 11.430 de 2006 e de seu regulamento, Decreto 6.042 de 2007, que estabeleceu o nexo técnico epidemiológico entre o manejo do amianto e as possíveis doenças relacionadas.

---

segunda instância, mas apenas que essas afastaram a tese da prescrição sob o fundamento de que a lesão se renova a cada dia.

(525) O contrato teve duração de seis anos e se encerrou em 1978, e a primeira e segunda instância afastaram a tese da prescrição, também sob o argumento de que a lesão se renova a cada dia.

(526) Acórdão da lavra do ministro José Roberto Freire Pimenta.

O que se infere da pesquisa de jurisprudência do TST em relação ao tema do dano futuro por exposição ao amianto é que as decisões indexadas com tais termos tratam da questão da coisa julgada nas hipóteses em que o trabalhador fez acordo com a empregadora quando ainda não havia desenvolvido asbestose ou outra lesão pulmonar, hipótese em que a corte tem entendido pela ausência de coisa julgada e ausência de prescrição, por entender que essa começaria a fluir da data em que o autor teve ciência da lesão a qual reclama e que é nulo o acordo por meio do qual a parte renuncia seu direito sem ter certeza dos desdobramentos futuros da exposição à substância.

Da transcrição das decisões de segunda instância e, por vezes da primeira, constata-se ausência de total clareza entre o que está sendo postulado pela parte autora, se a indenização pela angústia e medo do adoecimento ou se pelo risco de adoecimento propriamente dito, defendido expressamente por Assis Júnior (2010, 2013) como sendo ambos reparáveis.

No sentido tratado pela doutrina civilista, que predominantemente reconhece o momento de prolação da sentença para a classificação de determinado como presente ou futuro, aqueles danos que já se concretizaram na vida do trabalhador acometido, por exemplo, com determinado tipo de câncer, a exemplo dos ganhos que deixou de auferir em virtude da incapacidade laborativa para o labor que antes exercia, são considerados presentes em sentido estrito. Lado outro, caracterizaram-se por danos futuros por exposição ao amianto aqueles que, embora ainda não concretizados por ocasião da sentença, gozam de certeza de sua ocorrência tendo em vista o curso normal dos acontecimentos. Nessa perspectiva, seriam indenizáveis todos os danos materiais (custos do tratamento, incluindo os psicológicos eventualmente recomendados à parte ou a seu acompanhante), na medida em que o dano moral propriamente dito não seria futuro, porquanto a doença já estaria instalada.

As decisões tem sido pelo deferimento da indenização pela angústia, pelo medo do adoecimento e o acolhimento em primeira e em segunda instância tem sido por risco na petição inicial, mas o que tem sido decidido é o pleito de indenização por dano moral em razão do risco de adoecimento e não o pedido de indenização pelo aumento do risco de adoecimento, o que supõe que a tese da indenizabilidade pelo aumento do risco do dano ainda não encontrou ressonância na jurisprudência trabalhista.

Em todos os processos analisados pelas turmas do TST foi acolhida ou mantida a tese da prescrição, havendo discordância apenas em relação ao tipo de prescrição aplicável, trabalhista ou civil, e o momento a partir do qual se contaria o prazo prescricional, tendo prevalência majoritária o entendimento de que se trata de prazo trabalhista. Porém, com exceção dos autos apenas nos autos TST-RR-13098-34.2016.5.15.0039, nos quais expressamente se registrou que: "mero risco de adoecimento, fato que também enseja a reparação civil", ou se entendeu que o pedido se revela como pleito "de reparação de dano futuro e incerto" (BRASIL, 2022, p. 7), ainda que não se tenha mencionado na ementa da decisão, como se deu nos julgamentos dos TST-RR-13084-16.2017.5.15.0039, 10592-51.2017.15.0039 e RR – 13024-77.2016.5.15.0039, proferidas pela 4ª Turma do TST, TST-RR-13098-34.2016.5.15.0039, da terceira Turma, 12182-29.2018.5.15.0039, da 7ª Turma, entendimento ainda mais prejudicial que o da *actio nata*.

Capítulo 5

Regime jurídico do dano labor-ambiental futuro por exposição ao amianto a partir da aplicação da jurisprudência mais benéfica levantada na tese com relação ao dano ambiental

O presente capítulo é dedicado a confrontar o tratamento dado ao dano labor-ambiental futuro por exposição ao amianto por parte do TST com aqueles aplicados pelo STJ e STF em relação ao dano futuro, dano ambiental e dano ambiental futuro, com base nos resultados da pesquisa de jurisprudência levantada nas seções anteriores.

Os dados levantados no capítulo 2 permitem afirmar que muitas das lições doutrinárias relacionadas à matéria ambiental tem sido acolhidas pelo STJ e pelo STF, de modo mais benéfico ao meio ambiente que o tratamento dado pela justiça trabalhista ao dano labor-ambiental por exposição ao amianto, especialmente no que concerne à imprescritibilidade do dano ambiental.

Ademais, outras questões levantadas na jurisprudência de tais cortes também podem ser aplicadas em relação a tais danos, dentre as quais a inversão do ônus da prova quanto ao nexo de causalidade entre o dano e a atividade, a legitimidade da defensoria pública para a defesa de direitos coletivos de pessoas e do atingido individual por danos ambientais.

Além disso, a decisão proferida pelo STF na ADI 3937-SP/SP permite afirmar que a prevenção do dano labor-ambiental futuro por exposição ao amianto passa pela correção da legislação quando estiver em dissonância com os princípios ambientais.

Por outro lado, os dados levantados no capítulo 4 em relação à jurisprudência do TST quanto aos danos labor-ambientais permitem afirmar que o entendimento daquela corte, em relação à apuração dos danos labor-ambientais futuros após a prolação da sentença, são mais favoráveis que o entendimento reportado da pesquisa do STF quanto à apuração do dano futuro, na oportunidade, apontado como incerto.

5.1. Teses de jurisprudência do STJ e STF aplicáveis aos danos labor-ambientais futuros por exposição ao amianto

Em resposta à uma das perguntas levantadas na tese, apontam-se, no presente item, os entendimentos mais favoráveis ao dano ambiental passíveis de aplicação ao dano labor-ambiental por exposição ao amianto por serem mais favoráveis que o entendimento do TST, especialmente no que concerne à imprescritibilidade do dano, confirmando uma das hipóteses da pesquisa.

Destaca-se ainda a tese da natureza *propter rem* das obrigações ambientais, cujo paralelo em relação ao dano labor-ambiental futuro por exposição ao amianto pode ser a obrigatoriedade do seguro de responsabilidade civil, ora proposto com vistas à efetiva garantia de que a vítima será indenizada em caso de concretização do dano com latência de muitos anos e ausência de patrimônio por parte do causador do dano.

5.1.1. Legitimidade para a postulação em juízo

A fluidez do dano ambiental, especialmente no que concerne à vítima, aponta para a importância da ampliação do rol de legitimados para a propositura de ações coletivas com vistas à defesa dos interesses dessas.

Por se tratar de um dano ambiental e, na maior parte das vezes, também labor ambiental, o dano por exposição ao amianto pode ser tutelado pela via da ação coletiva, posto que também se trata de um dano coletivo, na medida em que atinge a própria salubridade do ambiente de trabalho.

Nesse sentido, a defesa do interesse coletivo pode ser exercida também pela Defensoria Pública da União, como decidido pelo STF na tese de repercussão geral n. 607 do STF, que reconheceu a legitimidade da defensoria para a tutela de direitos difusos dos necessitados de que trata o art. 5º, LXXIV, CF, desde que exista pertinência temática.

Ademais, conquanto exista divergência doutrinária acerca do alcance do dano individual como um dano ambiental, por meio da tese de jurisprudência de responsabilidade civil ambiental n. 10 do STJ, que expressamente admite a legitimidade do pescador profissional que sofreu redução da pesca para postular indenização por dano ambiental, de modo que reconhece que o dano ambiental também atinge o indivíduo. Tal fato reforça a ideia de que o trabalhador que sofrer redução de sua saúde ou qualidade de vida em decorrência das condições ambientais de trabalho, é parte legítima para postular os danos sofridos como danos labor-ambientais, ainda que se tratem de danos patrimoniais.

No que concerne à esfera individual do dano labor-ambiental futuro por exposição ao amianto em sentido *lato sensu*, de modo direto, sempre atingirá o(s) trabalhador(es) que tiveram contato com o produto e cujos resultados apenas sejam verificados depois de alguns anos da exposição, podendo o trabalhador desenvolver ou não alguma espécie de câncer.

Mesmo na hipótese de não desenvolvimento da doença, tratando-se de uma alteração na constituição física do trabalhador, como no caso de aparecimento de placas pleurais, é possível se falar em dano estético e em dano moral individual, ainda que não haja um resultado específico para a saúde do trabalhador, na medida em que se alterou efetivamente a constituição física desse.

No caso em que o trabalhador tenha apresentado inicialmente placas pleurais compatíveis com a exposição ao amianto e esse quadro venha a alterar-se com o desenvolvimento posterior de alguma modalidade da doença, ter-se-ia a hipótese de agravamento do problema existente, caso em que a titularidade seria do(a) trabalhador(a) para postular os danos materiais, consistentes no pagamento do valor da remuneração que deixou de auferir em relação ao trabalho para o qual se inabilitou e todas as despesas com o tratamento, incluindo eventual acompanhamento por parte de enfermeiro ou pessoa da família que atuasse como acompanhante, além de ser possível alterar para maior o valor da indenização por danos morais.

Considerando o princípio da reparação integral, todos os danos decorrentes de determinada conduta devem ser indenizados, vale dizer, ainda que atinjam pessoas que não tenham trabalhado diretamente com o amianto, como no caso de filhos(as), esposas ou outras pessoas que dependam diretamente de determinado(a) trabalhador(a) e que tenham sua fonte de renda frustrada, como danos próprios.

5.1.2. Prescrição *versus* imprescritibilidade do dano labor-ambiental futuro por exposição ao amianto

A prescrição consiste na perda do direito de exigir do devedor determinada pretensão e tem como principal fundamento a estabilização das relações sociais, em nome da segurança jurídica. Considerando que produz impacto no direito do credor de exercer sua pretensão em seu benefício, o tema se revela bastante controverso.[527]

(527) No direito do trabalho, as discussões acerca da prescrição se mostram bastante acirradas, tanto em relação àquela aplicável às lesões contratuais quanto às pós-contratuais e, especialmente, em relação às verbas trabalhistas previstas em outros diplomas legais, a exemplo do FGTS, cujo entendimento jurisprudencial do TST foi fixado por meio do Enunciado 95, estipulando o prazo de trinta anos para a cobrança das contribuições fundiárias, em virtude do art. 20 da Lei n. 5.107, de 1966, que estipulava a cobrança judicial e administrativa do FGTS em moldes semelhantes aos das contribuições previdenciárias e administrativas, conforme o previsto no

Conforme leciona Manus (1991, p. 145), ao lado de diversos outros temas jurídicos, a prescrição "enseja discussão constante e alteração inclusive do posicionamento jurisprudencial".

Para Fritz (2019), a questão da prescrição é daquelas que possuem extrema relevância, pois envolve aspecto prático e também uma "[...] questão teórica de fundo relacionada à crise na milenar distinção entre responsabilidade contratual e extracontratual".(528)

No dizer de Theodoro Júnior (2020, p. 15), "[...] a prescrição atende à satisfação de superior e geral interesse à certeza e à segurança no meio social [...]", de modo que embora o instituto contraponha dois importantes valores do direito "[...] o anseio de segurança nas relações jurídicas e a busca da justiça [...]", sua adoção se justifica ainda que se possa cogitar da ausência de justiça, pois serve para "[...] consolidar situações de fato que tenham perdurado por longo tempo e que, em nome da segurança e da paz social, devem se tornar definitivas" (THEODORO JÚNIOR, 2020, p. 17).

Tepedino (2009, S/P) também critica a ideia de que a ampliação dos prazos prescricionais resguarda melhor o sistema de reparação de danos e afirma "A perda de prazo prescricional, embora dolorosa, é menos danosa do que a quebra do sistema, propiciada por inconsistente ideologia de ampliação da reparação dos danos."

Na doutrina trabalhista, Manus (1991, p. 145) aponta para a segurança jurídica pelo lado do empregador *versus* injustiça para o trabalhador, na medida em que constata que a justiça do trabalho termina sendo a justiça dos desempregados, de modo que os

---

art. 144 da Lei n. 3807 de 1960, que previa o prazo trintenário para as cobranças previdenciárias. A Lei n. 8.036, de 11 de maio de 1990, por meio de seu art. 23, § 5º, também assegurou o prazo trintenário para a prescrição fundiária no que concerne ao processo de fiscalização, autuação e imposição de multas por parte do sistema gestor do FGTS. Por meio da Res. 121/2003, o TST cancelou a Súmula 91 e editou a Súmula n. 362, mantendo o prazo trintenário da cobrança do FGTS desde que respeitado o prazo bienal após a extinção do vínculo para sua reivindicação. O STF decidiu a questão por meio da discussão travada no Recurso Extraordinário com Agravo (ARE) n. 709.212 DF, no qual restou decidida a inconstitucionalidade do art. 23, § 5º, da Lei n. 8.036/1990, e do art. 55 do Decreto n. 99.684/1990, no que diz respeito a estipulação do prazo trintenário para o FGTS, ante o entendimento de violação ao disposto no art. 7º, XXIX, da Carta de 1988, decidindo o tema de Repercussão Geral n. 608 e, em relação à modulação dos efeitos, atribuiu efeito *ex nunc* à decisão.

(528) O autor menciona a decisão proferida nos Embargos de divergência no Recurso Especial n. 1281.594/SP, por meio da qual o relator inicial entendeu pela aplicação de norma comum na fixação de prazo para a prescrição contratual e extracontratual e o voto-vista do relator, seguidos pela maioria dos pares, validou jurisprudência majoritária da corte e reconheceu prazos diferenciados, com base em dois elementos centrais: a) o entendimento de prazo único fere a "lógica interna do sistema obrigacional do Código Civil", já que a indenização do dano que surge no curso do contrato constitui "obrigação secundária" em relação ao "dever de prestação principal", logo, exceto no caso de existir prazo próprio, deve seguir o prazo relativo às hipóteses de "mora ou inadimplemento"; b) sobretudo, porque o entendimento diverso leva à compreensão de os dois tipos de responsabilidade "se fundem e se dissolvem", compreensão que contraria o entendimento europeu, especialmente na França, na qual nasceu a teoria monista. Importante também é que a doutrina se dedique a estudar o "terceiro gênero da responsabilidade civil: a responsabilidade pela confiança ou Vertrauenshaftung, sistematizada pelo gênio analítico Claus-Wilhelm Canaris", que se situa "entre o contrato e o delito (ato ilícito)", autônoma dogmaticamente e que engloba as hipóteses de ofensa aos "deveres laterais de conduta, decorrentes da boa-fé objetiva (art. 422 CC/02) (FRITZ, 2019, p. 1/3).

empregados geralmente não reclamam seus direitos no curso do contrato de trabalho pelo medo de perder o emprego. Em sentido próximo e de modo taxativo, Melo (2008, p. 60) defende que a prescrição termina sendo muito vantajosa para "[...] os empregadores maus pagadores [...]".

Também na doutrina civilista, a ideia da adoção da prescrição como forma de pacificação social em nome da segurança jurídica tem levantado vozes contrárias. Souza (2021, p. 51), após apontar para certo equívoco da doutrina e da jurisprudência em aplicar a responsabilidade decenal aos casos de responsabilidade contratual e trienal aos de responsabilidade extracontratual, e a necessidade de amparar "[...] as partes na relação jurídica de direito subjetivo [...]", conclui que:

> Entre justiça e segurança jurídica revela-se uma miríade de outros valores, sugestivos ora da proteção privilegiada do titular do direito, ora da tutela preferencial ao titular do dever; é à luz dessa complexa ponderação que deverá o intérprete analisar a adequação sistemática das soluções legislativamente previstas e suprir as carências do atual sistema normativo, sempre de forma minuciosamente fundamentada e conforme às peculiaridades do caso concreto. Ao assim proceder, constatará, provavelmente, que o aspecto mais adaptado à promoção dos fins valorativos da prescrição não são as sempre conspícuas discussões sobre a extensão do prazo, mas a sutil modulação da sua fluência (SOUZA, 2021, p. 51).

Para Theodoro Júnior (2020, p. 4), o direito civil adotou o modelo conceitual de prescrição relacionado com a "[...] extinção da pretensão [...]", reportada pelo direito alemão, em detrimento do modelo italiano que a trata como perda do "direito", de modo que "A prescrição faz extinguir o direito de uma pessoa a exigir de outra uma prestação (ação ou omissão), ou seja, provoca a extinção da pretensão, quando não exercida no prazo definido na lei." Por sua vez, entende que o fato de o direito nacional apresentar conceito muito específico de "[...] pretensão [...]" autoriza o entendimento de "[...] que a prescrição incide sobre a acionabilidade do direito, já que a exigibilidade deste é, a rigor, mais ampla do que a possibilidade de postular em juízo."

Silva (2017) chama a atenção para o fato de que a alteração do art. 11 da CLT foi positivo, vez que aplacou as dúvidas acerca da aplicação do prazo bienal em relação a qualquer norma trabalhista e não apenas em relação em relação à CLT, porém incorreu em erro ao afirmar a prescrição sobre o direito de ação, já que essa constitui um direito em si em face do Estado, insuscetível de prescrição, de modo que não se justifica o uso de tal expressão ante o avanço da ciência do direito processual, sendo que o correto seria falar em perda da pretensão.

Nos termos do art. 7º, *caput* c.c inc. XXIX, CF/88, é direito do trabalhador urbano e rural, "XXIX – ação, quanto aos créditos resultantes das relações de trabalho, com prazo prescricional de cinco anos para os trabalhadores urbanos e rurais, até o limite de dois anos após a extinção do contrato de trabalho;".

Os atos reiterados do empregador ao longo do contrato de trabalho não ensejam a prescrição total do direito de ação, mas tão somente em relação às parcelas por ela já alcançadas, vale dizer, prescrição parcial, a exemplo das diferenças postuladas após o fim do contrato de trabalho, a exemplo das diferenças de complementação de aposentadoria, porquanto não decorrem de ato único do empregador, mas de atos renovados mês a mês (MANUS, 1991, p. 148/149).

Ao tratar da interpretação doutrinária e jurisprudencial relativa ao prazo bienal para a propositura da ação trabalhista, Colnago (2022, p. 181) defende a existência de "[...] discriminação do empregado frente ao ordenamento pátrio, não realizada pelo texto constitucional, mas pelos intérpretes dele — doutrina e jurisprudência." Isto porque a interpretação doutrinária e jurisprudencial do prazo bienal tornou a prescrição trabalhista mais limitativa que a do art. 206 *caput*, c.c, § 5º, CC/02[(529)], na medida em que o trabalhador regido por aquele, acaso proponha sua ação no quarto ano da relação civil, garantirá o direito em relação aos seus últimos anos, o que não se dá no direito do trabalho.

A partir do enquadramento dos direitos postulados em decorrência de acidente de trabalho como direitos humanos fundamentais, Melo (2008, p. 59) defende que os danos decorrentes de acidentes de trabalho não são imprescritíveis, mas que se deve aplicar o prazo que seja mais benéfico à vítima, com o intuito de não "[...] beneficiar o causador do dano".

Também nesse sentido, Meireles (2019, p 552), após apontar para a regra da prescritibilidade das ações com pedido de reparação, consoante art. 206, V, CC/02 e imprescritibilidade das pretensões relativas ao estado da pessoa, assinala que:

> Contudo, indo além do binômio lesão-sanção para a tutela da pessoa, muitas vezes esse limite temporal se apresenta incompatível com a plena consecução da dignidade humana. Recorde-se que a pessoa se projeta para o futuro no exercício da liberdade e determinados danos podem acompanhar a pessoa por tempo indeterminado.

Isto porque a autora entende que existem diversas hipóteses a serem consideradas, quando se trata da questão de direitos existenciais, cujos interesses diversos ultrapassam

(529) Dispõe o art. 206, *caput*, c.c 2002 e o seu § 5º: "Prescreve:" "Em cinco anos: [...];" "II a pretensão dos profissionais liberais em geral, procuradores judiciais, curadores e professores pelos seus honorários, contado o prazo da conclusão dos serviços, da cessação dos respectivos contratos ou mandato;" (BRASIL, 2002).

a questão do tempo, uma vez que "[...] na ponderação de interesses envolvidos, maior peso possui aquele que no caso concreto melhor representa a realização da dignidade da pessoa humana" (MEIRELES, 2019, p. 553).

Também em relação ao direito civil, há diversos questionamentos em relação a aplicabilidade da prescrição com base em critérios puramente objetivos, mormente em razão da ampla diminuição dos prazos prescricionais que tem sido observados nos diversos ordenamentos jurídicos nos últimos anos. Não apenas a configuração do dano e o decurso do tempo devem ser considerados na análise da prescrição do direito, mas também a data em que o titular da pretensão teve ciência "[...] do evento lesivo, sua autoria e contornos do dano [...]" pelo titular da pretensão. No que diz respeito à importância desse último requisito para a contagem do prazo prescricional, três posições doutrinárias se sobressaem: a) ausência de relevância(530); b) sem a ciência de tais elementos não há "sequer pretensão"; c) a ausência de ciência apenas impede o início da contagem do prazo quando "denote uma efetiva impossibilidade de saber" (SAAB, p. 349).

Saab (2019) aponta para a flexibilização do início da contagem do prazo prescricional por parte do STJ, por meio da revisitação da "[...] teoria da *actio nata*" no que tange às relações consumeristas e de responsabilidade civil e nela é acrescida a questão do "[...] conhecimento da da violação do direito, da sua autoria e da extensão dos danos sofridos, que guardam com a lesão nexo de causalidade necessário" (SAAB, 2019, p. 349)

Especificamente no que concerne aos pedidos de reparação de danos decorrentes de acidentes de trabalho, como visto nos resultados dos acórdãos das Turmas do TST que apareceram no resultado de busca com os termos danos ambientais e danos labor-ambiental por exposição ao amianto, ainda remanesce a discussão acerca de qual prazo prescricional se aplica, se o trabalhista ou civil, prevalecendo o entendimento de que se aplica o primeiro, na medida em que os créditos decorrem da relação de emprego, ou seja, tem prevalecido o entendimento acerca da prescrição bienal.

Desse modo, no que concerne aos pleitos de indenização por danos morais em decorrência do medo de adoecimento pela exposição ao amianto, reportados no resultado da pesquisa com o termo dano labor-ambiental futuro por exposição ao amianto, tem sido afastadas as decisões que reconheceram em primeira e segunda instância, ou apenas nessa última, a imprescritibilidade de tal pleito por se tratar de pedido de dano labor-ambiental, portanto pertencente ao dano ambiental em sentido amplo ou mantida decisão das instâncias ordinárias que reconheceram a prescrição.

(530) Theodoro Júnior (2020, p. 9) entende a prescrição como elemento meramente objetivo, cujos aspectos relevantes consistem no transcurso do "tempo" e "inércia do credor, diante de uma pretensão já nascida. Desse modo, em nada releva a atuação "do devedor" em relação ao cumprimento "da obrigação".

Referidas decisões desconsideram a unidade do meio ambiente e o fato de que as lesões decorrentes das condições inadequadas em relação ao meio ambiente do trabalho, como dos pedidos de indenização de danos por exposição ao amianto, constituem danos labor-ambientais provocados à pessoa humana, que se manifestam, via de regra, após encerrado o contrato de trabalho, não obstante advindos de ato praticados no curso do contrato de trabalho, na medida em que o câncer se desenvolve de forma lenta, via de regra, com latência de mais de 20 anos, como mostra a literatura médica acerca do tema, encaixando-se no conceito de dano labor-ambiental futuro em sentido amplo e, considerando que o dano moral acompanhará o(a) trabalhador(a) que teve o risco de adoecimento ampliado ao longo de sua vida, também se encaixa no conceito de dano labor-ambiental futuro *stricto sensu*.

Nesse caso, é salutar a aplicação do mesmo entendimento que vem sendo esposado na doutrina do direito ambiental e na jurisprudência do STF e STJ, a exemplo da tese fixada no tema de repercussão geral n. 999 do STF[531] (RE 654.833AC) pelo STF e ainda o entendimento esposado na Súmula n. 629 do STJ, no que se refere ao reconhecimento da imprescritibilidade.

A tese fixada no Tema de repercussão geral n. 999 do STF constitui importante avanço para a seara ambiental e deve ser aplicada também em relação aos danos labor-ambientais, na medida em que estes também constituem danos ambientais e como tais, são complexos e se arrastam no tempo, muitas vezes para muito além da realização da atividade danosa. Ademais, não há que se falar na disponibilidade do bem ambiental, de modo que o fato de determinada vítima não agir dentro de um prazo especificado na lei não pode significar a perda do direito de ação para reclamar o dano.

Ainda que assim não se entendesse, haveria que se considerar que se tratam de danos à pessoa humana e, na medida em que houver a alegação de angústia advinda do medo de adoecimento, também se inserem como danos à integridade psico-física, enquadrando-se no restrito conceito de danos à pessoa, de modo que, também por tal razão, imprescritíveis.

As ementas de decisão da 4ª Turma do TST fazem referência à inexistência do dano em face da circunstância concreta Aponta-se em sua fundamentação que a indenização postulada seria incabível por se tratar de direito "incerto". Nesse particular, é fundamental a correta delimitação do entendimento de que o dano moral que ali se está postulando difere do mero risco de adoecimento, esse sim, um dano potencial e incerto.

(531) Sarlet e Leal (2020, s.p) consideram que a tese fixada pela Suprema Corte constitui uma importante baliza para avaliar a importância que a questão ambiental representa para aquela corte e pode ser analisada sob dois prismas relevantes: a) "efetividade do direito fundamental ao ambiente" e das obrigações a ele relacionadas e b) forte e indubitável indicador adverso "à impunidade pelos danos ambientais" que acometem os "diversos ecossistemas do país".

Ademais, em que pese o fato de que a jurisprudência do TST já venha se alinhando na esteira das decisões da Súmula n. 276 do STJ no que concerne ao princípio da *actio nata*, aplicando-se a prescrição a partir do momento em que comprovadamente se teve ciência da lesão, algumas decisões em relação aos pedidos ora discutidos ainda se reportam à data da extinção do contrato de trabalho, sequer analisando o momento em que teria se dado a exigibilidade do direito.

Nesse particular, faz-se importante ainda questionar se o momento em que o direito se tornou conhecido é de fato o momento em que publicadas as normas que estabeleceram o nexo técnico epidemiológico entre o câncer e a exposição ao amianto ou o momento em que o(a) trabalhador(a) teve ciência de que seus direitos se encontravam dentro do âmbito de proteção da norma.

5.1.3. Responsabilidade civil objetiva e inversão do ônus da prova em matéria de dano labor-ambiental futuro por exposição ao amianto

Os principais argumentos da proposta de Assis Júnior (2010, 2013) para a defesa da indenizabilidade do risco atual de dano futuro nos casos em que a exposição à substância consistem na dificuldade de prova do nexo de causalidade quando da concretização da doença, cujo período de latência por vezes ultrapassa 20 anos, é o fato de que a empresa ou pessoa física que explorou a substância química que aumentou o risco de adoecimento muitas vezes sequer existirá ou terá capacidade econômica para repará-lo.

De fato, tais preocupações são relevantes e devem ser consideradas no tratamento do dano labor-ambiental futuro por exposição ao amianto pela ótica do instituto da prescrição do nexo de causalidade.

Acerca da imprescritibilidade da pretensão de reparação do dano labor-ambiental futuro por exposição ao amianto, já se tratou no item anterior. Ademais, os pressupostos mais importantes acerca da responsabilidade objetiva e do nexo de causalidade foram tratados no item 3.4.2.

Resta, portanto, em observância ao objetivo específico de propor a aplicação das teses de jurisprudência do STJ e do STF mais favoráveis ao dano ambiental para o tratamento do dano labor-ambiental futuro por exposição ao amianto, apresentar no presente item a proposta de inversão do ônus da prova ou de presunção do nexo de causalidade em tais causas, resgatando-se os entendimentos esposados pela jurisprudência do STJ.

Via de regra vigora no direito a máxima de que o ônus da prova cabe a quem alega, de modo que, nos termos do art. 373 do CPC, ao autor compete o ônus da prova de fato constitutivo de seu direito e ao réu, a ocorrência de fato impeditivo, modificativo ou extintivo do direito da parte adversa.

Contudo, a complexidade das relações humanas, especialmente após a revolução industrial, como se tratou no item 3.4.1, levou inicialmente a jurisprudência e posteriormente a própria lei a prever a possibilidade de inversão do ônus da prova, inicialmente tratada no art. 6º, VIII, do CDC e, posteriormente, também tratada no § 1º do art. 373, CPC, segundo o qual: "Nos casos previstos em lei ou diante de peculiaridades da causa relacionadas à impossibilidade ou à excessiva dificuldade de cumprir o encargo nos termos do *caput* ou à maior facilidade de obtenção da prova do fato contrário"(532) (BRASIL, 2015a).

Tratando-se de dano labor-ambiental, é plenamente possível a aplicação da responsabilidade objetiva prevista no art. 14, § 3º da Lei n. 6.838 e da jurisprudência que reconhece o ônus da prova em relação ao nexo causal, como sendo daquele a quem se atribui a causa do dano, como reconhecido na súmula n. 618 do STJ e pela tese de jurisprudência n. 4, acerca de direito ambiental, e n. 7, sobre responsabilidade civil, à qual remete.

5.1.4. *Caráter* **propter rem** *das obrigações ambientais* **versus** *adoção obrigatória do seguro de responsabilidade civil para os trabalhadores expostos ao amianto em razão da natureza da atividade*

O segundo motivo prático levantado pelos defensores da responsabilidade civil pelo aumento do risco também se mostra de grande atualidade e relevância e deve ser considerado tratamento do dano labor-ambiental futuro por exposição ao amianto, posto que, ao contrário do dano ambiental ecológico puro, cuja natureza *propter rem* acompanha o bem, de modo que ainda que transferida a propriedade deste, o proprietário responderá. Os danos labor-ambientais futuros atingem diretamente a pessoa do trabalhador e nem sempre haverá um bem imóvel ao qual acompanhar, posto que será o patrimônio da empresa que responderá por esse. Assim, mostra-se salutar a ideia da obrigatoriedade de estipulação da obrigação das empresas que explorem o produto por qualquer meio, que adotem seguro de responsabilidade civil para a garantia de existência de patrimônio no caso de concretização de um risco de dano em um futuro mesmo que bastante remoto.

No caso de dano labor-ambiental futuro por exposição ao amianto, considerando o fato de que os danos por exposição a tal, como a maioria dos danos ambientais, via de regra, aparecem muitos anos após o evento danoso, no caso em que as atividades do

(532) Contudo, a segunda parte do dispositivo em comento exige decisão fundamentada do magistrado e a possibilidade da parte se desincumbiu do ônus que antes não lhe havia sido atribuído. Já o § 2º do art. 373 trata da chamada prova diabólica, qual seja, aquela que nenhuma das partes tenha condição de se desvencilhar. "§ 2º A decisão prevista no § 1º deste artigo não pode gerar situação em que a desincumbência do encargo pela parte seja impossível ou excessivamente difícil".

empregador possam ter-se encerrado ou esse possa, vir a passar por dificuldades financeiras ou até mesmo enfrentar uma recuperação judicial(533) ou falência, e que os riscos de danos em razão do labor com essa substância é elevado, uma importante alternativa é a adoção do seguro de responsabilidade civil para essas atividade, a exemplo da adoção do seguro de responsabilidade civil da lei do atleta.

Por um lado, a objetivação da responsabilidade civil foi positiva, porque possibilitou estancar as lacunas deixadas pela responsabilidade subjetiva. Por outro, ao se verificar que os responsabilizados nem sempre possuíam patrimônio suficiente para ressarcir os danos, passou-se a se fluidificar o peso da indenização, por meio do fenômeno da coletivização da responsabilidade, tendo como um primeiro viés o fenômeno do seguro de responsabilidade civil (HIRONAKA, 2005).

Especificamente em relação aos acidentes com amianto, Geneviève Viney (2007, p. 278) aponta para a importância do seguro de responsabilidade civil, que, em suas palavras, é "[...] fundamental e às vezes absorve a responsabilidade ou com essa compete. É nítido na área dos acidentes de trânsito, dos acidentes com amianto, e todos os acidentes que deram lugar a regulamentações específicas".

Vasconcelos (2018, p. 260/261) assevera que nos casos de acidentes de trabalho se inserem aqueles nos quais a longa demora entre a investigação dos requisitos da responsabilidade civil pode fazer com que no momento em que instado a finalmente responder pelo dano, o seu causador não tivesse patrimônio para tanto, de modo que "[...]não é prático nem eficiente investigar quem foi o causador nem quem foi o culpado", mas a lei obrigaria o patrão a criar um seguro para assegurar o risco, cabendo ao segurador responder pelo tratamento da vítima e indenizações cabíveis, bem como apurar eventuais fraudes. Desse modo, "[...]o risco dos acidentes de trabalho é mutualizado e disperso por todos os tomadores do seguro".

Neste sentido, Steigleder (2003, p. 26), ao tratar da insuficiência da responsabilidade civil oitocentista para o tratamento das lesões ambientais em razão da exigência da prova da culpa, do dano e do nexo causal e das incongruências entre os institutos jurídicos e a ecologia, leciona que: "A lesividade ambiental é pós-moderna, difusa, globalizada." Os danos ambientais se dão em longa escala temporal, do que resulta o impasse na formação do nexo causal com a atividade poluidora.

Para Cruz (1997), a responsabilidade civil desencadeia processos importantes para a proteção ambiental, a exemplo da adoção do seguro obrigatório, que termina por contribuir com o princípio da precaução, por meio da tomada de providências acauteladoras

(533) No Brasil, a empresa Eternit, maior fabricante de produtos de fibrocimento no país, teve seu pedido de recuperação judicial deferido em 2018, por meio do processo n. 1030930-48.2018.8.26.0100 (SÃO PAULO, Em casos de recuperação judicial, apenas os créditos dos credores trabalhistas, inclusive os decorrentes de acidente de trabalho até 150 salários mínimos são considerados preferenciais, nos termos do art. 83 da Lei n. 11.101 de 9 de fevereiro de 2005, que regula a questão da recuperação judicial, extrajudicial e falência empresarial no Brasil.

pelas seguradoras, as quais se mostram, na maioria das vezes, mais eficientes que as medidas administrativas.

Por sua vez, Hironaka (2005) afirma que a adoção dos seguros contém aspectos positivos e negativos, pois, se por um lado possibilita que a vítima seja ressarcida, por outro, enfraquece a ideia de evitar danos, já que afasta da responsabilidade o seu causador. Por sua vez, Genevièvi Viney, em entrevista a RTDC (2007, p. 282), afirma não acreditar na tese de que o sistema de seguro faria com que as pessoas se preocupassem menos em evitar o dano, uma vez que esse nem sempre abrange todas as possibilidades de indenização, e também porque mesmo no caso de existirem, ainda se correria "[...] um risco". Logo, esse sistema poderia influenciar as "[...] funções reparatória e profilática da responsabilidade civil", mas, não extirpá-las.

Na área trabalhista diversos institutos visam preservar o crédito do(a) trabalhador(a), dentre os quais se destaca a solidariedade passiva do grupo de empregadores, nos termos do § 2º do art. 2º da CLT[534], a desconstituição da personalidade jurídica da empresa, de que trata o art. 855-A[535] da CLT, incluído pela Lei n. 13. 467 de 2017 e que antes já era operacionalizada por meio da aplicação do art. 28, *caput* e seu § 5º[536], CDC, subsidiariamente adotado no processo do trabalho por força da autorização dada pelo art. 769 da CLT e a sucessão empresarial tratada nos arts 10[537] e 448[538] da CLT.

Contudo, diferentemente do dano ambiental advindo do desmatamento ou outra ação ou omissão praticada pelo uso de uma área ou propriedade, que fica vinculada ao dano ambiental por meio das chamadas obrigações *propter rem*, de que tratam a tese de jurisprudência sobre responsabilidade civil, n. 3 do STJ, os danos labor-ambientais não contam com a garantia de vinculação a uma área e as empresas podem falir ou entrar em recuperação judicial, hipóteses em que o crédito trabalhista que ultrapassar 150 salários

(534) Dispõe o 2º, art. 2 da CLT: "Sempre que uma ou mais empresas, tendo, embora, cada uma delas, personalidade jurídica própria, estiverem sob a direção, controle ou administração de outra, ou ainda quando, mesmo guardando cada uma sua autonomia, integrem grupo econômico, serão responsáveis solidariamente pelas obrigações decorrentes da relação de emprego" (BRASIL, 1943).

(535) Eis o teor do dispositivo celetista implementado pela chamada lei da reforma trabalhista: "Aplica-se ao processo do trabalho o incidente de desconsideração da personalidade jurídica previsto nos arts. 133 a 137 da Lei n. 13.105, de 16 de março de 2015 – Código de Processo Civil" (BRASIL, 1943).

(536) Diz o art. 28, *caput* do CDC e seu § 5º, respectivamente: "O juiz poderá desconsiderar a personalidade jurídica da sociedade quando, em detrimento do consumidor, houver abuso de direito, excesso de poder, infração da lei, fato ou ato ilícito ou violação dos estatutos ou contrato social. A desconsideração também será efetivada quando houver falência, estado de insolvência, encerramento ou inatividade da pessoa jurídica provocados por má administração."; "Também poderá ser desconsiderada a pessoa jurídica sempre que sua personalidade for, de alguma forma, obstáculo ao ressarcimento de prejuízos causados aos consumidores" (BRASIL, 1990).

(537) Prevê o art. 10 da CLT, que: "Qualquer alteração na estrutura jurídica da empresa não afetará os direitos adquiridos por seus empregados" (BRASIL, 1943).

(538) Nos termos do art 448, CLT: "A mudança na propriedade ou na estrutura jurídica da empresa não afetará os contratos de trabalho dos respectivos empregados" (BRASIL, 1943).

mínimos não possui qualquer privilégio ante os demais credores, e os sócios das empresas podem se desfazer de seus patrimônios. Logo, é salutar que atividades que exponham o(a) trabalhador(a) a um risco elevado de adoecimento grave a longo prazo, a exemplo da exposição ao amianto, que tais atividades apenas sejam autorizadas mediante a estipulação de um seguro de responsabilidade civil que deve ser determinado judicialmente e requerido por qualquer legitimado para as ações coletivas, inclusive pela Defensoria Pública.

5.2. Posição do TST em relação à liquidação do valor dos dos danos labor-ambientais futuros após da decisão de mérito no conhecimento

Não sendo o dano futuro conhecido de antemão, como pode ocorrer nas hipóteses em que já se sabe de sua existência, mas não a sua extensão, sua quantificação pode ser reservada para o momento da liquidação da sentença, como permitido pelo direito processual brasileiro (GUEDES, 2011, p. 61).

Ducharme (1959, p. 12-14), aduz que a reparação do dano futuro não pode se dar por meio de reparação em espécie, mas de compensação, que poderá ser por meio da fixação de uma anuidade ou da constituição de capital e sugere que a primeira seja a mais adequada e a adotada na França. Contudo, não admitem reparação em espécie, na medida em que não seja possível retornar a situação da vítima ao estado anterior. O que se estipula é uma compensação e nos casos em que exista a necessidade de determinado tratamento que não invada a esfera íntima da vítima, concederá indenização suficiente para o custeio do tratamento.

Não existe discricionariedade absoluta para o Tribunal, que deve assim proceder nas hipóteses em que a indenização é facilmente determinável, como nos casos de contratos que estabelecem obrigações sucessivas para as partes, nos quais se calcula a perda como o valor dos lucros futuros dos quais uma festa foi frustrada (DUCHARME, 1959).

Diferentemente do entendimento esposado pelo STF nos julgamentos dos autos RE 81.906 BA e no RE 21.8346 SP, o princípio da reparação integral impõe a indenização de todos os danos advindos da conduta lesiva, de modo que é indenizável o dano dos filhos menores pela morte do pai, na medida em que esses não poderão contar com a presença desse em sua vida futura, como leciona Ducharm (1959).

De acordo com o autor, o cálculo do valor das parcelas devidas para os danos futuros é simples, como nas hipóteses de violação de um contrato de aluguel ou de parceria com previsão de parcelas sucessivas, o que não ocorre nos casos em que se requer a indenização de "[...]um prejuízo estético futuro ou dano moral futuro, já que nesse caso não é possível proceder de outra forma, pois esse dano é estipulado"(539) e, mesmo os danos

(539) No texto original: "Pensez aux dommages réclamés du chef de la souffrance future, du préjudice esthétique futur, de la diminution de la joie de vivre, en un mot: de tout dommage moral futur" (DUCHARM, 1959, p. 13).

morais presentes são de difícil "avaliação" em dinheiro. Já nos casos de lesão corporal com repercussão patrimonial, a determinação do grau de incapacidade pode depender de perícia médica para avaliar a continuidade e o grau de incapacidade, tratando-se de uma situação intermediária, no que concerne à dificuldade de estipulação do valor da indenização.

Como decidido pela 3ª Turma do TST no RR 2-68.2015.5.05.0134, a liquidação dos danos futuros pode ser realizada por artigos após a sentença de mérito, quando se trata de questões complexas e sobre as quais não se tenha todos os parâmetros por ocasião da sentença, o que não descarta a ideia da certeza do dano a ser apurado, posto que, conforme afirma Ducharm (1959), a avaliação dos danos futuros tende a ser complexa, de modo que o valor concedido a título de indenização nos casos de danos futuros podem ser muito elevados ou muito baixos.

Possível será, no entanto, que o magistrado(a) leve em conta a probabilidade de agravamento da doença, o risco elevado de morte e a angústia que a vítima sofrerá enquanto viver nessas circunstâncias no momento da fixação do *quantum debeatur*.[540]

5.3. Melhoria da legislação como forma de implementação dos princípios labor-ambientais para a prevenção do dano labor-ambiental futuro por exposição ao amianto

Como se viu no julgamento da ADI 3937-SP SP, por vezes os estudos científicos e a opinião de estudiosos ainda estão divididos em relação aos malefícios de determinada substância, como se verificou no caso do amianto crisotila, que, embora se saiba cancerígeno, há estudos que apontam para um determinado nível de tolerância, o que levaria à manutenção de sua exploração e outros tantos que apontam para a inexistência de nível seguro de contato. Desse modo, em casos de dúvida, mas de certeza da irreversibilidade dos danos ocasionados por determinada substância, impõe-se a adoção do princípio da precaução, o qual se mostra relevante, sobretudo em face dos atuais riscos advindos do novo modelo de sociedade, na qual os riscos se sobrepõe aos perigos do modelo anterior da mesma.

É no campo das doenças ocupacionais, que o princípio da precaução se mostra ainda mais relevante que no campo dos acidentes de trabalho típicos, na medida em que o adoecimento do trabalhador, via de regra, se dá com o passar do tempo, com o acúmulo de situações agressivas, ao passo que os acidentes típicos desencadeiam-se, grosso modo,

(540) Nesse sentido, acorde com a jurisprudência majoritária acerca do tema, o art. 223-G,I, II, III e IV da CLT,, respectivamente, fala da natureza do bem jurídico tutelado, da intensidade do sofrimento, da possibilidade de superação física ou psicológica e da extensão e duração dos efeitos da ofensa como elementos que devem ser avaliados pelo magistrado ao apreciar o pedido de indenização por danos morais. Na realidade, esses elementos são tomados em conta não para a apreciação do pedido no sentido de compreensão da existência ou não do dano (*an debeatur)*, mas no momento da fixação do valor da indenização, que se dá num segundo momento (*quantum debeatur*).

de modo instantâneo, a partir de uma determinada situação, cujo perigo já era conhecido e não foi corretamente administrado, vindo a concretizar-se.

Na realidade, é impossível a eliminação de todos os riscos inerentes ao trabalho, como impossível a eliminação de todos os riscos inerentes à vida, realidade com a qual convive o princípio da precaução, que, como assevera Lopez (2010), exige precaução em sua aplicação.

O que se deve observar é a adoção de medidas menos onerosas do ponto de vista dos riscos ocupacionais, quando estas se mostram viáveis, como se deu, por exemplo, no reconhecimento da inconstitucionalidade do art. 2º da Lei n. 9.099/95, posto que, considerando o estado atual do desenvolvimento científico, existem meios materiais alternativos viáveis que podem substituir a fibra do amianto crisotila em seus diversos usos, e que se mostram menos prejudiciais à saúde obreira e do meio ambiente, impondo, pois, a sua substituição, o que não se observava na década de 1990, quando da aprovação da referida norma.

Assim, não se pode afirmar que o sentido do princípio da melhoria contínua seja a eliminação dos riscos e perigos inerentes ao trabalho, tanto quanto ao maquinário, elementos químicos, físicos e biológicos, quanto em relação aos métodos de operação e funcionamento das tarefas, mas deve ser lido em conjunto com o princípio da precaução e com o estado atual da técnica, o qual é referido no art. 12, "c", da Convenção n. 155 da OIT, como tarefa a ser cumprida para a efetivação da política nacional de segurança e saúde dos trabalhadores, de modo que as pessoas que concebem qualquer equipamento ou implemento a ser utilizado no trabalho se atualizem e estudem sobre os avanços "dos conhecimentos científicos e técnicos necessários para" a garantia da salubridade do ambiente de trabalho, por meio de equipamentos, maquinários, operações, processos, substâncias e riscos à saúde dos trabalhadores, de que trata as alíneas "a" e "b" do referido art. 12.

Para que se consiga a correta aplicação dos princípios da precaução, é imprescindível uma maior integração das normas de direito internacional no ordenamento jurídico nacional, o que se mostra viável apenas com uma maior divulgação dessas entre os operadores jurídicos, incluindo os advogados, lideranças sindicais e magistrados, uma vez que a mera aprovação de determinadas normas pelo Congresso Nacional é insuficiente para que a mesma seja aplicada, caso os operadores jurídicos continuem a operar, via de regra, tão somente, as normas constitucionais e a legislação ordinária.

Nesse sentido, o princípio da informação e orientação, previsto em diversas Normas Internacionais da OIT, dentre os quais as Convenções ns. 155 (art. 10 e 14), 131 e 161, o próprio art. 6º, III, CDC e o art. 157, II, CLT deve ser fomentado por meio de políticas públicas, iniciativas particulares de Sindicatos ou mesmo por meio da destinação de valores advindos de indenizações por dano moral coletivo ou de termo de ajuste de conduta.[(541)]

No que tange ao primado da observância do estado atual da técnica como modo de aprimoramento da política nacional do meio ambiente do trabalho, insculpido no art. 12, "c" da Convenção n. 155 da OIT, como medida de observância obrigatória por parte dos estados signatários na elaboração de sua legislação e prática em relação aos equipamentos, maquinários ou substâncias a serem utilizadas no trabalho, vale dizer, os avanços científicos e técnicos devem ser acompanhados periodicamente por todos aqueles que se encontram incumbidos da elaboração, da revisão e mesmo da interpretação legislativa, em conformidade com o item 8 da referida Convenção, em conjunto com o *caput* do art. 225, CF/88, segundo o qual a salubridade do meio ambiente é tarefa de todos.

As discussões travadas na ADI 3937-SP, mostram-se extremamente atuais, na medida em que recentemente se discutiu, por meio da ADI 6341-DF[(542)], dentre outras questões, a legitimidade para legislar sobre o direito à saúde[(543)] em face da elevada transmissibilidade do vírus SARS-COv II, que tem colocado em alerta as autoridades e despertado a discussão acerca da competência dos entes federativos e da União para legislar acerca da questão, bem como implicado em

Embora se entenda que a decisão em estudo não avançou o suficiente no debate e alteração da jurisprudência anterior em relação à competência normativa concorrente dos estados e da União em relação às matérias de meio ambiente e saúde, a decisão proferida na ADI 3937-SP SP constitui decisão paradigmática do STF, uma vez que conferiu maior efetividade ao princípio da precaução, como tratado no item anterior, e ainda porque concretizou a técnica de abstrativização do controle difuso de constitucionalidade no país, tendência que já vinha sendo observada por meio de outras decisões da corte.

Todavia, a posição adotada pela corte não fica imune às críticas, a exemplo daquela formulada por Baggio e Faria (2019), que questionam a legitimidade da decisão, que teria adotado dados científicos como fundamentos decisórios, em detrimento dos jurídicos, secundarizando o debate acerca dos conflitos normativos dos entes federados, o que exemplificaria o processo de tecnocratização das cortes, e concluem que, ainda que à primeira vista pareça que o voto vencedor teria avançado na superação da tendência de

---

(541) A destinação de valores se daria após aprovação em audiência pública, como defendido por Ribeiro (2017), porquanto não se coaduna com a ideia de que a decisão se dê apenas pelo magistrado que atua na causa.

(542) A ação foi proposta pelo Partido Democrático Trabalhista em face da Medida provisória n. 926, de 20 de março de 2020, que alterou os art. 3º, *caput*, inc. I, II e VI, e §§ 8º, 9º, 10 e 11 da Lei federal n. 13.979, de 6 de fevereiro de 2020.

(543) Embora a discussão diga respeito à saúde pública e meio ambiente, portanto, que ultrapassa a questão da saúde do trabalhador e o meio ambiente do trabalho, a questão discutida nos autos da 6341-DF envolve também a saúde do trabalhador e o meio ambiente do trabalho, porquanto, aquela e aquele constituem gênero, no qual se insere a saúde do trabalhador e o meio ambiente do trabalho.

centralização do modelo de competência normativa, ao manter a constitucionalidade de normas estaduais mais protetivas ao meio ambiente e à saúde humana, reforçou tal tendência, já que o ministro expressamente asseverou que apenas na inexistência de norma geral federal as legislações estaduais poderiam prevalecer.[(544)]

Lado outro, Oliveira (2016, p. 129) argumenta que a ampliação da gestão de questões políticas por parte do judiciário[(545)] representa não apenas a questão acerca da validade das decisões do poder judiciário, mas também aponta para a perspectiva da realização de um contraponto às forças majoritárias e conclui que, de certo modo, o STF tem realizado esse equilíbrio de forças e influenciado a democracia por meio do incremento de direitos sociais, ainda que por meio da assunção de um papel de relevo "[...] aos governos, às associações de classe e às próprias instituições de justiça (sobretudo via Procuradoria-Geral da República) na implementação de políticas públicas ligadas à regulação das burocracias do Estados e suas prerrogativas"[(546)].

Também é importante mencionar a ADPF n. 672-DF, em que se requereu a declaração de descumprimento de preceito fundamental em face das supostas omissões do Presidente da República quanto às medidas para controle da disseminação do Co-

(544) Assinalam também que o uso do conhecimento técnico-científico como necessário à solução de problemas sociais complexos e a indeclinável "decadência da política" consistiria em método do arquétipo tecnocrático fortalecido ante o declínio do Estado Social, que inexistiu no Brasil, mas que se equivale, neste sentido, ao "[...] processo de redemocratização [...]", em especial (BAGGIO e FARIA, 2019, p. 115). Tal conjuntura ocasionaria embaraços de duas ordens, a primeira, sobre a sua validade, vez que os julgadores não foram eleitos para decidir acerca de assuntos políticos primordiais, favorecendo o declínio e "[...] deslegitimação da política" e a segunda, porque questões de conhecimento técnico-científicas têm sido priorizadas em detrimento das jurídicas-normativas, ocasionando o que chamam de "[...] tecnocracia científica do STF". Argumentam que tal evidenciação pode tornar-se "[...] instrumentalização em prol de determinadas conveniências", no que faria sentido a observação da ministra Ellen Gracie no sentido de que a corte não constituía espaço científico (BAGGIO e FARIA, 2019, p. 117). Ao comentar o voto-vista do ministro Joaquim Barbosa, as autoras concordam que a questão da competência concorrente dos estados para legislar em matéria de meio ambiente é relevante e constitui novidade no texto constitucional de 1988 e também um embaraço decorrente do tipo de federação cooperativa. Contudo, assinalam que o enigma colocado pelo amianto não diz respeito a essa problemática, de interesse regional e sim o desprezo aos problemas práticos relacionados "ao transporte e comércio que só poderiam ser regulados pela União por um motivo singelo: dizem respeito a interesses comuns a todos os entes federativos [...]", razão pela qual necessitam de regulação homogênea, de modo a conferir o funcionamento harmônico dos entes federativos (BAGGIO e FARIA, 2019, p. 117).

(545) O estudo analisa as decisões proferidas pelo STF em controle concentrado de constitucionalidade por meio de ADI no período de 1988 a 2014.

(546) Entretanto, a autora adverte que o STF não esclarece os requisitos utilizados para pautar determinado processo, ficando a cargo do relator, com poderes para solicitar o adiamento da data de julgamento, em seguida, do presidente do referido órgão, que também pode optar por colocar o processo em votação ou postergá-la e, em terceiro, ao crivo de qualquer um dos ministros, que pode pedir vistas dos autos na sessão de julgamento e, mesmo tendo prazo até a segunda sessão ordinária subsequente para apresentá-lo novamente em pauta, o próprio órgão tem inobservado seu regimento interno neste particular, o que faz com que o mesmo acumule muita força política. A autora conclui ser necessário encurtar o tempo de julgamento por parte do STF, que exerce papel de relevo para a "[...] governança democrática", além de uma maior dedicação deste aos temas "[...] de maior relevo e importância nas arenas social e política do país" (OLIVEIRA, 2016, p. 130).

ronavírus. Na referida ação, em decisão monocrática, em caráter liminar(547), o relator ministro Alexandre de Moraes, embora não tendo acolhido o pleito para determinar que o governo federal adotasse determinadas medidas de enfrentamento ao Coronavírus(548), deferiu parcialmente a liminar para determinar a efetiva observância dos dispositivos constitucionais que asseguram aos governos estaduais e municipais, dentro de suas respectivas competências territoriais, a aplicação da Lei n. 13.979 de 2020, sem que se afastasse a competência da União para a expedição de normas de caráter geral.

(547) A liminar foi referendada por meio da decisão proferida nos referidos autos, cujo julgamento foi convertido em definitivo em razão da existência de precedente da corte em relação à matéria nele discutida e a instrução dos autos, conforme o disposto no art. 12, da Lei n. 9.868/99.

(548) Entendeu que referidas medidas se inserem dentro das atribuições administrativas próprias do executivo, a cujo mandatário compete o poder discricionário de analisar a conveniência e oportunidade de adoção.

Considerações finais

Em resposta ao objetivo central da tese, aponta-se que o dano labor-ambiental futuro deve ser entendido em sentido amplo e restrito. Em sentido amplo, o dano labor-ambiental futuro corresponde a toda e qualquer lesão que comprometa algum dos elementos do meio ambiente do trabalho ou a função desse e cuja distância com o dano-evento seja superior ao prazo da tradicional prescrição total do dano trabalhista e, em sentido estrito, como a lesão à saúde, condições de vida ou de trabalho do(a) trabalhador(a) ou de pessoa a ele diretamente vinculada em decorrência das condições laborais a que se submeteu e cujos efeitos concretos ultrapassam o momento da sentença de primeira instância.

A elaboração de um sentido de dano labor-ambiental em sentido amplo é justificada pela sua relevância, em especial para a aplicação da regra prescricional e para as regras de fixação do ônus da prova em relação ao nexo de causalidade entre a lesão concretizada e a atividade à qual se submeteu o(a) trabalhador(a), porquanto a latência entre as doenças como o câncer em decorrência da exposição ao amianto tende a dificultar a prova do nexo causal entre o dano e a exposição do trabalhador a determinada substância danosa, justificando a inversão do ônus da prova quanto ao nexo causal.

Já o sentido estrito do dano labor-ambiental futuro decorre do fato de que a responsabilidade civil já lida com esse tipo de dano e pelo fato de que pode haver hipóteses em que determinada doença ou acidente de trabalho em decorrência das condições ambientais perversas produzirão resultados imediatos na saúde do trabalhador, mas com repercussões futuras, cuja indenizabilidade é admitida pelo direito desde que preenchido o requisito certeza da lesão a um interesse concretamente protegido pela norma jurídica, tendo em vista a cadeia de acontecimentos normais e a atualidade/subsistência, no sentido de que o dano ainda tenha sido ressarcido.

Desse modo, em que pese a importância da tese do dano ambiental futuro como risco de dano futuro para efeito de chamar atenção para a importância do risco na sociedade atual e fortalecer, inclusive, a ideia da inversão do ônus da prova, no momento essa não encontra ressonância na doutrina e na jurisprudência acerca da responsabilidade civil nacional, na medida em que o simples risco não é considerado indenizável pela responsabilidade civil, que exige a presença da certeza, calculável de acordo com as regras normais dos acontecimentos, ainda que toda certeza contemple uma dose de dúvidas em caso de situações futuras.

A proposta de indenização sem dano ou de se considerar como dano o aumento do risco de doença grave, mesmo nos Estados Unidos, onde tem sido defendida, a doutrina registra a tendência das cortes americanas em não admiti-la, sendo bastante incipientes e questionáveis as bases das decisões que a admitem, que ainda padecem de clareza acerca de parâmetros para essa indenização.

O tratamento do risco como substituto do dano ao invés de significar avanço para a teoria da responsabilidade civil, faz desaparecer dessa a sua função principal, que é a de reparar, e pode levar a injustiças, na medida em que a pessoa que tiver 47% de probabilidade de desenvolver câncer em decorrência da exposição ao amianto ficaria sem indenização, ao passo que aquela que tiver 51% seria indenizada, acaso seja considerada a teoria do *more-likely-than-not*. Ademais, considerando que a medicina não é uma ciência exata, a pessoa que talvez apresente 47% de risco pode vir efetivamente a desenvolver a doença e a que apresentou probabilidade maior, não desenvolver.

Mesmo que se considere a ideia de indenização a partir do percentual de risco apresentado pela pessoa que tenha dobrado o risco de adoecimento, também não existe um parâmetro justo, pois certamente haverá hipótese em que a vítima exposta desenvolverá a doença, mesmo nos casos em que não restar comprovado que a exposição dobrou a chance de adoecimento da população exposta e vice-versa. Ou seja, o requisito da certeza fica muito comprometido ao deixar de trabalhar com a cadeia causal e a lesão concreta para adentrar ao campo das probabilidades.

Do ponto de vista teórico-metodológico, a doutrina norte americana em relação à responsabilidade civil está bastante ligada à ideia da dissuasão, inclusive quanto aos valores, diferentemente do Brasil, onde as indenizações, via de regra, tem sido cada vez mais baixas e até certo ponto, insignificantes. Desse modo, a luta pela consecução do princípio da reparação integral não pode suprimir os objetivos primordiais do direito ambiental, incluindo o direito ambiental do trabalho quanto à concretização do princípios da prevenção e da precaução, de modo a limitar o exercício de atividades que imponham elevados riscos de danos e a inserir os custos do aumento de tais riscos por meio de ações administrativas que imponham taxas mais elevadas a tais atividades, e não necessariamente por meio da aceitação pura e simples da indenizabilidade do aumento do risco pela responsabilidade civil, como um dano realizado.

A ampliação dos danos indenizáveis é positiva e deve continuar ocorrendo, na medida em que o modelo de sociedade avance e apresente novos danos, antes desconhecidos ou pelo menos desconhecidos quanto à causa. Contudo, em se tratando de dano labor-ambiental, especialmente em sua modalidade futura, a prudência, a coerência e mesmo a equidade recomenda que se busque atuar e tornar mais efetivos os instrumentos de tutela específica, cruciais na prevenção do dano, muito mais que na ênfase à ideia de alteração dos requisitos desse.

Especificamente em se tratando de dano labor-ambiental futuro por exposição ao amianto, é salutar que se avance na compreensão de que todos os danos daí advindos constituem danos labor-ambientais, inclusive os pedidos de indenização pela angústia ou o medo de adoecimento futuro por câncer e, como tal, seguindo o próprio entendimento doutrinário e a jurisprudência ambiental do STJ e do STF, é imprescritível. Portanto impõe-se a alteração da jurisprudência do TST para que se atente para tal particularidade desse tipo de dano e para um conceito amplo de meio ambiente do trabalho.

Desse modo, em resposta às perguntas levantadas na tese e aos objetivos desta, são apresentadas as seguintes teses:

a) O termo dano labor-ambiental futuro pode ser usado em sentido amplo e em sentido estrito, sendo esse último designado em relação ao dano observado sob o aspecto da certeza do dano, ainda que relativa quando se trata de analisar a efetiva indenização do dano e, o primeiro, especialmente para a aplicação dos princípios da precaução e da prevenção.

a.1) A construção do conceito de dano futuro em sentido amplo é possível a partir do uso pela doutrina e jurisprudência dos elementos da ultratemporalidade, continuidade e cumulatividade dos danos ambientais e, em sentido estrito, pela necessidade da certeza e pelo fato de não se terem consolidado no momento em que proferida a decisão.

b) O dano labor-ambiental futuro por exposição ao amianto, em sentido estrito, compreende:

b.1) Em caso de adoecimento com sobrevivência do(a) trabalhador(a):

b.1.1) pensão aos (`as) trabalhadores (as) adoecidos em decorrência de tal exposição quando da doença resultar incapacidade laborativa (que pode ser paga em parcela única, hipótese em que deve ser aplicado um redutor, conforme entendimento do TST;

b.1.2) indenização por danos morais em decorrência da ofensa à saúde, que deve compreender, além da situação presente, a situação futura da vida do trabalhador, que vê elevado o risco de morte pela doença, de modo que tal situação é relevante para o arbitramento do valor da indenização;

b.1.3) custeio das despesas com tratamento médico, incluindo consultas médicas, exames, medicamentos e despesas com eventuais acompanhantes que forem necessários, caso o trabalhador se encontre com saúde muito debilitada.

b.2) Em caso de trabalhador(a) não adoecido(a):

b.2.1) indenização por danos morais caso o risco de adoecimento seja superior a 50%;

b.2.2) custeio de todas as despesas com o monitoramento médico;

b.2.3) manutenção de todos os registros de saúde e de adoecimento dos(as) trabalhadores(as) que laboram nas mesmas condições, à disposição dos(as) mesmos(as), dos sindicatos e das autoridades sanitárias.

c) A imprescritibilidade do dano ambiental tratada no tema de repercussão geral n. 999 do STF é aplicável ao dano labor-ambiental futuro por exposição ao amianto.

d) O seguro de responsabilidade civil deve ser obrigatório em atividades que demandem exposição ao amianto, em substituição ao caráter *propter rem* das obrigações ambientais.

e) É aplicável a inversão do ônus da prova em matéria de responsabilidade civil por danos labor-ambientais futuros por exposição ao amianto, em homenagem ao princípios da precaução, da prevenção, do poluidor-pagador e do *in dubio pro natura* e em decorrência da maior dificuldade de estabelecimento do nexo de causalidade da doença, dado o longo período de latência dessa.

No que concerne ao objetivo de entender o posicionamento do TST em relação ao dano labor-ambiental futuro por exposição ao amianto, é possível dizer que:

1) A corte é favorável à vítima nos casos em que essa realizou acordo extrajudicial conferindo quitação ao empregador em momento em que os danos não estavam totalmente consolidados e veio a adoecer posteriormente, ou em relação ao alcance do acordo para pessoa que desse não participou, nos casos de morte do trabalhador, hipóteses em que se tem entendido pela ausência de coisa julgada e pela restrição do alcance dos limites subjetivos dessa, respectivamente.

2) Em relação à prescrição, a posição do TST tem favorecido o causador do dano.

Quanto à posição atual do STF em relação à exploração do amianto no Brasil, privilegia-se o princípio da precaução e da melhoria contínua em relação ao meio ambiente do trabalho.

A hipótese de incorreção da aplicação da prescrição para os pedidos de dano labor-ambiental futuro por parte do TST se confirmou, porquanto se entende que todos os danos ambientais são imprescritíveis, ainda que se tratem de danos individuais, o que não foi observado pela referida corte quando da análise dos pedidos de indenização pela angústia advinda do medo de adoecimento futuro por exposição ao amianto.

Importante também é observar que constitui dano labor-ambiental futuro em sentido amplo também a angústia do trabalhador(a) que descobre ser portador, por exemplo, de placas pleurais, ainda que a doença não se tenha desenvolvido, é substancial e merece amparo da responsabilidade civil por meio de uma indenização por danos morais em virtude da ofensa ao direito à integridade psicológica, bem como à indenização por danos estéticos, tomando-se por base a teoria de que a alteração de qualquer órgão corporal constitui dano estético.

A dificuldade de se estabelecer o nexo causal ou concausal entre o dano ambiental e a conduta danosa exige que se pense em novos modos de estabelecimento do nexo de causalidade, o que tem sido levado a efeito pela jurisprudência do STJ, como se verificou no capítulo 2, inclusive com a transferência do ônus da prova para o causador do dano, seja por meio da aplicação da presunção, como tem sido realizado pela terceira turma do TST, o que deve ser ampliado para todas as hipóteses de dano labor-ambiental futuro.

O entendimento do STJ e do STF mais favoráveis ao meio ambiente e aos danos ambientais que o entendimento do TST devem ser aplicados aos danos labor-ambientais futuros por exposição ao amianto, porquanto se tratam de espécie de dano ambiental. Dentre os temas mais importantes a esse respeito, destacam-se:

> 1) a imprescritibilidade do dano ambiental estipulada no tema de repercussão geral n. 999 é aplicável a todos os pedidos de danos labor-ambientais por exposição ao amianto, inclusive os de indenização por danos morais em decorrência da ofensa à higidez psicológica pela elevação do risco de adoecimento, nos casos em que o risco tiver sido pelo menos duplicado para o grupo de expostos(as);
>
> 2) é aplicável a inversão do ônus da prova quanto ao nexo de causalidade em relação ao dano labor-ambiental futuro por exposição ao amianto, em homenagem aos princípios da precaução, da prevenção, do poluidor-pagador e do *in dubio pro natura*;

Comprovada a existência do nexo causal ou concausal entre o dano e as condições de trabalho a que submetido o(a) trabalhador(a), esse é indenizável e a indenização deve ser paga até o momento em que eventualmente se comprovar a alteração das condições presentes no momento da perícia em que se baseia a sentença judicial, como reconhecido pela decisão proferida nos autos 2-68.2015.5.05.0134.

Por ser fixado o valor da indenização no momento da sentença ou serem fixados os parâmetros para se chegar a esse montante, em caso de sentença ilíquida, porquanto ainda que o dano não esteja concretizado já se tem elementos suficientes para sua configuração, com base nas regras do que ordinariamente acontece, inclusive, em se tratando, por exemplo, de uma vítima cuja formação não estava completa, tomando-se por base a expectativa de vida média do brasileiro, por exemplo, e os parâmetros salariais de determinada profissão que foi obstada pela circunstância danosa (dano evento).

Quanto à jurisprudência do STF, destaca-se a relevância dos temas de repercussão geral ns. 0999, 607 e 479, que, respectivamente: reconheceu a imprescritibilidade do dano em matéria de dano ambiental; declarou a legitimidade da defensoria pública para a propositura de ação civil pública para a tutela de direitos difusos e coletivos, quando, teoricamente, forem de titularidade de pessoas necessitadas e privilegiou os parâmetros fixados pelo legislador em matéria ambiental, não obstante a menção ao princípio da precaução como método de aferição de riscos em matéria ambiental.

Conclui-se que a maior parte da jurisprudência do STJ em relação ao dano ambiental tem estado em consonância com os ensinamentos doutrinários acerca da abrangência (possibilidade de cumulação do pedido de indenização por danos ambientais, obrigação de dar, com o pleito de obrigação de fazer/não fazer, cessar o ilícito ambiental e ou recuperar a área degradada), caráter *propter rem* das obrigações ambientais, inversão do ônus da prova quanto ao nexo de causalidade do dano ambiental e não aplicação da teoria do fato consumado em matéria de direito ambiental.

Desse modo, a sub-hipótese de possibilidade de aplicação da jurisprudência do STJ ao dano labor-ambiental futuro se confirma, de forma que é proposta como tese.

Considerando que apesar de praticamente todas as atividades humanas causarem algum impacto negativo no meio ambiente, algumas são menos impactantes, por isso a aplicação do princípio da precaução do dano labor-ambiental futuro por exposição ao amianto implica a necessária substituição do produto por outro de menor impacto socio-ambiental, como se fez, ainda que tardiamente, por meio da ADI 3937-SP.

Esse último tema merece destaque porque a decisão proferida na ADI 3937-SP, objeto de estudo no tópico 4.4.2, afastou a opção de o legislador federal, em decorrência do mesmo princípio da precaução e do avanço do estado da técnica, de modo que servirá de base para o aprofundamento da questão e para a proposição da tese de que os riscos de danos devem ser pautados especialmente pela adoção do princípio da precaução e da redução dos riscos na fonte, seja por meio de ações legislativas, seja por meio de ações da corte Suprema, por meio da declaração de inconstitucionalidade material de norma que não acompanhar o avanço do conhecimento jurídico acerca da substituição de determinados produtos considerados lesivos à saúde humana e ao meio ambiente do trabalho e geral.

O avanço da responsabilidade civil e a constitucionalização do direito ao meio ambiente equilibrado e a tutela da pessoa humana foram acompanhados do desenvolvimento de diversos mecanismos de tutela do direito além da responsabilidade civil. Em que pese se vislumbre uma função preventiva, não se pode olvidar que sua função precípua é a reparação. Ainda que assim não fosse, a responsabilidade civil, especialmente em sua modalidade individual, é incapaz de, sozinha, prevenir os danos labor-ambientais, de modo que a ampliação dos danos objeto de indenização, ainda que positiva, deve observar a necessidade da certeza relativa do dano e não apenas o risco desse, sob pena de se pulverizarem imensamente as ações individuais de responsabilidade civil, abarrotando ainda mais os tribunais e operando em favor da diminuição dos valores das indenizações, muitas vezes já irrisórios.

Assim, embora não se possa descuidar da necessidade de prevenção dos danos ambientais, há que se perceber a insuficiência da responsabilidade civil para responder por esses danos, ainda que se admita uma função preventiva secundária a essa, que deve caminhar par e passo com outras modalidade de tutela, a exemplo da tutela preventiva, por meio da imposição de obrigações de fazer, inclusive relacionadas a informações adequadas em matéria de segurança no meio ambiente do trabalho, bem como, por meio da atuação legislativa, impondo-se normas mais restritivas, como no caso do amianto e, na ausência de ação por parte do legislador, deve o poder judiciário atuar para que haja uma proteção adequada ao meio ambiente do trabalho e à saúde do empregado, por meio do controle concentrado de constitucionalidade, a exemplo do que fez o STF na ADI 3937-SP.

A eliminação dos riscos na fonte também deve ser feita, sempre que possível, por meio da adoção de medidas administrativas aos exploradores das atividades de risco, principal modo de se exercer a função preventiva da responsabilidade civil e do princípio do poluidor-pagador.

Assim como os fatos desencadeados pela sociedade industrial fez nascer uma nova fórmula da responsabilidade civil, substituindo-se a velha noção da responsabilidade subjetiva para a objetiva, os novos riscos gerados pela chamada sociedade de risco também influenciam fortemente a responsabilidade civil, desta feita, fazendo repensar o ônus da prova quanto ao nexo de causalidade entre o dano e a conduta do ofensor e a própria prescrição, de modo a garantir uma maior proteção à vítima.

A constitucionalização dos direitos da personalidade e daqueles relacionados à saúde e qualidade de vida mostra-se propícia à continuidade da tendência de expansão dos danos indenizáveis, tanto do ponto de vista quantitativo quanto qualitativo, de modo que a tendência da responsabilidade civil é caminhar no sentido da efetiva tutela humana, tornando ressarcíveis também a perturbação emocional decorrente do aumento exacerbado do risco de adoecimento por doença grave e incurável, mormente quando já houver o reconhecimento do nexo técnico epidemiológico com a doença, como no caso do amianto e as doenças relacionadas à exposição a produtos tóxicos.

O ideal de solidariedade deve também ser adotado pela responsabilidade civil, de modo que os danos labor-ambientais futuros, que por vezes apenas são descobertos muito tempo depois de encerrado o vínculo empregatício, deve garantir à vítima o direito de postular os direitos decorrentes da perda da qualidade de vida ou das suas condições de trabalho e, tratando-se de dano decorrente do labor em mais de uma empresa, todos aqueles que participaram da cadeia de causalidade devem ser responsabilizados.

O exercício de atividades de risco elevado de doenças graves deve contar com a securitização da atividade. No caso do amianto, considerando que mesmo que sua exploração seja cessada no país, o fato de diversas obras contarem com materiais que o contém, exige que se pense na garantia de mecanismos que possam assegurar que, em caso de adoecimento futuro da vítima, que aqui se denominou de dano labor-ambiental futuro *lato sensu*, sob pena de deixar a vítima a descoberto no caso de falência da empresa que a expôs ao risco, dada a longa latência da doença.

Desse modo, entende-se pela necessidade de que se estipule, por meio de sentença judicial, a obrigatoriedade do seguro de responsabilidade civil em razão do risco pela natureza da atividade para os casos em que houver exposição do (a) trabalhador (a) ao amianto ou outra substância que possa causar danos labor-ambientais futuros em sentido lato.

Referências bibliográficas

ASSOCIAÇÃO BRASILEIRA DOS EXPOSTOS AO AMIANTO. ASSOCIATION HENRI PÉZERAT. *Carta aberta referente a Exportações Brasileiras de Amianto, Uma Preocupação Global.* mar. 2021. Disponível em: http://www.ibasecretariat.org/open-letter-to-brazilianauthorities-mar-10-2021-por.pdf. Acesso em: 16 de abr. 2021.

AGÊNCIA EUROPEIA PARA A SEGURANÇA E A SAÚDE NO TRABALHO. *Factsheet icha* — O amianto na construção civil. Bélgica. 2004. Disponível em: https://osha.europa.eu/pt/publications/factsheet-51-asbestos-construction. Acesso em: 05 jun. 2020.

AGUIAR, José Dias de. *Da responsabilidade civil.* 3. ed. Rio de Janeiro: Forense, 1987.

ALEMAR, Aguinaldo. Dano ao ambiente e responsabilização no século XXI. *Revista do Centro de Estudos de Direito do Ordenamento, do Urbanismo e do Ambiente*, n. 27, p. 85-99, 2011.

ALVIM, Agostinho. *Da Inexecução das Obrigações e suas consequências.* 3. ed. Rio de Janeiro-São Paulo: Editora Jurídica e Universitária, 1965.

AYALA, Patrick de Araújo. *Direito e incerteza:* a proteção jurídica das futuras gerações no Estado de Direito Ambiental. 2002. Dissertação (Mestrado em Direito) – Centro de Ciências Jurídicas, Universidade Federal de Santa Catarina. Florianópolis, 2002.

AMADO GOMES, Carla. Uma mão cheia de nada, outra de coisa nenhuma: duplo eixo reflexivo em tema de biodiversidade. In: AMADO GOMES, Carla (Org.). *No ano internacional da Biodiviersidade.* Contributos para o estudo do Direito da protecçao da biodiversidade. Instituto de ciências jurídico-politicas: Faculdade de Direito de Lisboa, 2010.

ALVARADO, Yesid Reyes. *Imputación Objetiva.* 2. ed. Santa Fé de Bogotá: Temis, 1999.

AMARAL, Francisco. O dano à pessoa no direito civil brasileiro. *Revista Brasileira de Direito comparado*, Rio de Janeiro, n. 34, p. 65-99, 2007.

ANTUNES VARELA, João de Matos. *Das obrigações em geral.* 10. ed. Coimbra: Almedina, 2000.

______. *Das obrigações em geral.* 10. ed., rev. e actual. Coimbra: Almedina, 2010.

ANTUNES, Paulo de Bessa. *Dano Ambiental. Uma abordagem conceitual.* 1. ed. Rio de Janeiro: Lumen Editora, 2002.

ARAGÃO, Alexandra. Desenvolvimento sustentável em tempo de crise e em maré de simplificação. Fundamento e limites da proibição de retrocesso ambiental. *Estudos em Homenagem ao Prof. Doutor Gomes Canotilho.* Coimbra: Coimbra Editora, 2012.

______. Aplicação nacional do princípio da precaução. *Colóquios 2011-2012*. Associação dos Magistrados da Jurisdição Administrativa e Fiscal de Portugal: 2013, p. 159-185. Disponível em: https://estudogeral.sib.uc.pt/handle/10316/24581. Acesso em: 15 abr. 2021.

______. *O princípio do poluidor pagador:* pedra angular da política comunitária do ambiente. Série Direito ambiental para o século XXI. São Paulo: Inst. O Direito por um Planeta Verde, 2014.

ASSIS JÚNIOR, Luiz Carlos de. *Responsabilidade Civil Decorrente da contaminação da Pessoa por Agentes Tóxicos na Sociedade do Risco:* reparando pelo risco atual de patologia futura. 2010. Dissertação (Mestrado em Direito) – Universidade Federal da Bahia, Salvador, 2010.

______. *A Reparação do risco atual de dano futuro:* ampliando o objeto de Reparação. Jundiaí: Paco Editorial, 2013.

AYALA, Patrick de Araújo. *Direito e incerteza:* a proteção jurídica das futuras gerações no Estado de Direito Ambiental. 2002. Dissertação (Mestrado em Direito) – Universidade Federal de Santa Catarina. Florianópolis, 2002.

BACHARA, Érika. *Uma Contribuição ao Aprimoramento do Instituto da Compensação Ambiental previsto na Lei n. 9.985/2000.* 2007. Tese (Doutorado em Direito) – Pontifícia Universidade Católica de São Paulo, São Paulo, 2007.

BAGGIO, Roberta Camineiro; FARIA, Maristela Medina. O Supremo Tribunal Federal e a Tecnocracia científica: o caso do amianto. *Revista de Direito Brasileira*, Florianópolis, v. 23, n. 9, p. 112-13, maio/ago. 2019.

BECK, Ulrich. A reinvenção da política: rumo a uma teoria da modernização reflexiva. In: BECK, Ulrick; GIDDENS, Anthony; LASCH, Scott. *Modernização reflexiva:* política, tradição e estética na ordem social moderna. Oieiras: Celta Editora, 2000.

______. *Sociedade de risco. Rumo a uma outra modernidade.* 2. ed. São Paulo: Editora 34, 2011.

BELFORT, Fernando José Cunha. *A responsabilidade do empregador na degradação do meio ambiente do trabalho e suas consequências jurídicas no âmbito do direito do trabalho.* 2008. Tese (Doutorado em Direito) – Pontifícia Universidade Católica de São Paulo, São Paulo, 2008.

BENACCHIO, Marcelo. Considerações sobre a noção de dano. In: GUERRA, Alexandre Dartanhan de Mello (Coord.). *Estudos em homenagem a Clóvis Beviláqua por ocasião do centenário do Direito Civil Codificado no Brasil.* São Paulo: Escola Paulista da Magistratura, 2018. p. 433-446. Disponível em: https://www.tjsp.jus.br/download/EPM/Publicacoes/ObrasJuridicas/cc22.pdf?d=636808166395003082. Acesso em: 1º abr. 2022.

BENJAMIN, Antônio Herman. O princípio do poluidor-pagador e a reparação do dano ambiental. In: BENJAMIN, Antônio Herman. *Dano ambiental:* prevenção, reparação e repressão. São Paulo: RT 1993a. p. 226-236.

______. A função ambiental. In: BENJAMIN, Antônio Herman. *Dano ambiental:* prevenção, reparação e repressão. São Paulo: RT, 1993b. p. 09-82.

______. Responsabilidade civil pelo dano ambiental. *Revista de Direito Ambiental*, São Paulo, n. 9, p. 75-136, jan./mar. 1998.

______. A natureza no direito brasileiro: coisa, sujeito ou nada disso. *Revista do Programa de Pós-Graduação em Direito da UFC*, v. 31, n. 1, p. 79-96, jan./jun. 2011. Disponível em: https://repositorio.ufc.br/ri/bitstream/riufc/12016/1/2011_art_ahbenjamin.pdf. Acesso em: 28 jun. 2023.

BERMÚDEZ, Jorge. Valoración del Daño Estético por Cicatrices. *Perita medico forense*, s.d. Disponível em: http://www.peritajemedicoforense.com/Bermudez.htm. Acesso em: 08 dez. 2020.

BITTAR FILHO, Carlos Alberto. Do dano moral coletivo no atual contexto jurídico brasileiro. *Revista Brasileira de Direito do Consumidor*, n. 12, p. 44-62, out./dez. 1994.

BORGES, Daniel Damásio. *O Alcance dos Tratados sobre os Direitos Sociais no direito brasileiro.* Curitiba: Appris, 2019.

BOUCHARDET, Fernanda *et al.* Valorização do dano estético nos acórdãos do Tribunal de Justiça de Minas Gerais. *Revista Odontológica do Brasil Central*, Belo Horizonte, v. 22, n. 63, p. 116-119, 2013.

BRAGA, Armando. *A reparação do dano corporal na responsabilidade civil extracontratual.* Coimbra: Almedina, 2005.

BRANDÃO, Cláudio. *Acidente de trabalho e responsabilidade civil do empregador.* 2. ed. São Paulo: LTr, 2006.

BRASIL. National Cancer Institute. Ministry of Health. *Amianto:* Causas e Prevenção. INCA, 2022. Disponível em: https://www.inca.gov.br/en/node/1910. Acesso em: 13 abr. 2021.

______. Ministério do Trabalho e Emprego. *Parecer do Ministério de Trabalho e Emprego Sobre a inclusão do Asbesto Tipo Crisotila na Classe D de Resíduos Perigosos do Conama.* [s.d.] Disponível em: http://conama.mma.gov.br/index.php?option=com_sisconama&view=processo&id=1320. Acesso em: 15 fev. 2021.

______. Supremo Tribunal Federal. Ministro indefere liminar contra proibição à exportação de amianto pelo Porto de Santos (SP). *Jusbrasil*, 2019i. Disponível em: https://stf.jusbrasil.com.br/noticias/747306363/ministro-indefereliminar-contra-proibicao-a-exportacao-de-amianto-pelo-porto-de-santos-sp. Acesso em: 16 abr. 2021.

______. Superior Tribunal de Justiça. *Teses da Primeira Seção consagram direito à informação ambiental e obrigação do Estado com a transparência.* STJ, 27 maio 2022. Disponível em: https://www.stj.jus.br/sites/portalp/Paginas/Comunicacao/Noticias/27052022-Teses-da-Primeira-Secao-consagram-direito-a-informacao-ambiental-e-obrigacao-do-Estado-com-a-transparencia-.aspx. Acesso em: 27 maio 2022.

CAFFERATTA, Néstor A. Régimen de Responsabilidade Objetiva por Daño Ambiental. *Revista de Derecho Ambiental*, n. 3, p. 75-91, 2009. Disponível em: https://revistaderechoambiental.uchile.cl/index.php/RDA/article/view/36500. Acesso em: 10 fev. 2021.

CALVO COSTA, Carlos. *Daño resarcible.* Buenos Aires: Hammurabi, 2005.

CAMARGO, Thaísa Rodrigues Lustosa de; MELO, Sandro Nahmias. *Princípios de Direito Ambiental do Trabalho.* São Paulo: LTr, 2013.

CARDOSO, Oscar Valente. Amicus Curiae e Audiências Públicas no Controle de Constitucionalidade Brasileiro. *Cadernos do Programa de Pós-Graduação em Direito/UFRS*, v. IX, n. 2, p. 115-149, 2014.

CARVALHO, Délton Winter de. A teoria do dano ambiental futuro: a responsabilização civil por riscos ambientais. *Revista Direito e Ambiente*, Lusíada, n. 1, p. 71-105, 2015.

______. *Dano Ambiental Futuro*. A responsabilidade civil pelo Risco Ambiental. 2. ed. Porto Alegre: Livraria do Advogado, 2013.

______. *Dano Ambiental Futuro*. A responsabilidade civil pelo Risco Ambiental. 1. ed. Porto Alegre: Livraria do Advogado, 2008.

CAVALIERI FILHO, Sérgio. *Programa de responsabilidade civil.* 3. ed. São Paulo: Atlas, 2002.

______. *Programa de responsabilidade civil.* 11. ed. São Paulo: Atlas, 2014.

CARDOSO, Oscar Valente. Amicus Curiae e Audiências Públicas no Controle de Constitucionalidade Brasileiro. *Cadernos do Programa de Pós-Graduação em Direito/UFRS*, v. IX, n. 2, p. 115-149, 2014.

CATALÁ, Lucia Gomes. *Responsabilidad por daños al medio ambiente.* Pamplona: Arrasando, 1998.

CERRI NETO, Mauro. *Impacto Ambiental, Degradação Ambiental, Poluição, Contaminação e Dano Ambiental:* Comparação entre Conceitos Legal e Técnico. 2008 (Dissertação de Mestrado) – Universidade Estadual Paulista, Rio Claro, 2008.

CESARIO NETO. João. *Técnica Processual e Tutela Coletiva de Interesses Ambientais Trabalhistas.* São Paulo: LTr, 2012.

CHAVES, Antonio. *Caso fortuito ou de Fôrça Maior*. Prova escrita realizada em 30 de outubro de 1965, no concurso para o provimento da vaga decorrente da aposentadoria do prof. Vicente Rao. Faculdade de Direito da Universidade de São Paulo, 1965. Disponível em: www.periodicos.usp.br/rfdusp/article/download/66485/69095. Acesso em: 25 jun. 2023.

COLAÇO ANTUNES, Luis Felipe. Para uma noção jurídica de ambiente. *Scientia Ivridica — Revista de Direito comparado Portugues e brasileiro,* n. 235-237, p. 77-94, jan./jun. 1992.

COLNAGO, Lorena. *A prescrição das pretensões coletivas.* Análise dos efeitos nas demandas coletivas e individuais. Estudo da legislação estrangeira. São Paulo: LTr, 2022.

COLOMBO, Silvana; FREITAS, Vladimir. Da teoria do risco concreto à teoria do risco abstrato na sociedade pós-industrial: um estudo da sua aplicação no âmbito do direito ambiental. *Argumenta Journal Law*, Jacarezinho, n. 23, p. 207-231, jul. 2015. Disponível em: https://www.e-publicacoes.uerj.br/index.php/quaestioiuris/article/view/18820. Acesso em: 16 fev. 2021.

CONCHA-BARRIENTOS, Marisol *et al.* Chapter 21: Selected Occupational Risk Factors. *World Health Organization*, 2004.

COSTA, Aline M. da; ALMEIDA, Victor H. de. Meio ambiente do trabalho: uma abordagem propedêutica. In: FELICIANO, Guilherme G. *et al* (Coords.). *Direito ambiental do trabalho:* apontamentos para uma teoria geral. v. 3. São Paulo: LTr, 2017. p. 49-68.

CARGA de 459 toneladas de amianto é interditada no Porto de Santos. *Costa Norte*, 08 mar. 2021. Disponível em: https://costanorte.com.br/cidades/santos/carga-de-459-toneladas-de-amianto-e-interditada-no-porto-de-santos-1283009.html. Acesso em: 16 abr. 2021.

COUTO E SILVA, Clóvis. O conceito de dano no direito brasileiro e comparado. *Revista de Direito civil contemporâneo*, v. 2. p. 333-348, jan./mar. 2015.

CRUZ, Branca Martins da. Responsabilidade civil pelo dano ecológico: alguns problemas. *Revista de Direito Ambiental*, São Paulo, v. 5, p. 5-41, jan./mar. 1997.

______. Desenvolvimento sustentável e responsabilidade ambiental. *In:* MARQUES, José Roberto (Org.). *Sustentabilidade e temas fundamentais de direito ambiental.* 1. ed. Campinas: Millennium, 2009.

______. *Le dommage écologique conjugué dans le futur.* Responsabilité, prevention et précaution: Quel rapport, quelle reponsabilité? Ed. Frison-Roche, 2013. p. 331-345. Disponível em: https://www.academia.edu/12282726/Le_dommage_%C3%A9cologique_conjugu%C3%A9_dans_le_futur_Responsabilit%C3%A9_pr%C3%A9vention_et_pr%C3%A9caution_Quel_rapport_quelle_responsabilit%C3%A9_. Acesso em: 19 jan. 2023.

DALAGREVE NETO, José Affonso. Controvérsias do Dano ao Meio Ambiente do Trabalho. In: FELICIANO, Guilherme Guimarães; URIAS, João; MARANHÃO, Ney (Coords.). *Direito Ambiental do Trabalho:* apontamentos para uma teoria geral. São Paulo: LTr, 2017. p. 417-435.

DANO. In: *MICHAELIS* — Dicionário *on-line*. Editora Melhoramentos, 2023. Disponível em: https://michaelis.uol.com.br/moderno-portugues/busca/portugues-brasileiro/dano. Acesso em: 29 jun. 2023.

DELGADO, Mauricio Godinho. *Curso de direito do trabalho.* 18. ed. São Paulo: LTr, 2019.

DE CUPIS, Adriano. *Il Danno:* teoria generale della responsabilita' civile. 2. ed. Milano: Dott Giuffre Editore, 1966.

DESTEFENNI, Marcos. *A responsabilidade civil ambiental e as formas de reparação do dano ambiental.* Campinas: Bookseller, 2005.

DEUTSCHLAND. *Umwelthaftungsgesetz vom 10. Dezember 1990 (BGBl. I S. 2634), das zuletzt durch Artikel 6 des Gesetzes vom 17.* 2017. Disponível em: https://www.gesetze-im-internet.de/umwelthg/BJNR126340990.html. Acesso em: 15 fev. 2021.

DIAS, Eliotério Fachin *et al.* O princípio *in dubio pro natura* e o princípio da precaução como elementos chaves na busca da proteção do meio ambiente e da saúde humana. *Revista Jurídica Unicuritiba*, Curitiba, v. 01, n. 63, p. 412-438, jan./mar. 2021.

DIAS, João António Álvaro. *Dano corporal.* Quadro epistemológico e aspectos ressarcitórios. Coimbra: Almedina, 2001.

DINIZ, Maria Helena. Curso de Direito Civil Brasileiro. *Responsabilidade Civil.* 37. ed. São Paulo: SaraivaJur, 2023.

DOMINGUEZ, Bruno. Amianto. A saída é banir. *RADIS*, n. 122, p. 08-24, nov. 2012.

DONINI, Rogério. Prevenção de danos e a extensão do princípio *nenimem laedere.* In: NERY, Rosa Maria de Andrade; DONINI, Rogério. *Responsabilidade civil.* Estudos em homenagem ao professor Rui Geraldo Camargo Viana. São Paulo: Revista dos Tribunais, 2009.

DUCHARME, Léo. *La réparation du préjudice futur.* Les cahiers de droit. Université Laval, 1959. p. 5-16.

EUROPEAN COMMISSION. *The European Commission bans white Asbestos.* Brussels, 27 jul 1999. Disponível em: https://ec.europa.eu/commission/presscorner/detail/en/IP_99_572. Acesso em: 13 maio 2021.

FACIO, Jorge Peirano. *Responsabilidad extracontratual.* Montevidéu: Barriero y Ramos, 1954.

FELICIANO, Guilherme Guimarães; RIBEIRO, Claudirene Andrade. Sobre a base de cálculo do adicional de insalubridade, à luz da jurisprudência do Supremo Tribunal Federal: complexificações que precarizam. *Revista de direito do trabalho e seguridade social*, São Paulo, v. 47, n. 216, mar./abr. 2021, p. 301-322.

______. O meio ambiente do trabalho e a responsabilidade civil patronal. In: FELICIANO, Guilherme Guimarães; URIAS, João (Coords.). *Direito ambiental do trabalho. Apontamentos para uma teoria geral. Saúde, ambiente e trabalho*: novos rumos da regulamentação jurídica do trabalho. São Paulo: Ed. LTr, 2013.

______. Aula ministrada na disciplina de Direito Ambiental do trabalho na faculdade de direito da USP, no dia. São Paulo: LTr, 2005.

______. Amianto, meio ambiente do trabalho e responsabilidade civil do empregador. *RDRST*, Brasília, n. 2, v. 3, p. 134-158, jul./dez. 2017.

______. Meio ambiente do trabalho (aspectos gerais e propedêuticos). *Revista do TRT da 15ª Região*, n. 20, p. 160-202, set. 2002.

FERREIRA, Gabriel Luis Bonora Vidrih; SILVA, Solange Teles da. Análise dos fundamentos da compensação ambiental: A responsabilidade civil ex ante no direito brasileiro. *Revista de Informação Legislativa*, v. 44, n. 175, p. 125-137, jul./set. 2007.

FIORILLO, Celso Antônio Pacheco. *Curso de direito ambiental brasileiro*. 8. ed. São Paulo: Saraiva, 2007.

______. *Curso de direito ambiental brasileiro*. 17. ed. São Paulo: Saraiva, 2017.

FLUMIGNAN, Silvano José Gomes. *Dano-evento e dano-prejuízo*. 2009. Dissertação (Mestrado em Direito Civil) – Universidade de São Paulo, São Paulo, 2009.

FRITZ, Karina Nunes. Responsabilidade civil e prescrição. *Revista IBERC*, v. 2, n. 3, p. 01-03, set./abr. 2019. Disponível em: https://revistaiberc.responsabilidadecivil.org/iberc/article/view/78. Acesso em: 05 dez. 2022.

FROTA, Pablo Malheiros da Cunha. *Responsabilidade por danos.Imputação e Nexo de Causalidade*. Curitiba: Juruá, 2014.

FULGÊNCIO, Caio. MPT entra com ação para que empresa pare de vender telhas com amianto em Rio Branco. *G1AC*, 2017. Disponível em: https://g1.globo.com/ac/acre/noticia/mpt-entra-com-acao-para-que-empresa-parede-vender-telhas-com-amianto-em-rio-branco.ghtml. Acesso em: 12 maio 2021.

GARCIA, Maria da Glória F. P. D. Aspectos éticos da responsabilidade ambiental. In: GOMES, Carla Amado; ANTUNES, Tiago (Orgs.). *Actas do colóquio:* A responsabilidade civil por dano ambiental, Faculdade de Direito de Lisboa, Lisboa, nov. 2009.

GARCEZ NETO, Martinho. *Temas atuais de direito civil.* Rio de Janeiro: Renovar, 2000.

GIL, Antônio Carlos. *Como elaborar projetos de pesquisa.* 4. ed. São Paulo: Atlas, 2002.

______. *Como elaborar projetos de pesquisa.* 5. ed. São Paulo: Atlas, 2010.

GODOY, Cláudio Luiz Bueno de. Responsabilidade civil pelo risco da atividade e o nexo de imputação da obrigação de indenizar: reflexões para um colóquio Brasil-Portugal. *Revista Jurídica*

Luso-Brasileira, v. 1, n. 1, p. 21-43, 2015. Disponível em: https://t.ly/36fR5. Acesso em: 15 fev. 2019.

GONÇALVES, Carlos Roberto. *Responsabilidade Civil.* 8. ed. São Paulo: SaraivaJur, 2003.

______. *Responsabilidade Civil.* 10. ed. São Paulo: SaraivaJur, 2008.

______. *Responsabilidade Civil.* 21. ed. São Paulo: SaraivaJur, 2022.

GRANADA, Daniel *et al.* Saúde e migrações: a pandemia de Covid-19 e os trabalhadores imigrantes nos frigoríficos do Sul do Brasil. *Horizontes antropológicos*, Porto Alegre, n. 59, p. 207-226, jan./abr. 2021. Disponível em: https://www.scielo.br/j/ha/a/Lv3TMXdjKq7Nsd3XyvYMLqJ/#. Acesso em: 19 fev. 2022.

GUEDES, Gisela Sampaio da Cruz. *Lucros cessantes:* do bom-senso ao postulado normativo da razoabilidade. São Paulo: Revista dos Tribunais, 2011.

HACHEZ, Isabelle. *Le principe de standstill dans le droit des droits fondamentaux:* une irréversibilité relative. Bruylant: Bruxelles, 2008.

HENKES, Silviana L. A responsabilidade civil no direito ambiental brasileiro. *Revista de Direito Sanitário*, São Paulo, v. 10, n. 1, p. 51-70, mar./jul. 2009.

HIRONAKA, Giselda Maria F. Novaes. *Responsabilidade pressuposta.* Belo Horizonte: Del Rey, 2005.

IARC — International Agency Research on Cancer. *Asbestos Monographs on the Evaluation of Carcinogenic Risk of chemicals to man.* Lion: IARC, 1977. Disponível em: https://publications.iarc.fr/Book-And-Report-Series/Iarc-Monographs-On-The-Identification-Of-Carcinogenic-Hazards-To-Humans/Asbestos-1977. Acesso em: 15 mar. 2021.

______. *A review of human carcinogens. Part C: Arsenic, metals, fibres, and dusts / IARC Working Group on the Evaluation of Carcinogenic Risks to Humans.* Lyon, France: 2009. Disponível em: https://www.ncbi.nlm.nih.gov/books/NBK304375/. Acesso em: 29 abr. 2021.

______. *World Cancer Report:* cancer research for cancer prevention World cancer reports. Lyon, France: 2020. Disponível em: https://publications.iarc.fr/586. Acesso em: 29 abr. 2021.

INCA — INSTITUTO NACIONAL DE CÂNCER. *Amianto, câncer e outras doenças:* você conhece os riscos? Rio de Janeiro: INCA, 2020. Disponível em: https://www.inca.gov.br/sites/ufu.sti.inca.local/files/media/document/cartilha_amianto_2020.pdf. Acesso em: 26 abr. 2023.

______. *Ambiente, trabalho e câncer:* aspectos epidemiológicos, toxicológicos e regulatórios. Rio de Janeiro: INCA, 2021.

INTERNATIONAL LABOUR ORGANIZATION. Ilo monitor: Covid-19 and the world of work. Second edition Updated estimates and analysis. *ILO*, 2020. Disponível em: https://www.ilo.org/brasilia/noticias/WCMS_741052/lang--pt/index.htm. Acesso em: 14 abr. 2023.

JAKOBS, Günther. *La imputación objetiva em derecho penal* (Trad. Manuel Cancio). Meliá. Colômbia: Universidad Externado de Colombia,1998.

JUNQUEIRA DE AZEVEDO, Antônio. *Estudos e pareceres de direito privado.* São Paulo: Saraiva, 2004.

PROIBIÇÃO à exportação de amianto pelo Porto de Santos (SP) é mantida. *Juristas,* 23 ago. 2019. Disponível em: https://rb.gy/pzvc4. Acesso em: 16 abr. 2021.

KAZAN-ALLEN, Laurie. Confidence Tricksters and Asbestos Thugs from the Brazilian State of Goiás. *IBA Secretariat*, 2021. Disponível em: http://www.ibasecretariat.org/lka-closing-brazils-asbestos-loopholes.php. Acesso em: 14 abr. 2021.

KLEIN, Andrew R. A Model for Enhanced Risk Recovery in Tort. *Washington & Lee Law Review*, v. 56, n. 4, p. 1.173-1.210, 1999. Disponível em: https://scholarlycommons.law.wlu.edu/wlulr/vol56/iss4/3. Acesso em: 10 jun. 2022.

______. Fear of Disease and the Puzzle of Futures Cases in Tort. *UC Davis Law Review*, v. 34, p. 965-1004, Apr. 2002. Disponível em: https://papers.ssrn.com/sol3/papers.cfm?abstract_id=1733131. Acesso em: 12 jun. 2022.

KOURILSKY, Philippe; VINEY, Geneviève. *Le principe de Précaution.* Paris, La Documentation française: Odile Jacob, 1999. Disponível em: https://www.semanticscholar.org/paper/Le-principe-de-pr%C3%A9caution-Editions-Odile-Jacob%3A-la-Kourilsky-Viney/5122465a7cc6ada087cb400d7be77326df871256. Acesso em: 15 abr. 2021.

LAMBERTI, Alícia Morales. La aplicación de los principios emergentes *in dubio pro natura* e *in dubio pro* agua en la doctrina judicial de la corte suprema de justicia: dimensiones sistémicas, axiológicas y hermenéuticas. *Revista De La Facultad De Derecho*, v. 10, n. 2, p. 230–254, nov. 2019.

LAKATOS, Eva M.; MARCONI, Marina de Andrade. *Fundamentos de Metodologia Científica.* Barueri: Grupo GEN, 2021.

LALOU, Henri. *Traité pratique de la responsabilité civile.* 4. ed. Paris: Librarie Dallor, 1949.

LEAL, Carla Reita Faria; RODRIGUES, Dehbora Renata Nunes. A Aplicação do Princípio da Proibição de Retrocesso no Âmbito do Direito Ambiental do Trabalho. *Revista Direitos Fundamentais e Democracia*, v. 24, n. 2, p. 253-282, maio/ago. 2019.

LEITÃO, Adelaide Menezes. Ressarcimento dos danos puramente patrimoniais no confronto entre os sistemas de Common Law e Continentais. In: BARBOSA, Mafalda Miranda; RESENVALD, Nelson; MUNIZ, Francisco (Coords.). *Atas das II jornadas Luso-Brasileiras de Responsabilidade Civil*, Instituto Jurídico da Faculdade de Direito da Universidade de Coimbra, p. 1-10, jun. 2019.

LEITE, José Rubens Morato; AYALA, Patryck de Araújo. *Dano ambiental.* 8. ed. Rio de Janeiro: Forense, 2020.

LEITE, José Rubens Morato; VENÂNCIO, Marina Demaria. Comentário doutrinário ao Recurso Especial n. 1.269.494-MG, relª. Minª. Eliana Calmon. *Revista do Superior Tribunal de Justiça*, Brasília, v. 27, n. 239, p. 87-94, jul./set. 2015. Disponível em: https://www.stj.jus.br/web/revista/eletronica/publicacao/. Acesso em: 23 jun. 2023.

LEITE, José Rubens Morato; BELCHIOR, Germana P. Neiva. Dano ambiental na sociedade de risco: uma visão introdutória. In: LEITE, José Rubens Morato (Coord.); FERREIRA, Heline Silvini; FERREIRA, Maria Leonor P. Cavalcanti (Orgs.). *Dano Ambiental na Sociedade de Risco.* São Paulo: Saraiva, 2012.

LEITE, José Rubens Morato. *Dano ambiental:* do individual ao coletivo extrapatrimonial. 2. ed. São Paulo: Revista dos Tribunais, 2003.

LIMA, Alvino. *Culpa e risco.* 2. ed. São Paulo: Revista dos Tribunais, 1998.

LOPEZ, Teresa Ancona. *O dano estético*. Responsabilidade civil. 3. ed. São Paulo: Revista dos Tribunais, 2004.

______. *Princípio da Precaução e evolução da Responsabilidade civil.* São Paulo: Quartier Latin, 2010.

______. Responsabilidade civil na sociedade de risco. In: GUERRA, Alexandre Dartanhan de Mello (Coord.) *Estudos em homenagem a Clóvis Beviláqua por ocasião do centenário do Direito Civil Codificado no Brasil.* São Paulo: Escola Paulista da Magistratura, v. 1, p. 419-431, 2018.

LUZ, Valdemar P. D. *Dicionário jurídico*. 5. ed. Santana de Parnaiba: Editora Manole, 2022.

MANUS, Pedro P. Teixeira. A prescrição no direito do trabalho. *Revista do Tribunal Regional do Trabalho da 15ª Região*, Campinas, n. 1, p. 145-149, jul./dez. 1991.

MARANHÃO, Ney Stany Morais. *Responsabilidade civil objetiva pelo risco da atividade:* Uma perspectiva Civil-Constitucional. Rio de Janeiro: Forense; São Paulo: Método, 2010.

______. *Poluição Labor-ambiental:* abordagem conceitual da degradação das condições de trabalho, organização do trabalho e das relações interpessoais travadas no contexto laborativo. Rio de Janeiro: Lumen Juris, 2017.

MARQUEZ NETO, Martinho. *Responsabilidade civil no direito comparado.* São Paulo: Renovar, 2000.

MÁRQUEZ, José Juan González. *La responsabilidade por el daño em América Latina.* 1. ed. Programa de las Naciones Unidas para el Medio Ambiente, 2003.

MARSILI, Daniela; COMBA, Pietro. Asbestos case and its current implications for global healt. Comentary. *Ann Ist Super Sanità*, v. 49, n. 3, p. 249-251, 2013. Disponível em: https://www.scielosp.org/pdf/aiss/2013.v49n3/249-251/en. Acesso em: 16 mar. 2021.

MARSILI, Daniela *et al.* La prevención de las patologias del asbesto: perspectivas operativas de la cooperación italiana com los países de América Latina. *Revista salud pública*, v. 12, n. 4, p. 682-692, 2010. Disponível em: https://www.scielosp.org/pdf/rsap/2010.v12n4/682-692/es. Acesso em: 16 mar. 2021.

MARTINS-COSTA, Judith. Os danos à pessoa no direito brasileiro e a natureza de sua reparação. *Revista da Faculdade de Direito da UFRGS*, v. 19, p. 181-207, mar. 2001.

______. Dano moral à brasileira. *RIDB*, n. 9, p. 7073-7122, 2014. Disponível em: http://www.cidp.pt/revistas/ridb/2014/09/2014_09_07073_07122.pdf. Acesso em: 25 nov. 2019.

MATOS, Eneas Oliveira. *Dano Moral e dano estético.* Recife: Renovar, 2008.

MEIRELES, Rose Melo Vencelau. Imprescritibilidade do exercício das situações jurídicas existenciais. In: MORAES, Maria Celina Bodin de; GUEDES, Gisela Sampaio da Cruz; SOUZA, Eduardo Nunes de (Coords.). *A Juízo do tempo:* estudos atuais sobre prescrição. Rio de Janeiro: Processo, 2019. p. 541-553.

MEJÍA, Henry Alexander. *Responsabilidad por Daños al Medio Ambiente.* San Salvador: Unidad Técnica Ejecutiva del Sector de Justicia, 2014.

MELO, Sandro Nahmias. Meio ambiente do Trabalho. *Enciclopédia Jurídica da PUCSP*. 1. ed. Tomo Direito do Trabalho e Processo do Trabalho. 2020. Disponível em: https://enciclopediajuridica.pucsp.br/verbete/364/edicao-1/meio-ambiente-do-trabalho. Acesso em: 17 abr. 2023.

MENDES, René. Asbesto (amianto) e doença: revisão do conhecimento científico e fundamentação para uma urgente mudança da atual política brasileira sobre a questão. *Caderno de Saúde Pública*, Rio de Janeiro, v. 17, n. 1, p. 7-29, jan./fev. 2001.

MENEZES CORDEIRO, Antônio. *Tratado de Direito Civil*. 4. ed. Coimbra: Almedina, 2012.

MENEZES LEITÃO, Luís Manuel Teles de. *Direito das Obrigações*. 16. ed. Editora Almedina, 2022.

MESQUITA, Valena J.; TAVARES, Sílvia G. C. Adicionais por exposição a riscos: uma reparação ilusória. In: FELICIANO, Guilherme Guimarães; URIAS, João; MARANHÃO, Ney (Coords.). *Direito ambiental do trabalho:* apontamentos para uma teoria geral. São Paulo: LTr, 2017. p. 283-292.

MILARÉ, Edis. *Direito do Ambiente*. Doutrina — jurisprudência — Glossário. 3. ed. São Paulo: Revista dos Tribunais, 2004.

MPT. MINISTÉRIO PÚBLICO DO TRABALHO. Carga de mais de 400 toneladas de amianto que é cancerígeno é apreendida no porto de Santos. Santos: 05 mar. 2021. Disponível em: https://www.prt2.mpt.mp.br/862-carga-de-mais-de-400-toneladas-de-amianto-e-apreendida-no-porto-de-santos-sp . Acesso em: 16 abr. 2021.

MIRAGEM, Bruno. *Responsabilidade civil*. 2. ed. São Paulo: Forense, 2021.

MIRRA, Álvaro Luiz Valery. Responsabilidade civil e a jurisprudência do STJ. *Cadernos Jurídicos*, São Paulo, n. 48, p. 47-71, mar./abr. 2019.

MOLINA, André A. *Os Direitos fundamentais na pós-modernidade:* o futuro do direito e do processo do trabalho. Rio de Janeiro: Lumen Juris, 2017.

MONIZ, Marcela de Abreu; CASTRO, Hermano de Albuquerque de; PERES, Frederico. Amianto, perigo e invisibilidade: percepção de riscos ambientais e à saúde de moradores do município de Bom Jesus da Serra/Bahia. *Ciência & Saúde Coletiva*, v. 17, n. 2, p. 327-336, 2012.

MORAES, Maria Celina Bodin de; GUEDES, Gisela Sampaio da Cruz. A prescrição e o problema da efetividade dos direitos. In: MORAES, Maria Celina Bodin de; GUEDES, Gisela Sampaio da Cruz; SOUZA. Eduardo Nunes de (Coords.). *A Juízo do tempo:* estudos atuais sobre prescrição. Rio de Janeiro: Processo, 2019. p. 5-39.

______. *Danos à pessoa humana*. Rio de Janeiro: Renovar, 2003.

MORALES LAMBERTI, Alicia. La aplicación de los principios emergentes in dubio pro natura e in dubio pro agua en la doctrina judicial de La Corte Suprema de Justicia: dimensiones sistémicas, axiológicas y hermenéuticas. *Revista de la Facultad*, Córdoba, v. X, n. 2, p. 217-241, 2019. Disponível em: https://revistas.unc.edu.ar/index.php/refade/article/view/27888/29174. Acesso em: 23 jun. 2023.

MORATO, José Rubens; AYALA, Patryck de Araújo. *Dano ambiental*. 8. ed. Rio de Janeiro: Forense, 2020.

NEVES, Maria do Ceu Patrão; SOROMENHO-MARQUES, Viriato. *Ética aplicada. Ambiente*. Coimbra: Alamedina, 2017.

NISHIKAWA, Kunihito *et al*. Recent Mortality from Pleural Mesothelioma, Historical Patterns of Asbestos Use, and Adoption of Bans: A Global Assessment. *Environmental Health*

Perspectives, v. 116, n. 12, p. 1.675-1.680, Aug. 2008. Disponível em: https://europepmc.org/article/med/19079719. Acesso em: 29 abr. 2021.

NORONHA, Fernando. *Direito das obrigações.* 4. ed. São Paulo: Saraiva, 2013.

NOVAIS, Fabrício Muraro; JACOB, Muriel Amaral. Mutação Constitucional e Abstrativização do Controle Difuso de Constitucionalidade no Brasil: Alcance Eficacial do art 525, § 12 do Código de Processo Civil. *Revista Pensamento Jurídico*, São Paulo, v. 12, n. 2, p. 308-328, jul./dez. 2018.

OEC. Observatory of Economic Complexity. *Which countries export asbestos?* OEC, 2019. Disponível em: https://oec.world/en/profile/hs/asbestos. Acesso em: 14 abr. 2021.

OLIVEIRA, Fabiana Luci. Agenda Suprema. Interesses em disputa no Controle de Constitucionalidade de Leis no Brasil. *Tempo Social — Revista de Sociologia da USP*, v. 28, n. 1, p. 105-133, 2018.

OLIVEIRA, Paulo Eduardo Vilhena. *O dano pessoal no direito do trabalho.* São Paulo: LTr, 2002.

OLIVEIRA, Sebastião Geraldo de. *Indenizações por Acidente de Trabalho ou Doença Ocupacional.* São Paulo: LTr, 2005.

OLIVEIRA, Heloisa. O dano à biodiversidade: conceptualização e reparação. In: GOMES, Carla Amado. *Contributos para o estudo do direito da protecção da Biodiversidade.* Lisboa: Faculdade de Direito de Lisboa, nov. 2010. p. 53-90.

ONU — Organização das Nações Unidas. *Convenção de Roterdã.* Roterdã, 1998. Disponível em: https://www.pic.int/ElConvenio/Generalidades/TextodelConvenio/tabid/1980/language/es-CO/Default.aspx. Acesso em: 09 abr. 2023.

______. *Declaração do Rio sobre Meio Ambiente e Desenvolvimento.* Rio de Janeiro, 1992. Disponível em: https://cetesb.sp.gov.br/proclima/conferencias-internacionais-sobre-o-meio-ambiente/rio-92/. Acesso em: 15 jan. 2021.

UM — United Nations. *Stockholm Declaration.* United Nations Conference on the Human Environment, 1972. Disponível em: https://www.un.org/en/conferences/environment/stockholm1972#:~:text=The%20Stockholm%20Declaration%2C%20which%20contained%2026%20principles%2C%20placed,and%20the%20well-being%20of%20people%20around%20the%20world. Acesso em: 15 jan. 2021.

OIT — Organização Internacional do Trabalho. *C162 — Utilização do Amianto com Segurança.* Genebra, 1986. Disponível em: https://www.ilo.org/brasilia/convencoes/WCMS_236241/lang--pt/index.htm. Acesso em: 15 jan. 2021.

______. *C139 — Prevenção e Controle de Riscos Profissionais causados por substâncias ou agentes cancerígenos.* Genebra, 1974. Disponível em: https://www.ilo.org/brasilia/convencoes/WCMS_235873/lang--pt/index.htm. Acesso em: 15 jan. 2021.

______. *C190 — Convenção sobre a eliminação da violência e do assédio no mundo do trabalho.* Genebra, 2019. Disponível em: https://www.ilo.org/brasilia/noticias/WCMS_831984/lang--pt/index.htm. Acesso em: 20 junho 2023.

______. *C155 — Segurança e Saúde dos Trabalhadores.* Genebra, 1981. Disponível em: https://www.ilo.org/brasilia/convencoes/WCMS_236163/lang--pt/index.htm. Acesso em: 20 jan. 2020.

______. *C161 — Serviços de Saúde do Trabalho*. Genebra, 1985. Disponível em: https://www.ilo.org/brasilia/convencoes/WCMS_236240/lang--pt/index.htm. Acesso em: 12 jun. 2022.

______. *C170 — Segurança no Trabalho com Produtos Químicos*. Genebra, 1990. Disponível em: https://www.ilo.org/brasilia/convencoes/WCMS_236691/lang--pt/index.htm. Acesso em: 12 jun. 2022.

______. *C172 — Relativa a condições de trabalho (hotéis e restaurantes)*. Genebra, 1991. Disponível em https://www.ilo.org/dyn/normlex/es/f?p=NORMLEXPUB:12100:0::NO::P12100_INSTRUMENT_ID:312317. Acesso em: 12 jun. 2022.

OPAS — Organização Pan-Americana da Saúde. *OMS afirma que Covid-19 é agora caracterizada como pandemia*. 11 mar. 2020. Disponível em: https://rb.gy/g8dng. Acesso em: 28 abr. 2021.

OMS — ORGANIZACIÓN MUNDIAL DE LA SALUD. Eliminación de les enfermidades relacionadas com el asbesto. *WHO*, 2018. Disponível em: https://www.who.int/es/news-room/fact-sheets/detail/asbestos-elimination-of-asbestos-related-diseases. Acesso em: 26 abr. 2023.

OSASCO. *Osasco ganha memorial em homenagem às vítimas do amianto.* 12 dez. 2022. Disponível em: https://osasco.sp.gov.br/osasco-ganha-memorial-em-homenagem-as-vitimas-do-amianto. Acesso em: 05 mar. 2023.

PADILHA, Norma Sueli. *Do Meio Ambiente do Trabalho Equilibrado*. São Paulo: LTr, 2002.

______. Meio Ambiente do Trabalho: Um direito fundamental do trabalhador e a superação da monetização do Risco. *Revista TST*, Brasília, v. 79, p. 173-182, out./dez. 2013.

PEREIRA, Caio Mário da S. *Responsabilidade Civil*. Barueri: Grupo GEN, 2022. *E-book*.

PINHO, Hortênsia Gomes. *Prevenção e Reparação de Danos Ambientais:* as medidas de reposição natural, compensatórias e preventivas e a indenização pecuniária. Rio de Janeiro: GZ Ed.; Stuttgart, Alemanha: R. Bosch, 2010.

PIO, Edson Júnior. *Começam a tramitar na AL nesta terça-feira 37 matérias.* Notícia de 09 abr. 2019. Assembleia Legislativa do Estado do Ceará, 2019. Disponível em: https://t.ly/7tH6. Acesso em: 13 maio 2021.

PMS. Prefeitura Municipal de Santos. *Carga de 459 toneladas de amianto é interditada em terminal do Porto de Santos.* 08 mar 2021. Disponível em: https://t.ly/FeiF0. Acesso em: 16 abr. 2021.

POLICARPIO, Isabella. Danno estético, quando è risarcibile? 11 *Jornal Money.it*, 2020. Disponível em: https://www.money.it/Danno-estetico-quando-e-risarcibile#google_vignette. Acesso em: 16 nov. 2020.

PRIEUR, Michel. O princípio da "não regressão" no coração do direito do homem e do meio ambiente". *Revista NEJ — Eletrônica*, v. 17, n. 1, p. 06-17, 2012.

______. O princípio da proibição de retrocesso no cerne do direito humano ao meio ambiente. *Revista Direito à Sustentabilidade*, Unioeste, v. 1, p. 20-33, 2014.

______. *Droit de l'environnement.* 8. ed. Paris: Dalloz, 2019.

RANGEL, Rui Manuel de Freitas. *A reparação judicial dos danos na responsabilidade Civil (um olhar sobre a jurisprudência).* Coimbra: Alamedina, 2006.

REICHARDT, Fernanda Viegas; SANTOS, Mayara Regina Araújo dos (in)eficácia do Princípio da Precaução no Brasil. *Estudos avançados*, n. 33 (95), p. 259-270, 2019.

REINIG, Guilherme Henrique Lima. *O problema da causalidade na responsabilidade civil* — a teoria do escopo de proteção da norma (Schutzzweckthеorie) e sua aplicabilidade no direito civil brasileiro. 2015. Tese (Doutorado em Direito) – Universidade de São Paulo, São Paulo, 2015.

RESENDE, Ranieri Lima. Responsabilidade Internacional do Estado por Ausência de Produção Legislativa Eficaz Dirigida à proibição do Amianto (Asbesto). In: MOREIRA, Alberto César; SANJUÁN, Rafael A. Prieto. *La responsabilidade internacional del Estado y el médio ambiente.* Bogotá: Pontificia Universidad Javeriana, Faculdad de Ciencias Jurídicas, 2016.

RIBEIRO, Claudirene A. *Meio ambiente do trabalho* — responsabilidade civil por dano moral coletivo na atividade frigorífica. Curitiba: Juruá, 2017.

RICHARDSON, Roberto J. *Pesquisa social* — métodos e técnicas. 4. ed. Barueri: Grupo GEN, 2017. *E-book.*

ROSSIT, Liliana Allodi. *O meio ambiente de trabalho no direito ambiental brasileiro.* São Paulo: LTr, 2001.

SAAB, Rachel. Análise funcional do termo inicial da prescrição. In: TEPEDINO, Gustavo; OLIVA, Milena Donato (Coords.). *Teoria geral do direito civil:* questões controvertidas. Belo Horizonte: Fórum, 2019. p. 337-363.

SADELEER, Nicolas de. *Essai sur la genèse des principes du droit de l'environnement:* l'exemple du droit communautaire. 1998. Thèse (Doctorat) – Facultés Universitaires Saint-Louis, Bruxelas, 1998.

SALIBA, Tuffi Messias; CORRÊA, Márcia Angelim Chaves. *Insalubridade e periculosidade.* Aspectos Técnicos e práticos. 7. ed. São Paulo: Ltr, 2004.

SAKAGUTI, Nelson Massanobu. *Análise de percepção do dano estético facial por diferentes grupos de profissionais.* 2017. Tese (Doutorado em direito) – Universidade de São Paulo, São Paulo, 2017.

SARLET, Ingo; MARINONI, Luiz Guilherme; MITIDIERO, Daniel. *Curso de direito constitucional.* São Paulo: Revista dos Tribunais, 2012.

SARLET, Ingo; LEAL, Augusto A. Fontanive. Uma boa notícia em tempos difíceis: o STF e os danos ambientais. *Conjur*, 2020. Disponível em: https://www.conjur.com.br/2020-mai-03/direitos-funadamentais-boa-noticia-tempos-dificeis-stf-danos-ambientais. Acesso em: 30 jan. 2021.

SCHREIBER, Anderson. *Novos paradigmas da responsabilidade civil:* da erosão dos filtros da reparação à diluição dos danos. 3. ed. São Paulo: Atlas, 2011.

______. *Direito civil e Constituição.* São Paulo: Atlas, 2013.

SILVA, Homero Batista da. *Curso de direito do trabalho aplicado.* 2. ed. São Paulo: Revista dos Tribunais, 2022.

SILVA, Wilson Melo da. *O dano moral e sua reparação.* 2. ed. São Paulo: Forense, 1969.

SILVA, João Calvão da. *Responsabilidade civil do produtor.* Coimbra, 1999.

SILVA, Paulo Emílio Vilhena da. *A Responsabilidade civil do empregador diante do princípio da prevenção à saúde do Trabalhador:* responsabilidade sem dano. 2010. Dissertação (Mestrado em Direito) – Universidade de São Paulo, São Paulo, 2010.

SILVA, José Afonso da. *Direito ambiental constitucional.* 9. ed. São Paulo: Malheiros, 2011.

SILVEIRA, Paula de Castro. *Dano à ecodiversidade:* ruptura conceptual uma perspectiva juspublicista. Universidade de Lisboa, 2017. Disponível em: https://repositorio.ul.pt/handle/10451/33320. Acesso em: 15 mar. 2021.

SOUZA, Carlos Eduardo Silva; DONINI, Roberta Favalessa. A proteção do meio ambiente do trabalho sob a perspectiva do princípio *neminem laedere.* Direito do Trabalho I – *XXIII Congresso Nacional do CONPEDI,* João Pessoa, 2014. Disponível em: http://publicadireito.com.br/publicacao/ufpb/livro.php?gt=120. Acesso em: 18 jun. 2016.

SOUZA, Eduardo Nunes de Souza. Problemas atuais de prescrição extintiva no direito civil: das vicissitudes do prazo ao merecimento de tutela. *Civilística.com*, Rio de Janeiro, n. 3, p. 1-55, 2021. Disponível em: https://www.researchgate.net/publication/356876344_Problemas_atuais_de_prescricao_extintiva_no_direito_civil_das_vicissitudes_do_prazo_ao_merecimento_de_tutela. Acesso em: 22 jun. 2023.

STEIGLEDER, Annelise Monteiro. *As dimensões do dano ambiental.* 2003. Dissertação (Mestrado em Direito) – Universidade Federal do Paraná, Curitiba, 2003.

STELLA, Mônica da Silva. *A exposição dos trabalhadores ao risco do amianto avaliada a partir da análise de acórdão judiciais de 1999 até 2009.* 2010. Dissertação (Mestrado em Saúde Pública) – Universidade de São Paulo, São Paulo, 2010.

STEVANIM, Luiz Felipe. Cemitério Pantaneiro. Relatos e imagens mostram a destruição do Pantanal provocada pelas queimadas. *Revista Radis*, n. 218, p. 10-19, nov. 2020.

SUSTEIN, Cass R. *Laws of Fear* — beyond the precautionary principle. Cambridge: University Press, 2005.

TARTUCE SILVA, Flávio Murilo. *Teoria do risco concorrente na responsabilidade objetiva.* 2010. Tese (Doutorado em direito civil) – Universidade de São Paulo, São Paulo, 2010.

TEPEDINO, Gustavo. Prescrição aplicável à responsabilidade contratual: crônica de uma ilegalidade anunciada. *Revista trimestral de direito civil*, Rio de Janeiro, v. 37, 2009.

THEODORO JÚNIOR, Humberto. *Prescrição e Decadência.* Barueri: Grupo GEN, 2020. [*E-book].*

THOMPSON, Melissa Moore. Enhanced Risk of Disease Claims: Limiting Recovery to Compensation for Loss, Not Chance. *UNC Scholar Of Law*, v. 72, n. 2, p. 453-477, jan. 1994. Disponível em: https://core.ac.uk/reader/151514300. Acesso em: 09 jun. 2023.

TRIGO, Maria da Graça. *Adopção do conceito de "dano biológico" pelo direito Português.* 2011. Disponível em: https://www.oa.pt/upl/%7B5b5e9c22-e6ac-4484-a018-4b6d10200921%7D.pdf. Acesso em: 04 jun. 2020.

USA. United States of America. U.S. Geological Survey. *Mineral commodity summaries 2021.* Reston, Virgínia, 2021. Disponível em: https://doi.org/10.3133/mcs2021. Acesso em: 17 abr. 2021.

VASCONCELLOS, Rui Antônio Juca Pinheiro de. *O Brasil e o regime internacional de segurança química.* Brasília: FUNAG, 2014.

VASCONCELOS. Seguro de responsabilidade civil: o "dente" da responsabilidade civil ou a distribuição do risco. In: BARBOSA, Mafalda Miranda; MUNIZ, Francisco (Coords.). *Responsabilidade civil.* Cinquenta anos em Portugal, quinze anos no Brasil. Coimbra: Universidade de Coimbra, 2017.

VIANNA, José Ricardo Alvarez. *Responsabilidade civil por danos ao meio ambiente.* 2. ed. Curitiba: 2011.

VILLARES, Luiz Fernando. O poder normativo do CONAMA. *Revista Jurídica*, Brasília, v. 10, n. 90, p. 1-11, abr./maio 2008.

VINEY, Geneviève. Diálogos com a doutrina. Entrevista com Geneviève Viney. *RTDC*, v. 29, p. 273-289, jan./mar. 2007. Disponível em: https://www.google.com/search?client=firefox-b-d&q=genevieve+viney+entrevista. Acesso em: 15 fev. 2021.

______. JOURDAIN, Patrice. *Traité droit civil. Les conditions de la responsabilité.* 2. ed. Paris: 1998.

VIRTA, Robert L. *Wordwide asbestos supply and consumption trends from 1900 through 2003.* Circular 1298. United States Department of the Interior, United States Geological Survey, 2006. Disponível em: https://pubs.usgs.gov/circ/2006/1298/c1298.pdf. Acesso em: 17 abr. 2021.

WALDMAN, Ricardo Libel. SAMPAIO, Vanessa Bueno. MUNHOZ, Marcelo Hiovanne Vargas. O princípio da precaução e o princípio de responsabilidade de Hans Jonas. *Questio Iuris,* vol. 10, n. 01, p. 199-218, Rio de Janeiro, 2017.

WANDELLI, Leonardo Vieira; EUFRÁSIO, Cintia Mayara. *A responsabilidade civil preventiva do empregador como mecanismo de proteção dos direitos fundamentais à saúde, ao trabalho e ao meio ambiente do trabalho.* 2014. Disponível em: http://www.publicadireito.com.br/artigos/?cod=51c66183db882de9. Acesso em: 19 mar. 2022.

WHO — World Health Organization. *Environmentatl Health Criteria 203:* CRYSOTILE ASBESTOS. WHO, 1998. Disponível em: https://wedocs.unep.org/bitstream/handle/20.500.11822/29477/EHC203ChryAsbs.pdf?sequence=1. Acesso em: 26 abr. 2023.

______. *WHA58.22 Cancer prevention and control.* WHO, 25 mai 2005. Disponível em: https://iris.who.int/bitstream/handle/10665/20372/WHA58_22-en.pdf?sequence=1. Acesso em: 05 maio 2021.

WITS — World Integrated Trade Solution. Asbestos exports by country in 2019. Disponível em: https://www.todamateria.com.br/mulheres-negras-inspiradoras/. Acesso em: 10 out. 2022.

ZARRA, Maita Maria Naveira. *El resarcimiento del daño en la responsabilidad civil extracontratual.* Madrid: ER, 2006.

Legislação

ALAGOAS. Assembleia Legislativa do Estado. *Lei n. 7.322, de 03 de janeiro de 2012.* Dispõe sobre a proibição do uso do amianto ou asbesto nas obras públicas e nas edificações do estado do Alagoas e dá outras providências. Maceió, AL: 2012.

______. Assembleia Legislativa do Estado. *Mensagem 1/2013.* Comunica veto ao art. 1º da Lei n. 7.322, de 03 de janeiro de 2012. Diário Oficial do Estado, n. 2, p. 1, jan. 2012.

AMAPÁ. Assembleia Legislativa do Estado. *Lei n. 1.997, de 21 de março de 2016*. Dispõe sobre a obrigatoriedade de práticas e métodos sustentáveis na construção civil do Estado do Amapá e dá outras providências. Macapá, AP: 2016.

AMAZONAS. Assembleia Legislativa do Estado. *Lei Promulgada n. 258, de 06 de maio de 2015*. Dispõe sobre a proibição do uso de produtos, materiais ou artefatos que tenham quaisquer tipos de amianto ou asbesto no Estado do Amazonas e dá outras providências. Manaus, AM: 2015.

AMPARO. Prefeitura Municipal. *Lei n. 2.671, de 24 de maio de 2001*. Proíbe a fabricação, estabelece restrições ao uso e comercialização e define prazos para banimento de materiais produzidos com qualquer forma de asbesto ou amianto ou de outros materiais que os contenham em sua composição, no município de amparo, e dá outras providências. Amparo, SP: 2001.

______. *Lei. n. 271, de 24 de maio de 2001*. Proíbe a fabricação, estabelece restrições ao uso e comercialização e define prazos para banimento de materiais produzidos com qualquer forma de asbesto ou amianto ou de outros materiais que os contenham em sua composição, no município de amparo, e dá outras providências. Amparo, SP: 2001.

______. Prefeitura Municipal. *Lei n. 2.869, de 26 de dezembro de 2002*. Acresce e altera disposições à Lei n. 2.671, de 24.05.2001. Amparo, SP: 2002.

AVARÉ. Prefeitura Municipal. *Lei n. 1.123, de 11 de novembro de 2008*. Dispõe sobre a fabricação, estabelece restrições ao uso e comercialização e define prazo para banimento de materiais produzidos com qualquer forma de asbesto ou amianto ou de outros minerais ou materiais que os contenham em sua composição, no município de Avaré, e dá outras providências. Avaré, SP: 2008.

BAHIA. Assembleia Legislativa do Estado. *Lei n. 13.830, de 27 de dezembro de 2017*. Dispõe sobre a proibição de extração, comercialização e uso de amianto no Estado da Bahia. Salvador, BA: 2017.

BARRETOS. Prefeitura Municipal. *Lei n. 3.425, de 26 de abril de 2001*. Dispõe sobre a proibição do uso de materiais, elementos construtivos e equipamentos da construção civil constituídos de amianto. Barretos, SP: 2001.

BAURU. Prefeitura Municipal. *Lei n. 4.667, de 04 de maio de 2001*. Proíbe, no Município de Bauru, o uso de materiais produzidos com qualquer tipo de asbesto ou amianto. Bauru, SP: 2001.

BELÉM. Prefeitura Municipal. *Lei n. 8.098 de 04 de dezembro de 2001*. Dispõe sobre a proibição do uso do amianto na produção de equipamentos, elementos construtivos utilizados na construção civil. Belém, PA: 2001.

BRASIL. *Decreto n. 2.681, de 7 de dezembro de 1912*. Regula a responsabilidade civil das estradas de ferro. Brasília, DF: 1912.

______. *Decreto n. 3.724, de 15 de janeiro de 1919*. Regula as obrigações resultantes dos acidentes no trabalho. Brasília, DF: 1919.

______. *Decreto-lei n. 227, de 28 de fevereiro de 1967*. Dá nova redação ao Decreto-Lei n. 1.985, de 29 de janeiro de 1940 (Código de Minas). Brasília, DF: 1967.

______. *Lei n. 6.347, de 20 de agosto de 1977*. Configura infrações à legislação sanitária federal, estabelece as sanções respectivas, e dá outras providências. Brasília, DF: 1977.

______. *Lei n. 6.938, de 31 de agosto de 1981*. Dispõe sobre a Política Nacional do Meio Ambiente, seus fins e mecanismos de formulação e aplicação, e dá outras providências. Brasília, DF: 1981.

______. *Lei n. 7.565, de 19 de dezembro de 1986*. Dispõe sobre o Código Brasileiro de Aeronáutica. Brasília, DF: 1986.

______. Constituição (1988). *Constituição da República Federativa do Brasil*. Brasília, DF: Senado, 1988.

______. *Decreto n. 2.350, de 15 de outubro de 1997*. Regulamenta a Lei n. 9.055, de 1º de junho de 1995, e dá outras providências. Brasília, DF: 1997.

______. *Decreto n. 5.360, de 31 de janeiro de 2005*. Promulga a Convenção sobre Procedimento de Consentimento Prévio Informado para o Comércio Internacional de Certas Substâncias Químicas e Agrotóxicos Perigosos, adotada em 10 de setembro de 1998, na cidade de Roterdã. Brasília, DF: 2005.

______. *Decreto-lei n. 5.452, de 1º de maio de 1943*. Aprova a Consolidação das Leis do Trabalho. Brasília, DF: 1943.

______. *Lei n. 6.766 de 19 de dezembro de 1979*. Dispõe sobre o Parcelamento do Solo Urbano e dá outras Providências. Brasília, DF: 1979.

______. *Lei n. 8.213, de 24 de julho de 1991*. Dispõe sobre os Planos de Benefícios da Previdência Social e dá outras providências. Brasília, DF: 1991.

______. *Lei n. 8.171, de 17 de janeiro de 1991*. Dispõe sobre a política agrícola. Brasília, DF: 1991.

______. *Lei n. 7.347, de 24 de julho de 1985*. Disciplina a ação civil pública de responsabilidade por danos causados ao meio-ambiente, ao consumidor, a bens e direitos de valor artístico, estético, histórico, turístico e paisagístico e dá outras providências. Brasília, DF: 1985.

______. *Lei n. 10.257, de 10 de julho de 2001*. Regulamenta os arts. 182 e 183 da Constituição Federal, estabelece diretrizes gerais da política urbana e dá outras providências. Brasília, DF: 2001.

______. *Lei n. 10.406, de 10 de janeiro de 2002*. Institui o Código Civil. Brasília, DF: Presidência da República. Brasília, DF: 2002.

______. *Decreto n. 5.098, de 3 de junho de 2004*. Dispõe sobre a criação do Plano Nacional de Prevenção, Preparação e Resposta Rápida a Emergências Ambientais com Produtos Químicos Perigosos – P2R2, e dá outras providências. Brasília, DF: 2004.

______. *Lei n. 11.516, de 28 de agosto de 2007*. Dispõe sobre a criação do Instituto Chico Mendes de Conservação da Biodiversidade — Instituto Chico Mendes; altera as Leis ns 7.735, de 22 de fevereiro de 1989, 11.284, de 2 de março de 2006, 9.985, de 18 de julho de 2000, 10.410, de 11 de janeiro de 2002, 11.156, de 29 de julho de 2005, 11.357, de 19 de outubro de 2006, e 7.957, de 20 de dezembro de 1989; revoga dispositivos da Lei n. 8.028, de 12 de abril de 1990, e da Medida Provisória n. 2.216-37, de 31 de agosto de 2001; e dá outras providências. Brasília, DF: 2007.

______. *Lei complementar n. 132, de 07 de outubro de 2009*. Altera dispositivos da Lei Complementar n. 80, de 12 de janeiro de 1994, que organiza a defensoria pública da União, do Distrito Federal e dos territórios e prescreve normas gerais para sua organização nos estados, e da Lei n. 1.060, de 5 de fevereiro de 1950, e dá outras providências. Brasília, DF: 2009.

______. *Lei n. 12.651, de 25 de maio de 2012.* Dispõe sobre a proteção da vegetação nativa; altera as Leis n.s 6.938, de 31 de agosto de 1981, 9.393, de 19 de dezembro de 1996, e 11.428, de 22 de dezembro de 2006; revoga as Leis ns. 4.771, de 15 de setembro de 1965, e 7.754, de 14 de abril de 1989, e a Medida Provisória n. 2.166-67, de 24 de agosto de 2001; e dá outras providências. Brasília, DF: 2012.

______. *Lei n. 13.105, de 16 de março de 2015.* Código de Processo Civil. Brasília, DF: 2015a.

______. *Lei n. 13.844, de 18 de junho de 2019.* Estabelece a organização básica dos órgãos da Presidência da República e dos Ministérios. Brasília, DF: 2019.

______. *Lei n. 8.078, de 11 de setembro de 1990.* Dispõe sobre a proteção do consumidor e dá outras providências. Brasília, DF: 1990.

______. *Lei n. 9.055, de 1º de junho de 1995.* Disciplina a extração, industrialização, utilização, comercialização e transporte do asbesto/amianto e dos produtos que o contenham, bem como das fibras naturais e artificiais, de qualquer origem, utilizadas para o mesmo fim e dá outras providências. Brasília, DF: 1995.

______. *Lei n. 9.868, de 10 de novembro de 1999.* Dispõe sobre o processo e julgamento da ação direta de inconstitucionalidade e da ação declaratória de constitucionalidade perante o Supremo Tribunal Federal. Brasília, DF: 1999.

______. *Lei n. 9.976, de 03 de julho de 2000.* Dispõe sobre a produção de cloro e dá outras providências. Brasília, DF: 2000.

______. *Medida Provisória n. 870, de 1º de janeiro de 2019.* Estabelece a organização básica dos órgãos da Presidência da República e dos Ministérios. Brasília, DF: 2019.

______. Mesa da Câmara dos Deputados e do Senado Federal. *Emenda Constitucional n. 45, de 30 de dezembro de 2004.* Altera dispositivos dos arts. 5º, 36, 52 92, 93, 95, 98, 99, 102, 103, 104, 105, 107, 109, 111, 112, 114, 115, 125, 126, 127, 128, 129, 134 e 168 da Constituição Federal, e acrescenta os arts. 103A, 103B, 111-A e 130-A, e dá outras providências. Brasília, DF: 2004.

______. Ministério do Trabalho e Emprego. *Parecer no processo Conama n. 02000.001641/2000-15*, que dispõe sobre resíduos sólidos na construção civil. Brasília, DF: 2000.

______. *Resolução Conama n. 348, de 16 de agosto de 2004.* Altera a Resolução CONAMA n. 307, de 05 de julho de 2002, incluindo o amianto na classe de resíduos sólidos. Brasília, DF: 2004.

______. *Decreto Legislativo n. 197, de 07 de maio de 2004.* Aprova o texto da Convenção sobre Procedimento de Consentimento Prévio Informado para o Comércio Internacional de Certas Substâncias Químicas e Agrotóxicos Perigosos, adotada em 10 de setembro de1998, na cidade de Roterdã. Diário Oficial da União, n. 88, p. 1, maio 2004.

______. Supremo Tribunal Federal. *Regimento interno [recurso eletrônico] Supremo Tribunal Federal.* Brasília: STF, Secretaria de Altos Estudos, Pesquisas e Gestão da Informação, 2020. Disponível em: https://www.stf.jus.br/arquivo/cms/legislacaoRegimentoInterno/anexo/RISTF.pdf. Acesso em: 05 de abril de 2021.

______. Supremo Tribunal Federal. *Regimento Interno.* Atualizado até a Emenda Regimental n. 57/2020. Brasília, DF: 2020. Disponível em: http://www.stf.jus.br/arquivo/cms/legislacaoRegimentoInterno/anexo/RISTF.pdf. Acesso em: 09 abr. 2021.

______. Conselho da Justiça Federal. Centro de estudos Judiciários. Jornadas de Direito Civil I, III, IV e V. *Enunciados Aprovados*. Min. Ruy Rosado de Aguiar Júnior (Coord. Científico). Enunciado n. 456. Brasília, DF: 2012.

BRASÍLIA. *Declaración de Jueces sobre Justicia Hídrica*. 8º Foro Mundial del Agua. Brasília, DF: mar. 2018.

______. Governador do Distrito Federal. *Lei n. 6.090, de 01 de fevereiro de 2018*. Proíbe o uso, a industrialização ou a comercialização, no Distrito Federal, de produto que contenha amianto ou asbesto em sua composição. Brasília, DF: 2018.

CAMPINAS. Prefeitura Municipal. *Lei complementar n. 9, de 23 de dezembro de 2003*. Dispõe sobre o código de projetos e execuções de obras e edificações no município de Campinas. Campinas, SP: 2003.

______. Prefeitura Municipal. *Lei n. 10.874, de 10 de julho de 2001*. Proíbe a fabricação, estabelece restrições ao uso e comercialização e define prazos para banimento de materiais produzidos com qualquer forma de asbesto ou amianto ou de outros minerais ou materiais que os contenham em sua composição, no município de campinas, e dá outras providências. Campinas, SP: 2001.

______. Prefeitura Municipal. *Lei n. 11.463, de 09 de janeiro de 2003*. Altera a redação dos arts. 5º, 7º, 8º, 10 e 12 e acrescenta parágrafo no art. 8º da Lei municipal n. 10.874, de 10 de julho de 2001, que "proíbe a fabricação, estabelece restrições ao uso e define prazos para o banimento do amianto no município de Campinas". Campinas, SP: 2003.

CURITIBA. Prefeitura Municipal. *Lei n. 14.172, de 07 de dezembro de 2012*. Dispõe sobre a proibição do uso, no município de Curitiba, de materiais ou artefatos que contenham quaisquer tipos de amianto ou asbesto, ou mesmo outros minerais que, acidentalmente, tenham fibras de amianto na sua composição. Curitiba, PR: 2012.

FORTALEZA. Prefeitura Municipal. *Lei n. 10.321, de 12 de janeiro de 2015*. Proíbe o uso de produtos, materiais ou artefatos que contenham qualquer tipo de amianto ou asbesto ou outros minerais que, acidentalmente, tenham fibras de amianto na sua composição. Fortaleza, CE: 2015.

GUARULHOS. Prefeitura Municipal. *Lei n. 5.693, de 05 de junho de 2001*. Proíbe a utilização de materiais, elementos e equipamentos, que contenham amianto, na construção civil. Guarulhos, SP: 2001.

JABOATÃO DOS GUARARAPES. Prefeitura Municipal. *Lei n. 176, de 03 de outubro de 2002*. Proíbe o uso de telhas, caixas d'água e outros equipamentos de amianto nas construções e dá outras providências. Jaboatão dos Guararapes, PE: 2002.

JACAREÍ. Prefeitura Municipal. *Lei n. 5.914, de 17 de março de 2015*. Dispõe sobre a manutenção e limpeza urbana nas praças, equipamentos públicos, parques, e outros logradouros no Município de Jacareí, e dá outras providências. Jacareí, SP: 2015.

JOÃO PESSOA. Prefeitura Municipal. *Lei n. 11.341, de 10 de janeiro de 2008*. Dispõe sobre proibição de uso de materiais que contenham asbesto ou amianto nas obras e edificações públicas do município de João Pessoa e dá outras providências. João Pessoa, PB: 2008.

MARANHÃO. Governo do Estado. *Lei n. 8.927, de 12 de janeiro de 2009*. Dispõe sobre a proibição do uso, no Estado do Maranhão, de produtos, materiais ou artefatos que contenham quaisquer tipos de amianto ou asbesto ou outros minerais que, porventura, o contenham acidentalmente em sua composição. São Luiz, MA: 2009.

MARINGÁ. Prefeitura Municipal. *Lei Complementar n. 986, de 14 de abril de 2014*. Dispõe sobre a proibição do uso, no município de Maringá, de produtos, materiais ou artefatos que contenham quaisquer tipos de amianto ou asbesto ou outros minerais que o contenham em sua composição. Maringá, PR: 2014.

MATO GROSSO. Governo do Estado. *Decreto n. 68, de 16 de abril de 2015*. Regulamenta a Lei n. 9.583, de 04 de julho de 2011, que proíbe o uso, no Estado de Mato Grosso de produtos, materiais ou artefatos que contenham quaisquer tipos de amianto ou asbesto ou outros minerais que, acidentalmente, tenham fibras de amianto na sua composição e dá outras providências. Cuiabá, MT:2015.

______. Governo do Estado. *Lei n. 9.583, de 04 de julho de 2011*. Proíbe o uso, no Estado de Mato Grosso de produtos, materiais ou artefatos que contenham quaisquer tipos de amianto ou asbesto ou outros minerais que, acidentalmente, tenham fibras de amianto na sua composição e dá outras providências. Cuiabá, MT: 2011.

MINAS GERAIS. Governo do Estado. *Lei n. 21.114, de 30 de dezembro de 2013*. Proíbe a importação, o transporte, o armazenamento, a industrialização, a comercialização e o uso de produtos que contenham amianto, asbesto ou minerais que contenham amianto ou asbesto em sua composição e dá outras providências. Belo Horizonte, MG: 2013.

______. *Projeto de Lei n. 1.259 de 2011*. Autoria: Deputado Leonardo Moreira. Proíbe o uso de produtos, materiais ou artefatos que contenham quaisquer tipos de amianto ou asbesto ou outros minerais que, acidentalmente, tenham fibras de amianto na sua composição e dá outras providências. Diário do Legislativo, abr. 2011.

______. Assembleia Legislativa do Estado. *Projeto de Lei n. 1.484 de 2011*. Autoria: Deputada Lisa Prado. Proíbe o uso, no estado de minas gerais, de produtos, materiais ou artefatos que contenham quaisquer tipos de amianto ou asbesto ou outros minerais que, acidentalmente, tenham fibras de amianto na sua composição. Diário do Legislativo, maio 2011.

MOGIM-MIRIM. Prefeitura Municipal. *Lei n. 3.316, de 1º de março de 2000*. Proíbe os órgãos públicos da administração direta e indireta de utilizar, em suas edificações e dependências, materiais produzidos com qualquer forma de asbesto ou amianto. Mogi-Mirim, SP: 2000.

OSASCO. Prefeitura Municipal. *Lei Complementar n. 90, de 13 de dezembro de 2000*. Proíbe, no município de Osasco, o uso de materiais produzidos com qualquer tipo de asbesto, ou amianto, nas construções públicas e privadas, e dá outras providências. Osasco, SP: 2000.

OSTERREICH. *Bundesrecht konsolidiert*. Allgemeines bürgerliches Gesetzbuch — ABGB. Patent vom 1ten Junius 1811. StF: JGS Nr. 946/1811. Disponível em: https://www.ris.bka.gv.at/Ergebnis.wxe?Suchworte=ABGB+1811&x=14&y=6&Abfrage=Gesamtabfrage. Acesso em: 18 mar. 2023.

PARÁ. Assembleia Legislativa do Estado. *Lei n. 5.883, de 21 de dezembro de 1994*. Dispõe sobre a proibição do uso de telhas de cimento e amianto nas escolas da Rede Pública do Estado, e dá outras providências. Belém, PA: 1994.

PARAÍBA. Assembleia Legislativa do Estado. *Lei n. 11.121, de 11 de maio de 2018*. Proíbe o uso de produtos, materiais ou artefatos destinados ao consumidor que contenham fibras de amianto ou asbesto em sua composição, na forma que especifica. João Pessoa, PB: 2018.

PENÁPOLIS. Prefeitura Municipal. *Lei n. 1.917, de 11 de junho de 2013*. Dispõe sobre a proibição do uso de materiais, elementos construtivos e equipamentos da construção civil constituídos de amianto. Penápolis, SP: 2013.

PERNAMBUCO. Governo do Estado. *Lei n. 12.589, de 26 de maio de 2004*. Dispõe sobre a proibição do uso do amianto ou asbesto nas obras públicas e nas edificações no Estado de Pernambuco, atendendo aos objetivos indicados na Lei n. 9.055/95 de evitar o contato das pessoas com aquele material. Recife, PE: 2004.

PIRAJUÍ. Prefeitura Municipal. *Lei n. 1.757, de 26 de setembro de 2001*. Proíbe, no município de Pirajuí, o uso de materiais produzidos com qualquer tipo de asbesto ou amianto. Pirajuí, SP: 2001.

POÇOS DE CALDAS. Prefeitura Municipal. *Lei n. 9.072, de 22 de setembro de 2015*. Regulamenta o inciso VII do § 1º do art. 170 da lei orgânica do município de Poços de Caldas e dá outras providências. Publicada no *Jornal da Mantiqueira*, ed. 11.926, de 23 de setembro de 2015. Poços de Caldas, SP: 2015.

POUSO ALEGRE. Câmara Municipal. *Lei ordinária n. 4.818, de 28 de maio de 2009*. Modifica a ementa e o art. 1º da Lei n. 3.905/2001 que "dispõe sobre a proibição do uso de materiais (elementos construtivos) e equipamentos da construção civil que sejam construídos no todo ou em parte de amianto (abesto)", e dá outras providências. Pouso Alegre, SP: 2009.

RIBEIRÃO PRETO. Prefeitura Municipal. *Lei n. 9.264, de 20 de junho de 2001*. Dispõe sobre a proibição do uso de materiais, elementos construtivos e equipamentos da construção civil constituídos de amianto. Ribeirão Preto, SP: 2001.

RIO DE JANEIRO. Governo do Estado. *Decreto n. 43.582, de 25 de agosto de 2017*. Regulamenta a Lei Estadual n. 3.579, de 07 de junho de 2001, que dispõe sobre a substituição progressiva da produção e da comercialização de produtos que contenham asbesto, e dá outras providências. Rio de Janeiro, RJ: 2017.

______. Governo do Estado. *Lei n. 4.341, de 27 de maio de 2004*. Dispõe sobre as obrigações das empresas de fibro-cimento pelos danos causados à saúde dos trabalhadores, no âmbito do estado do rio de janeiro. Rio de Janeiro, RJ: 2004.

______. Governo do Estado. *Lei n. 3.579, de 07 de junho de 2001*. Dispõe sobre a substituição progressiva da produção e da comercialização de produtos que contenham asbesto e dá outras providências. Rio de Janeiro, RJ: 2001.

RIO GRANDE DO SUL. Governo do Estado. *Lei n. 11.643, de 21 de junho de 2001*. Dispõe sobre a proibição de produção e comercialização de produtos à base de amianto no estado do Rio Grande do Sul e dá outras providências. Porto Alegre, RS: 2001.

RONDÔNIA. Governo do Estado. *Mensagem n. 335/2017-ALE*. Comunica a manutenção do veto parcial à Lei n. 4.141 de 2017. Deputado Maurão de Carvalho. Assembleia Legislativa, 2017a. Disponível em: http://ditel.casacivil.ro.gov.br/COTEL/Livros/Files/L4141.pdf. Acesso em: 11 maio 2021.

______. Governo do Estado. *Mensagem n. 218, de 21 de setembro de 2017*. Autor: Governador Confúcio Aires de Moura. Assembleia Legislativa, 2017b. Disponível em: http://ditel.casacivil.ro.gov.br/COTEL/Livros/Files/L4141.pdf. Acesso em: 11 maio 2021.

SANTA CATARINA. Assembleia Legislativa do Estado. *Projeto de Lei n. 0179.5, de 1º de julho de 2008*. Dispõe sobre a proibição do uso de produtos, materiais ou artefatos que contenham quaisquer tipos de amianto ou asbesto ou outros minerais que tenham fibras de amianto na sua composição. Florianópolis, SC: 2008. Disponível em: www.alesc.sc.gov.br/legislativo/tramitacao-de-materia/PL./0179.5/2008. Acesso em: 11 maio 2021.

______. Governo do Estado. *Lei n. 17.076, de 12 de janeiro de 2017*. Dispõe sobre a proibição do uso de produtos, materiais ou artefatos que contenham quaisquer tipos de amianto ou asbesto ou outros minerais que tenham fibras de amianto na sua composição. Florianópolis, SC: 2017.

SANTO ANDRÉ. Prefeitura Municipal. *Lei n. 8.234, de 14 de setembro de 2001*. Dispõe sobre a proibição, no Município de Santo André, da utilização de materiais, elementos construtivos e equipamentos de construção civil que possuam amianto em sua composição. Santo André, SP: 2001.

______. Prefeitura Municipal. *Lei n. 8.836, de 10 de maio de 2006*. Institui a Lei de Uso, Ocupação e Parcelamento do Solo da Macrozona Urbana. Santo André, SP: 2006.

SÃO CAETANO DO SUL. Prefeitura Municipal. *Lei n. 3.898, de 08 de junho de 2000*. Proíbe os munícipes ou empresas de capital privado de utilizarem em suas edificações e dependências, materiais produzidos com qualquer forma de asbestos ou amianto, e dá outras providências. São Caetano do Sul, SP: 2000.

SÃO JOSÉ DO RIO PRETO. Prefeitura Municipal. *Lei n. 8.485, de 19 de novembro de 2001*. Proíbe a utilização na construção civil de materiais constituído por amianto. São José do Rio Preto, SP: 2001.

SÃO JOSÉ DOS PINHAIS. Prefeitura Municipal. *Lei n. 2.322, de 16 de dezembro de 2013*. Dispõe sobre a proibição de fabricação e utilização/aplicação de produtos ou materiais, ou tecnologia à base de asbesto ou amianto do tipo crisotila (amianto branco), no município de São José dos Pinhais. São José dos Pinhais, PR: 2013.

______. Prefeitura Municipal. *Lei n. 2.741, de 11 de agosto de 2016*. Prorroga o prazo estabelecido no art. 10, da Lei n. 2.322, de 16 de dezembro de 2013. São José dos Pinhais, PR: 2016.

SÃO PAULO. Assembleia Legislativa do Estado. *Projeto de Lei n. 384, de 2007*. Dispõe sobre a proibição do uso, no Estado de São Paulo, de produtos, materiais ou artefatos que contenham quaisquer tipos de amianto ou asbesto ou outros minerais que, porventura, o contenham acidentalmente em sua composição. São Paulo, SP: 2007.

______. Assembleia Legislativa do Estado. *Lei n. 13.113, de 16 de março de 2001*. Dispõe sobre a proibição do uso de materiais, elementos construtivos e equipamentos da construção civil constituídos de amianto. São Paulo, SP: 2001.

______. Governo do Estado. *Lei n. 12.684, de 26 de julho de 2007*. Proíbe o uso, no Estado de São Paulo, de produtos, materiais ou artefatos que contenham quaisquer tipos de amianto ou asbesto ou outros minerais que, acidentalmente, tenham fibras de amianto na sua composição. São Paulo, SP: 2007.

______. Governo do Estado. *Lei n. 16.048, de 10 de dezembro de 2015*. Altera a Lei n. 12.684, de 2007, que proíbe o uso de produtos, materiais ou artefatos que contenham quaisquer tipos de amianto ou asbesto. São Paulo, SP: 2015.

SANTOS. Prefeitura Municipal. *Lei Complementar n. 439, de 13 de dezembro de 2001*. Dispõe sobre a proibição do uso na construção civil de materiais, elementos construtivos e equipamentos que tenham o amianto em sua composição. Santos, SP: 2001.

TABOÃO DA SERRA. Prefeitura Municipal. *Lei n. 1.368 de 29 de maio de 2001*. Dispõe sobre: Proíbe o uso de materiais produzidos com qualquer tipo de asbesto, ou amianto, nas construções públicas e privadas no âmbito do município de Taboão da Serra e dá outras providências. Taboão da Serra, SP, 2001..

UNIÃO EUROPEIA. *Directiva 2004/35/CE do Parlamento Europeu e do Conselho Europeu*. Jornal Oficial da União Europeia, L 146/56, abr. 2004. Disponível em: https://t.ly/94BNu. Acesso em: 15 fev. 2021.

______. *Resolução do Parlamento Europeu, de 14 de março de 2013*. Sobre os riscos para a saúde no local de trabalho associados à exposição ao amianto e as perspectivas de eliminação de todo o amianto existente. Jornal Oficial da União Europeia, C 36/137, jan. 2016. Disponível em: https://t.ly/ATri. Acesso em: 29 maio 2021.

Jurisprudência

BRASIL. Superior Tribunal de Justiça. 1ª Seção. *AgRg no MS 12459/DF*. Relator: Ministro João Otávio de Noronha. Data de Julgamento: 24.10.2007. Disponível em: https://scon.stj.jus.br/SCON/pesquisar.jsp. Acesso em: 11 maio 2021.

BRASIL. Superior Tribunal de Justiça. 1ª Seção. *Mandado de Segurança n. 17292/DF*. Relator: Ministro Castro Meira. Data de Julgamento: 27.06.2012. Disponível em: https://scon.stj.jus.br/SCON/pesquisar.jsp. Acesso em: 22 fev. 2021.

______. Superior Tribunal de Justiça. 1ª Seção. *Recurso Especial n. 1857098/MS*. Relator: Ministro OG Fernandes. Data de Julgamento: 11.05.2022. Disponível em: https://rb.gy/6t84u Acesso em: 29 maio 2023.

______. Superior Tribunal de Justiça. 1ª Turma. *AgInt no AREsp 1158866/SP*. Relator: Min. Napoleão Nunes Maia Filho. Data de Julgamento: 20.02.2018. Disponível em: https://scon.stj.jus.br/SCON/pesquisar.jsp. Acesso em: 16 fev. 2023.

______. Superior Tribunal de Justiça. 1ª Turma. *AgRg no REsp 1059077*. Relator: Min. Roberto Barroso. Data de Julgamento: 28.06.2019c. Disponível em: https://scon.stj.jus.br/SCON/pesquisar.jsp. Acesso em: 16 fev. 2023.

______. Superior Tribunal de Justiça. 1ª Turma. *Recurso Especial 1090968/SP*. Relator: Min. Luiz Fux. Julgamento: 15.06.2010, publicação: *DJe* 03.08.2010b. Disponível em: https://scon.stj.jus.br/SCON/pesquisar.jsp. Acesso em: 22 fev. 2021.

______. Superior Tribunal de Justiça. 2ª Turma. *Agravo Interno no AgInt no AREsp n. 974689/SP*. Relator: Ministro Assusete Magalhães. Data de Julgamento: 17.04.2018c. Disponível em: https://scon.stj.jus.br/SCON/pesquisar.jsp. Acesso em: 22 fev. 2021.

______. Superior Tribunal de Justiça. 2ª Turma. *AgInt no AREsp 569385/SE*. Relator: Min. OG Fernandes. Data de Julgamento: 02.10.2018e. Disponível em: https://scon.stj.jus.br/SCON/pesquisar.jsp. Acesso em: 16 fev. 2023.

______. Superior Tribunal de Justiça. 2ª Turma. *AgInt no AREsp n. 1137714/MG.* Relator: Ministro Francisco Falcão. Data de Julgamento: 11.06.2019. Disponível em: https://scon.stj.jus.br/SCON/pesquisar.jsp. Acesso em: 22 fev. 2021.

______. Superior Tribunal de Justiça. 2ª Turma. *AgInt no AREsp n. 1139030/DF.* Relator: Min. Francisco Falcão. Data de Julgamenot: 20.08.2019a. Disponível em: https://scon.stj.jus.br/SCON/pesquisar.jsp. Acesso em: 22 fev. 2021.

______. Superior Tribunal de Justiça. 2ª Turma. *AgInt no AREsp n. 1413621/MG.* Relator: Ministro Francisco Falcão. Data de Julgamento: 06.05.2020. Disponível em: https://scon.stj.jus.br/SCON/pesquisar.jsp. Acesso em: 22 fev. 2021.

______. Superior Tribunal de Justiça. 2ª Turma. *AgInt no AREsp 1517245/MG.* Relator: Min. Napoleão Nunes Maia Filho. Data de Julgamento: 07.11.2019. Disponível em: https://scon.stj.jus.br/SCON/pesquisar.jsp. Acesso em: 16 fev. 2023.

______. Superior Tribunal de Justiça. 2ª Turma. *AgInt nos EDcl no REsp 1210895/PR.* Relator: Min. OG Fernandes. Data de Julgamento: 04.06./2019. Disponível em: https://scon.stj.jus.br/SCON/pesquisar.jsp. Acesso em: 16 fev. 2023.

______. Superior Tribunal de Justiça. 2ª Turma. *Agravo Interno no Recurso Especial n. 1251059/DF.* Relator: Ministro Francisco Falcão. Data de Julgamento: 03.09.2019. Disponível em: https://scon.stj.jus.br/SCON/pesquisar.jsp. Acesso em: 22 fev. 2021.

______. Superior Tribunal de Justiça. 2ª Turma. *Agravo Interno no Recurso Especial n. 1701573/PE.* Relator: Ministro Francisco Falcão. Data de Julgamento: 20.08.2019. Disponível em: https://scon.stj.jus.br/SCON/pesquisar.jsp. Acesso em: 22 fev. 2021.

______. Superior Tribunal de Justiça. 2ª Turma. *Agravo Interno no Recurso Especial n. 1712940/PE.* Relator: Ministro Francisco Falcão. Data de Julgamento: 03.09.2019. Disponível em: https://scon.stj.jus.br/SCON/pesquisar.jsp. Acesso em: 22 fev. 2021.

______. Superior Tribunal de Justiça. 2ª Turma. *AgRg no AREsp 557365/SP.* Relator: Min. Assusete Magalhães. Data de Julgamento: 27.10.2015. Disponível em: https://scon.stj.jus.br/SCON/pesquisar.jsp. Acesso em: 16 fev. 2023.

______. Superior Tribunal de Justiça. 2ª Turma. *AREsp 1084396/RO.* Relator: Min. OG Fernandes. Data de Julgamento: 19.09.2019. Disponível em: https//scon.stj.jus.br/SCON/pesquisar.jsp. Acesso em: 16 fev. 2023.

______. Superior Tribunal de Justiça. 2ª Turma. *Agravo regimental no Recurso Especial 1376199/SP.* Relator: Ministro Herman Benjamin. Julgamento: 19.08.2014x. Disponível em: https://scon.stj.jus.br/SCON/pesquisar.jsp. Acesso em: 22 fev. 2021.

______. Superior Tribunal de Justiça. 2ª Turma. *Agravo regimental no Recurso Especial 1421163/SP.* Relator: Ministro Humberto Martins. Data de Julgamento: 06.11.2014a. Disponível em: https://scon.stj.jus.br/SCON/pesquisar.jsp. Acesso em: 22 fev. 2021.

______. Superior Tribunal de Justiça. 2ª Turma. *Recurso Especial 650728/SC.* Relator: Ministro Herman Benjamin. Data de Julgamento: 23.10.2007a. Disponível em: https://scon.stj.jus.br/SCON/pesquisar.jsp. Acesso em: 22 mar. 2021.

______. Superior Tribunal de Justiça. 2ª Turma. *Recurso Especial 883656/RS*. Relator: Ministro Herman Benjamin. Data de Julgamento: 09.03.2010a. Disponível em: https://scon.stj.jus.br/SCON/pesquisar.jsp. Acesso em: 22 fev. 2021.

______. Superior Tribunal de Justiça. 2ª Turma. *Recurso Especial 1.198.727/MG*. Recte: Ministério Público do Estado de Minas Gerais. Recdo: Pedro Paulo Pereira. Relator: Min. Herman Benjamin, 14.08.2012, publicação: *DJe* 09.05.2012. Disponível em: https://scon.stj.jus.br/SCON/pesquisar.jsp. Acesso em: 22 fev. 2021.

______. Superior Tribunal de Justiça. 2ª Turma. *Recurso Especial 1236863/ES*. Relator: Ministro Herman Benjamin. Data de Julgamento: 12.04.2011a. Disponível em: https://scon.stj.jus.br/SCON/pesquisar.jsp. Acesso em: 22 fev. 2021.

______. Superior Tribunal de Justiça. 2ª Turma. *Recurso Especial 1293608/PE*. Relator: Ministro Herman Benjamin. Data de Julgamento: 04.12.2012. Disponível em: https://scon.stj.jus.br/SCON/pesquisar.jsp. Acesso em: 22 fev. 2021.

______. Superior Tribunal de Justiça. 2ª Turma. *Recurso Especial n. 1317547/RS*. Relator: Ministro Herman Benjamin. Data de Julgamento: 26.09.2017a. Disponível em: https://scon.stj.jus.br/SCON/pesquisar.jsp. Acesso em: 22 fev. 2021.

______. Superior Tribunal de Justiça. 2ª Turma. *Recurso Especial n. 1334421/RS*. Relator: Ministro: Herman Benjamin. Data de Julgamento: 19.05.2016a. Disponível em: https://scon.stj.jus.br/SCON/pesquisar.jsp. Acesso em: 22 fev. 2021.

______. Superior Tribunal de Justiça. 2ª Turma. *Recurso Especial n. 1389107/SC*. Relator: Ministro Herman Benjamin. Data de Julgamento: 1º.12.2015d. Disponível em: https://scon.stj.jus.br/SCON/pesquisar.jsp. Acesso em: 22 fev. 2021.

______. Superior Tribunal de Justiça. 2ª Turma. *Recurso Especial n. 1454281/MG*. Relator: Ministro Herman Benjamin. Data de Julgamento: 03.12.2015. Disponível em: https://scon.stj.jus.br/SCON/pesquisar.jsp. Acesso em: 22 fev. 2021.

______. Superior Tribunal de Justiça. 2ª Turma. *Recurso Especial n. 1528547/SC*. Relator: Ministro Herman Benjamin. Data de Julgamento: 10.11.2016b. Disponível em: https://scon.stj.jus.br/SCON/pesquisar.jsp. Acesso em: 22 fev. 2021.

______. Superior Tribunal de Justiça. 2ª Turma. *Recurso Especial n. 1539783/SC*. Relator: Min. Herman Benjamin, 1º.12.2015b, publicação: *DJe* 22.11.2019. Disponível em: https://scon.stj.jus.br/SCON/pesquisar.jsp. Acesso em: 22 fev. 2021.

______. Superior Tribunal de Justiça. 2ª Turma. *Recurso Especial n. 1541611/SC*. Relator: Ministro Herman Benjamin. Data de Julgamento: 13.12.2016c. Disponível em: https://scon.stj.jus.br/SCON/pesquisar.jsp. Acesso em: 22 fev. 2021.

______. Superior Tribunal de Justiça. 2ª Turma. *Recurso Especial n. 1616027/SP.* Relator: Min. Herman Benjamin. Data de Julgamento: 14.03.2017d. Disponível em: https://scon.stj.jus.br/SCON/pesquisar.jsp. Acesso em: 22 fev. 2021.

______. Superior Tribunal de Justiça. 2ª Turma. *Recurso Especial n. 1635451/MG*. Relator: Ministro Herman Benjamin. Data de Julgamento: 13.12.2016d. Disponível em: https://scon.stj.jus.br/SCON/pesquisar.jsp. Acesso em: 22 fev. 2021.

______. Superior Tribunal de Justiça. 2ª Turma. *Recurso Especial n. 1637910/RN.* Relator: Ministro Francisco Falcão. Data de Julgamento: 03.09.2019. Disponível em: https://scon.stj.jus.br/SCON/pesquisar.jsp. Acesso em: 22 fev. 2021.

______. Superior Tribunal de Justiça. 2ª Turma. *Recurso Especial n. 1668652/PA.* Relator: Ministro Herman Benjamin. Data de Julgamento: 27.11.2018a. Disponível em: https://scon.stj.jus.br/SCON/pesquisar.jsp. Acesso em: 22 fev. 2021.

______. Superior Tribunal de Justiça. 2ª Turma. *Recurso Especial n. 1782692/PB.* Relator: Ministro Herman Benjamin. Data de Julgamento: 13.08.2019. Disponível em: https://scon.stj.jus.br/SCON/pesquisar.jsp. Acesso em: 22 fev. 2021.

______. Superior Tribunal de Justiça. 2ª Turma. *Recurso Especial n. 1905367/DF.* Relator: Ministro Herman Benjamin. Data de Julgamento: 24.11.2020b. Disponível em: https://scon.stj.jus.br/SCON/pesquisar.jsp. Acesso em: 22 fev. 2021.

______. Superior Tribunal de Justiça. 3ª Turma. *Recurso Especial n. 1627606/RJ.* Relator: Ministro Ricardo Villas Bôas Cueva. Data de Julgamento: 02.05.2017. Disponível em: https://scon.stj.jus.br/SCON/pesquisar.jsp. Acesso em: 22 fev. 2021.

______. Superior Tribunal de Justiça. 4ª Turma. *Agravo regimental no Agravo em Recurso Especial 117202/PR.* Relator: Ministro Antônio Carlos Ferreira. Data de Julgamento: 05.11.2015c. Disponível em: https://scon.stj.jus.br/SCON/pesquisar.jsp. Acesso em: 22 fev. 2021.

______. Superior Tribunal de Justiça. 4ª Turma. *Recurso Especial n. 1547777/PR.* Relator: Ministro Luis Felipe Salomão. Data de Julgamento: 19.05.2016e. Disponível em: https://scon.stj.jus.br/SCON/pesquisar.jsp. Acesso em: 22 fev. 2021.

______. Superior Tribunal de Justiça. 5ª Turma. *AgRg no REsp 1427350/RJ.* Relator: Min. Jorge Mussi. Data de Julgamento: 20.02.2018d. Disponível em: https://scon.stj.jus.br/SCON/jurisprudencia/toc.jsp. Acesso em: 16 fev. 2023.

______. Superior Tribunal de Justiça. 6ª Turma. *AgRg no AREsp 231116/SP.* Relator: Ministro Sebastião Reis Júnior. Data de Julgamento: 04.10.2011. Disponível em: https://scon.stj.jus.br/SCON/pesquisar.jsp. Acesso em: 11 maio 2021.

______. Superior Tribunal de Justiça. 6ª Turma. *EDcl no AgRg no MS 12459/DF.* Relator: Juiz convocado do TRF 1ª região, Carlos Fernando Mathias. Data de Julgamento: 04.10.2011. Disponível em: https://scon.stj.jus.br/SCON/pesquisar.jsp. Acesso em: 11 maio 2021.

______. Superior Tribunal de Justiça. Corte Especial. *AgInt nos EREsp 1511084/DF.* Relator: Min. Francisco Falcão. Data de Julgamento: 24.05.2022. Disponível em: https://scon.stj.jus.br/SCON/pesquisar.jsp. Acesso em: 16 fev. 2023.

______. Superior Tribunal de Justiça. *Jurisprudência em teses.* 2023. Disponível em: https://scon.stj.jus.br/SCON/jt/jt.jsp. Acesso em: 26 abr 2023.

______. Superior Tribunal de Justiça. *REsp 291157/SP.* Relator: Min. Ruy Rosado de Aguiar. Data de Julgamento: 1º.03.2001. Disponível em: https://scon.stj.jus.br/SCON/pesquisar.jsp. Acesso em: 16 fev. 2023.

______. Superior Tribunal de Justiça. *REsp n. 30.326/SP.* Relator: Ministro Edson Vidigal. Data de Julgamento 03.09.1998. Disponível em: https://scon.stj.jus.br/SCON/pesquisar.jsp. Acesso em: 16 fev. 2023.

______. Superior Tribunal de Justiça. *REsp 403190/SP*. Relator: Ministro João Otávio de Noronha. Disponível em: https://scon.stj.jus.br/SCON/pesquisar.jsp. Acesso em: 16 fev. 2023.

______. Superior Tribunal de Justiça. *REsp 1096409/RN*. Relator: Ministro Luiz Fux. Disponível em: https://scon.stj.jus.br/SCON/pesquisar.jsp. Acesso em: 16 fev. 2023.

______. Superior Tribunal de Justiça. *REsp 1835508/MT*. Relator: Ministro OG Fernandes. Disponível em: https://scon.stj.jus.br/SCON/pesquisar.jsp. Acesso em: 16 fev. 2023.

______. Superior Tribunal de Justiça. *REsp 1820311/MG*. Relator: Ministro Herman Benjamin. Disponível em: https://scon.stj.jus.br/SCON/pesquisar.jsp. Acesso em: 16 fev. 2023.

______. Superior Tribunal de Justiça. *REsp 1356207/SP*. Relator: Ministro Paulo de Tarso Sanseverino. Disponível em: https://scon.stj.jus.br/SCON/pesquisar.jsp. Acesso em: 16 fev. 2023.

______. Superior Tribunal de Justiça. *REsp 1367923/SP*. Relator: Ministro Humberto Martins. Disponível em: https://scon.stj.jus.br/SCON/jurisprudencia/toc.jsp. Acesso em: 16 fev. 2023.

______. Superior Tribunal de Justiça. *RHC 101299/RS*. Relator: Ministro Nefi Cordeiro. Disponível em: https://scon.stj.jus.br/SCON/pesquisar.jsp?i=1&b=ACOR&livre=((%27RHC%27.clap.+e+@num=%27101299%27)+ou+(%27RHC%27+adj+%27101299%27).suce.)&thesaurus=JURIDICO&fr=veja. Acesso em: 16 fev. 2023.

______. Superior Tribunal de Justiça. *RMS 6964/RS*. Relator: Ministro Vicente Leal. Disponível em: https://scon.stj.jus.br/SCON/jurisprudencia/toc.jsp. Acesso em: 16 fev. 2023.

______. Superior Tribunal de Justiça. *Súmulas do Superior Tribunal de Justiça.* STJ, s/d. Disponível em: https://www.stj.jus.br/docs_internet/VerbetesSTJ_asc.pdf. Acesso em: 11 maio 2021.

______. Superior Tribunal de Justiça. Teses da Primeira Seção consagram direito à informação ambiental e obrigação do Estado com a transparência. *STJ*, 2022. Disponível em: https://cutt.ly/HwuYwNbD. Acesso em: 27 maio 2022.

______. Supremo Tribunal Federal. *ACO 3490 TP*. Relatora: Min. Rosa Weber. Julgamento: 14/06/2021. Disponível em: https://jurisprudencia.stf.jus.br/pages/search?classeNumeroIncidente=%22ACO%20

3490%22&base=acordaos&sinonimo=true&plural=true&page=1&pageSize=10&sort=_score&sortBy=desc&isAdvanced=true. Acesso em: 16 fev. 2023.

______. Supremo Tribunal Federal. *ACO 872*. Relator: Min. Edson Fachin. Julgamento: 17/12/2022. Disponível em: https://jurisprudencia.stf.jus.br/pages/search?classeNumeroIncidente=%22ACO%20872%22&base=acordaos&sinonimo=true&plural=true&page=1&pageSize=10&sort=_score&sortBy=desc&isAdvanced=true. Acesso em: 16 fev. 2023.

______. Supremo Tribunal Federal. *ACO 873.* Órgão julgador: Tribunal Pleno. Relator(a): Min. EDSON FACHIN. Julgamento: 17/12/2022. Publicação: 31/01/2023. Disponível em: https://jurisprudencia.stf.jus.br/pages/search?classeNumeroIncidente=%22ACO%20873%22&base=acordaos&sinonimo=true&plural=true&page=1&pageSize=10&sort=_score&sortBy=desc&isAdvanced=true. Acesso em: 16 fev. 2023.

______. Supremo Tribunal Federal. *ACO 820.* Órgão julgador: Tribunal Pleno. Relator(a): Min. EDSON FACHIN. Julgamento: 17.12.2022. Publicação: 31.01.2023. Disponível em: https://

jurisprudencia.stf.jus.br/pages/search?classeNumeroIncidente=%22ACO%20873%22&base=acordaos&sinonimo=true&plural=true&page=1&pageSize=10&sort=_score&sortBy=desc&isAdvanced=true. Acesso em: 16 fev. 2023.

______. Supremo Tribunal Federal. *ACO 870.* Órgão julgador: Tribunal Pleno. Relator(a): Min. EDSON FACHIN. Julgamento: 17.12.2022. Publicação: 31.01.2023. Disponível em: https://jurisprudencia.stf.jus.br/pages/search?classeNumeroIncidente=%22ACO%20873%22&base=acordaos&sinonimo=true&plural=true&page=1&pageSize=10&sort=_score&sortBy=desc&isAdvanced=true. Acesso em: 16 fev. 2023.

______. Supremo Tribunal Federal. *ACO 1052.* Órgão julgador: Tribunal Pleno. Relator(a): Min. EDSON FACHIN. Julgamento: 17.12.2022. Publicação: 31.01.2023. Disponível em: https://jurisprudencia.stf.jus.br/pages/search?classeNumeroIncidente=%22ACO%201052%22&base=acordaos&sinonimo=true&plural=true&page=1&pageSize=10&sort=_score&sortBy=desc&isAdvanced=true. Acesso em: 16 fev. 2023.

______. Supremo Tribunal Federal. *ADC 42.* Relator: Min. Luiz Fux. Data de Julgamento: 28.02.2018b. Disponível em: https://jurisprudencia.stf.jus.br/pages/search/sjur408490/false. Acesso em: 16 fev. 2023.

______. Supremo Tribunal Federal. *ADI 1893/RJ.* Relatora: Ministra Rosa Weber. Data de Julgamento: 18.12.1998. Disponível em: http://redir.stf.jus.br/paginadorpub/paginador.jsp?docTP=AC&docID=347315. Acesso em: 26 abr. 2021.

______. Supremo Tribunal Federal. *ADI 2396.* Relator: Min. Eros Grau. Data de Julgamento: 08.05.2003. Disponível em: https://jurisprudencia.stf.jus.br/pages/search/sjur97762/false. Acesso em: Acesso em: 16 fev. 2023.

______. Supremo Tribunal Federal. *ADI 2656.* Relator: Min. Maurício Corrêa. Data de Julgamento: 08.05.2003. Disponível em: https://jurisprudencia.stf.jus.br/pages/search/sjur97702/false. Acesso em: 16 fev. 2023.

______. Supremo Tribunal Federal. *ADI 2696.* Relator: Min. Dias Toffoli. Data de Julgamento: 15.12.2016. Disponível em: https://jurisprudencia.stf.jus.br/pages/search/sjur364448/false. Acesso em: 16 fev. 2023.

______. Supremo Tribunal Federal. *ADI 2903.* Relator: Min. Celso de Mello. Data de Julgamento: 1º.12.2005. Disponível em: https://jurisprudencia.stf.jus.br/pages/search/sjur2898/false. Acesso em: 16 fev. 2023.

______. Supremo Tribunal Federal. *ADI 3356.* Relator: Min. Eros Grau. Data de Julgamento: 30.11.2017. Disponível em: https://jurisprudencia.stf.jus.br/pages/search/sjur397305/false. Acesso em: 16 fev. 2023.

______. Supremo Tribunal Federal. *ADI 3357.* Relator: Min. Ayres Britto. Data de Julgamento: 30.11.2017. Disponível em: https://jurisprudencia.stf.jus.br/pages/search/sjur397307/false. Acesso em: Acesso em: 16 fev. 2023.

______. Supremo Tribunal Federal. *ADI 3406.* Relatora: Min. Rosa Weber. Data de Julgamento: 23.02.2023. Disponível em: https://jurisprudencia.stf.jus.br/pages/search/sjur478199/false. Acesso em: 16 fev. 2023.

______. Supremo Tribunal Federal. *ADI 3470/RJ.* Relatora: Ministra Rosa Weber. Data de Julgamento: 29.11.2017c. Disponível em: http://portal.stf.jus.br/processos/detalhe.asp?incidente=2287108. Acesso em: 26 abr. 2021.

______. Supremo Tribunal Federal. *ADI 3510/DF.* Relator: Ministro Ayres Brito. Data de Julgamento: 2905.2008. Disponível em: https://jurisprudencia.stf.jus.br/pages/search/sjur178396/false. Acesso em: 22 fev. 2021.

______. Supremo Tribunal Federal. *ADI 3540/DF.* Relator: Min. Celso de Mello. Data de Julgamento: 1º.09.2005. Disponível em: https://portal.stf.jus.br/processos/detalhe.asp?incidente=2311268, acesso em 16 de fev. 2023.

______. Supremo Tribunal Federal. *ADI 3916.* Relator: Min. Eros Grau. Data de Julgamento: 03.02.2010. Disponível em: https://jurisprudencia.stf.jus.br/pages/search/sjur177127/false. Acesso em: 16 fev. 2023.

______. Supremo Tribunal Federal. *ADI 3937/*SP. Relator: Ministro Marco Aurélio. Data de Julgamento: 24.08.2017b. Disponível em: https://jurisprudencia.stf.jus.br/pages/search/sjur397317/false. Acesso em: 22 fev. 2021.

______. Supremo Tribunal Federal. *ADI 3937.* Relator: Ministro Marco Aurélio. Data do julgamento: 23.02.2023. Disponível em: https://portal.stf.jus.br/processos/detalhe.asp?incidente=2544561. Acesso em: 24 mar. 2023.

______. Supremo Tribunal Federal. *ADI 4029.* Relator: Min. Edson Fachin. Data de Julgamento: 30.11.2017. Disponível em: https://jurisprudencia.stf.jus.br/pages/search/sjur397313/false. Acesso em: 16 fev. 2023.

______. Supremo Tribunal Federal. *ADI 4066.* Relatora: Min. Rosa Weber. Data de Julgamento: 24.08.2017. Disponível em: https://jurisprudencia.stf.jus.br/pages/search/sjur381361/false. Acesso em: 16 fev. 2023.

______. Supremo Tribunal Federal. *ADI 4846/ES.* Relator: Ministro Edson Fachin. Data de Julgamento: 09.10.2019. Disponível em: https://jurisprudencia.stf.jus.br/pages/search/sjur419131/false. Acesso em: 22 fev. 2021.

______. Supremo Tribunal Federal. *ADI 4901.* Relator: Min. Luiz Fux. Data de Julgamento: 28.02.2018. Disponível em: https://portal.stf.jus.br/processos/detalhe.asp?incidente=4355097. Acesso em: 16 fev. 2023.

______. Supremo Tribunal Federal. *ADI 4902.* Relator: Min. Luiz Fux. Data de Julgamento: 28.02.2018. Disponível em: https://portal.stf.jus.br/processos/detalhe.asp?incidente=4355128. Acesso em: 16 fev. 2023.

______. Supremo Tribunal Federal. *ADI 4903.* Relator: Min. Luiz Fux. Data de Julgamento: 28.02.2018. Disponível em: https://portal.stf.jus.br/processos/detalhe.asp?incidente=4355128. Acesso em: 16 fev. 2023.

______. Supremo Tribunal Federal. *ADI 4937.* Relator: Min. Luiz Fux, Julgamento: 28.02.2018. Disponível em: https://portal.stf.jus.br/processos/detalhe.asp?incidente=4355128. Acesso em: 16 fev. 2023.

______. Supremo Tribunal Federal. *ADPF 101/DF.* Relatora: Ministra Carmen Lúcia. Data de Julgamento: 24.06.2009. Disponível em: https://jurisprudencia.stf.jus.br/pages/search/sjur210078/false. Acesso em: 22 abr. 2021.

______. Supremo Tribunal Federal. *ADPF 109.* Relator: Min. Edson Fachin. Data de Julgamento: 30.11.2017. Disponível em: https://jurisprudencia.stf.jus.br/pages/search/sjur397313/false. Acesso em: 16 fev. 2023.

______. Supremo Tribunal Federal. *ADPF 234-DF.* Relator: Min. Marco Aurélio, Julgamento: 28.09.2011. Disponível em: https://jurisprudencia.stf.jus.br/pages/search?classeNumeroIncidente=%22ADPF%20234%22&base=acordaos&sinonimo=true&plural=true&page=1&pageSize=10&sort=_score&sortBy=desc&isAdvanced=true. Acesso em: 16 fev. 2023.

______. Supremo Tribunal Federal. *Agravo Interno em Recurso Extraordinário com agravo n. 934411.* Relator: Ministro Roberto Barroso. Data de Julgamento: 30.08.2017. Disponível em: https://jurisprudencia.stf.jus.br/pages/search/sjur372361/false. Acesso em: 22 fev. 2021.

______. Supremo Tribunal Federal. *Agravo Regimental na Medida cautelar na ação civil originária n. 876 MC-AgR/BA.* Relator: Ministro Menezes Direito. Data de Julgamento: 19.12.2007. Disponível em: https://jurisprudencia.stf.jus.br/pages/search/sjur87436/false. Acesso em: 22 fev. 2021.

______. Supremo Tribunal Federal. *ARE 1352872.* Relator: Min. Ministro Presidente. Julgamento: 03.02.2022. Disponível em: https://jurisprudencia.stf.jus.br/pages/search/repercussao-geral12303/false. Acesso em: 16 fev. 2023.

______. Supremo Tribunal Federal. *Decisão de julgamento em ED em ADI – n. 3739-SP.* Data do julgamento: 23.02.2023. Disponível em: https://portal.stf.jus.br/processos/detalhe.asp?incidente=2544561. Acesso em: 24 mar. 2023.

______. Supremo Tribunal Federal. *Medida cautelar em Ação Direta de Inconstitucionalidade 3.540-1/MC.* Relator: Ministro Celso de Mello. Data de Julgamento: 1º.09.2005. Disponível em: https://rb.gy/lueps. Acesso em: 15 fev. 2021.

______. Supremo Tribunal Federal. *Rcl 26003.* Relatora: Min. Rosa Weber. Julgamento: 13.11.2018. Disponível em: https://jurisprudencia.stf.jus.br/pages/search?classeNumeroIncidente=%22Rcl%2026003%22&base=acordaos&sinonimo=true&plural=true&page=1&pageSize=10&sort=_score&sortBy=desc&isAdvanced=true. Acesso em: 16 fev. 2023.

______. Supremo Tribunal Federal. *Rcl 4374.* Relator: Min. Gilmar Mendes. Julgamento: 13.11.2018. Disponível em: https://jurisprudencia.stf.jus.br/pages/search?classeNumeroIncidente=%22Rcl%2026003%22&base=acordaos&sinonimo=true&plural=true&page=1&pageSize=10&sort=_score&sortBy=desc&isAdvanced=true. Acesso em: 16 fev. 2023.

______. Supremo Tribunal Federal. *Rcl 4907.* Relator: Min. Dias Toffoli. Julgamento: 11.04.2013. Disponível em: https://jurisprudencia.stf.jus.br/pages/search?classeNumeroIncidente=%22Rcl%204907%22&base=acordaos&sinonimo=true&plural=true&page=1&pageSize=10&sort=_score&sortBy=desc&isAdvanced=true. Acesso em: 16 fev. 2023.

______. Supremo Tribunal Federal. *Rcl 1101937.* Órgão julgador: Tribunal Pleno. Relator(a): Min. Alexandre de Moraes. Julgamento: 08.04.2021. Publicação: 14.06.2021. Disponível em: https://jurisprudencia.stf.jus.br/pages/search/sjur448446/false. Acesso em: 16 fev. 2023.

______. Supremo Tribunal Federal. *Rcl 16637*. Relator: Min. Celso De Mello. Data de Julgamento: 05.05.2015. Disponível em: https://jurisprudencia.stf.jus.br/pages/search/sjur318620/false. Acesso em: 16 fev. 2023.

______. Supremo Tribunal Federal. *RE 18115*. Relator: Min. Lafayette de Andrada. Data de Julgamento: 05.12.1950. Disponível em: https://jurisprudencia.stf.jus.br/pages/search/sjur69115/false. Acesso em: 16 fev. 2023.

______. Supremo Tribunal Federal. *RE 21346*. Relator: Min. Mário Guimarães. Data de Julgamento: 03.12.1953. Disponível em: https://jurisprudencia.stf.jus.br/pages/search/sjur54215/false. Acesso em: 16 fev. 2023.

______. Supremo Tribunal Federal. *RE 81906*. Relator: Min. Cordeiro Guerra. Data de Julgamento: 30.09.1975. Disponível em: https://jurisprudencia.stf.jus.br/pages/search/sjur133042/false. Acesso em: 16 fev. 2023.

______. Supremo Tribunal Federal. *RE 135328*. Relator: Min. Marco Aurélio. Data de Julgamento: 29.06.1994. Disponível em: https://jurisprudencia.stf.jus.br/pages/search/sjur101977/false. Acesso em: 16 fev. 2023.

______. Supremo Tribunal Federal. *RE 586224*. Relator: Min. Luiz Fux. Data de Julgamento: 05.03.2015. Disponível em: https://jurisprudencia.stf.jus.br/pages/search/sjur303407/false. Acesso em: 16 fev. 2023.

______. Supremo Tribunal Federal. *RE 627189*. Relator: Min. Dias Toffoli. Data de Julgamento: 08.06.2016. Disponível em: https://jurisprudencia.stf.jus.br/pages/search/sjur365602/false. Acesso em: 16 fev. 2023.

______. Supremo Tribunal Federal. *RE 654833*. Relator: Min. Alexandre de Moraes. Data de Julgamento: 20.04.2020. Disponível em: https://jurisprudencia.stf.jus.br/pages/search/sjur427220/false. Acesso em: 16 fev. 2023.

______. Supremo Tribunal Federal. *RE 733433*. Relator: Min. Dias Toffoli. Data de Julgamento: 04.11.2015e. Disponível em: https://jurisprudencia.stf.jus.br/pages/search/sjur344471/false. Acesso em: 16 fev. 2023.

______. Supremo Tribunal Federal. *RE 760931*. Relatora: Min. Rosa Weber. Data de Julgamento: 26.04.2017. Disponível em: https://jurisprudencia.stf.jus.br/pages/search/sjur373217/false. Acesso em: 16 fev. 2023.

______. Supremo Tribunal Federal. *RE 828040*. Relator: Min. Alexandre de Moraes. Data de Julgamento: 12.03.2020a. Disponível em: https://jurisprudencia.stf.jus.br/pages/search?base=acordaos&pesquisa_inteiro_teor=false&sinonimo=true&plural=true&radicais=false&buscaExata=true&page=1&pageSize=10&queryString=RE%20828040&sort=_score&sortBy=desc. Acesso em: 16 fev. 2023.

______. Supremo Tribunal Federal. *RE 841526*. Relator: Min. Luiz Fux. Data de Julgamento: 30.03.2016. Disponível em: https://jurisprudencia.stf.jus.br/pages/search?classeNumeroIncidente=%22RE%20841526%22&base=acordaos&sinonimo=true&plural=true&page=1&pageSize=10&sort=_score&sortBy=desc&isAdvanced=true. Acesso em: 16 fev. 2023.

______. Tribunal Superior do Trabalho. 1ª Turma. *RR – 1897-76.2011.5.10.0001*. Relator: Hugo Carlos Scheuermann. Data de Julgamento: 27.2.2019.

______. Tribunal Superior do Trabalho. 1ª Turma. *RR – 13740-75.2006.5.02.0085*. Relator: Marcelo Lamego Pertence. Data de Julgamento: 18.08.2015.

______. Tribunal Superior do Trabalho. 2ª Turma. *RR – 190041-20.2004.5.08.0006*. Relator: Jose Roberto Freire Pimenta. Data de Julgamento: 20.3.2013.

______. Tribunal Superior do Trabalho. 2ª Turma. *RR – 1167-80.2010.5.06.0011*. Relator: Jose Roberto Freire Pimenta. Data de Julgamento: 20.9.2017.

______. Tribunal Superior do Trabalho. 2ª Turma. *RR – 10454-84.2017.5.15.0039*. Relator: Jose Roberto Freire Pimenta. Data de Julgamento: 18.08.2021.

______. Tribunal Superior do Trabalho. 3ª Turma. *RR – 60000-51.2009.5.18.0251*. Relator: Alexandre de Souza Agra Belmonte. Data de Julgamento: 08.05.2019d.

______. Tribunal Superior do Trabalho. 3ª Turma. *RR – 566-65.2011.5.20.0006*. Relator: Alexandre de Souza Agra Belmonte. Data de Julgamento: 06.6.2018.

______. Tribunal Superior do Trabalho. 3ª Turma. *RR – 13098-34.2016.5.15.0039*. Relator: Alexandre de Souza Agra Belmonte. Data de Julgamento: 23.2.2022.

______. Tribunal Superior do Trabalho. 3ª Turma. *RR – 591-20.2010.5.06.0001*. Relator: Alexandre de Souza Agra Belmonte. Data de Julgamento: 18.4.2018.

______. Tribunal Superior do Trabalho. 3ª Turma. *RR – 13076-73.2016.5.15.0039*. Relator: Mauricio Godinho Delgado. Data de Julgamento: 15.5.2021.

______. Tribunal Superior do Trabalho. 3ª Turma. *RR – 12840-24.2016.5.15.0039*. Relator: Mauricio Godinho Delgado. Data de Julgamento: 12.5.2021.

______. Tribunal Superior do Trabalho. 4ª Turma. *RR – 13084-16.2017.5.15.0039*. Relator: Ives Gandra da Silva Martins Filho. Data de Julgamento: 05.04.2022.

______. Tribunal Superior do Trabalho. 4ª Turma. *RR – 10592-51.2017.5.15.0039*. Relator: Ives Gandra da Silva Martins Filho. Data de Julgamento: 14.12.2021.

______. Tribunal Superior do Trabalho. 5ª Turma. *RR – 11213-97.2017.5.15.0152*. Relator: Breno Medeiros. Data de Julgamento: 09.03.2022.

______. Tribunal Superior do Trabalho. 6ª Turma. *RR – 363-76.2012.5.23.0009*. Relator: Augusto Cesar Leite de Carvalho. Data de Julgamento: 02.10.2019.

______. Tribunal Superior do Trabalho. 6ª Turma. *RR – 581-61.2010.5.06.0005*. Relator: Cilene Ferreira Amaro Santos. Data de Julgamento: 17.12.2014.

______. Tribunal Superior do Trabalho. 6ª Turma. *RR – 92840-68.2007.5.02.0045*. Relator: Augusto Cesar Leite de Carvalho. Data de Julgamento: 7.5.2014b.

______. Tribunal Superior do Trabalho. 6ª Turma. *RR – 581-61.2010.5.06.0005*. Relator: Aloysio Correa da Veiga. Data de Julgamento: 04.09.2013.

______. Tribunal Superior do Trabalho. 6ª Turma. *RR – 521900-41.2006.5.09.0892*. Relator: Aloysio Correa da Veiga. Data de Julgamento: 1º.06.2011.

______. Tribunal Superior do Trabalho 7ª Turma. *RR – 12182-29.2018.5.15.0039*. Relator: Cláudio Mascarenhas Brandão. Data de Julgamento: 11.5.2022.

______. Tribunal Superior do Trabalho. 7ª Turma. *RR – 52800-46.2006.5.15.0068*. Relator: Luiz Philippe Vieira de Mello Filho. Data de Julgamento: 5.2.2020.

______. Tribunal Superior do Trabalho. 8ª Turma. *RR – 10878-29.2017.5.15.0039*. Relator: Aloysio Correa da Veiga. Data de Julgamento: 10.8.2022.

MATO GROSSO. Tribunal Regional do Trabalho da 23ª Região. *Súmula 23*. 2015. Disponível em: https://portal.trt23.jus.br/portal/sumulas. Acesso em: 4.04.2023.

PERNAMBUCO. Tribunal Regional do Trabalho da 6ª Região. Tribunal Pleno. *Processo n. 0000274-49.2015.5.06.0000 (IUJ)*. Redatora: Desembargadora Eneida Melo Correia de Araújo. Data do julgamento: 25.02.2016. Disponível em: https://www.trt6.jus.br/portal/jurisprudencia/temas-e-precedentes/14336. Acesso em: 10 jun. 2023.